“十三五”国家重点出版物出版规划项目

“一带一路”法律保障研究丛书

“一带一路”投资争端解决机制及案例研究

孙佳佳　李　静／著

中国法制出版社
CHINA LEGAL PUBLISHING HOUSE

炜衡法律实务丛书

序　言

自 2017 年“‘一带一路’投资争端解决机制的研究”成功入选中国法学会世界贸易组织法研究会专项课题，至今已近三年。而今书成，感触颇多。争议解决，跨境投资，本为我等之专业方向，一带一路，投资争端，与之纵有关联，仍差之千里。我辈对著书立说一事素有敬畏之心，且深信，见笑于鸿儒之家颜面扫地事小，因囿于才疏学浅误导读者事大。故竭力为之，不敢轻慢。

研习期间，笔者欲将该主题以横纵两线抽丝剥茧，然浩如烟海之一手资料，中文英文，国内国际，理论实践，案例解读，横向分析，纵向对比，等等，工作繁复。提及此处，下列同仁对本书之巨大贡献，我等深以为念：孟利峰、樊仲晋、苏昉、张云丹、肖宇彤、孔尧、曾荣丽、杨洋、吴瑜。杜佳昕、董挺、苌乐对本书亦有贡献，我等一并为谢。

另，本书所引述相关书籍、论述、文章之作者，丰富笔者视野，笔者敬之为师；出版社认真审校，对提升本书质量大有裨益，在此不胜感激。

课题完成至本书出版，以期形成炜衡专业丛书系列之一，亦得益于律所领导张小炜主席、孟利峰律师以及陈建荣律师提携鼓励，在此特别感谢。

我等协同作战，潜心研究，方能成就此书。其间，亲友竭力支持，未有怨言，大爱若此，幸甚至哉。

谋全局者方可谋一域。乘“一带一路”倡议之东风，中国企业境外投资需谋勇兼备。本书针对争端解决写作之初衷，非为知识之堆砌，观点之灌输，而希冀以我等绵薄之力助企业开拓国际视野。吾辈作为中国法律从业者，深知该课题内容浩瀚繁杂，所触及之处不过其冰山之一角。成书之际备感自身学识不足。唯愿抛砖引玉，亦请读者不吝赐教。

笔者作序之际，正值举国上下抗击疫情，万门闭户，勠力同心，砥砺前行。我等愿以此书献与读者，愿山河无恙，同胞皆安。是为序。

2020 年 3 月 5 日

常用缩略语索引 *

IIA	国际投资协定 (International Investment Agreement)
BIT	双边投资协定 (Bilateral Investment Treaty)
TIPs	含投资条款的条约 (Treaties with Investment Provisions)
MAI	多边投资协定 (Multilateral Agreement on Investment)
FTA	自由贸易协定 (Free Trade Agreement)
PTIA	优惠贸易和投资协定 (Preferential Trade and Investment Agreement)
ICSID	解决投资争端国际中心 (International Centre for Settlement of Investment Disputes)
《ICSID 公约》	《关于解决国家和他国国民之间投资争端公约》 (Convention on the Settlement of Investment Disputes Between States and Nationals of Other States)
UNCTAD	联合国贸易和发展会议 (United Nations Conference on Trade and Development)
UNCITRAL	联合国国际贸易法委员会 (United Nations Commission on International Trade Law)

* 为便于行文流畅，本书中凡简称为“双边条约”的，均仅指双边投资协定，而不包括其他诸如“科技合作协定”“往来协定”等双边条约。

续表

UNCITRAL 规则	《联合国国际贸易法委员会仲裁规则》 （UNCITRAL Arbitration Rules）
CRCICA	开罗地区国际商事仲裁中心 （Cairo Regional Center for International Commercial Arbitration）
ICC	国际商会 （International Chamber of Commerce）
LCIA	伦敦国际仲裁院 （London Court of International Arbitration）
MCCI	莫斯科工商会 （Moscow Chamber of Commerce and Industry）
PCA	海牙常设仲裁法院 （Permanent Court of Arbitration）
SCC	瑞典斯德哥尔摩商会仲裁院 （Arbitration Institute of the Stockholm Chamber of Commerce）
HKIAC	香港国际仲裁中心 （Hong Kong International Arbitration Centre）
SCIA	深圳国际仲裁院（又称深圳仲裁委员会） （Shenzhen Court of International Arbitration）
CIETAC	中国国际经济贸易仲裁委员会 （China International Economic and Trade Arbitration Commission）
BIAC/BAC	北京仲裁委员会（又称北京国际仲裁中心） （Beijing International Arbitration Center）
《纽约公约》	《承认及执行外国仲裁裁决公约》 （Convention of the Recognition and Enforcement of Foreign Arbitration Awards）
ICJ	国际法庭 （International Court of Justice）
ILC	国际法委员会 （International Law Commission）
《维也纳公约》/VCLT	《维也纳条约法公约》 （Vienna Convention on the Law of Treaties）
VCST	《关于国家在条约方面的继承的维也纳公约》 （Vienna Convention on the Succession of States in Respect of Treaties）

续表

《国家责任条款草案》	《国家对国际不法行为的责任条款草案》 （Draft Articles on Responsibility of States for Internationally Wrongful Acts）
FAA	《美国联邦仲裁法》 （Federal Arbitration Act，9 U.S.C. § 9 et seq.）
IAA	新加坡《国际仲裁法》 （International Arbitration Act）
《中国与东盟 FTA》	《中华人民共和国政府与东南亚国家联盟成员国政府全面经济合作框架协议下的投资协议》
《中日韩 MAI》	《中华人民共和国政府、日本国政府及大韩民国政府关于促进、便利及保护投资的协定》
《中南双边条约》	《中华人民共和国政府和南非共和国政府关于相互鼓励和保护投资协定》
《中坦双边条约》	《中华人民共和国政府和坦桑尼亚联合共和国政府关于促进和相互保护投资协定》
《中乌双边条约》	《中华人民共和国政府和乌兹别克斯坦共和国政府关于促进和保护投资的协定》
《中国—马来西亚双边条约》	《中华人民共和国政府和马来西亚政府关于相互鼓励和保护投资协定》
《中哈双边条约》	《中华人民共和国政府和哈萨克斯坦共和国政府关于鼓励和相互保护投资协定》
《中柬双边条约》	《中华人民共和国政府和柬埔寨王国政府关于促进和保护投资协定》
《中阿双边条约》	《中华人民共和国政府和阿曼苏丹国政府关于促进和保护投资协定》
《中喀双边条约》	《中华人民共和国政府和喀麦隆共和国政府关于相互促进和保护投资协定》
《中爱双边条约》	《中华人民共和国政府和爱沙尼亚共和国政府关于促进和相互保护投资协定》
《中古双边条约》	《中华人民共和国政府和古巴共和国政府关于鼓励和相互保护投资协定》
《中文双边条约》	《中华人民共和国政府和文莱达鲁萨兰国政府关于鼓励和相互保护投资协定》
《中国—马达加斯加双边条约》	《中华人民共和国政府和马达加斯加共和国政府相互促进和保护投资协定》

续表

《中塞双边条约》	《中华人民共和国政府和塞舌尔共和国政府关于互相促进和保护投资的协定》
《中圭双边条约》	《中华人民共和国政府和圭亚那共和国政府关于促进和保护投资协定》
《中韩双边条约》	《中华人民共和国政府和大韩民国政府关于促进和保护投资协定》
《中特双边条约》	《中华人民共和国政府和特立尼达和多巴哥国政府关于鼓励促进和保护投资协定》
《中国与新西兰FTA》	《中华人民共和国政府和新西兰政府自由贸易协定》
《中国与巴基斯坦FTA》	《中华人民共和国政府和巴基斯坦伊斯兰共和国政府自由贸易协定》
《中也双边条约》	《中华人民共和国政府和也门共和国政府关于鼓励和相互保护投资协定》
《中蒙双边条约》	《中华人民共和国政府和蒙古人民共和国政府关于鼓励和相互保护投资协定》
《中老双边条约》	《中华人民共和国政府和老挝人民民主共和国政府关于鼓励和相互保护投资协定》
《荷老双边条约》	《老挝人民民主共和国与荷兰王国关于鼓励和相互保护投资协定》
《中国与秘鲁FTA》	《中华人民共和国政府与秘鲁共和国政府自由贸易协定》
《中苏双边条约》	《中华人民共和国和苏丹共和国政府关于鼓励和相互保护投资协定》
《中加双边条约》	《中华人民共和国和加纳共和国政府关于鼓励和相互保护投资协定》
《中埃双边条约》	《中华人民共和国和埃塞俄比亚联邦民主共和国政府关于鼓励和相互保护投资协定》
《中秘双边条约》	《中华人民共和国政府和秘鲁共和国政府关于鼓励和相互保护投资协定》
《中芬双边条约议定书》	《中华人民共和国政府和芬兰共和国政府关于保护投资的协定议定书》
《中巴条约》	《中华人民共和国政府和巴巴多斯政府关于鼓励和相互保护投资协定》
《中荷双边条约》	《中华人民共和国和荷兰王国关于相互鼓励和保护投资协定》
《中德双边条约》	《中华人民共和国和德意志联邦共和国关于促进和相互保护投资的协定》

续表

《中刚双边条约》	《中华人民共和国政府和刚果共和国政府关于鼓励促进和保护投资协定》
《1986 年中比双边条约》	《中华人民共和国政府和比利时与卢森堡经济联盟关于相互鼓励和保护投资协定》 （签署日期：1984 年 6 月 4 日；生效日期：1986 年 10 月 5 日）
《2009 年中比双边条约》	《中华人民共和国政府和比利时—卢森堡经济联盟关于相互促进和保护投资的协定》 （签署日期：2005 年 6 月 6 日；生效日期：2009 年 12 月 1 日）

目 录

第一篇　总论:"一带一路"背景下的投资争端解决机制 / 001

一、共建"一带一路"之政策背景 / 001

二、投资争端解决机制研究 / 003

1. 研究主题 / 003

2. 研究对象 / 005

（1）国际投资协定（以 BIT 为主）/ 005

（2）投资仲裁案例 / 005

（3）以 ICSID 规则为主体的投资仲裁规则 / 017

3. 研究方法 / 018

第二篇　投资争端解决机制途径概览 / 023

一、投资与投资者 / 023

1. 何为"投资" / 023

2. 何为"投资者" / 027

（1）"一带一路"沿线国家与中国签订的国际投资协定给出的定义 / 027

（2）《ICSID 公约》给出的定义 / 030

二、投资保护内容 / 032

1. 最惠国待遇 / 032

2. 免予无理由征收、拥有获得征收补偿的权利 / 034
3. 资金自由转移 / 035
4. 国民待遇 / 036
5. 公平公正待遇 / 037
6. 保护伞条款 / 038
三、投资争端救济程序 / 040
1. 前置磋商程序 / 040
2. 东道国国内程序 / 041
3. 争端解决的国际程序——仲裁 / 044
（1）ICSID 仲裁 / 047
（2）临时仲裁 / 050
（3）其他机构仲裁（含中国贸仲、北仲、深仲等）/ 051

第三篇　投资仲裁 / 057

一、可能影响仲裁庭管辖权的几大因素 / 057
1. 仲裁申请人之主体资格 / 058
2. 可仲裁的争议类型 / 058
3. 提起投资仲裁的时限 / 060
4. 仲裁的前置程序和“岔路口条款”/ 061
二、费用、撤裁与执行（主要以 ICSID 规则为例）/ 062
1. 费用与开支 / 062
（1）ICSID 仲裁的费用与开支之构成 / 062
（2）费用与开支的分摊规则 / 065
2. ICSID 裁决作出后之救济和程序 / 072
（1）概述 / 072
（2）撤裁程序 / 073
（3）中止执行 / 076
3. ICSID 仲裁裁决的承认与执行 / 077
（1）裁决的约束力及终局性 / 077
（2）裁决的自动承认 / 077
（3）裁决的主动和强制执行 / 078

2. 免予无理由征收、拥有获得征收补偿的权利 / 034
3. 资金自由转移 / 035
4. 国民待遇 / 036
5. 公平公正待遇 / 037
6. 保护伞条款 / 038
三、投资争端救济程序 / 040
1. 前置磋商程序 / 040
2. 东道国国内程序 / 041
3. 争端解决的国际程序——仲裁 / 044
（1）ICSID 仲裁 / 047
（2）临时仲裁 / 050
（3）其他机构仲裁（含中国贸仲、北仲、深仲等）/ 051

第三篇 投资仲裁 / 057

一、可能影响仲裁庭管辖权的几大因素 / 057
1. 仲裁申请人之主体资格 / 058
2. 可仲裁的争议类型 / 058
3. 提起投资仲裁的时限 / 060
4. 仲裁的前置程序和“岔路口条款” / 061
二、费用、撤裁与执行（主要以 ICSID 规则为例） / 062
1. 费用与开支 / 062
（1）ICSID 仲裁的费用与开支之构成 / 062
（2）费用与开支的分摊规则 / 065
2. ICSID 裁决作出后之救济和程序 / 072
（1）概述 / 072
（2）撤裁程序 / 073
（3）中止执行 / 076
3. ICSID 仲裁裁决的承认与执行 / 077
（1）裁决的约束力及终局性 / 077
（2）裁决的自动承认 / 077
（3）裁决的主动和强制执行 / 078

目 录

第一篇　总论:“一带一路”背景下的投资争端解决机制 / 001

一、共建“一带一路”之政策背景 / 001
二、投资争端解决机制研究 / 003
1. 研究主题 / 003
2. 研究对象 / 005
（1）国际投资协定（以 BIT 为主）/ 005
（2）投资仲裁案例 / 005
（3）以 ICSID 规则为主体的投资仲裁规则 / 017
3. 研究方法 / 018

第二篇　投资争端解决机制途径概览 / 023

一、投资与投资者 / 023
1. 何为“投资” / 023
2. 何为“投资者” / 027
（1）“一带一路”沿线国家与中国签订的国际投资协定给出的定义 / 027
（2）《ICSID 公约》给出的定义 / 030
二、投资保护内容 / 032
1. 最惠国待遇 / 032

（2）属事管辖:《中蒙双边条约》中是否赋予仲裁庭对"是否存在征收"行使管辖权 / 123
（3）费用 / 132
4. 后续程序：撤销仲裁裁决申请 / 133
（1）法院撤裁程序基本信息 / 133
（2）双方核心观点 / 134
5. 笔者关于本案的思考与总结 / 146
（1）仲裁庭的管辖权要点：属事管辖及属人管辖 / 146
（2）撤销仲裁裁决和仲裁地法院的司法审查 / 150
三、"中国平安诉比利时政府"ICSID 投资仲裁案 / 151
1. 案情介绍 / 152
（1）案件基本信息 / 152
（2）案情简介 / 152
2. 仲裁请求、主要抗辩及裁决结果 / 156
（1）概况 / 156
（2）仲裁请求 / 156
（3）主要抗辩 / 158
（4）仲裁裁决结果 / 160
3. 争议焦点梳理 / 160
（1）ICSID 的属时管辖权 / 160
（2）费用 / 177
4. 收获与观点 / 178
（1）对于属时管辖裁定的评议 / 178
（2）律师和仲裁员的选任 / 182
（3）关于本案裁判规则的总结 / 187
四、"世能公司诉老挝政府"投资仲裁案 / 189
1. 案件申请人及背景简介 / 189
（1）同一投资，两个投资主体 / 189
（2）案件信息 / 190
（3）案情简介 / 191
（4）仲裁程序及仲裁请求 / 192

第四篇 投资仲裁案例解析 / 081

一、“谢业深诉秘鲁政府”ICSID 投资仲裁案 / 081
1. 案情介绍 / 081
（1）基本信息 / 081
（2）案情概要 / 082
2. 案件结果 / 085
（1）仲裁庭管辖权决定 / 085
（2）仲裁庭实体裁决及撤裁结果 / 085
3. 本案争议焦点 / 086
（1）仲裁庭对本案争议是否享有管辖权 / 086
（2）SUNAT 强制实施初步预防措施的行为是否构成间接性征收 / 090
4. 收获与观点 / 101
（1）首案影响——中国对于投资仲裁的态度转变 / 101
（2）中止执行仲裁裁决与撤销仲裁裁决的关系 / 105
（3）撤销仲裁裁决的理由 / 108
（4）撤裁临时委员会机制性质 / 113
（5）费用问题 / 114
（6）TSG 减损行为在裁决时的考量 / 115
二、“北京首钢等诉蒙古国政府”PCA 投资仲裁案 / 116
1. 案情介绍 / 117
（1）案件基本信息 / 117
（2）案情简介 / 117
2. 仲裁请求及裁决结果 / 120
（1）申请人在仲裁申请书中寻求的救济 / 120
（2）申请人在法律书状中寻求的救济 / 121
（3）仲裁裁决结果 / 121
3. 争议焦点梳理 / 121
（1）属人管辖：申请人是否属于《中蒙双边条约》中第 1（2）条规定的“投资者” / 121

（5）仲裁结果 / 194
（6）笔者就本案的初步思考 / 195
2. 仲裁庭管辖权问题 / 196
（1）PCA 仲裁管辖异议裁定 / 196
（2）ICSID 仲裁案之管辖异议裁定 / 209
3. 仲裁裁决 / 219
（1）援引的实体法律依据:《荷老双边条约》/ 220
（2）核心争议焦点之一：申请人是否存在贿赂行为及其后果 / 223
（3）申请人投资和运营过程中缺乏诚信（Lack of Good Faith）及其后果 / 229
（4）被申请人是否构成“征收”/ 230
（5）被申请人是否违反公平与公正待遇及其他条约义务 / 232
4. 仲裁费用分担 / 232
（1）前序仲裁程序费用问题的负担 / 232
（2）最终裁决确定的费用分担 / 233
5. 笔者关于本案的其他思考 / 236
（1）关于选择条约进行争议解决的思路 / 236
（2）“涉及”征收补偿款额的争议是否包含对“征收”本身进行判定 / 239
（3）变更投资者国籍与属时管辖 / 240
（4）投资者的不诚信行为或使其不能获得投资保护 / 240
五、“北京城建诉也门政府”ICSID 投资仲裁案 / 241
1. 案件背景 / 242
（1）案件基本信息 / 242
（2）案件事实 / 242
2. 主要抗辩及案件结果 / 243
（1）主要抗辩 / 243
（2）裁决结果 / 244
3. 争议焦点梳理 / 245
（1）第一项“属人管辖”异议：北京城建不属于《ICSID 公约》项下“另一缔约国国民”/ 245

（2）第二项“属事管辖”异议：也门政府同意提交 ICSID 仲裁的争议范围仅限于补偿款额争议 / 251
（3）第三项异议：最惠国待遇条款无法适用于争议解决条款 / 262
（4）第四项异议：缺乏符合条件的投资（Lack of Qualified Investment）/ 265
（5）第五项异议：北京城建的主张是合同主张（Contractual Claim），并非条约主张（Treaty Claim）/ 269
4. 收获与分析 / 270
（1）ICSID 仲裁管辖权之“另一缔约国国民”身份认定（属人管辖权）/ 270
（2）ICSID 仲裁管辖权之“投资”认定 / 276

第五篇 结 语 / 279

附 录 / 287

第一篇

总论："一带一路"背景下的投资争端解决机制

一、共建"一带一路"之政策背景

2013 年 9 月和 10 月，习近平主席在出访哈萨克斯坦和印度尼西亚时先后提出共建"丝绸之路经济带"和"21 世纪海上丝绸之路"的重大倡议。2013 年以来，共建"一带一路"倡议得到了越来越多国家和国际组织的积极响应，受到国际社会广泛关注，影响力日益扩大。[1]

在第二届"一带一路"国际合作高峰论坛圆桌峰会上，习近平主席与 38 个国家首脑发布联合公报；其中强调，各国将"加强务实合作"，"鼓励开展第三方市场合作、三方合作及政府和社会资本合作，欢迎企业和有关国际组织在符合各国法律法规的前提下就此作出更多努力。我们欢迎开展法务合作，包括为工商界提供**争端解决服务**和**法律援助**"[2]。这直接体现了，在"一带一路"合作背景下，各国及第三方国际机构直接的"争端解决服务"合作之重要性和必要性。

1 《共建"一带一路"倡议：进展、贡献与展望》，中国一带一路网：https：//www.yidaiyilu.gov.cn/zchj/qwfb/86697.htm，最后访问日期 2019 年 8 月 12 日。

2 《第二届"一带一路"国际合作高峰论坛圆桌峰会联合公报》，中国一带一路网：https：//www.yidaiyilu.gov.cn/zchj/qwfb/88222.htm，最后访问日期 2019 年 8 月 12 日。

截至2019年4月30日，中国已经与131个国家和30个国际组织签署了187份共建“一带一路”合作文件[3]，共建“一带一路”国家已由亚欧延伸至非洲、拉美、南太等区域。[4]在鼓励外商投资的同时，自2018年1月至2019年6月，我国企业在“一带一路”沿线对56个国家非金融类直接投资共计约198亿美元（2018年1月至11月：129.6亿美元；2019年1月至6月：68亿美元）[5]。根据2019年9月我国商务部、国家统计局和国家外汇管理局联合发布的《2018年度中国对外直接投资统计公报》[6]，2018年中国对外直接投资1430.4亿美元，略低于日本（1431.6亿美元），成为第二大对外投资国；2018年年末，中国对外直接投资存量达1.98万亿美元，在全球分国家地区的对外直接投资存量排名由第25位升至第3位，仅次于美国和荷兰。中国在全球外国直接投资中的影响力不断扩大，流量占全球比重连续3年超过一成，2018年占14.1%，较上年提升3个百分点；2018年年底存量占6.4%，较上年提升0.5个百分点，皆创历史新高。从投资范围上看，全球80%以上国家（地区）都有中国的投资；中国在“一带一路”沿线国家（地区）设立境外企业超过1万家，2018年年末存量1727.7亿美元。[7]

伴随着经济活动的增加，对投资活动风险的评估与控制亦不可小觑；其中十分重要的一点，便是对潜在投资争端解决机制的了解与掌握。中国企业作为对外投资者与被投资国（亦称东道国）及其相关主体之间的投资、贸易摩擦不可避免，中国投资者急需正视风险，并且给予合理评估、安排处理策略。在这样的前提下，中国作为“一带一路”倡议的主导者，如何

---

3 《已同中国签订共建“一带一路”合作文件的国家一览》，中国一带一路网：https://www.yidaiyilu.gov.cn/gbjg/gbgk/77073.htm，最后访问时间2019年8月12日。注：截至2020年1月，中国已经同138个国家和30个国际组织签署200份共建“一带一路”合作文件。本书以组稿时的数据为基础，并不影响对内容的分析与阐述。相关信息一直不断更新，请关注中国一带一路网等官方网站了解新进展。

4 《一图读懂2019“一带一路”建设成果报告》，中国一带一路网：https://www.yidaiyilu.gov.cn/zchj/tjzc/86722.htm，最后访问时间2019年8月12日。

5 《2019年1—6月我对“一带一路”沿线国家投资合作情况》，中国一带一路网：https://www.yidaiyilu.gov.cn/xwzx/gnxw/98149.htm，最后访问时间2019年8月12日。《2018年1—11月我对“一带一路”沿线国家投资合作情况》，中国一带一路网：http://www.mofcom.gov.cn/article/tongjiziliao/dgzz/201812/20181202818130.shtml，最后访问时间2019年8月12日。正文中的“约198亿美元”，是2018年1月到11月的投资总金额加上2019年1月到6月的投资总金额得出的（根据中国一带一路网公布的基础数据信息，未找到2018年12月的对应数据，故而12月的投资金额未包括在这个总金额内）。

6 商务部等部门联合发布《2018年度中国对外直接投资统计公报》，http://www.gov.cn/xinwen/2019-09/13/content_5429649.htm，最后访问时间2019年9月18日。

7 同脚注6。

在这种新的国际经济态势下保护本国投资者，使其合法、合约权益得到维护，以及中国投资者应该（或可以）采取何种方式应对难以回避的国际投资争端，对于"一带一路"合作倡议体系来讲，是具有十分重要的现实意义的议题。

二、投资争端解决机制研究

本书系在中国法学会世界贸易组织法研究会于2017年度立项课题"'一带一路'投资争端解决机制研究"的初步研究成果之基础上进一步完善所成。在本次课题研究中，课题组成员主要致力于研究中国投资者到"一带一路"沿线国家[8]投资，与东道国及其政府产生投资争端（诸如征收补偿、投资公平公正待遇、国民待遇、最惠国待遇、投资回报返回国内、税收等投资争端）时：（1）可以寻求哪些路径、机制来解决该等争端；（2）可选争端解决路径和机制之间的优劣对比等主要问题，以期为中国投资者在响应"一带一路"倡议、走出国门时提供争端解决方面的合理化建议；（3）通过对涉及中国投资者的投资仲裁实际案例的解析，力图为中国投资者在进行投资筹划阶段以及面临投资争端时，提供具有实操性的参考和建议。

本小节将于下文分述本书的研究主题、研究对象以及研究方法。

1. 研究主题

本书的研究主题为"一带一路"背景下的投资争端解决机制。此处，"投资争端"，特指在跨国投资活动中发生于投资者与东道国之间的、与投资相关的争端。例如，投资者在东道国与投资相关的资产被东道国征收、东道国未能给外国投资者提供公平且受保护的投资环境等。在本书语境下，该等"投资争端"的争端解决机制，主要包括以下要点：

（1）投资争端是发生于东道国（国家）与外国投资者（商事私主体）之间，故该等争端也被称为"投资者与国家之间的争端"（Investor–State Dispute）。

（2）投资争端是法律争端（legal dispute），而非其他争端（如政治争端、纯商业争议等）。该等争端的引发基础，主要是国际投资协定（International

8 详情见脚注3。

Investment Agreement，IIA）[9]。其主要形式包括：

——双边投资协定（Bilateral Investment Treaty，BIT）；

——含投资条款的条约（Treaties with Investment Provisions，TIPs）；包括但不限于：多边投资协定（Multilateral Agreement on Investment，MAI）、自由贸易协定（Free Trade Agreement，FTA）、优惠贸易和投资协定（Preferential Trade and Investment Agreement，PTIA）等。

依据该等国际投资协定，例如可适用的双边投资协定，投资者在条约项下的法律权益被侵犯，或东道国未能履行其条约项下的法律义务，则投资者可以依据特定的争议解决机制来寻求法律救济（legal remedy）。此间所涉及的外国投资者拥有的实质性的投资保护权利，包括“公平公正待遇”（fair and equitable treatment）、“全面保护和安全”（full protection and security）以及不被无合理补偿地直接或间接“征收”（the right not to be directly or indirectly expropriated without full compensation）等一系列投资条约项下的权利。本书所讨论的投资争端解决机制，主要是指“投资者与国家之间”、“基于条约的”（treaty-based）[10] 投资争端之解决机制；其相关主张的性质，通常被称为“基于条约的主张”（treaty-based claim）。

（3）该等投资争端解决机制，是以国际投资仲裁为核心方式展开的、维护投资者权益的争议解决方式。国际投资仲裁，主要是以当事人合意约定为管辖基础的投资争端解决机制；而最具代表性的国际投资仲裁机构是解决投资争端国际中心（International Centre for Settlement of Investment Disputes，ICSID）[11]。

---

9 国际投资协定是国家或地区之间的条约（treaty），针对有关跨境投资的事宜，旨在保护、促进和开放投资。缔结协定的地区承诺，对外国在其领土内的投资，实施协定的标准。协定同时列明解决争端的程序，以便应付这些承诺无法实现的情况。最常见的类型是“双边投资协定”和“优惠贸易和投资协定”。国际税务协定和避免双重征税条约（International Taxation Agreements and Double Taxation Treaties，DTTs），也被视为国际投资协定，因税收通常对外国投资具有重要影响。参考维基百科：https://zh.wikipedia.org/wiki/%E5%9C%8B%E9%9A%9B%E6%8A%95%E8%B3%87%E5%8D%94%E5%AE%9A，最后访问时间 2019 年 8 月 12 日；https://en.wikipedia.org/wiki/International_investment_agreement，最后访问时间 2019 年 8 月 12 日。

10 广义的“投资争端解决机制”包括条约、投资协议（东道国合同，State contract）、东道国国内投资法（National Investment Laws）。在本书语境下讨论的投资争端解决案件，主要为投资者与东道国之间基于条约的投资争端案件，并不包含以下类型投资争端案件：（1）仅依据投资协议（东道国合同）提起之案件；（2）仅依据东道国国内投资法提起之案件；（3）当事人已表明进行投资仲裁意向但仲裁程序并未启动的案件。

11 对于 ICSID 相关的机制和规则，笔者将在下文详细阐述。

对于响应"一带一路"倡议、走出国门进行对外投资的中国企业，在众多投资活动中将不可避免地涉及投资争端的处理；而对于投资争端解决机制的研究，恰是为中国投资者提供在境外投资活动相关的维权工具及救济保障之智囊储备。因此，**了解**中国与被投资国之间有关投资的协定（主要是双边投资协定等），**理解**国际投资争端解决机制的主要途径与运作模式，**借鉴**中国投资者作为当事人参与的已发生的国际投资仲裁典型案例之解析与经验，便成为笔者计划向中国投资者献上的**三个实务"锦囊"**。笔者期待，中国企业在"一带一路"倡议的大背景下，在开展投资活动之前、投资过程中甚或已发生潜在或实在的投资争端时，可以从本书中获得些许思路和建议。

2. 研究对象

（1）国际投资协定（以 BIT 为主）

在本书中，笔者选定了中国与"一带一路"沿线国家之间缔结的投资协定作为首要研究对象（131 个"一带一路"沿线国家[12]中，与中国未签订双边投资协定的有 30 个国家，与中国签订了投资条约但条约未生效的国家有 14 个——包括 2 个与中国之间的投资条约处于失效状态的国家）。故此，本书主要进行梳理、比较的是中国与"一带一路"合作国中 87 个国家所缔结的、生效的双边投资协定。

分析、梳理、总结这些投资协定之特点和共性规律，可以使投资者在投资前了解投资保护条约的相关情况，并为投资者在如何面对投资争端、如何寻求救济方面提供尽可能详细和可靠的参考；这也正是本书研究的重要目的和意义之一。除此之外，通过考察各国投资协定相关内容，特别是投资争端解决机制相关的规定，本书也意图发现目前体系中存在的问题，为投资者在各国维权的前景和困难作出一定的评估和预警。该等投资争端解决机制所隐含的问题，从实践角度看，是投资者需要注意规避的或需要应对的风险；而从长远来看，其亦将指示着，中国与其他国家于国际投资领域经济合作中在法律、制度层面上有待提升的方向。

（2）投资仲裁案例

对条约规则的梳理把握固然重要，而在法律实践领域，对实际发生的

12　详情见脚注 3。

案例进行研习，亦具有十分宝贵的价值；正可谓，“力行而后知之真”。因此，本书的第二个研究对象便是：中国投资者作为当事方的投资仲裁之实际案例。

截至 2019 年 8 月 12 日，通过公开途径[13]搜索，可知的已审结的此类投资仲裁案件，整理见表 1–1[14]。

表 1–1　中国投资者作为当事方的已审结投资仲裁案件

序号	立案年份	案件简称	适用的国际投资协定（IIA）	仲裁管理机构	仲裁规则	案件简介	原仲裁结果
1	2007	谢业深诉秘鲁政府 Tza Yap Shum v. Peru ICSID ARB/07/6	中秘双边条约（1994） China – Peru BIT（1994）	ICSID	ICSID	投资：控股一家秘鲁的在亚洲市场销售出口鱼粉的企业。 概要：申请人之主张基于——申请人投资的企业由于税务债务等被指控行为，其银行账户被秘鲁税务机关实施冻结，导致申请人投资被实质性剥夺。[15]	投资者胜诉

13　公开途径包括：联合国贸易和发展会议公布的投资争端解决导航（Investment Dispute Settlement Navigator），https：//investmentpolicy.unctad.org/investment–dispute–settlement/advanced–search；ICSID 官网的投资仲裁案件数据库，https：//icsid.worldbank.org/en/Pages/cases/AdvancedSearch.aspx；ITALAW 官网，https：//www.italaw.com/。后文脚注中提到以上数据库，读者皆可参考此脚注之网址进行检索。

14　表中的中国投资者，包括中国内地、中国香港和中国澳门的投资者。本书第四篇就是对所列的投资仲裁案件进行深入介绍、整理、分析。在 ICSID 官网，按照申请人母国为中国搜索，除了表 1–1 所列 5 个案件，还另外显示了两个涉及渣打银行的案例：（1）渣打银行（香港）与坦桑尼亚共和国（ICSID Case No. ARB/15/41）；（2）渣打银行（香港）与坦桑尼亚电力供应有限公司（Tanzania Electric Supply Company Limited）（ICSID Case No.ARB/10/20）。其中第 1 个案例还在待决（pending）状态，未查到案件情况信息；第 2 个案例的管辖权问题主要适用坦桑尼亚法律，超出了笔者执业范围。因此，这两个案件并未列入本书研究的投资仲裁案件范畴中，特此说明。

15　联合国贸发会议，投资争端解决导航：“Investment：Majority shareholding in a Peruvian company engaged in the purchase and export of fish flour to Asian markets. Summary：Claims arising out of the seizure of the bank account of claimant’s enterprise due to tax debt and other alleged actions undertaken by Peruvian tax authorities that resulted in the substantive deprivation of claimant’s investment.” https：//investmentpolicy.unctad.org/investment–dispute–settlement/advanced–search，最后访问时间 2019 年 8 月 12 日。

续表

序号	立案年份	案件简称	适用的国际投资协定（IIA）	仲裁管理机构	仲裁规则	案件简介	原仲裁结果
2	2010	北京首钢等诉蒙古国政府 Beijing Shougang and others v. Mongolia PCA CASE Nº 2010–20	中蒙双边条约（1991） China – Mongolia BIT（1991）	PCA[16]	UNCITRAL[17]	投资：采矿许可证项下的权利。概要：申请人之主张基于申请人在蒙古国设立的子公司所持有的Tumurtei铁矿采矿证在2012年被取消。[18]	东道国胜诉
3	2012	中国平安诉比利时政府 Ping An v. Belgium ICSID ARB/12/29	中比双边条约（1984） 中比双边条约（2005） BLEU（Belgium–Luxembourg Economic Union）– China BIT（1984） BLEU（Belgium–Luxembourg Economic Union）– China BIT（2005）	ICSID	ICSID	投资：作为第一股东持股比利时—荷兰金融机构富通集团（Fortis）。概要：申请人之主张基于在2008年金融危机背景下，政府对于申请人所投资的金融机构实施的一系列紧急财政援助（bailout）、实质性的国有化及出售给第三方等行为。[19]	东道国胜诉

16 海牙常设仲裁法院（Permanent Court of Arbitration），于1899年成立，是政府间国际组织，旨在进行国家间的仲裁或其他争议解决方式。目前管理的案件包括3起国家间的争端，109起投资者与东道国之间的仲裁案件，49起国家与其他公共实体之间的合同项下的争端，以及5起其他纠纷。参见https://pca-cpa.org/en/cases/，最后访问时间2020年5月9日。

17 此处指《联合国国际贸易法委员会仲裁规则》（UNCITRAL Arbitration Rule）。至今，《联合国国际贸易法委员会仲裁规则》有3个版本；最新版本是2013年版，其中纳入了《贸易法委员会投资人与国家间基于条约仲裁透明度规则》（UNCITRAL Rules on Transparency in Treaty–based Investor–State Arbitration）（该规则于2014年4月1日生效）。

18 联合国贸发会议，投资争端解决导航："Investment：Rights under a mining licence. Summary：Claims arising out of the cancellation of licenses held by the claimants in the Tumurtei iron ore mine in 2012." https：//investmentpolicy.unctad.org/investment–dispute–settlement/advanced–search，最后访问时间2019年8月12日。

19 联合国贸发会议，投资争端解决导航："Investment：Largest shareholding in the Belgian–Dutch financial institution Fortis. Summary：Claims arising out of the Government's bailout，and subsequent nationalisation and sale to a third party，of the financial institution in which the claimants had invested，in the context of the 2008 financial crisis." https：//investmentpolicy.unctad.org/investment–dispute–settlement/advanced–search，最后访问时间2019年8月12日。

续表

序号	立案年份	案件简称	适用的国际投资协定（IIA）	仲裁管理机构	仲裁规则	案件简介	原仲裁结果
4	2012	世能公司诉老挝政府 Sanum Investments v. Laos PCA Case No. 2013–13[20]	中老双边条约（1993）China – Lao People's Democratic Republic BIT（1993）	PCA	UNCITRAL	投资：申请人对老挝子公司的贷款。申请人对两处酒店和赌场（Savan Vegas and Paksong Vegas）控股权以及对三家老虎机俱乐部的股权。 概要：申请人之主张基于老挝政府（包括其法院和省级当局）采取的一系列措施，影响了申请人对两家酒店和赌场以及申请人投资的其他博彩设施的建设和经营的一揽子权利。双方在2014年达成和解协议，仲裁程序中止。后申请人诉请被申请人违反和解协议，仲裁重启。[21]除此之外，申请人又提起了一个独立的仲裁，案件索引号为ICSID Case No. ADHOC/17/1。	东道国胜诉

20 联合国贸发会议，投资争端解决导航，https://investmentpolicy.unctad.org/investment-dispute-settlement/advanced-search，最后访问时间2019年8月12日。申请人于2017年又提出一个独立的仲裁，案件索引号为ICSID Case No. ADHOC/17/1，申请人之主张是基于老挝政府违反2014年缔结的和解协议而提起，目前该案仍在审理中。

21 联合国贸发会议，投资争端解决导航：“Investment: Majority shareholding in the Savan Vegas Hotel and Casino. Summary: Claims arising out of the Government's actions allegedly in breach of a settlement agreement concluded by the claimant and Lao Holdings N.V. with the Government in 2014.” https://investmentpolicy.unctad.org/investment-dispute-settlement/advanced-search，最后访问时间2019年8月12日。

续表

序号	立案年份	案件简称	适用的国际投资协定（IIA）	仲裁管理机构	仲裁规则	案件简介	原仲裁结果
	2012	Lao Holdings N.V. v. Lao People's Democratic Republic ICSID Case No. ARB（AF）/12/6[22]	荷老双边条约（2003）Lao People's Democratic Republic – Netherlands BIT（2003）	ICSID	ICSID 附加便利规则	投资：申请人对老挝子公司的贷款。申请人对两处酒店和赌场（Savan Vegas and Paksong Vegas）控股权以及对三家老虎机俱乐部的股权。摘要：因政府多项措施而提起，包括对赌场收入征收 80% 的税，以及据称对申请人的 Savan Vegas 酒店和赌场进行不公平和强制性审计。在 2014 年本案达成和解后，申请人进一步指控政府严重违反和解协议，侵犯其赌博专营权。	东道国胜诉
5	2014	北京城建诉也门政府 Beijing Urban Construction v. Yemen ICSID Case No. ARB/14/30	中也双边条约（1998）China – Yemen BIT（1998）	ICSID	ICSID	投资：申请人与也门民航气象局签署的建造机场航站楼之协议项下的权利。概要：申请人之主张基于申请人称其财产及在萨那建造机场航站楼之项目合同被武装夺取。[23]	和解

22　联合国贸发会议，投资争端解决导航，https：//investmentpolicy.unctad.org/investment-dispute-settlement/advanced-search，最后访问时间 2019 年 8 月 12 日。申请人又于 2017 年提起一个独立的仲裁，仲裁案件索引号为：ICSID Case No. ARB（AF）/16/2。申请人因老挝政府违反和解协议查封申请人持有 80% 股份的 Savan Vegas 酒店和赌场，以及对申请人投资征收惩罚性税率而提起。目前该案正在审理中。

23　联合国贸发会议，投资争端解决导航："Investment：Rights under an agreement concluded between claimant and the Yemeni civil aviation and meteorology authority for the construction of an airport terminal. Summary：Claims arising out of the alleged forced deprivation of claimant's assets and contract concerning a project for the construction of an airport terminal in Sana'a." https：//investmentpolicy.unctad.org/investment-dispute-settlement/advanced-search，最后访问时间 2019 年 8 月 12 日。

联合国贸易和发展会议（United Nations Conference on Trade and Development，UNCTAD，以下简称联合国贸发会议）官网发布的数据显示[24]，截至2018年12月31日，已知的国际投资争端案件已达942起（已结案602起、待决332起、数据未公开的8起）[25]。其中，中国投资者通过国际投资争端解决机制来维护己方权益的案件，仅有如表1–1所列的5起，占所发生案件总数的0.53%。同等条件下，美国投资者针对其跨国投资的维权案件有174件，占案件总数的18.47%；英国投资者提起的投资仲裁案件有78件，占8.28%。可见，中国投资者的投资争端解决实务经验尚不充分；无论是主动维权还是被动应对，都仍处于摸索阶段。

同时，我们也发现，在世界范围内，投资争端案件呈显著上升趋势。如联合国贸发会议《2019年世界投资报告》（Figure III.9，见图1–1）[26]所述，1987年至2018年，世界范围内已知的、基于条约的投资争议年度案件数量虽有波动，但仍呈现显著的整体上升趋势。由此可见，在传统的争议解决途径（商事仲裁、东道国行政或诉讼救济、外交途径等）以外，各国投资者开始更多地选择专门处理投资争端的法律手段——投资仲裁；利用其母国与被投资国间投资协定对投资者的保护等规定，维护自身权益。这体现了，投资者逐渐相信，投资仲裁可以为投资者提供更为广泛、可靠、中立的选择；投资者的选择，亦同时促进了国际投资仲裁领域的进一步完善和发展。

---

24 Known treaty–based ISDS Cases，联合国贸发会议，投资争端解决导航，https：//investmentpolicy.unctad.org/investment–dispute–settlement，最后访问时间2019年8月12日。

25 World Investment Report 2019，United Nations Conference on Trade and Development，2019年6月12日，第102页。UNCTAD的数据并不包括投资者与国家之间仅基于国家投资协议或国家投资法的案件，亦不包含那些当事人签字意图诉诸ICSID但仲裁程序并未开始的案件；UNCTAD并不能保证该数据完全准确。此外，根据联合国贸发会议《2019年世界投资报告》（UNCTAD – WORLD INVESTMENT REPORT 2019）所述，由于有些仲裁案件可以选择高度保密，在2018年及往年备案的投资仲裁争端案件的实际数量有可能比这个数字（942起）还高。（As some arbitrations can be kept fully confidential, the actual number of disputes filed in 2018 and previous years is likely to be higher.）https：//unctad.org/en/PublicationsLibrary/wir2019_en.pdf，最后访问时间2019年8月12日。

26 World Investment Report 2019，United Nations Conference on Trade and Development，2019年6月12日，第103页，https：//unctad.org/en/PublicationsLibrary/wir2019_en.pdf，最后访问时间2019年8月12日。

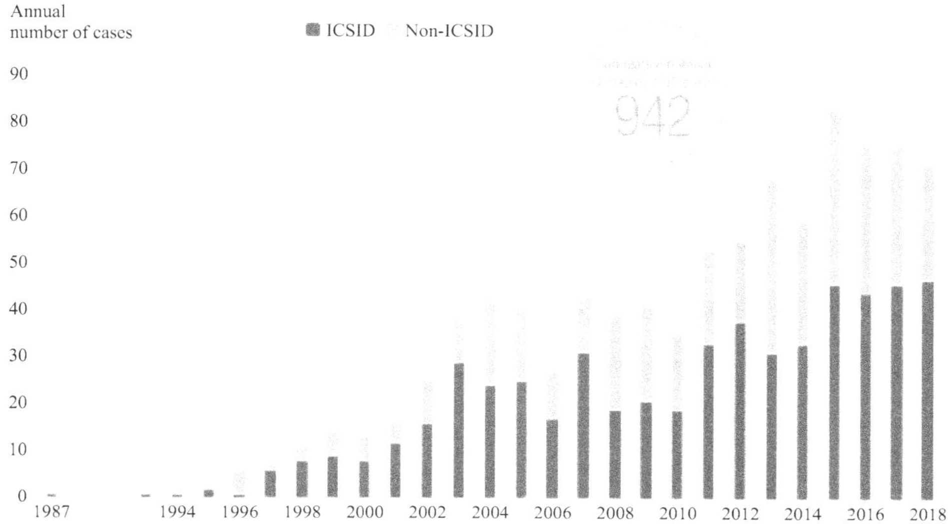

Source: UNCTAD, ISDS Navigator.
Note: Information has been compiled from public sources, including specialized reporting services. UNCTAD's statistics do not cover investor–State cases that are based exclusively on investment contracts (State contracts) or national investment laws, or cases in which a party has signaled its intention to submit a claim to ISDS but has not commenced the arbitration. Annual and cumulative case numbers are continually adjusted as a result of verification processes and may not match exactly case numbers reported in previous years.

图 1–1 1987—2018 年投资者与东道国之间基于条约的投资争端已知案件数量趋势图

在国际投资争端解决案件呈上升趋势之大背景下，笔者在下文进一步聚焦国际投资争端解决案件在“一带一路”沿线国家中的情况。联合国贸发会议官网发布的数据显示，与中国已签订合作协议的 131 个“一带一路”沿线国家当中，有 94 个国家作为东道国（投资仲裁被申请人）曾参与投资仲裁争端案件。同时，笔者通过对比官方公开数据发现，“一带一路”沿线国家作为东道国的投资仲裁案件数量（共计 671 起）占已知的投资仲裁案件总数（942 起）的 71.23%。具体的案件数量统计数据见表 1–2。

表 1–2 “一带一路”沿线国家作为被申请人涉入投资仲裁案件之数量统计表 [27]

序号	国别	作为被申请人的涉案数量
1	苏丹（Sudan）	1
2	南非（South Africa）	1

27 联合国贸发会议，投资争端解决导航，https：//investmentpolicy.unctad.org/investment–dispute–settlement，最后访问时间 2019 年 8 月 13 日。

续表

序号	国别	作为被申请人的涉案数量
3	塞内加尔（Senegal）	3
4	塞拉利昂（Sierra Leone）	0
5	科特迪瓦（Ivory Coast）	0
6	索马里（Somalia）	0
7	喀麦隆（Cameroon）	1
8	南苏丹（South Sudan）	0
9	塞舌尔（Seychelles）	0
10	几内亚（Guniea）	0
11	加纳（Ghana）	2
12	赞比亚（Zambia）	0
13	莫桑比克（Mozambique）	2
14	加蓬（Gabon）	2
15	纳米比亚（Namibia）	0
16	毛里塔尼亚（Mauritania）	3
17	安哥拉（Angola）	0
18	吉布提（Djibouti）	0
19	埃塞俄比亚（Ethiopia）	2
20	肯尼亚（Kenya）	1
21	尼日利亚（Nigeria）	1
22	乍得（Chad）	0
23	刚果布（Congo）	4
24	津巴布韦（Zimbabwe）	3
25	阿尔及利亚（Algeria）	9
26	坦桑尼亚（Tanzania）	4
27	布隆迪（Burundi）	4
28	佛得角（Cabo Verde）	1
29	乌干达（Uganda）	1

续表

序号	国别	作为被申请人的涉案数量
30	冈比亚（Gambia）	2
31	多哥（Togo）	0
32	卢旺达（Rwanda）	1
33	摩洛哥（Morocco）	4
34	马达加斯加（Madagascar）	4
35	突尼斯（Tunisia）	1
36	利比亚（Libya）	12
37	埃及（Egypt）	33
38	赤道几内亚（Equatorial Guinea）	1
39	利比里亚（Liberia）	0
40	韩国（Korea）	7
41	蒙古国（Mongolia）	5
42	新加坡（Singapore）	0
43	东帝汶（Timor Leste）	0
44	马来西亚（Malaysia）	3
45	缅甸（Myanmar）	1
46	柬埔寨（Cambodia）	0
47	越南（Vietnam）	8
48	老挝（Lao People's Democratic Republic）	4
49	文莱（Brunei）	0
50	巴基斯坦（Pakistan）	9
51	斯里兰卡（Sri Lanka）	5
52	孟加拉国（Bangladesh）	1
53	尼泊尔（Nepal）	0
54	马尔代夫（Maldives）	0
55	阿联酋（United Arab Emirates）	3
56	科威特（Kuwait）	4

续表

序号	国别	作为被申请人的涉案数量
57	土耳其（Turkey）	14
58	卡塔尔（Qatar）	1
59	阿曼（Oman）	3
60	黎巴嫩（Lebanon）	5
61	沙特阿拉伯（Saudi Arabia）	5
62	巴林（Bahrain）	1
63	伊朗（Iran）	1
64	伊拉克（Iraq）	2
65	阿富汗（Afghanistan）	0
66	阿塞拜疆（Azerbaijan）	3
67	格鲁吉亚（Georgia）	10
68	亚美尼亚（Armenia）	4
69	哈萨克斯坦（Kazakhstan）	19
70	吉尔吉斯斯坦（Kyrgyzstan）	14
71	塔吉克斯坦（Tajikistan）	1
72	乌兹别克斯坦（Uzbekistan）	8
73	泰国（Thailand）	2
74	印度尼西亚（Indonesia）	7
75	菲律宾（Philippines）	5
76	也门（Yemen）	3
77	塞浦路斯（Cyprus）	5
78	俄罗斯（Russia）	24
79	奥地利（Austria）	1
80	希腊（Greece）	4
81	波兰（Poland）	30
82	塞尔维亚（Serbia）	9
83	捷克（Czech）	38

续表

序号	国别	作为被申请人的涉案数量
84	保加利亚（Bulgaria）	10
85	斯洛伐克（Slovak Republic）	13
86	阿尔巴尼亚（Albania）	8
87	克罗地亚（Croatia）	12
88	波黑（Bosnia and Herzegovina）	4
89	黑山（Montenegro）	5
90	爱沙尼亚（Estonia）	5
91	立陶宛（Lithuania）	6
92	斯洛文尼亚（Slovenia）	3
93	匈牙利（Hungary）	16
94	北马其顿（North Macedonia）（原马其顿）	5
95	罗马尼亚（Romania）	15
96	拉脱维亚（Latvia）	9
97	乌克兰（Ukraine）	23
98	白俄罗斯（Belarus）	3
99	摩尔多瓦（Moldova）	11
100	马耳他（Malta）	0
101	葡萄牙（Portugal）	0
102	意大利（Italy）	11
103	卢森堡（Luxembourg）	0
104	新西兰（New Zealand）	0
105	巴布亚新几内亚（Papua New Guinea）	0
106	萨摩亚（Samoa）	0
107	纽埃（Niue）	0
108	斐济（Fiji）	0
109	密克罗尼西亚联邦（Federated States of Micronesia）	0

续表

序号	国别	作为被申请人的涉案数量
110	库克群岛（Cook Islands）	0
111	汤加（Tonga）	0
112	瓦努阿图（Vanuatu）	0
113	智利（Chile）	5
114	圭亚那（Guyana）	1
115	玻利维亚（Bolivia）	16
116	乌拉圭（Uruguay）	4
117	委内瑞拉（Venezuela）	47
118	苏里南（Suriname）	0
119	厄瓜多尔（Ecuador）	23
120	秘鲁（Peru）	15
121	哥斯达黎加（Costa Rica ）	9
122	巴拿马（Panama）	8
123	萨尔瓦多（El Salvador）	3
124	多米尼加（Dominican）	6
125	特立尼达和多巴哥（Trinidad and Tobago）	1
126	安提瓜和巴布达（Antigua and Barbuda）	0
127	多米尼克（Dominica）	0
128	格林纳达（Grenada）	1
129	巴巴多斯（Barbados）	1
130	古巴（Cuba）	0
131	牙买加（Jamaica）	0
"一带一路"沿线国家作为被申请人案件总数		671
（UNCTAD）投资争端解决导航数据库显示已知案件总数		942
"一带一路"沿线国家的投资仲裁案件所占百分比（%）		71.23

由此可见，"一带一路"沿线国家作为东道国的案件，占据投资仲裁案件总量相当大的比例。这也从侧面体现出，被投资国未能对外国投资者提供完善的投资保护，相关条约义务履行情况不甚乐观；这也可以为中国投资者在选择投资国时提供一项国别风险项下的参数指标。笔者将涉及投资仲裁案件较多的"一带一路"沿线国家列出[28]，以期作为投资者评估潜在投资风险的辅助参考：

——委内瑞拉（涉案 47 例）

——捷克（涉案 38 例）

——埃及（涉案 33 例）

——波兰（涉案 30 例）

——俄罗斯（涉案 24 例）

——乌克兰（涉案 23 例）

——厄瓜多尔（涉案 23 例）

——哈萨克斯坦（涉案 19 例）

——玻利维亚（涉案 16 例）

——秘鲁（涉案 15 例）

随着"一带一路"倡议的持续推进和深入发展，中国投资者必将更加积极、广泛地参与到对"一带一路"沿线国家投资活动中；随之而来且不可避免的也是更多投资争端的出现。如何适当了解投资争端解决机制，以便合理运用相关法律途径来维护和保障投资利益，成为每个走出国门的中国投资者的"必修课"。笔者认为，这门"必修课"的开篇，便是对已发生的、涉及中国投资者的投资仲裁实际案例的学习与掌握。对实际投资仲裁案例详细剖析、梳理和分析，亦成为本书想要为这门"必修课"提供的重要内容。

（3）以 ICSID 规则为主体的投资仲裁规则

国际投资争端解决机制，如上文提到的，其最主要的核心争端解决机制便是国际投资仲裁。其中，最具代表性的国际投资仲裁机构要数 ICSID。ICSID 是依据《关于解决国家和他国国民之间投资争端公约》（Convention on the Settlement of Investment Disputes Between States and Nationals of

28 此数据来源是联合国贸发会议官网公布的已知投资争议解决案件之数量及信息统计。联合国贸发会议，投资争端解决导航，https://investmentpolicy.unctad.org/investment-dispute-settlement，最后访问时间 2019 年 8 月 7 日。

Other States，《ICSID 公约》，又名《华盛顿公约》）[29] 而设立的，是世界上第一个专门解决国际投资争端的仲裁机构，主要通过调解和仲裁的方式为解决外国投资者与东道国之间的争端提供便利 [30]。截至 2019 年 8 月 12 日，《ICSID 公约》签字国与正式缔约国（Signatory States and Contracting States）已有 163 个；其中，正式缔约国 [31] 有 154 个。如上所述，现已知的国际投资仲裁案件有 942 起，其中 594 起案件是由 ICSID 作为仲裁机构审理的 [32]，占已知案件总数的 63.06%；由此可见 ICSID 作为投资仲裁机构在投资争端解决机制领域的核心地位和重要性。因此，以 ICSID 规则、制度为主体的国际投资仲裁的规则，是本书另一个关键的研究对象。在分析涉及中国投资者的投资仲裁案例过程中，本书对以 ICSID 为主的投资争端裁判规则进行了梳理和总结；同时，我们将 ICSID 相关制度、规则贯穿于全书各个相关部分，以期为投资者勾画出一套典型且常用的国际投资争端解决机制的模式。

3. 研究方法

本书的研究方法主要包括：

---

29 ICSID 公约是由世界银行行政理事会制定的一项多边条约，旨在进一步促进国际投资。ICSID 是一个独立的、非政治化的、有效的争端解决机构。它的存在，使投资者与东道国更有信心进行投资争端解决，从而得以促进国际投资之目标。同时，ICSID 还可用于解决投资条约和自由贸易协定项下的国与国之间的争端；除此之外，ICSID 还可作为管理登记机构。（About ICSID，“The ICSID Convention is a multilateral treaty formulated by the Executive Directors of the World Bank to further the Bank's objective of promoting international investment. ICSID is an independent, depoliticized and effective dispute-settlement institution. Its availability to investors and States helps to promote international investment by providing confidence in the dispute resolution process. It is also available for state-state disputes under investment treaties and free trade agreements, and as an administrative registry.”）ICSID 官网：https：//icsid.worldbank.org/en/Pages/about/default.aspx，最后访问时间 2019 年 8 月 12 日。

30 ICSID 设立于 1966 年，由世界银行出资，属于世界银行的一部分，总部位于美国华盛顿。https：//en.wikipedia.org/wiki/International_Centre_for_Settlement_of_Investment_Disputes，最后访问时间 2019 年 8 月 13 日。

31 截至 2006 年 4 月 10 日，143 个国家已完成公约批准程序，成为缔约国。［ICSID Convention（2006）. Introduction. “As at April 10,2006, 143 countries have ratified the Convention to become Contracting States”，p.5.］据此可知，缔约国是指，国家签字加入公约后，通过了该国相应批准（ratification）程序而使《ICSID 公约》对于该国生效的国家。

32 联合国贸发会议，投资争端解决导航，https：//investmentpolicy.unctad.org/investment-dispute-settlement/advanced-search，最后访问时间 2019 年 8 月 9 日。这 594 起 ICSID 投资仲裁案件中，有 508 起案件以 ICSID 作为仲裁机构并且适用 ICSID 仲裁规则。

（1）对上述范围内的国际投资协定采用"比较分析法"——总结、对比、分类中国与"一带一路"沿线国家缔结的国际投资协定之重点内容与条款。其中，该等国际投资协定具体包括双边投资协定和其他含投资条款的条约——例如多边投资协定和自由贸易协定等。

（2）对涉及中国投资者实际发生的投资争端解决案例采用"个案分析法"——剖析案情、梳理重点程序、分析实体问题及进行相关的收获与评析的总结。

（3）对相关的国际投资争端解决（主要是投资仲裁）规则和制度采用"资料分析归纳法"——对以《ICSID 公约》及其仲裁规则[33]为主、以联合国贸发会议官方发布的资料及数据为支持的投资仲裁主要制度进行研究、归纳。

本书将 131 个"一带一路"沿线国家与中国签署国际投资协定的概况总结如下：

◆ 有 30 个国家[34]未与我国签订双边投资协定；有 12 个国家与我国签署了双边投资协定，但条约还未生效[35]。另外，还有 2 个国家（印度尼西

33 《ICSID 仲裁规则》于 2006 年 4 月 10 日，与《ICSID 公约》、《行政理事会报告》（Report of the Executive Directors）、《行政和财政条例》（The Administrative & Financial Regulations）现行文本、《仲裁调解机构规则》（The Arbitration and Conciliation Institution Rules）以及《调解规则》（The Conciliation Rules）一同发布并生效，是当前现行有效的 ICSID 仲裁规则。

34 未与我国签订双边投资协定的 30 个国家包括：3 塞内加尔、6 索马里、8 南苏丹、15 毛里塔尼亚、17 安哥拉、27 布隆迪、30 冈比亚、31 多哥、32 卢旺达、39 利比里亚、43 东帝汶、53 尼泊尔、54 马尔代夫、64 伊拉克、65 阿富汗、89 黑山、106 萨摩亚、107 纽埃、108 斐济、109 密克罗尼西亚联邦、110 库克群岛、111 汤加、117 委内瑞拉、118 苏里南、122 巴拿马、123 萨尔瓦多、124 多米尼加、126 安提瓜和巴布达、127 多米尼克、128 格林纳达。说明：国家名称前的编号，为笔者访问中国一带一路网《已同中国签订共建"一带一路"合作文件的国家一览》时 131 个国家的顺序，以便读者更好地在本书其他表格中定位相应的国家和信息。https://www.yidaiyilu.gov.cn/gbjg/gbgk/77073.htm，最后访问时间 2019 年 8 月 12 日。

35 截至笔者 2019 年 8 月 12 日访问中国一带一路网查询时，与我国签署了双边投资协定但还未生效的 12 个国家包括：4 塞拉利昂、5 科特迪瓦、9 塞舌尔、10 几内亚、12 赞比亚、15 纳米比亚、18 吉布提、20 肯尼亚、22 乍得、29 乌干达、36 利比亚、112 瓦努阿图。

亚[36]和厄瓜多尔[37]）签订的双边投资协定已失效。

◆ 其他绝大部分（87 个）国家与中国签订了双边投资协定。这些条约中所规定的争议解决条款，为“一带一路”投资争端解决机制搭设起了基本框架。

此外，除了相关双边投资协定以外，“一带一路”沿线国家中，韩国[38]、新加坡[39]、巴基斯坦[40]、格鲁吉亚[41]、新西兰[42]、智利[43]、秘鲁[44]、哥斯达黎加[45]等8个国家与

---

36 根据外交部条约数据库，1994 年 11 月 18 日签署的《中华人民共和国政府和印度尼西亚共和国政府关于促进和保护投资协定》（Agreement Between the Government of the People's Republic of China and the Government of the Republic of Indonesia on the Promotion and Protection of Investments）（《中国与印尼双边条约》）已经生效。ICSID 官网同样显示该双边投资协定已经生效。中国一带一路网发布的《对外投资合作国别（地区）指南・印度尼西亚》中显示，该双边投资协定已经签署，但未提及效力状态。但是，联合国贸发会议官网显示，该双边投资协定已被单方面废止（unilaterally denounced）。后笔者向商务部咨询，于 2019 年 7 月 23 日得到商务部电话回复：该双边投资协定已于 2015 年被废止。综合上述信息，本书采纳联合国贸发会议及商务部之回复，认定 1994 年 11 月 18 日签署的《中国与印尼双边条约》已失效。

37 根据外交部条约数据库，1994 年 3 月 21 日签署的《中华人民共和国和厄瓜多尔共和国政府关于促进和保护投资协定》（Agreement Between the Government of the People's Republic of China and the Government of the Republic of Ecuador on the Promotion and Protection of Investments）（《中厄双边条约》）已经生效。ICSID 官网同样显示该双边投资协定已经生效。但是，根据联合国贸发会议官网，该双边投资协定已被单方面废止。中国一带一路网发布的《对外投资合作国别（地区）指南・厄瓜多尔》中显示，厄方以与外国签署的双边投保协定关于国际仲裁有关规定违宪为由，于 2017 年 5 月 3 日在议会正式投票废止了包括与中国在内的所有国家签署的双边投资协定。厄方政府表示将尽快启动与各国商签新的投资协定。综合上述信息，本书采纳中国一带一路网投资指南和联合国贸发会议之信息，认定 1994 年 3 月 21 日签署的《中厄双边条约》已失效。

38 《中华人民共和国政府和大韩民国政府自由贸易协定》（Free Trade Agreement Between the Government of The People's Republic of China and The Government of The Republic of Korea）。

39 《中华人民共和国政府和新加坡共和国政府自由贸易协定》（Free Trade Agreement Between the Government of The People's Republic of China and The Government of The Republic of Singapore）。

40 《中华人民共和国政府和巴基斯坦伊斯兰共和国政府自由贸易协定》（Free Trade Agreement Between the Government of The People's Republic of China and The Government of The Islamic Republic of Pakistan）。

41 《中华人民共和国政府和格鲁吉亚政府自由贸易协定》（Free Trade Agreement Between the Government of The People's Republic of China and The Government of Georgia）。

42 《中华人民共和国政府和新西兰政府自由贸易协定》（Free Trade Agreement Between the Government of The People's Republic of China and The Government of New Zealand）。

43 《中华人民共和国政府和智利共和国政府自由贸易协定》（Free Trade Agreement Between the Government of The People's Republic of China and The Government of The Republic of Chile）。

44 《中华人民共和国政府和秘鲁共和国政府自由贸易协定》（Free Trade Agreement Between the Government of The People's Republic of China and The Government of The Republic of Peru）。

45 《中华人民共和国政府和哥斯达黎加共和国政府自由贸易协定》（Free Trade Agreement Between the Government of The People's Republic of China and The Government of The Republic of Costa Rica）。

中国另行签订了自由贸易协议；中国与东南亚国家联盟成员国也缔结了《中华人民共和国政府与东南亚国家联盟成员国政府全面经济合作框架协议下的投资协议》（以下简称《中国与东盟FTA》）。此外，中国与韩国、日本共同签订了多边投资协定《中华人民共和国政府、日本国政府及大韩民国政府关于促进、便利及保护投资的协定》（以下简称《中日韩MAI》）。笔者对这131个"一带一路"沿线国家与中国签订投资协定的情况进行汇总、整理后，列出了其中未与中国签订IIA（BIT或TIPs）的国家（见附录）；请投资者特别注意。

第二篇

投资争端解决机制途径概览

一、投资与投资者

对于国际投资争端解决机制而言，此处争端是由“投资”引起的。故而，“什么是投资”是广大投资者以及笔者必须考虑的问题。同时，国际投资争端解决案件又被联合国贸发会议（UNCTAD）称为“投资者与国家之间争端解决案件”（Investor–State Dispute Settlement cases，ISDS cases）[46]。此处，对有资格提起投资仲裁的“投资者”应如何理解，也是笔者想要帮助读者梳理、归纳的内容之一。

1. 何为“投资”

“投资”，是投资争端解决机制的核心概念，也是与投资争端解决机构对具体案件的“属事管辖权”（*ratione materiae*）紧密联系的因素。投资者提起仲裁请求所基于的事项，是否属于“投资”，往往是当事各方重要的争议焦点之一。然而，《ICSID 公约》并未对“投资”一词进行定义。公约起草人认为，一旦解决了缔约双方同意投资仲裁之事项范围的问题，便解决了该事项是否属于“投资”之问题；如果一个事项，属于由缔约双方同意诉诸投资

46　联合国贸发会议，投资争端解决导航，https：//investmentpolicy.unctad.org/investment-dispute-settlement，最后访问时间 2019 年 8 月 12 日。

仲裁的事项范围，即意味着该事项直接符合“投资”的定义，因而没有必要对“投资”进行单独定义。[47]然而，在投资仲裁案件的裁判过程中，东道国仍然会“无所不用其极”地挑战仲裁事项是否属于“投资”这一问题。因而，投资仲裁实践中，针对频繁出现的关于“投资”如何界定的争议焦点，仲裁庭的裁决演化出一套标准——**“萨利尼标准”（Salini test）**[48]，来协助仲裁庭认定何为“投资”。所谓“萨利尼标准”，是将“投资”分解为以下几个要素：（1）一项贡献（a contribution）；（2）一段特定时期的经济经营（a certain duration of the economic operation）；（3）投资者假定其存在被主权国家干预的风险（the existence of a risk of sovereign intervention assumed by the investor）；（4）对东道国的经济发展具有贡献（a contribution to the host State's economic development）。[49]

比较来看，在一些国家间缔结的国际投资协定中，同样会出现对于“投资”或“投资活动”的定义，如《中华人民共和国政府和南非共和国政府关于相互鼓励和保护投资协定》（以下简称《中南双边条约》）中规定，“投资”一词是指缔约一方投资者依照缔约另一方的法律、法规在缔约另一方领域内投入的各种财产，包括但不限于下列各项：（1）动产、不动产及其他财产权利，如抵押权和质权；（2）公司的股份、股票和其他任何形式的参股；（3）金钱请求权和具有经济价值的其他行为请求权；（4）知识产权，尤其是著作权、专利权、实用新型、外观设计、商标、商名、贸易和商业秘密、工艺流程、专有技术和商誉；（5）依法取得的特许权，包括勘探和开发自然资源的特许权。[50]这与上述“萨利尼标准”之要素界定方式不甚相同。再如，在“一带一路”沿线国家与中国签订的投资协定中，有3个双边投资协定对“投资”进行了界定，角度和方式皆不尽相同。《中华人民共和国政府和坦桑尼亚联合共和国政府关于促进和相互保护投资协定》（以下简称《中坦双边条约》）首先明确，外国投资者通过东

---

47 Christoph H. Schreuer，Loretta Malintoppi，August Reinisch & Anthony Sinclair，The ICSID Covention-A Commentary，2nd ed.，Cambridge University Press，2013，paras. 80–86.

48 Salini Costruttori S.p.A. and Italstrade S.p.A. v. Kingdom of Morocco，ICSID Case No. ARB/00/4，Decision on Jurisdiction. “Salini test is known as，namely，that an investment should contain the following elements：contribution of money/assets（1），risk（2），duration（3）and a contribution to the host State's economy.（4）The requirement of the last element has been the most controversial.”

49 Decision on Jurisdiction，ICSID Case No. ARB/14/30，para. 131.

50 《中南双边条约》第1（1）条。

道国企业进行的投资，也符合此处“投资”的定义。[51] 该条虽然落脚点在于“投资”范围的界定，实则对于投资者的界定亦有贡献。[52] 此外，《中坦双边条约》进一步通过排除法来界定投资的范围；它将仅源于商业销售合同的金钱请求权（例如，要求给付货款、服务款项的债权）、婚姻继承相关的金钱请求权以及其他不具投资性质的金钱请求权等排除于“投资”范围以外。而《中华人民共和国政府和乌兹别克斯坦共和国政府关于促进和保护投资的协定》(以下简称《中乌双边条约》）对“投资”是从主要特征的角度进行的界定。《中乌双边条约》第 1（2）条规定：“投资特征系指资本或其他资源的投入、对收益或利润的期待和对风险的承担。”[53] 这三大特征恰与上文所述“萨利尼标准”之要件具有重合呼应之处。除了明确“投资”的基本范围和常用特征，投资者还需注意的是，有些国家与中国的双边投资协定还对“投资”附加了来自东道国国内法律或行政管理要求方面的条件。例如，在《中华人民共和国政府和马来西亚政府关于

51 《中坦双边条约》第 1 条：“一、‘投资’一词系指缔约一方投资者依照缔约另一方的法律和法规在缔约另一方领土内投入的具有投资特征的各种财产，包括但不限于：（一）动产、不动产及抵押、质押等其他财产权利及类似权利；（二）公司的股份、债券、股票或其他形式的参股；（三）金钱请求权或任何其他与投资相关的具有经济价值的履行请求权；（四）知识产权，特别是著作权、专利、商标、商号、工艺流程、专有技术和商誉；（五）法律或法律允许依合同授予的商业特许权，包括勘探、耕作、提炼或开发自然资源的特许权；（六）包括政府发行的债券在内的债券、信用债券、贷款及其他形式的债以及由此衍生出的权利；（七）合同权利，包括交钥匙工程合同、建设合同、管理合同、生产合同和收入共享合同。

投资特征系指资本或其他资源的投入、对收益或利润的期待或者对风险的承担。

作为投资的财产发生任何符合投资所在的缔约方的法律法规的形式上的变化，不影响其作为投资的性质。

缔约一方投资者通过其全部或部分拥有的，住所在缔约另一方领土内的企业所作出的投资也应视为本款定义的投资。

为进一步明确，本条第一款第（三）项的金钱请求权不包括：（一）仅源于缔约一方领土内的国民或企业向缔约另一方领土内的企业销售货物或提供服务的商业合同的金钱请求权；或者（二）因婚姻、继承等原因产生的不具有投资性质的金钱请求权。原始到期期限为 3 年以下的债券、信用债券和贷款不视为本协定项下的投资。”

52 笔者发现，此点恰与《ICSID 公约》对于“投资者”——“另一缔约国国民”定义中的例外情形遥相呼应。《ICSID 公约》中规定了一种认定“另一缔约国国民”的例外情况：在境外控制下，于东道国当地设立的企业（locally incorporated companies under foreign control）符合一定条件，也可被视为“另一缔约国国民”。一般来讲，投资仲裁项下的投资者，须是另一缔约国国民，且不能是东道国国民。但例外情况为，当“另一缔约国国民”具有东道国国民身份，但符合（i）有外国控制且（ii）缔约国双方同意将该“东道国公司”视为“另一缔约国国民”的情况，则该公司亦属于“另一缔约国国民”，是适格的投资仲裁发起人。笔者认为，《中坦双边条约》的上述规定，可以被认为是坦桑尼亚与中国两缔约国约定同意，视（受另一缔约国外国控制的）东道国企业为另一缔约国国民。

53 《中乌双边条约》以英文版本为准：Article 1（2）. “The characteristics of an investment mean the commitment of capital or other resources，the expectation of gain profit，and the assumption of risk.”

相互鼓励和保护投资协定》(以下简称《中国—马来西亚双边条约》)中，中国方面的非自然人投资者，被限定为：在马来西亚境内，经马来西亚相关部门依照马来西亚法律和行政惯例，属于“被认可项目”的所有投资。[54]这意味着要在马来西亚获得投资待遇，中国投资者必须从事马方政府批准的投资项目。该等对于“东道国政府批准”的特定要求同时也出现在了其他东南亚国家与中国签订的其他投资协定中，类似情况的另一典型实例为，《中国与东盟FTA》关于“投资”的规定。在《中国与东盟FTA》中，“投资”是指一方投资者根据另一缔约方相关法律、法规和政策在后者境内投入的各种资产[55]。但其第3(3)条又指出，“就泰国而言，本协议仅适用于在泰国境内被确认并依据泰国适用的国内法律、法规和政策，获得其主管机构明确书面批准保护的另一方投资者的投资”。由此可见，一些东南亚国家政府对“投资”的批准，可能会是外国投资者(包括中国投资者)受到相关条约投资保护的前提要件；投资者若在东南亚国家投资，便需要注意此方面，以保证潜在的投资保护政策的顺利适用和运用。

上文综观《ICSID公约》及“一带一路”沿线国家与中国缔结的投资条约这两种语境对“投资”活动界定的异同后，笔者进一步探究：当投资仲裁裁判规则中的“投资”标准与所涉投资协定中的“投资”定义产生差异时，仲裁庭应当如何适用上述规则对“投资”活动予以认定呢？分析数个ICSID投资仲裁案例可以发现，一般来讲，在实践中，投资仲裁案件的仲裁庭，多数情况下适用的规则是“双锁孔”(double keyhole)标准[56]，即某项经营要被认定为适格(投

---

54 鉴于《中国—马来西亚双边条约》以英文版本为准，且中英版本不完全对应，此处为笔者翻译。其英文文本如下：Article 1(3). “The term ‘investor’ means In respect of the People’s Republic of China– ① Natural persons who have nationality of the People’s Republic of China; ② In respect of investments in the territory of Malaysia, to all investments, made in projects classified by the appropriate Ministry of Malaysia in accordance with its legislation and administrative practice as an ‘approved project’.”

55 《中国与东盟FTA》规定，“‘投资’是指一方投资者根据另一缔约方相关法律、法规和政策。在后者境内投入的各种资产，包括但不限于：1. 动产、不动产及抵押、留置、质押等其他财产权利；2. 股份、股票、法人债券及此类法人财产的利息；3. 知识产权，包括关于版权、专利权和实用模型、工业设计、商标和服务商标、地理标识、集成电路设计、商名、贸易秘密、工艺流程、专有技术及商誉等权利；4. 法律或依合同授予的商业特许经营权，包括自然资源的勘探、培育、开采或开发的特许权；和5. 金钱请求权或任何具有财务价值行为的给付请求权。就本目中的投资定义而言，投资收益应被认作投资，投入或再投入资产发生任何形式上的变化，不影响其作为投资的性质”。

56 Noble Energy Inc v. Ecuador, ICSID Case No. ARB/05/12, Decision on Jurisdiction, 5 March 2008, paras. 125–142. 摘自：Christoph Schreuer, Investments, International Protection, para. 40. https://www.univie.ac.at/intlaw/wordpress/pdf/investments_Int_Protection.pdf，最后访问时间2019年8月13日。

资仲裁庭对其具有属事管辖权）的“投资”，需要同时符合双边投资协定中的定义以及《ICSID 公约》项下衍生出的规则要件（萨利尼标准）。

2. 何为“投资者”

“投资者”，是实施投资活动的主体，亦是引起投资仲裁程序发动的重要主体。一般说来，投资活动的主体、投资争端解决程序的启动者，是来自东道国境外的投资者；根据投资保护法律依据的不同，还可能包括受境外个人、企业控制的在东道国本国设立的投资企业。一个适格的中国投资者有权享受投资协定中规定的待遇及保障，这也是发起争端解决程序、寻求条约权利救济的基础。但是，对于什么主体才能被定义为“投资者”，进而享受投资者待遇，各国间的约定各有差异。“一带一路”沿线国家之间在缔约赋予彼此国民“投资者待遇”时，既可能出于加强、促进经济合作的考虑，对“投资者”作出宽泛定义，也可能出于本国主权及其他利益考量，对“投资者”定义作出限缩解释，即使该投资者的行为在一般意义上已经构成了投资。

（1）“一带一路”沿线国家与中国签订的国际投资协定给出的定义[57]

具有一国国籍的自然人，始终是最天然、最没有争议的投资者；在“一带一路”沿线各国与中国缔结的投资协定中，尚未发现有哪一协定在定义中将“中国公民”（具有中国国籍的自然人）排除在外。但需注意的是，有的双

---

57 “一带一路”沿线国家中，与中国缔结的国际投资协定（主要是双边投资协定）中对于“投资者”有相关定义条款的国家有：苏丹、南非、加纳、莫桑比克、加蓬、埃塞俄比亚、尼日利亚、刚果布、津巴布韦、阿尔及利亚、佛得角、摩洛哥、马达加斯加、突尼斯、埃及、赤道几内亚、韩国、蒙古国、新加坡、缅甸、柬埔寨、越南、老挝、文莱、巴基斯坦、斯里兰卡、孟加拉国、阿联酋、土耳其、卡塔尔、黎巴嫩、沙特、巴林、伊朗、阿塞拜疆、格鲁尼亚、亚美尼亚、哈萨克斯坦、吉尔吉斯斯坦、塔吉克斯坦、乌兹别克斯坦、泰国、也门、塞浦路斯、希腊、俄罗斯、波兰、塞尔维亚、捷克、保加利亚、斯洛伐克、阿尔巴尼亚、克罗地亚、波黑、立陶宛、斯洛文尼亚、匈牙利、北马其顿、罗马尼亚、拉脱维亚、乌克兰、白俄罗斯、摩尔多瓦、马耳他、葡萄牙、意大利、卢森堡、巴布亚新几内亚、智利、圭亚那、玻利维亚、乌拉圭、秘鲁、哥斯达黎加、特立尼达和多巴哥、牙买加。举例如下：《中华人民共和国和苏丹共和国政府关于鼓励和相互保护投资协定》：“二、‘投资者’一词（一）根据缔约一方法律，具有该缔约一方国籍的自然人；（二）依照缔约一方法律设立，其住所位于该缔约一方领土内的经济组织。”《中华人民共和国和刚果共和国政府关于鼓励促进和保护投资协定》：“二、‘投资者’一词，系指：（一）根据任一缔约方的法律，具有其国籍的自然人；（二）经济实体，包括根据任一缔约方的法律组建、住所在其境内的公司、协会、合伙及其他组织，不论是否具有盈利性或是否采取有限责任形式。”《中华人民共和国政府和赤道几内亚共和国政府关于促进和保护投资的协定》：“二、‘投资者’一词，系指：（一）根据缔约任何一方的法律，具有其国籍的自然人；（二）法律实体，包括根据缔约任何一方法律设立或组建且住所地在其境内的公司、社团、合伙及其他组织，不论其是否营利或具有法人资格。”

边投资保护协定会对投资者资格进行限定，比如1994年生效的《中华人民共和国政府和哈萨克斯坦共和国政府关于鼓励和相互保护投资协定》(以下简称《中哈双边条约》)，对能够提起国际投资仲裁的投资者的范围做了如下限定：该双边条约中，中国投资者，是指依据现行中国法律和法规有权在哈萨克斯坦境内投资的自然人、企业或公司。其中，自然人是指依照我国法律和法规居住在我国领土内为我国公民的自然人；而公司是指依照我国现行法律和法规设立的企业和公司。[58]虽然上述定义包含了自然人，但是依照我国现行法律法规，除非是自然人通过特殊目的公司返程投资的情形，自然人直接开展境外投资处于无法可依的状态，实践中也没有可操作性。同时，我国对境外投资的行业范围也进行了规定，比如禁止投资赌博、色情业等。由于《中哈双边条约》未对此处所指代的“中国的法律和法规”的范围加以界定，实践中，投资者如为自然人，且未以境外特殊目的公司返程投资的形式开展投资的，或投资行业或地区等不符合我国境外投资法律规范的，在因遭受哈萨克斯坦政府的损害投资的行为而提起国际投资仲裁时，也极有可能被东道国提起“适格投资者”方面的管辖异议而难以获得投资保护。

对于非自然人主体，很多国家在协定中采取了典型化定义的方式来界定。以《中华人民共和国政府和柬埔寨王国政府关于促进和保护投资协定》(以下简称《中柬双边条约》)为例，其规定，投资者指“依照中华人民共和国的法律设立，其住所在中华人民共和国领土内的经济组织”[59]。“一带一路”沿线国家大部分都采取了此种规定模式，即要求适格主体须是依照中国法律设立，且住所地在中国的“经济组织”或称“经济实体”。(但对于什么样的组织机构属于“经济组织”，很多协定内未作具体说明。)

此外，各国在对涉及“经济组织”时，措辞也不尽相同；在某些投资协定中出现了“法人”(juridical person / legal person)、“企业”(enterprise)等提法。但一般来讲，依照中国法注册成立的公司或其他非法人企业，都能被纳入此处所谓“组织”的范围内。当然，也有部分国家在定义这类主体时做了更详尽的描述，如《中国与东盟FTA》明确指出，无论私营或政府所有、营利或

58 《中哈双边条约》第1(2)条：“‘投资者’一词对缔约任何一方系指：——根据缔约一方法律和法规永久居住其领土内为其公民的自然人；——根据缔约一方领土内的现行法律和法规设立的企业和公司；但条件是自然人、企业或公司根据缔约一方法律和法规应有权在缔约另一方领土内进行投资。”

59 《中柬双边条约》第1(2)条。

非营利的法人实体，都可以划入“投资者”之列。

在这种“自然人＋经济组织”模式的基础上，有少数国家还对“投资者”作出了扩大化定义。不仅注册在中国的企业被视为投资者，设立在中国以外的第三国但为中国所实际控制的企业也被纳入了中国投资者的范畴。以《中华人民共和国政府和阿曼苏丹国政府关于促进和保护投资协定》（以下简称《中阿双边条约》）为例；其规定，“‘法人’一词系指根据缔约任何一方的法律设立并被认为是法人的任何实体……以及在缔约一方管辖权外作为法人设立的由该缔约方或其国民或在其管辖权内设立的法人拥有优势权益的任何实体”[60]。类似的规定也在《中华人民共和国政府和喀麦隆共和国政府关于相互促进和保护投资协定》（以下简称《中喀双边条约》）[61]中存在。此外，也有部分国家在扩大“投资者”范围时，设定了限制条件。例如，《中华人民共和国政府和爱沙尼亚共和国政府关于促进和相互保护投资协定》（以下简称《中爱双边条约》）规定：“如果缔约一方的投资者在第三国领土内设立的某法人中拥有利益，该法人在缔约另一方领土内投资时，应被视为缔约一方的投资者，但本款只有在该第三国无权或放弃对上述法人的保护时，方能适用。”[62]这些国家承认中国在第三国实际控制企业的地位，但这只限于该第三国放弃或不能申请相关补偿的情形，以避免出现双重维权。

与上述做法相反，也有少部分国家选择在“投资者”一般定义的基础上设置限制条件，缩小了适格投资者的范围。例如，在哈萨克斯坦、乌克兰、白俄罗斯等多个国家与中国的双边投资协定中，其要求投资者“根据缔约一方法律和法规应有权在缔约另一方领土内进行投资”[63]。正如前文所述，对这些国家投资时，中国投资者应特别关注中国对外投资的管制措施。如若

---

60 《中阿双边条约》第1（4）条。

61 《中喀双边条约》第1（1）条：“本协定内：一、‘投资’一词系指本协定生效之前或之后根据缔约一方的法律法规在其领土内投入的各种资产，特别是，但不限于：（一）动产、不动产及其他财产权利，如抵押权、质权、质押权、用役权和其他类似权利；（二）公司的股份、股票和任何其他形式的参股；（三）金钱的请求权或其他具有经济价值的行为请求权；（四）著作权、商标、专利权和其他工业产权、专有技术和工艺流程；（五）依照法律法规授予的特许权，包括勘探或开发自然资源的特许权。任何对投资或再投资的资本和实物的法律形式的变更，不影响本协定项下作为投资的性质。”

62 《中爱双边条约》第1（3）条。

63 同脚注58。

存在投资管制等法规要求，投资者只有在取得相关机构审批或备案后，才能获得相应的投资保护。也有的双边投资协定比较特殊（例如《中华人民共和国政府和菲律宾共和国政府关于鼓励和相互保护投资协定》），缔约双方拥有选择权，可以排除缔约国认为不应当受到投资保护的实体成为投资者："基于维持公共秩序，保护基本的安全利益或承担与国际和平和安全有关的义务的需要，缔约双方可通过相互的协议把任何特别的公司从上述定义中排除。"[64] 最为限缩范围的例子，要数《中华人民共和国政府和古巴共和国政府关于鼓励和相互保护投资协定》[65] 对于中国方面投资者的定义——投资者仅限于自然人（对于古巴方面，包括自然人和法人）。

（2）《ICSID 公约》给出的定义[66]

根据《ICSID 公约》第 25（1）条的规定："中心的管辖适用于缔约国（或缔约国向中心指定的该国的任何组成部分或机构）和**另一缔约国国民**之间直接因投资而产生并经双方书面同意提交给中心的任何法律争端。当双方表示同意后，任何一方不得单方面撤销其同意。"具体来讲，依照第 25（2）条的定义，"另一缔约国国民"系指"（一）在双方同意将争端交付调解或仲裁之

64 《中华人民共和国政府和菲律宾共和国政府关于鼓励和相互保护投资协定》第 1（2）条。

65 对于《中华人民共和国政府和古巴共和国政府关于鼓励和相互保护投资协定》，外交部条约数据库网站（http://treaty.mfa.gov.cn/Treaty/web/index.jsp，最后访问时间 2019 年 8 月 12 日）显示，中古双方于 1995 年 4 月 24 日签署 BIT，该 BIT 于 1996 年 8 月 1 日生效。另外，双方还于 2007 年 4 月 20 日签署了关于 BIT 的修订版，但网站显示 BIT 并未生效。ICSID 网站（https://icsid.worldbank.org/en/Pages/Resources/Bilateral-Investment-Treaties-Database.aspx，最后访问时间 2019 年 8 月 12 日）显示，中古前后两个 BIT 均未生效。联合国贸发会议官网（https://investmentpolicy.unctad.org/international-investment-agreements，最后访问时间 2019 年 8 月 12 日）显示，中古 1995 年 BIT 生效，并在 2007 年进行了修订。中国一带一路网（https://www.yidaiyilu.gov.cn/zchj/zcfg/83433.htm，最后访问时间 2019 年 8 月 12 日）《2018 年对外投资合作国别（地区）指南 · 古巴》中显示，"1995 年 4 月，中国和古巴签署了《关于鼓励和相互保护投资协定》，2007 年，签署了《鼓励和相互保护投资协定（修订）》"，但并未提及生效情况。后笔者向商务部咨询，得到商务部电话回复：2007 年中古 BIT 为生效状态。综合上述信息，本书采纳商务部回复意见，认定：中国与古巴拥有生效的投资条约。对于新旧条约的效力：根据 2007 年 BIT 的约定，除部分条款被替换后适用 2007 年 BIT 外，1995 年 BIT 中未被替换部分继续有效。

66 对于《ICSID 公约》及 ICSID 仲裁庭对于此点的规定和裁判规则，笔者结合"北京城建诉也门政府"案进行了更为详尽的剖析，详见本书第四篇中关于该案的相关内容。

日以及根据第28（3）条[67]或第36（3）条[68]登记请求之日，具有作为争端一方的国家以外的某一缔约国国籍的**任何自然人**，但不包括在上述任一日期也具有作为争端一方的缔约国国籍的任何人；（二）在争端双方同意将争端交付调解或仲裁之日，具有作为争端一方的国家以外的某一缔约国国籍的**任何法人**，以及在上述日期具有作为争端一方缔约国国籍的任何法人，而该法人因受外国控制，双方同意为了本公约的目的，应将其视为另一缔约国国民"。可以看出：（i）"国民"的概念是基于国籍（nationality）来确定的；（ii）《ICSID公约》将"另一缔约国国民"的概念分为"自然人"和"法人"两个类别。投资者一般来讲需要满足两个要求：（i）投资者**是**缔约国的国民（正面要求）；（ii）投资者**不能是**东道国的国民（反面要求）。但对于法人来讲，若其是东道国的国民，若满足特定例外情况——（i）受外国控制（foreign control），（ii）法人投资者与东道国达成协议，同意认可将该等东道国法人视为"外国投资者"，则该于东道国设立的法人也可以被视为适格的"另一缔约国国民"，从而具有"投资者"身份。本书在第四篇"北京城建诉也门政府"案中有对国企作为投资者的资格认定等的分析，可供读者进一步参考。

综上，在投资仲裁争端解决机制的语境下，"投资"和"投资者"的概念是基础的，但对两者概念的界定却是多样化的。要使特定投资争端在特定机构有被管辖的资格，投资者必须考量该机构对此争端的"属人管辖"（*ratione personae*）与"属事管辖"（*ratione materiae*）之问题；这便涉及"投资者"和"投资"是否适格的问题。从而需要考察，相应的公约（如《ICSID公约》）、仲裁规则以及所涉及的投资协定（BIT、FTA等）对该等概念和范围的界定、与他们直接的交叉适用。因此，我们建议投资者，在设计投资策略之前，务

---

67 《ICSID公约》第28（3）条："秘书长应登记此项请求（交付调解程序的请求），除非他依据请求内容认为该项争端显然在ICSID中心的管辖范围之外，否则应立即将登记或拒绝登记的决定通知双方。"［ICSID Convention. Article 28（3）. "The Secretary–General shall register the request unless he finds, on the basis of the information contained in the request, that the dis– pute is manifestly outside the jurisdiction of the Centre. He shall forth– with notify the parties of registration or refusal to register."］注：书中所引该公约中文文本援引自外交部条约数据库。

68 《ICSID公约》第36（3）条："秘书长应登记此项请求（采取仲裁程序的请求），除非他依据请求内容认为该项争端显然在ICSID中心的管辖范围之外，否则应立即将登记或拒绝登记的决定通知双方。"［ICSID Convention. Article 36（3）. "The Secretary–General shall register the request unless he finds, on the basis of the information contained in the request, that the dispute is manifestly outside the jurisdiction of the Centre. He shall forth– with notify the parties of registration or refusal to register."］

必了解相应东道国的投资协定（如有），关注其中对“投资”和“投资者”的界定和要求，从而相应调整投资方式、投资实体的形式和股权结构等，以保证更多的投资保护权利得以加持，为境外投资活动保驾护航。

二、投资保护内容

东道国通过投资协定就投资待遇作出承诺，是投资保护相关权利的主要落地方式。投资保护的内容规定到哪里，投资者的权利范围就延伸到哪里。投资者一旦进入东道国投资，东道国就必须保证其承诺的待遇得到落实，否则投资者将有权通过争端解决机制维护自身利益。投资者的这些待遇及权利，直接构成争端解决机制触发的前提。

在“一带一路”各国与中国的国际投资协定中，无论是双边投资协定、自由贸易协定，还是多边投资协定，各国与中国相互给予的待遇承诺在类型上基本一致。根据协定制定的历史背景不同，笔者观察到，相关协定内容的基本规律是：协定缔结的年份越近，协定对投资待遇的规定越详细和全面。在绝大部分情况下，中国投资者一般可以期待在“一带一路”各国的投资中享有以下待遇。

1. 最惠国待遇

最惠国待遇（Most Favoured Nation Treatment，MFN）是指，施惠国（granting State）给予受惠国（beneficiary State）或与该受惠国有确定关系（a determined relationship）的自然人（persons）或物（things）的待遇，不低于（not less favourable）该施惠国给予任何第三国（a third Sate）或处于与前述相同关系的自然人或物的待遇。但在以下情况中最惠国待遇将不予适用：关税同盟地区（customs unions）、区域经济一体化组织（regional economic integration organization）、政府采购（public procurement）以及政府补贴（subsidies）等。[69]

在投资争议解决机制的语境下，此处涉及一个非常有意思的问题：最惠国待遇是否可以适用于投资者程序性的权利？如果可以，这将意味着，投

---

69 UNCTAD Series on Issues in International Investment Agreements II Most–Favoured–Nation Treatment，United Nations Conference on Trade and Development，p.13，https：//unctad.org/en/Docs/diaeia20101_en.pdf，最后访问时间 2019 年 9 月 4 日。

资者可以越过所有义务性的要求，单凭最惠国待遇条款（MFN Clause）就可以适用最友好的程序权利条款（哪怕在其他条约中）。例如，投资者母国A与东道国B之间的双边投资协定并没有约定投资争端可诉诸ICSID，但A、B两国间的双边投资协定有最惠国待遇条款；若最惠国待遇可以适用于程序条款，那么，只要在东道国B给予任何其他国家（如C国）的投资者以诉诸ICSID的权利，那么A国的投资者将通过最惠国待遇条款拥有诉诸ICSID的权利。然而，在投资仲裁实践中，投资者的该种主张往往会受到东道国的质疑乃至投资仲裁庭的不予支持。仲裁庭在判断是否可以适用时，除对A、B两国之间BIT缔结的意图予以考量外，还将从以下两个方面分别进行考虑。第一，对于具体程序性要件权利（此处指可作为提起仲裁请求的依据要件，如提起仲裁之前置程序的时限）是否可适用最惠国待遇条款，即该请求是否具有可采性（admissibility）。[70] 实践中，仲裁庭通常将同时关注最惠国待遇条款的实际用语（actual wording）与广义措辞（broad wording），在不违背特定公共政策（public policy）的情况下，仲裁庭有可能对此类请求持肯定态度。[71] 第二，是否可以通过最惠国待遇条款拓宽争议解决的管辖权门槛（jurisdictional threshold）。[72] 对此问题，仲裁庭往往会考量，此种适用属于“条约滥用”（treaty shopping），具有导致BIT不确定（uncertainty）和不可预知（unpredictability）的风险。因而仲裁庭通常不会支持通过适用最惠国待遇条款来扩大限制性的争议解决条款；但应当注意的是，实践中仲裁庭十分注重分析最惠国待遇条款及所在条约的用词用语（wording），用以推演分析、得出裁决。[73]

同时，有部分协定专门明文对此作出限制性规定，明确最惠国待遇不得

---

70 UNCTAD Series on Issues in International Investment Agreements II Most-Favoured-Nation Treatment, United Nations Conference on Trade and Development, p.66, https://unctad.org/en/Docs/diaeia20101_en.pdf, 最后访问时间2019年9月4日。

71 UNCTAD Series on Issues in International Investment Agreements II Most-Favoured-Nation Treatment, United Nations Conference on Trade and Development, p.73, https://unctad.org/en/Docs/diaeia20101_en.pdf, 最后访问时间2019年9月4日。

72 UNCTAD Series on Issues in International Investment Agreements II Most-Favoured-Nation Treatment, United Nations Conference on Trade and Development, p.67, https://unctad.org/en/Docs/diaeia20101_en.pdf, 最后访问时间2019年9月4日。

73 UNCTAD Series on Issues in International Investment Agreements II Most-Favoured-Nation Treatment, United Nations Conference on Trade and Development, p.83, https://unctad.org/en/Docs/diaeia20101_en.pdf, 最后访问时间2019年9月4日。

适用于争端解决程序。如《中国与新西兰 FTA》第 139（2）条规定："本条规定的义务不包含要求给予另一方投资者除本章规定内容以外的争端解决程序。"此外，《中国与东盟 FTA》也作出了类似的规定。[74] 在投资仲裁实践中，若无所涉条约明确禁止，中国投资者可以尝试提出适用最惠国待遇条款，不失为一个选择。

2. 免予无理由征收、拥有获得征收补偿的权利

投资者在东道国境内的资产不受其国有化或其他形式征收，除非出于公共利益需要并以法定程序进行。在必须征收的情形下，投资者有权按一定标准获得征收补偿（compensation for expropriation）。中国与"一带一路"沿线国家签订的双边投资协定（BIT）所适用的合法征收标准，与普遍适用于国际习惯法（customary international law）与国际投资协定（IIA）中的征收标准相同，都包括以下四个基本要件："基于公共目的"（for a public purpose）、"根据正当程序"（due process）、"以非歧视方式"（not be discriminatory）和"及时充分有效予以补偿"（prompt，adequate and effective compensation）。[75] 早期中国对外双边投资协定的条款并未在此基础上做太多变动，但近年来在间接征收和征收补偿细节上有所突破。2000 年签署的《中华人民共和国政府和文莱达鲁萨兰国政府关于鼓励和相互保护投资协定》（以下简称《中文双边条约》）[76] 明确提及"投资不得被直接或间接地征收"，此后 2005 年签署的《中华人民共和国政府和比利时—卢森堡经济联盟关于相互促进和保护投资协定》和《中华人民共和国政府和马达加斯加共和国政府相互促进和保护投资协定》，2007 年签署的《中华人民共和国政府和塞舌尔共和国政府关于互相促进和保护投资的协定》（以下简称《中塞双边条约》）都作出了类似的规定。在补偿方面，早期中国对外投资协定中并未特别规定补偿的细节内容，只是一般性地规定了"补偿"等于被征收前一

---

74 《中国与东盟 FTA》第 5（4）条："为进一步明确，本条规定的义务不包含要求给予另一方投资者除本章规定内容以外的争端解决程序。"

75 UNCTAD Series on issues in international investment agreements–Taking of Property，United Nations Conference on Trade and Development. Executive summary，https：//unctad.org/en/Docs/psiteiitd15.en.pdf，最后访问时间 2019 年 9 月 4 日。

76 《中文双边条约》第 4（1）条，"除非为了公共目的，非歧视的并给予适当的补偿，缔约任何一方的投资者在缔约另一方领土内的投资不得被直接或间接地征收、国有化或采取与征收或国有化效果相同的措施"。

刻的投资财产的价值。随着时间推进，中国对外投资协定加入了对征收投资补偿的价值估算条款，强调以市场价值为基础，以公平原则为补充来保护投资者的利益。如，2003 年《中华人民共和国政府和圭亚那共和国政府关于促进和保护投资协定》（以下简称《中圭双边条约》）便规定了类似的条款[77]，且明确了利息的支付和补偿的兑换及自由转移。1992 年《中华人民共和国政府和大韩民国政府关于促进和保护投资协定》（以下简称《中韩双边条约》）亦有类似规定，2007 年重新修订时更加强调了"公平市场价值"[78]，排除了征收对于市场价值变化的影响。

3. 资金自由转移

资金自由转移（Free Transfer of Funds）是指，要求东道国保证投资者可以毫不迟延地（without delay）、自由可用地（freely usable）转移资产，以及可自由地兑换货币（freely convertible currencies）（以兑换时正常汇率兑换）。[79]

以上三类投资者待遇几乎存在于所有"一带一路"沿线国家的投资保护承诺中，构成了投资者权益保护的基本类型。鉴于大部分双边投资协定都是自我国改革开放以来，于 20 世纪八九十年代签订的；在我国对外经济往来刚刚起步、吸引外资多于对外投资的背景下，双边投资协定中仅含这几类承诺并不会对中国投资者的权益产生很大影响。然而，我国对外投资活动自 2000

---

77 《中圭双边条约》第 4（2）条："本条第一款所述的补偿，应等于采取征收或征收为公众所知的前一刻被征收投资的市场价值，以在先者为准。该价值应根据普遍承认的估价原则确定，即按照不考虑征收问题时，将该投资作为运营中的企业在公开市场上出售时的值确定。补偿包括自征收之日起到付款之日按照正常商业利率计算的利息。补偿的支付不应迟延，并应有效兑换和自由转移。"

78 《中韩双边条约》（1992）第 5（3）条："本条第二款所述的补偿应在宣布征收决定或征收决定为公众所知前一刻投资的市场价值的基础上计算。若市场价值不易确定，则依照普遍承认的估价原则，在公正原则基础上，尤其考虑原投资资本、折旧、已汇出资本及其他相关因素以确定补偿。该补偿的进行不得迟延，应包括自征收之日起直至支付之日以适当利率计算的利息，应能以确定补偿款额之日有效的官方汇率有效实现并自由转移。"《中韩双边条约》（2007）第 4（2）条："补偿应等于被征收投资在征收前一刻的公平市场价值。公平市场价值不反映因征收被公众过早知道而导致的任何价值的变化。补偿应无迟延支付并应包含征收作出之日到补偿支付日的适当的利息。补偿应为可有效实现的、可自由转移的，并且可以按照征收日的主要汇率自由兑换为所涉投资者所属缔约国的货币和国际货币基金条约的条款所定义的自由使用的货币。"

79 UNCTAD Series on Issues in International Investment Agreements KEY TERMS AND CONCEPTS IN IIAs：A GLOSSARY，United Nations Conference On Trade And Development，p.155，http：//www.sice.oas.org/Glossary/iteiit20042_e.pdf，最后访问时间 2019 年 9 月 4 日。

年起进入了快速发展时期，2002—2017 年，我国累计实现对外直接投资 1.11 万亿美元，几乎是我国在 2000 年之前的 18 年中对外投资总额的 40 倍。[80] 在这样迅猛增长的对外投资活动中，中国投资者在东道国的投资权益可以得到怎样的保护，是中国投资者和中国政府越来越关心的主题。继而，随着"一带一路"倡议的提出和全面展开，中国投资者更多地扮演对外投资的主导者、参与者的角色，最基本的投资者权益架构早已不能够充分保护广大中国投资者的权益。

故而，我们看到，对投资者权益待遇的强化和补充，已经在较晚签订的双边投资协定及进一步加强合作的自由贸易协定中有所体现。参照乌兹别克斯坦、韩国、新西兰等国家以及东盟等组织与我国签订的自由贸易协定，"国民待遇"和"公平且公正的投资待遇"两种新形式的权益待遇已经普遍出现在投资者权益之范围内。

4. 国民待遇

国民待遇（National Treatment）是指，东道国（host country）给予外国投资者的待遇不低于（at least as favourable as）其在同等条件下给予其本国投资者的待遇。该原则旨在保证本国投资者与外国投资者间的相对平等。但国民待遇原则在涉及公共健康（public health）、安全（safety）、道德（morals）、国家安全（national security）等情况下，不予适用（即使在所约定的协定，包括双边投资协定中对此例外未予说明）。[81] 简言之，投资者在东道国内应当与其本国国民享有同等权益。国民待遇的形式，在中国与"一带一路"沿线国家缔结的投资条约中，大多一致；可参照 2002 年签署的《中华人民共和国政府和特立尼达和多巴哥国政府关于鼓励促进和保护投资协定》第 4（2）条的规定："在不损害其法律法规的前提下，缔约一方应给予缔约另一方投资者在其境内的投资、收益以及与投资有关活动不低于其给予本国投资者的投资、收益及与投资有关活动的待遇。"又如《中国与新西兰 FTA》第 138 条规定："各

80 《对外经贸跨越发展　开放水平全面提升——改革开放 40 年经济社会发展成就系列报告之三》，国家统计局官网：http：//www.stats.gov.cn/ztjc/ztfx/ggkf40n/201808/t20180830_1619861.html，最后访问时间 2019 年 8 月 14 日。

81 UNCTAD Series on issues in international investment agreements– National Treatment，United Nations Conference on Trade and Development. Executive summary，https：//unctad.org/en/Docs/psiteiitd11v4.en.pdf，最后访问时间 2019 年 9 月 4 日。

方在管理、经营、运营、维护、使用、收益或处置方面，应当给予另一方投资者的投资及与该投资相关的活动，不低于其在同等条件下给予其本国投资者的投资及相关活动的待遇。”[82]

5. 公平公正待遇

公平公正待遇（Fair and Equitable Treatment），无论其在实践中如何表述，均作为一种最低待遇标准（minimum standard）出现。虽然每个仲裁庭在处理特定案件时对公平公正待遇条款的解释不尽相同，但无论该条款如何表述，其均与以下五项主要的概念紧密相连。其中包括：（1）禁止决定作出（decision–making）时存有明显任意性（manifest arbitrariness），即禁止仅基于偏见（prejudice or bias）而无合法目的（legitimate purpose）或合理解释（rational explanation）便采取措施；（2）禁止否认公正（denial of justice）及忽视正当程序的基础原则（fundamental principles of due process）；（3）禁止以明显错误的理由（如性别、种族或宗教信仰）对投资者作出针对性歧视（targeted discrimination）；（4）禁止虐待投资者，包括强迫（coercion）、胁迫（duress）及骚扰（harassment）等；（5）保护投资者基于政府的特定陈述（a government's specific representations）或投资诱导措施（investment- inducing measures）所产生的合理期望（legitimate expectations）。[83] 根据联合国贸发会议出具的《2019 年世界投资报告》，在其统计的诸多（于 2018 年结案的）投资仲裁案件中，在仲裁庭裁定东道国承担责任时最常用的基础，便是东道国违反了公平公正待遇条款。[84] 公平公正待遇条款的常见模式，可参考《中国与新西兰 FTA》第 143 条之规定：“一、按照普遍接受的国际法规则，始终给予各方投资者在另一方境内投资公平和公正待遇，提供全面保护与安全；

82 《中国与新西兰 FTA》于 2008 年 10 月 1 日生效。文中所引条款英文文本如下：Article 138. “Each Party shall accord to investments and activities associated with such investments, with respect to management, conduct, operation, maintenance, use, enjoyment or disposal, by the investors of the other Party treatment no less favourable than that accorded, in like circumstances, to the investments and associated activities by its own investors.”

83 UNCTAD Series on Issues in International Investment Agreements II – FAIR AND EQUITABLE TREATMENT，United Nations Conference on Trade and Development，Executive Summary，https：//unctad.org/en/Docs/unctaddiaeia2011d5_en.pdf，最后访问时间 2019 年 9 月 4 日。

84 World Investment Report 2019，United Nations Conference on Trade and Development，2019 年 6 月 12 日，第 104 页，https：//unctad.org/en/PublicationsLibrary/wir2019_en.pdf，最后访问时间 2019 年 8 月 12 日。

二、公平和公正待遇包括基于一般法律原则，确保投资者不会在任何与投资者投资相关的法律或行政程序中被拒绝公正对待，或受到不公平或不公正对待的义务；三、全面保护与安全要求各方在履行确保投资保护与安全职责时，采取合理的必要措施；四、任何一方不得对另一方投资者对投资的管理、维护、使用、收益或处置采取不合理或歧视性措施；五、违反本章任何其他条款，并不构成对本条的违反。”[85]

我们相信，在中国缔结的相关投资保护协定逐步完善、修订的过程中，以上五种投资者权益待遇将逐渐普遍化地覆盖到“一带一路”沿线各国。就目前而言，中国投资者可在绝大部分“一带一路”沿线国家享受到前三类投资者权益，而在较晚订立双边投资协定的国家，例如韩国、乌兹别克斯坦等重订双边投资保护的国家，以及东盟十国、新西兰、巴基斯坦等与中国已经订立自由贸易协定的国家，投资者得以伸张权益的依据则更为充足和全面。

除上述五类权益外，一部分投资协定中还规定了另一类较为特殊的投资权益来源：“保护伞条款”；这个条款就像是投资者权益的“直通车”，通过“保护伞条款”，投资者所拥有的合同权益（contractual rights）等其他权益都将上升为条约权益（treaty rights），潜在的所得权益范围将可能大大超出上述五类权益。

6. 保护伞条款

“保护伞条款”（Umbrella Clause），也称为遵守承诺条款（Observance of Undertakings）。在投资条约中，该条款用于将一国所承担的所有与投资有关的义务置于“保护伞”或投资条约的框架内；其目的是通过加强投资东

85 英文文本如下：Article 143. “1. Investments of investors of each Party shall at all times be accorded fair and equitable treatment and shall enjoy the full protection and security in the territory of the other Party in accordance with commonly accepted rules of international law. 2. Fair and equitable treatment includes the obligation to ensure that, having regard to general principles of law, investors are not denied justice or treated unfairly or inequitably in any legal or administrative proceeding affecting the investments of the investor. 3. Full protection and security requires each Party to take such measures as may be reasonably necessary in the exercise of its authority to ensure the protection and security of the investment. 4. Neither Party shall take any unreasonable or discriminatory measures against the management, maintenance, use, enjoyment and disposal of the investments by the investors of the other Party. 5. A violation of any other article of this Chapter does not establish that there has been a violation of this Article.”

道国的义务来保护投资者。[86]“保护伞条款”的作用，是使缔约国在协定以外对投资者作出的其他承诺也将纳入投资条约保护范围内，从而扩大了投资条约的保护权益内容。在实践中，这一条款主要被应用于投资者与东道国签订投资协议的情况下，东道国若违反投资协议项下的义务，根据适用“保护伞条款”，该等合同违约（contractual breach）将会上升为对国际投资条约义务的违反（treaty breach）。但需要注意的是，对于“保护伞条款”在投资争议解决案件的处理中，其所能适用的范围存在相当大的争议；如何更好地运用“保护伞条款”以有效地保护投资者权益，还需具体问题具体分析。

目前，有巴基斯坦、新西兰等28个“一带一路”沿线国家[87]在与中国的相关投资协定中作出了“保护伞条款”之规定，占所有“一带一路”沿线国家的21%，如图2–1所示。

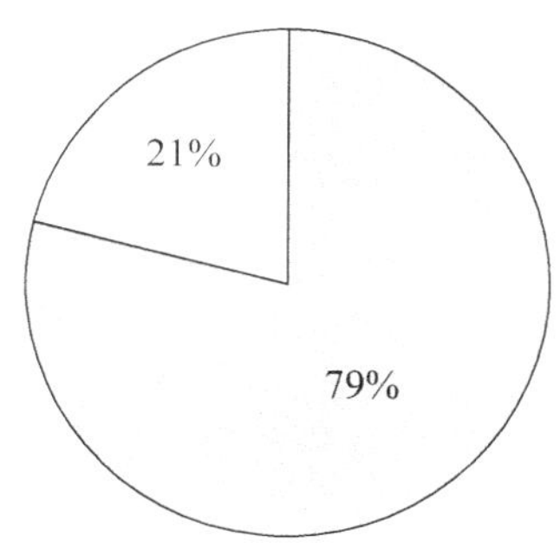

□含“保护伞条款”的国家 □不含“保护伞条款”的国家

图2–1 与中国的BIT中含“保护伞条款”的“一带一路”沿线国家

在这些国家的投资活动中，“保护伞条款”势必成为中国投资者在设计投资策略时，需要考量的重要权益实现条款。“保护伞条款”的典型形式，如《中华人民共和国政府和巴基斯坦伊斯兰共和国政府自由贸易协定》（以下简

---

86 Umbrella Clause，A Dictionary of Law（9th ed.），Oxford University Press，2018．https://www–oxfordreference–com.ezproxy.cityu.edu.hk/view/10.1093/acref/9780198802525.001.0001/acref–9780198802525–e–4926，最后访问时间2019年9月4日。

87 这28个“一带一路”沿线国家有：南非、莫桑比克、尼日利亚、刚果布、坦桑尼亚、突尼斯、赤道几内亚、韩国、新加坡、缅甸、文莱、斯里兰卡、阿联酋、科威特、黎巴嫩、伊朗、乌兹别克斯坦、泰国、俄罗斯、奥地利、塞尔维亚、捷克、拉脱维亚、马耳他、葡萄牙、圭亚那、哥斯达黎加、特立尼达和多巴哥。

称《中国与巴基斯坦 FTA》）第 55 条之规定：“缔约任何一方应恪守其与缔约另一方投资者就投资所作出的承诺。”又如《中塞双边条约》第 10 条之规定：“如果与另一缔约方投资者有关的投资构成一缔约方的特别承诺的内容，在不影响本协定规定的前提下，仍应当受上述特别承诺约束，如果后者包括比本协定更优惠的条款。”

三、投资争端救济程序

投资争端发起的基础是实体权利和适格主体，而投资争端之解决机制本身是依赖于程序层面的制度和规则。如何让实体权利得以落实、救济得以实现，乃是争端解决机制的核心；程序层面的架构和途径又是此间的要点。一方面，程序途径令权利承诺有相应的救济保证，不至于使权利维护沦为空谈；另一方面，它令各项投资者待遇在具体的维权过程中得到解释细化，成为可实际指导投资实践的权益规范。绝大多数与中国签订的投资保护协定中的投资争端解决条款都规定了“友好协商程序”，这是缔约双方意图解决争端的首要选择，是避免直接进入讼争的机会，构成了争端解决机制的第一部分。此外，又可以将随后的争端程序按照诉诸机构所在范围来区分，将具体途径划分为（东道国）国内途径与国际途径两个大类。这两类解决途径在性质与特点上具有较大差异，在不同的案件情形下可能引发截然不同的解决前景。故此，建议投资者在选择争端解决路径时，对争端解决途径的潜在选项进行了解，知晓各途径的优势、弊端及特点等，进而结合自身具体情况和潜在风险点，审慎判断、选择适当的争端解决途径，以备不时之需。下文笔者即对主要的三种争端解决机制逐一分析介绍。

1. 前置磋商程序

在诉诸法院或仲裁等机构之前，几乎所有投资协定所约定的解决程序中都会惯例性地约定前置磋商程序（consultation）。据此，投资者有权要求与东道国一方就相关投资争议展开磋商（常以外交手段进行），以期通过友好的方式解决问题；商谈期限（有时亦为“冷静期”，cooling-off period）在双边投资协定中约定各有不同，一般从 60 天到 24 个月不等；在“一带一路”沿线国家与中国缔结的条约中，最为常见的磋商期为 6 个月［如《中华人民共和国政府和也门共和国政府关于鼓励和相互保护投资协定》，以下简称《中也双边条约》，第 9（3）条[88]]，还有 4 个月［《中日韩 MAI》第 15（3）条[89]］。与普通民商事争议类似，一旦投资争议被投入约束性程序中（诉讼或仲裁），东道国一方若刻意拖延，则无论国内还是国际途径都可能会出现长达数年无果的胶着态势；虽然此类磋商程序无规范约束性，但若能就此采取灵活手段，提前高效地化解纠纷，对双方都是颇为理想的结果。然而若此类磋商最终无果，投资者将可以发起国内或国际救济程序。

2. 东道国国内程序

以争端解决程序的机构所在范围为别，整个投资争端解决机制可区分为国内程序与国际程序两大类型。所谓投资争端解决国内救济程序，是指通过东道国国内的争议解决途径来寻求纠纷解决，主要体现为东道国国内行政程序以及当地司法程序。在“一带一路”沿线各国的双边协定中，东道国国内程序，一般都是与国际程序并存，甚或优先于国际程序的争端解决路径之一。由于投资事项本质的关系，东道国往往会被认为是与所涉投资具有“最密切联系”的地点——投资地。故而，管辖权规则往往会指向东道国当地的法院作为合适的解决该等争议的场所（forum）。[90]

在此途径下，争议解决机构为东道国本国的政府机关或司法机关（主要是东道国国内法院），司法程序是遵照东道国国内的法律。具体的行政和司法程序的实施、裁判标准及流程，都很大程度上取决于东道国国内的法治状况和司法环境。在实体法的适用上，东道国国内法院也更加偏向适用其国内法而不是国际法。[91] 由于各国的政治、司法和经济情况不一，东道国国内程序这

---

88 《中也双边条约》第 9（3）条：“如果混合委员会在自谈判开始之日起六个月内不能解决该争议，应缔约一方的要求，该争议应提交仲裁庭。”

89 《中日韩 MAI》（Agreement Among the Government of Japan，the Government of the Republic of Korea and the Government of the People’s Republic of China for the Promotion，Facilitation and Protection of Investment）第 15（3）条：“投资争议不能通过本条第二款所指的协商在书面协商请求递交至争议缔约方之日起四个月内解决。”其英文文本如下：“the investment dispute cannot be settled through the consultation referred to in paragraph 2 within four months from the date of the submission of the written request for consultation to the disputing Contracting Party”.

90 UNCTAD Dispute Settlement–2.2 Selecting Appropriate Forum，United Nations Conference on Trade and Development，p.9，https：//unctad.org/en/Docs/edmmisc232add1_en.pdf，最后访问时间 2019 年 8 月 15 日。

91 UNCTAD Dispute Settlement–2.2 Selecting Appropriate Forum，United Nations Conference on Trade and Development，p.10，https：//unctad.org/en/Docs/edmmisc232add1_en.pdf，最后访问时间 2019 年 8 月 15 日。

一争议解决途径的公正性、中立性在实践中存在极大差别。从侧面看，此种东道国国内程序的救济方式，实则是“不够彻底”的：它事实上并未改变投资者与东道国间的不平等主体地位，从某种程度上讲，无异于由东道国自己充当自己案件的判官。此外，东道国国内的机关或法院往往缺乏解决复杂国际投资争端所需的技术专长和经验。故中立性和专业性皆不及权威的国际投资仲裁机构。

当然，国内途径解决争端并非绝对不可取，它也有优势所在。一方面，此类争端解决途径不存在资格、效力上的异议，东道国自身的行政复议或行政诉讼，对其本国行为有当然且无争议的效力。在该国司法体制健全、国家公信力可靠的情形下，诉诸国内程序具有更强的稳定性和拘束力，后续在东道国执行相关财产更是其一大优势。另一方面，仲裁程序在目前的“一带一路”沿线各国中往往受有管辖局限，投资者遭遇的多数争端，只可诉诸东道国内。

也正因上述因素，部分国家与中国的双边投资协定中的“岔路口条款”及“用尽当地行政复议救济条款”，尤其需要投资者关注。在 131 个“一带一路”沿线国家中，有 59 个国家作出了“岔路口条款”规定，将近一半；而“用尽当地行政复议救济条款”数量相对较少，目前中国与 20 个国家间存在此种规定。关于此类规定的详情，可见表 2–1。

表 2–1 “岔路口条款”及“用尽当地行政复议救济条款”之双边投资协定总结[92]

岔路口条款	苏丹、南非、莫桑比克、埃塞俄比亚、尼日利亚、刚果布、津巴布韦、阿尔及利亚、坦桑尼亚、佛得角、突尼斯、埃及、赤道几内亚、韩国、蒙古国、新加坡、缅甸、柬埔寨、越南、老挝、文莱、斯里兰卡、孟加拉国、土耳其、卡塔尔、阿曼、黎巴嫩、巴林、伊朗、阿塞拜疆、格鲁吉亚、乌兹别克斯坦、塞浦路斯、俄罗斯、塞尔维亚、捷克、阿尔巴尼亚、克罗地亚、波黑、爱沙尼亚、斯洛文尼亚、北马其顿、罗马尼亚、拉脱维亚、摩尔多瓦、马耳他、葡萄牙、卢森堡、新西兰、巴布亚新几内亚、智利、圭亚那、玻利维亚、乌拉圭、秘鲁、哥斯达黎加、巴巴多斯、古巴、牙买加

92 本表所依据的投资协定均为中国与其他国家的双边投资协定（BIT）。除此之外，《中国与巴基斯坦 FTA》《中国与韩国 FTA》《中国与秘鲁 FTA》《中日韩 MAI》中也有“岔路口条款”。《中国与巴基斯坦 FTA》《中国与韩国 FTA》《中国与新西兰 FTA》《中国与秘鲁 FTA》《中日韩 MAI》中也有“用尽当地行政复议救济条款”。表中国家排序不分先后，系参照中国一带一路网《已同中国签订共建“一带一路”合作文件的国家一览》中的顺序。https：//www.yidaiyilu.gov.cn/gbjg/gbgk/77073.htm，最后访问时间 2019 年 8 月 12 日。

续表

用尽当地行政复议救济条款	南非、莫桑比克、刚果布、坦桑尼亚、马达加斯加、赤道几内亚、韩国、缅甸、文莱、乌兹别克斯坦、塞浦路斯、俄罗斯、捷克、波黑、马耳他、圭亚那、哥斯达黎加、特立尼达和多巴哥、巴巴多斯、古巴

“岔路口条款”（Fork-in-the-Road Clause），是指投资者一旦在国内司法审查（domestic judicial review）与国际仲裁（international arbitration）中，选择其中一种争议解决方式，该选择是最终的（final）且排他的（exclusive）[93]；即一旦选择，投资者理论上将丧失寻求另一种争议解决方式进行救济的机会。如果投资者已根据双边投资协定下的一种方式（如在法院提起诉讼）提出相同或相关的索赔，就可能会排除另一种方式——国际仲裁。[94] 这种条款产生自东道国与投资者在争端解决方式上的不同主张：投资者希望采取公正性更强的国际仲裁，而东道国则希求能将争端管辖权自行把握。此两种诉求的相互妥协，便体现为对仲裁发起权作出限制的岔路口条款，以求规避投资者滥用诉权、双重获利。不同国家协定内的岔路口条款有细微差异。在 59 个作出此类规定的国家中，部分国家规定对仲裁途径实施单向排除，投资者选择国内司法救济将导致仲裁解决条款不适用，但仲裁已经提起或许并不当然阻止国内程序的开展（不排除国内法上作此规定）。例如，在《中华人民共和国政府和蒙古人民共和国政府关于鼓励和相互保护投资协定》（以下简称《中蒙双边条约》）中，就岔路口条款的表述为：

二、如争议在六个月内未能协商解决，当事任何一方有权将争议提交接受投资的缔约国一方有管辖权的法院。

三、如涉及征收补偿款额的争议，在诉诸本条第一款的程序后六个月内仍未能解决，可应任何一方的要求，将争议提交专设仲裁庭。如有关的投资

93 Organisation for Economic Co-operation and Development（OECD）Investment Division, Directorate for Financial and Enterprise Affairs Paris, France, “Dispute Settlement provisions in international investment agreement: A large sample survey”, p.10, http://www.oecd.org/investment/internationalinvestmentagreements/50291678.pdf，最后访问时间 2019 年 8 月 13 日。

94 ICSID arbitration: a step-by-step guide, Practical Law UK Practice Note 2-382-0019（2018）, by Practical Law Arbitration, p.12.

者诉诸了本条第二款所规定的程序，本款规定不应适用。[95]

另外一些国家则采取了更为彻底的终局性规定，无论是仲裁还是国内司法救济程序，一经选择便是终局，不再有反悔另选的机会。例如，在《中国与巴基斯坦 FTA》中，“岔路口条款”被规定为：“依据 1965 年 3 月 18 日在华盛顿签署的《关于解决国家和他国国民之间投资争端公约》设立的‘解决投资争端国际中心’……一旦投资者已决定将争议提交相关缔约方的有管辖权的法院或‘解决投资争端国际中心’，对上述场所的选择应是终局的。”[96]

“用尽当地行政复议救济”，则是另一种对投资者选择救济途径的限制性规定，这是国际法上“用尽当地救济原则”（Exhaustion of Local Remedies）在此类投资协定内的体现。少数东道国在同意将投资争端诉诸 ICSDI 之前，会设置一项前提条件——需用尽当地救济；对此，《ICSID 公约》亦给予了东道国这样的选择权。《ICSID 公约》第 26（2）条规定：“缔约国可以要求以用尽该国行政或司法救济作为其同意根据本公约交付仲裁的条件。”[97]实践中，如上所述，的确有少数国家为同意 ICSID 仲裁附上了该等前提条件。以《中国与巴基斯坦 FTA》为例，在投资者发起国际仲裁前，缔约国可以要求投资者“用尽该缔约方法律和法规所规定的国内行政复议程序。”[98]表 2-1 所列的其他投资保护协定中“用尽当地行政复议救济”的表述与《中国与巴基斯坦 FTA》表述基本一致。请投资者务必注意此类前置程序要求，并及时依照要求（如有）进行行政复议；合理安排时间，以确保不致因为逾期而失去提起国际仲裁的权利。

3. 争端解决的国际程序——仲裁

采纳一个主权国家国内的争议解决程序可能在稳定性和效力上更具优势，但是对于外国投资者而言，公正性和专业性也是在选择投资争端解决途径时需要考量的核心要素。相比之下，争端解决途径中的国际性程序以

---

95 《中蒙双边条约》第 8（2）条、第 8（3）条。

96 《中国与巴基斯坦 FTA》第 54（2）条。

97 ICSID Convention. Article 26（2）. “A Contracting State may require the exhaustion of local administrative or judicial remedies as a condition of its consent to arbitration under this Convention.”

98 《中国与巴基斯坦 FTA》第 54（2）条。

国际投资仲裁为主，为投资者提供了一个超出东道国掌控范围、对东道国和投资者均具备约束力的、中立的解决方式，无疑是投资者更愿意信赖的一种选择。

根据联合国贸发会议公布的官方数据，已知的国际投资仲裁案件主要在下列仲裁机构获得审理[99]（机构名称后的括号里标注的是各机构审理过的已知国际投资仲裁案件数量）：

——开罗地区国际商事仲裁中心（Cairo Regional Center for International Commercial Arbitration，CRCICA）（2 案）

——国际商会（International Chamber of Commerce，ICC）（17 案）

——解决投资争端国际中心（International Centre for Settlement of Investment Disputes，ICSID）（594 案）

——伦敦国际仲裁院（London Court of International Arbitration，LCIA）（5 案）

——莫斯科工商会（Moscow Chamber of Commerce and Industry，MCCI）（3 案）

——海牙常设仲裁法院（Permanent Court of Arbitration，PCA）（137 案）

——瑞典斯德哥尔摩商会仲裁院（Arbitration Institute of the Stockholm Chamber of Commerce，SCC）（47 案）

——香港国际仲裁中心（Hong Kong International Arbitration Centre，HKIAC）（0 案）

其中，ICSID、PCA 和 SCC 是投资仲裁案件中审理数量较多的仲裁机构；而 ICSID 以审理了 594 件投资仲裁争议案件（占已知案件总数[100]的 63.06%）遥遥领先，成为当之无愧的“第一投资仲裁机构”。综合统计 131 个“一

99　联合国贸发会议官网，投资争端解决导航，https：//investmentpolicy.unctad.org/investment-dispute-settlement，最后访问时间 2019 年 8 月 12 日。注：每个仲裁机构后面的括号内容代表由该仲裁机构审理、管理的已知的投资仲裁案件的数量。除显示在每个机构后面的案件数量外，在 942 件已知投资仲裁案件中，另有 69 个案件是数据无法获取（data not available）的，还有 68 个案件是无仲裁机构管理的（non administering institution）。

100　World Investment Report 2019，United Nations Conference on Trade and Development，2019 年 6 月 12 日，第 102 页，https：//unctad.org/en/PublicationsLibrary/wir2019_en.pdf，最后访问时间 2019 年 8 月 12 日。（案件数量来源参考前文。）

带一路”沿线国家与中国之间就投资争端仲裁方式的安排选择结果[101]，可见表 2–2。

表 2–2 投资争端解决方式的约定条款之投资条约总结表[102]

临时仲裁	可参照 ICSID 规则	苏丹、南非、加纳、莫桑比克、埃塞俄比亚、尼日利亚、刚果布、津巴布韦、阿尔及利亚、佛得角、埃及、蒙古国、新加坡、马来西亚、柬埔寨、越南、老挝、文莱、斯里兰卡、孟加拉国、阿联酋、科威特、阿曼、巴林、阿塞拜疆、格鲁吉亚、菲律宾、塞浦路斯、塞尔维亚、阿尔巴尼亚、克罗地亚、爱沙尼亚、立陶宛、斯洛文尼亚、匈牙利、北马其顿、摩尔多瓦、意大利、新西兰、圭亚那、玻利维亚、乌拉圭、牙买加
	可参照《UNCITRAL 仲裁规则》	马来西亚、阿联酋、科威特、卡塔尔、黎巴嫩、乌兹别克斯坦、俄罗斯、捷克、保加利亚、斯洛伐克、北马其顿、葡萄牙、特立尼达和多巴哥、巴巴多斯、古巴、中国与韩国 FTA、中国与新西兰 FTA、中国与秘鲁 FTA、中国与东盟 FTA、中日韩 MAI
	可参照 SCC 仲裁规则	加纳、亚美尼亚、哈萨克斯坦、吉尔吉斯斯坦、塔吉克斯坦、乌克兰、白俄罗斯、意大利
	未指定参照规则	伊朗、波兰

101 需要提示的是，目前，有包括加纳、巴基斯坦、亚美尼亚在内共 11 个国家与中国的 BIT 中，存在一种特别的争议解决模式：这些双边投资协定内，只针对涉及征收补偿款额的争议规定了仲裁作为争端解决方式；对于其他争议类型（比如涉及最惠国待遇、公平公正待遇等争议），既未提及选择仲裁作为解决方式，亦未提及前置磋商和其他东道国国内程序之途径。这意味着，投资者在这些国家内只可就由“征收补偿款”引起的争端（依据 BIT 中的争议解决条款）寻求仲裁救济，而对于其他投资待遇引起的争端将无法通过现有的双边投资协定、多边投资协定、自由贸易协定等协定寻求相应的投资条约争议解决措施保护。当然，东道国国内程序能否在此种投资争端中适用，还需以东道国本国法律为准；或者中国投资者与东道国之间的投资协议等约定。鉴于各国法治环境和立法情况差异，该等国家的国内法是否支持中国投资者依据双边投资协定所拥有的投资者权益展开维权救济，存在较大的不确定性。请中国投资者注意，如向上述国家投资，在与东道国政府签订协议时最好对涉及征收补偿款额以外的其他争端进行投资仲裁管辖之补充约定，以保证投资活动及投资权益之有效救济。

102 本表中列明的“一带一路”沿线国家按其与中国的 BIT（FTA）中争议解决条款之选择（常设机构或临时仲裁）进行归纳。投资者在投资时也应当注意所投资国家与中国有无其他多边投资协定及自由贸易协定，寻找有无其他救济途径。表中国家排序不分先后，系参照中国一带一路网《已同中国签订共建“一带一路”合作文件的国家一览》中的顺序。https://www.yidaiyilu.gov.cn/gbjg/gbgk/77073.htm，最后访问时间 2019 年 8 月 12 日。

续表

机构仲裁	可提交 ICSID 仲裁	喀麦隆、加蓬、摩洛哥、突尼斯、赤道几内亚、沙特阿拉伯、也门、波黑、罗马尼亚、拉脱维亚、卢森堡、巴布亚新几内亚、秘鲁、哥斯达黎加、莫桑比克、埃塞俄比亚、刚果布、韩国、缅甸、文莱、土耳其、巴林、塞浦路斯、塞尔维亚、北马其顿、马耳他、葡萄牙、智利、圭亚那、巴巴多斯、坦桑尼亚、俄罗斯、希腊、捷克、立陶宛、中国与巴基斯坦 FTA、中国与东盟 FTA、中国与韩国 FTA、中国与秘鲁 FTA、中国与新西兰 FTA、中日韩 MAI
	可交由双方同意的其他仲裁机构（机构或临时仲裁）	乌兹别克斯坦、坦桑尼亚、中国与东盟 FTA

（1）ICSID 仲裁

将投资争议诉诸常设仲裁机构解决，是一种日趋流行的趋势。目前，如上文所述"第一投资仲裁机构"，也是国际上公认的最权威的专门处理投资争端的第三方国际机构是 ICSID。ICSID 受理的争议，主要是缔约国政府（东道国）和另一缔约国投资者之间因国际投资而引发的争议。自 1965 年成立至 2018 年，ICSID 共处理了 676 件国际投资争端案件[103]。如图 2-2[104] 所示，仅在 2018 年，ICSID 就受理了 57 件新的投资争端案件，同比增长 16%，并有 46 件投资争端案件结案。[105] 作为国际知名的常设性仲裁机构，ICSID 正不断发展与完善，其权威性和影响力也日渐增加。

103 ICSID Annual Report 2018，ICSID，p.11，https：//icsid.worldbank.org/en/Documents/resources/2018ICSIDAnnualReport.ENG.pdf，最后访问时间 2019 年 8 月 15 日。

104 ICSID Annual Report 2018，ICSID，p.25，https：//icsid.worldbank.org/en/Documents/resources/2018ICSIDAnnualReport.ENG.pdf，最后访问时间 2019 年 8 月 13 日。

105 ICSID Annual Report 2018，ICSID，pp.11，25，https：//icsid.worldbank.org/en/Documents/resources/2018ICSIDAnnualReport.ENG.pdf，最后访问时间 2019 年 8 月 12 日。

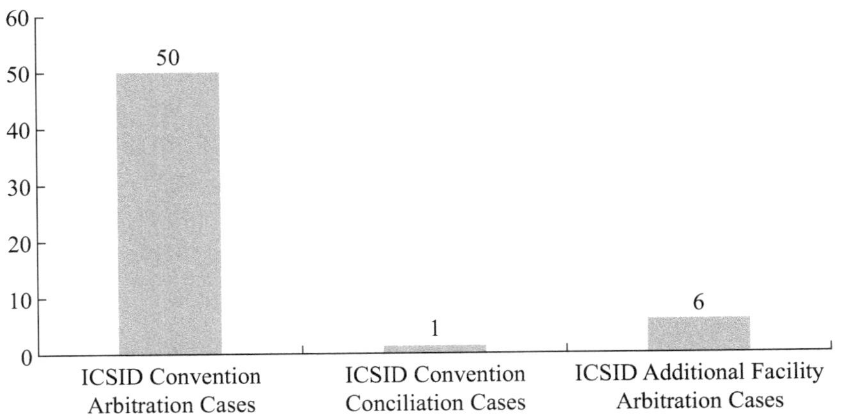

图 2-2 2018 年《ICSID 公约》项下注册投资仲裁案件数量统计表

ICSID 中心设有行政理事处和秘书处。行政理事处由各缔约国派一名代表组成，主要职权包括通过并提起仲裁的程序规则、决定 ICSID 中心的预算、确定秘书长和副秘书长的服务条件等。[106]秘书处负责对仲裁程序提供机构的支持，保证仲裁程序的高效性和可靠性。另外，不同于商事仲裁体系，仲裁地的仲裁程序法并不会影响 ICSID 的仲裁程序。根据《ICSID 公约》

---

106 《ICSID 公约》第 4（1）条：“行政理事会由每一个缔约国各派代表一人组成，在首席代表未能出席会议或不能执行任务时，可以由副代表担任代表。” ICSID Convention. Article 4（1）. “The Administrative Council shall be composed of one representative of each Contracting State. An alternate may act as representative in case of his principal's absence from a meeting or inability to act.”

《ICSID 公约》第 6（1）条：“行政理事会在不损害本公约其他条款赋予它的权力和职能的情况下，应：（一）通过中心的行政和财政条例；（二）通过交付调解和仲裁的程序规则；（三）通过调解和仲裁的程序规则（以下称为‘调解规则和仲裁规则’）；（四）批准同银行达成的关于使用其行政设施和服务的协议；（五）确定秘书长和任何副秘书长的服务条件；（六）通过中心的年度收支预算；（七）批准关于中心的活动的年度报告。”[ICSID Convention，Article 6（1）. “（1）Without prejudice to the powers and functions vested in it by other provisions of this Convention，the Administrative Council shall：（a）adopt the administrative and financial regulations of the Centre；（b）adopt the rules of procedure for the institution of conciliation and arbitration proceedings；（c）adopt the rules of procedure for conciliation and arbitration proceedings（hereinafter called the Conciliation Rules and the Arbitration Rules）；（d）approve arrangements with the Bank for the use of the Bank's administrative facilities and services；（e）determine the conditions of service of the Secretary–General and of any Deputy Secretary–General；（f）adopt the annual budget of revenues and expenditures of the Centre；（g）approve the annual report on the operation of the Centre.”]

第 44(1)条[107]，除双方另有约定外，ICSID 中心仲裁的程序应当依照《ICSID 公约》及《ICSID 仲裁规则》进行。ICSID 中心因此能够最大限度地保证其独立性和自主性，这也是中心成功建立并吸引众多投资仲裁案件的重要原因。

在 131 个“一带一路”沿线国家中，有 103 个为 ICSID 缔约国。如图 2–3 所示，ICSID 缔约国占“一带一路”沿线国家的 79%。也就是说，将近五分之四的“一带一路”沿线国家，包括中国，都是 ICSID 缔约国。

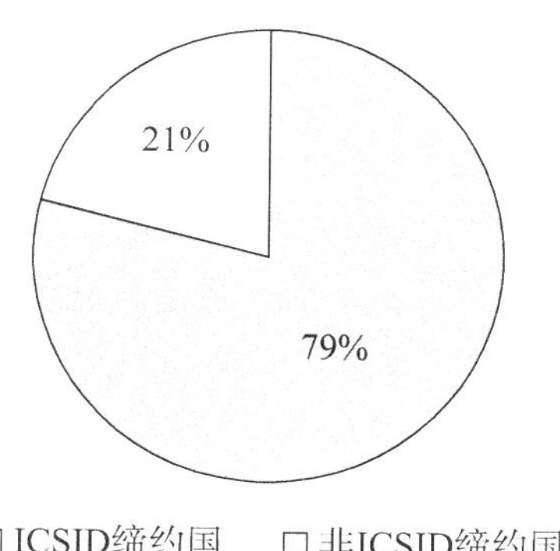

图 2–3　“一带一路”沿线国家中的 ICSID 缔约国

可见 ICSID 在目前的“一带一路”沿线各国中，具有巨大影响力和广泛的适用范围。在其中 87 个目前与中国存在有效双边投资协定的国家中，有 38 个国家约定将 ICSID 作为解决投资争端的可选机构。尤其是新近签订的双边投资协定和自由贸易协定，ICSID 作为常设仲裁机构往往成为中国与各国约定诉诸仲裁解决的第一选择。

对于投资者来说，ICSID 的优势包括：(i) ICSID 仲裁向投资者提供了进行国际争议解决的直接途径（无需投资者通过母国或者其他实体方能提起争议解决请求）；(ii) 投资者不再被限制于东道国国内法院；(iii) 投资者不用依

107 《ICSID 公约》第 44 条：“任何仲裁程序应依照本节规定，以及除双方另有协议外，依照双方同意提交仲裁之日有效的仲裁规则进行。如发生任何本节或仲裁规则或双方同意的任何规则未作规定的程序问题，则该问题应由仲裁庭决定。”（ICSID Convention. Article 44. “Any arbitration proceeding shall be conducted in accordance with the provisions of this Section and，except as the parties otherwise agree，in accordance with the Arbitration Rules in effect on the date on which the parties consented to arbitration. If any question of procedure arises which is not covered by this Section or the Arbitration Rules or any rules agreed by the parties，the Tribunal shall decide the question.”）

赖于其母国代其采取外交保护措施的意愿；（iv）《ICSID 公约》的执行条款使得 ICSID 裁决具有极大可能得以有效执行。[108] 反观，对于东道国来讲，ICSID 也有其优势，主要是：（i）对于投资者的法律救济途径的保障促进了投资，其衍生出了“有利于投资的环境”（favourable investment climate）；从这个角度看，有效的投资权益救济途径之存在本身就会大大提升对于投资规则的尊重。（ii）东道国选择同意诉诸 ICSID 仲裁使其躲避了潜在的投资者母国通过外交保护手段对其进行的骚扰。[109]

（2）临时仲裁

总结中国与 131 个“一带一路”沿线国家之间缔结的双边投资协定，有 60 个国家与中国的双边投资协定以双方选定仲裁员、自定规则组成临时仲裁庭（协定内可能称为“专设仲裁”或“国际仲裁”）解决投资争端，作为争议解决的可选或唯一方式。[110] 形成这种情形的原因，在于大部分相关双边投资协定签订于 20 世纪 80 年代到 90 年代，也即中国实施改革开放初期。在当时的背景下，包括中国在内的签约各国大多尚未加入或刚刚加入《ICSID 公约》，没有条件将 ICSID 等常设组织作为仲裁机构。时至今日，由于大部分国家与中国之间的投资协定并未修订，这些早期的双边投资协定就作为双方之间的仲裁依据继续有效。此外，当东道国并非《ICSID 公约》缔约国时，也会出现需要选择临时仲裁的情形。同时，与 ICSID 不同，临时仲裁庭具有混合属性（mixed character），其不但可以审理投资者与东道国之间的投资仲裁争端，亦可以审理投资者与其他私主体（private entity）之间的争端。[111] 故而，临时仲裁（ad hoc arbitration）具有更广阔的选择范围。

在适用规则上，采取临时仲裁的方式进行争端解决的案件中，适用规则是十分灵活的；当事人可以采纳现有的规则如《UNCITRAL 仲裁规则》，也可以由仲裁员来自行采纳程序规则。当然，当事人有权选择指定

108 UNCTAD Dispute Settlement–2.2 Selecting Appropriate Forum，United Nations Conference on Trade and Development，pp.16–17，https：//unctad.org/en/Docs/edmmisc232add1_en.pdf，最后访问时间 2019 年 8 月 15 日。

109 同脚注 108，p.17.

110 见表 2–2。

111 UNCTAD Dispute Settlement–2.2 Selecting Appropriate Forum，United Nations Conference on Trade and Development，p.26，https：//unctad.org/en/Docs/edmmisc232add1_en.pdf，最后访问时间 2019 年 8 月 15 日。

ICSID秘书长来任命仲裁员，也可以选择采纳《ICSID仲裁规则》。（但在这种情况下，《ICSID公约》的执行条款是不适用的；笔者特此提请投资者注意。）

然而，相较于其他常设仲裁机构仲裁，例如ICSID、ICC等，临时仲裁缺乏机构支持。同时，如上所述，其缺乏一个强有力的执行机制。这些因素导致由临时仲裁庭作出的裁决极大程度上依赖《纽约公约》[112]来进行承认与执行。故而，投资者在考量投资策略时，需要审慎选择目标东道国，尤其需要关注其投资条约中是否约定仅能通过临时仲裁之方式解决投资争端。

（3）其他机构仲裁（含中国贸仲、北仲、深仲等）

在“一带一路”沿线国家与中国缔结的国际投资协定中，例如《中国与东盟FTA》[113]和《中乌双边条约》[114]，我们可以发现一种较新的仲裁选择之约定，即在发生投资争端后，经缔约双方同意，该争端可以交由其他常设仲裁机构或依据其他仲裁规则进行仲裁。[115]从某种程度上来说，这也给予了（ICSID以外的）其他常设仲裁机构为投资者与东道国投资争端案件提供服务的机会；该等常设仲裁机构包括，海牙常设仲裁法院（PCA）、瑞典斯德哥尔摩商会仲裁院（SCC）、国际商会（ICC）等。如前所述，截至2018年12月31日，PCA的投资仲裁案件审理数量紧跟ICSID——137起，SCC位列第三——47起，ICC位列第四——17起。[116]

---

112 《承认及执行外国仲裁裁决公约》，即《纽约公约》，全文共15条，于1958年5月10日订于纽约，1959年6月7日生效，为国际商事领域的重要争议解决公约。The Convention on the Recognition and Enforcement of Foreign Arbitral Awards，also known as the New York Convention，was adopted by a United Nations diplomatic conference on 10 June 1958 and entered into force on 7 June 1959.

113 《中国与东盟FTA》第14（4）条：“如果按第三款规定提出磋商和谈判的书面请求后6个月内，争端仍未解决，除非争端所涉方另行同意，则应当根据投资者的选择，将争端：……（五）由争端所涉方同意的任何其他仲裁机构或根据任何其他仲裁规则进行仲裁……”

114 《中乌双边条约》第12（2）条：“对于缔约一方投资者主张缔约另一方违反本协定第二条至第九条，或者第十三条项下的义务而产生的争议，如果自争议一方提出协商解决之日起六个月内，争议未能通过协商解决，则投资者可选择将由于该违反行为而蒙受损失或损害的诉求提交：……（四）经争议双方同意的任何其他仲裁机构或专设仲裁庭……”

115 笔者特别提示，在包含上述“其他常设仲裁机构”的双边或多边条约中，多数规定为，向“争议所设方同意的”其他仲裁机构进行仲裁。这意味着，虽然该等条约之规定为其他仲裁机构提供了潜在机会，但这机会的实现仍然需要当事双方的同意；而在争议发生之后，当事双方就仲裁机构再次达成合意的可能性并不十分乐观。

116 联合国贸发会议官网，投资争端解决导航，https：//investmentpolicy.unctad.org/investment-dispute-settlement/advanced-search，最后访问时间2019年8月12日。

同时，不可忽视的是，在“一带一路”倡议实施的背景下，中国国内可以受理投资仲裁的仲裁机构拥有了巨大的发展潜力，具有在投资仲裁国际舞台上一展身手的机会。《中国对外投资发展报告 2018》显示，东盟以 141.2 万亿美元的投资额位列 2017 年中国企业海外投资第二大经济体，紧随中国香港。[117] 笔者相信，基于越来越多的中国企业到东南亚国家投资，依据《中国与东盟 FTA》的约定，中国投资者有很大希望得以根据谈判优势地位与东道国达成投资仲裁管辖约定：一旦发生投资争议，应到中国境内有权处理投资仲裁的机构进行解决。目前，在这一大背景下，国内已有三家重要的仲裁机构紧跟时代步伐，积极推出了全新的投资仲裁规则或可提供投资仲裁服务；这三家机构分别为：深圳国际仲裁院（又称深圳仲裁委员会，Shenzhen Court of International Arbitration，SCIA）、中国国际经济贸易仲裁委员会（China International Economic and Trade Arbitration Commission，CIETAC）以及北京仲裁委员会（又称北京国际仲裁中心，Beijing International Arbitration Center，BIAC 或 BAC）。

早在 2016 年，深圳国际仲裁院就发布了《深圳国际仲裁院仲裁规则》和《深圳国际仲裁院关于适用〈联合国国际贸易法委员会仲裁规则〉的程序指引》，SCIA 的受理范围已经扩大到东道国政府与他国投资者之间的投资仲裁案件。[118] 在 2019 年新规（2019 年 2 月 21 日起施行）的第 2 条第 2 款、第 3 条第 5 款、附件 [119] 中均规定了有关投资仲裁的内容。SCIA 按照《联合国国际贸易法委员会仲裁规则》及《深圳国际仲裁院关于适用〈联合国国际贸易法委员会仲裁规则〉的程序指引》管理投资仲裁案件。

中国国际经济贸易仲裁委员会（以下简称贸仲）则于 2017 年 9 月出台了《中国国际经济贸易仲裁委员会国际投资争端仲裁规则》。在《全力打造贸仲委国际一流争端解决机构　助力我国国际仲裁中心建设》一文中，贸仲

117　商务部：《中国对外投资发展报告 2018》，第 6 页，http：//images.mofcom.gov.cn/fec/201901/20190128155348158.pdf，最后访问时间 2019 年 8 月 13 日。

118 《联合国贸法会仲裁规则在中国前海落地——深圳国际仲裁院发布新规则》，深圳国际仲裁院（深圳仲裁委员会）官网：http：//www.sccietac.org/web/news/detail/1646.html，最后访问时间 2019 年 8 月 10 日。

119 《深圳国际仲裁院仲裁规则》第 2 条第 2 款：“仲裁院受理一国政府与他国投资者之间的投资争议仲裁案件”；第 3 条第 5 款：“当事人将第二条第（二）款投资仲裁案件交付仲裁院仲裁的，仲裁院按照《联合国国际贸易法委员会仲裁规则》及《深圳国际仲裁院关于适用〈联合国国际贸易法委员会仲裁规则〉的程序指引》管理案件”；以及附件：“仲裁费用规定”。

委副主任兼秘书长王承杰在答记者问时，介绍该规则的优势："《贸仲委国际投资争端仲裁规则》在借鉴国际投资仲裁制度及经验的基础上，吸收了国际商事仲裁的先进做法，比如合并仲裁、紧急仲裁员程序、第三方资助等制度；同时又有别于商事仲裁的实践做法，比如对国际投资仲裁案件实行公开审理，增强了投资仲裁的透明度。该规则对于受理案件的地点也作出了特殊规定，即由位于两个不同法域的中国北京的贸仲委总会和位于中国香港的贸仲委香港仲裁中心分别作为受理案件的地点，便于当事人根据自身情况作出适当选择。由于国际投资争端涉及一国国家利益，为确保仲裁员的高水准，规则设定了专门解决国际投资争端的《仲裁员名册》，要求仲裁员应道德高尚，在法律、投资等专业领域具备公认的能力，保证裁决的独立公正。贸仲委国际投资争端机制和平台的建立，有助于更好地促进我国企业参与'一带一路'经贸合作，助力'一带一路'倡议深入推进，为国际法治环境治理作出新的贡献。"[120]

北京仲裁委员会（以下简称北仲）2019年发布了《北京仲裁委员会/北京国际仲裁中心国际投资仲裁规则》，于2019年9月1日正式施行。在《〈北京仲裁委员会/北京国际仲裁中心国际投资仲裁规则〉制定说明》[121]中，北仲提出，"近年来，国际上对于现行投资仲裁制度的批评很多。一些发展中国家主张废弃现行的投资仲裁制度，部分发达经济体主张代之以常设投资法庭，还有一些国家则主张维护现行投资仲裁制度而只对其进行必要修订……北仲投资仲裁规则可以向国际社会提供一份'中国方案'"。北仲投资仲裁规则在参考国内外现有的主要仲裁规则基础上，合理创新，创设了十分前沿的投资仲裁规则体制；其"兼容机构仲裁和临时仲裁"，"引入上诉等纠错机制，增强裁决的正确性和一致性"，"提高仲裁效率，降低仲裁费用"，"适当增强投资仲裁的透明度"，并"对仲裁员的资质和行为准则提出了更高要求"[122]。其中，特别需要指出的是，北仲投资仲裁规则创设了上诉纠错机制，此为一大创新亮点。"目前尚无专门性投资仲裁规则

120 《全力打造贸仲委国际一流争端解决机构　助力我国国际仲裁中心建设》，人民法治网：http://www.rmfz.org.cn/contents/6/123175.html，最后访问时间2019年7月19日。

121 《〈北京仲裁委员会/北京国际仲裁中心国际投资仲裁规则〉制定说明》，北京仲裁委员会/北京国际仲裁中心官网：http://www.bjac.org.cn/news/view?id=3543，最后访问时间2019年9月17日。

122 同脚注121。

对上诉机制作出明确规定”，北仲此次规则制定无疑是“为国际投资仲裁纳入上诉机制探索路径”[123]。在此上诉机制中，其着重强调了“当事人可选择性”（“并非强制，只有在各方当事人均同意的情况下方可提起，时间与经济成本由当事人承担”[124]）以及“上诉事由之有限性”（“上诉事由仅可基于法律适用或解释错误、明显且严重的事实认定错误或缺乏管辖权而提起”[125]）。“除上诉机制外，规则还要求仲裁庭将裁决稿发送给当事人，当事人可以就裁决稿的特定方面发表评论意见。这在一定程度上也可起到纠错的作用。”[126]

与 ICSID、PCA、SCC 等当前处理投资仲裁案件较多的国际机构相比，中国内地的投资仲裁机构尚无法与之在案件处理数量或案件管理经验方面相媲美。但是，笔者相信，随着“一带一路”倡议更深、更广地推进，随着国内仲裁机构锐意在现有的投资仲裁体制上进行突破和创新，国内投资仲裁机构之优势也会逐渐显现，在投资仲裁领域竖起东方投资仲裁机构之大旗。此间，我国仲裁机构的费用、效率等优势也势必成为吸引投资者选择的主要因素之一。为便于中国投资者在发生投资争端时进行仲裁机构的选择，本书对国内三大仲裁机构及 ICSID 收费金额[127]（除律师费外）进行了对比，见表 2–3。

123 同脚注 121。

124 同脚注 121。

125 同脚注 121。

126 同脚注 121。

127 以下合计费用为：争议双方需支付的机构收费之总和。具体各方承担比例或数量与当事人约定、各仲裁机构仲裁规则及仲裁庭的自由裁量有关。以上金额均以人民币与美元汇率为 7.0 : 1 计算得出。ICSID 的费用计算，其相关金额是在设定下列条件的情况下计算出的：（1）争议金额（Amount in Dispute）为 1 亿美元；（2）仲裁员人数为 3 人；（3）所需法律工作小时数（Hours of Legal Work Required）为 4000 小时；（4）设定的仲裁持续年限为 3 年。BIAC 费用计算依据为：《BIAC 国际投资仲裁规则》附录一（国际投资仲裁收费表）。CIETAC 费用计算依据为：《中国国际经济贸易仲裁委员会国际投资争端仲裁规则（试行）》附件一（中国国际经济贸易仲裁委员会国际投资争端仲裁费用表）。SCIA 费用计算依据为《深圳国际仲裁院仲裁规则》附件（仲裁费用规定）。上述费用计算仅供参考，最终需以案件受理时仲裁机构计算的费用为准。

表 2–3 争议金额为 1 亿美元的案件中投资仲裁机构收费对比表（单位：元）

仲裁机构	案件登记费	机构管理费	仲裁员报酬[128]	合计
ICSID	175000	882000	10500000	11557000
BIAC	20000	456000	5160000	5636000
CIETAC	25000	420900	3091500（平均）	3537400
SCIA	5000	118000	协商确定	123000+ 仲裁员报酬

128 此处仲裁员报酬是按仲裁员人数为 3 人所需费用计算得出；但不含仲裁员额外产生的差旅费用及其他费用。

对于 ICSID，其仲裁员报酬的金额，是按照仲裁员小时费率 375 美元 / 小时、所需法律工作小时数（Hours of Legal Work Required）为 4000 小时，以人民币与美元汇率为 7.0：1，计算得出。对于 BIAC，其仲裁员报酬的金额，是按争议金额（非小时计费）计算得出。对于 CIETAC，其仲裁员报酬的金额，根据 CIETAC《国际投资争端仲裁规则（试行）》费用表，按争议金额（非小时计费）计算得出；其仲裁员费用有一个最低金额和一个最高金额。在此情形下，仲裁员费用最低值为 1084500 元，最高值为 5098500 元，故此处取仲裁员费用的平均数额 3091500 元。对于 SCIA，其仲裁员报酬是由当事人与仲裁员协商确定，未能找到较为确定的金额。

第三篇

投资仲裁

据上文所述，国际仲裁因其中立性，相比较东道国的国内救济程序更容易获得投资者的信任。鉴于投资仲裁在投资者与东道国之间投资争端解决中的重要地位，本篇将重点在下述两个方面展开，以为投资者运用投资仲裁手段解决争端提供宝贵的建议：(1)可能影响仲裁庭管辖权的几大因素，包括仲裁申请人之主体资格、可仲裁的争议类型、提起仲裁的时限问题、前置程序和“岔路口条款”、东道国的争端程序发起权；(2)以ICSID为例，探讨投资仲裁的花费和费用分配、裁决作出后的救济程序（撤裁等）以及裁决的执行问题。

一、可能影响仲裁庭管辖权的几大因素

投资仲裁，是完全基于当事人意思自治的争议解决途径，即某投资争议是否可诉诸投资仲裁，首先取决于，投资者与东道国之间是否就所涉投资争议事前或事后达成仲裁协议。仲裁协议的表现形式，可以是投资者母国与东道国之间签署的国际投资协定（IIA），主要包括双边投资协定（BIT）、多边投资协定（MAI）、自由贸易协定（FTA）等；也可以是投资者和东道国之间的投资协议，抑或由投资者同意接受的东道国投资法规等。由于投资者和东道国之间签署的投资协议的仲裁条款多种多样，本书仅探讨国际投资协定中的双边和多边协定所约定的投资仲裁管辖条款，以此向中国投资考提示需关注的要点。目的是想让中国投资者基本了解，一旦与东道国发生投资争

端，如何依据可适用的双边投资协定、多边投资协定、自由贸易协定等投资协定中的投资争议解决条款（主要为投资仲裁管辖条款）寻求救济。其中，投资仲裁申请人之主体资格、可递交仲裁的争议事项类型、提起投资仲裁的时限、投资仲裁的前置程序和"岔路口条款"，是下文向中国投资者重点介绍的问题。

1. 仲裁申请人之主体资格

仲裁申请人之主体资格，即向仲裁机构提交投资仲裁请求的主体，需是符合条件的"投资者"；该"投资者"需要符合双边投资协定、多边投资协定、自由贸易协定等约定的"投资者"定义，以及投资者的"投资"行为本身符合协议中"投资"之定义。中国投资者在"一带一路"沿线国家投资时，需特别注意东道国是否对投资和投资者进行了任何特定性的排除和/或资格要求，以便在投资之初设计投资架构时，提前安排、尽量符合东道国之相关要求，以更稳妥地获得投资保护。例如，《中坦双边条约》中的"投资"排除了"仅源于缔约一方境内的国民或企业向缔约另一方境内的企业销售货物或提供服务的商业合同的金钱请求权"。而在《中国—马来西亚双边条约》中，投资被限定为"在马来西亚境内，经马来西亚相关部门依照马来西亚法律和行政惯例，属于'被认可项目'的所有投资"。《中国与东盟 FTA》中特别要求，就泰国而言，投资仅指"在泰国境内被确认并依据泰国适用的国内法律、法规和政策，获得其主管机构明确书面批准保护的另一方投资者的投资"。[129]可见，在上述国家进行投资，如果中国投资者的投资行为不符合上述要求，则即使在东道国进行了的投资行为，也无法被认定为双边投资协定、多边投资协定、自由贸易协定等协定下的"投资"行为从而获得"投资者"身份。那么，在与东道国出现投资争端后，就无法以"投资者"身份作为申请人，借助投资保护协定中的仲裁条款向仲裁机构提起仲裁。

2. 可仲裁的争议类型

中国投资者在向东道国投资时需注意，并非所有的投资争议类别，都可以诉诸仲裁方式解决。前文已经述及，在双边或多边投资保护协定中，东道

---

129 详尽分析见前文第二篇对"投资者"及"投资"的定义解析。

国通常负有诸多义务，如为投资者提供公平与公正待遇、国民待遇、最惠国待遇、征收需合法并经补偿、自由汇出等，这些义务对应的便是投资者的投资保护权利。然而，并不是东道国违反了上述任何义务都会赋予投资者提起国际仲裁的权利。在中国早期与他国签订的双边投资协定中，绝大多数情况下仅有涉及征收补偿款的争议可提交仲裁[130]，比如与苏丹、加纳的双边投资协定。这里的"征收"包括征收、国有化或类似措施。有部分国家在双边投资协定中留出余地，除涉及征收补偿类争议外，允许双方协商提交其他争议，比如喀麦隆、加蓬；晚近的双边投资协定或自由贸易协定中的投资争端解决条款，更多的是对可提交国际仲裁的争议范围与可提交至东道国法院解决的争议范围不进行特别区分，例如与南非、莫桑比克等的双边投资协定、《中国与东盟 FTA》。表 3–1 是笔者对"一带一路"沿线国家与中国之间生效的双边投资协定就该部分内容的总结。

表 3–1 可诉诸投资仲裁的投资争端类型约定条款之双边投资协定总结[131]

仲裁类型限制仅限征收补偿款或相关补偿	苏丹、加纳、埃塞俄比亚、津巴布韦、阿尔及利亚、佛得角、埃及、蒙古国、柬埔寨、越南、老挝、巴基斯坦、斯里兰卡、孟加拉国、卡塔尔、阿曼、黎巴嫩、沙特阿拉伯、巴林、阿塞拜疆、格鲁吉亚、亚美尼亚、哈萨克斯坦、吉尔吉斯斯坦、塔吉克斯坦、奥地利、波兰、塞尔维亚、保加利亚、阿尔巴尼亚、克罗地亚、爱沙尼亚、斯洛文尼亚、匈牙利、北马其顿、乌克兰、白俄罗斯、摩尔多瓦、意大利、新西兰、巴布亚新几内亚、玻利维亚、秘鲁、牙买加

130 根据不同双边投资协定语言和版本的差别，对于"涉及"（英文的 involving、relating to 等）的解读也不尽相同。在数个实例案件中，对于"涉及"一词的不同解读直接影响 ICSID 管辖权的认定走向。东道国一般偏好于"限缩性解释"，认为"涉及"是在限制其同意仲裁的案件类型范围；而投资者往往倾向于"广泛性解释"，认为"涉及"只是在强调必须包括"涉及"后面的事项，而并不代表其他类型的案件不得诉诸所约定的仲裁。在本书第四篇，"北京城建诉也门政府"案及"谢业深诉秘鲁政府"案均涉及对双边投资协定中"涉及""有关"等词的释义，对该词的理解还是要依据《维也纳公约》对于条约的解释原则及补充途径等进行综合判断。仲裁庭并没有一个统一确定的标准。可详见此两案的案件解析部分。

131 表中国家排序不分先后，系参照中国一带一路网《已同中国签订共建"一带一路"合作文件的国家一览》中的顺序。https://www.yidaiyilu.gov.cn/gbjg/gbgk/77073.htm，最后访问时间 2019 年 8 月 12 日。

续表

仅列明征收补偿款或相关补偿，但允许另行协商其他争议提交仲裁	喀麦隆、加蓬、摩洛哥、马来西亚、阿联酋、科威特、菲律宾、也门、希腊、斯洛伐克、立陶宛、智利、乌拉圭
对可仲裁事项有其他特殊规定	新加坡、土耳其
不作特殊限制	南非、莫桑比克、尼日利亚、刚果布、马达加斯加、突尼斯、赤道几内亚、韩国、缅甸、文莱、伊朗、塞浦路斯、俄罗斯、捷克、波黑、罗马尼亚、拉脱维亚、马耳他、葡萄牙、卢森堡、圭亚那、哥斯达黎加、特立尼达和多巴哥、巴巴多斯

中国投资者需特别注意的是，由于中国与"一带一路"沿线国家之间的投资保护协定目前呈现迭代更新之态，对于投资某一国家的中国投资者，可能存在两个或多个投资保护法律依据，在可仲裁的争议范围上也因投资保护法律依据的不同而可能有所区别。例如，对于在老挝投资的中国投资者，如果选取《中华人民共和国政府和老挝人民民主共和国政府关于鼓励和相互保护投资协定》（以下简称《中老双边条约》）作为依据，则只能将"涉及征收补偿款额的争议"提交仲裁；而对于该范围之外的其他投资争议，中国投资者可利用《中国与东盟 FTA》中的投资争端解决条款，借以扩大可提交仲裁的争议范围。因此，在确定东道国违反投资保护的行为是否具备可仲裁性时，需要结合具体投资保护法律依据具体分析。

3. 提起投资仲裁的时限

投资者在与东道国发生投资争端后，应当及时维权，以免错过提起仲裁的时限，从而丧失仲裁这一超越东道国国界的对投资者有利的争议解决方式。在中国签署的早期双边投资协定中，双方并未对仲裁时限加以限定，因此时限问题尚不构成投资者提起仲裁的障碍。然而中国晚近签订的投资保护法律依据，比如《中坦双边条约》[132]、《中国与东盟 FTA》[133]（新

---

132 《中坦双边条约》第 13（4）条："如果投资者首次获悉或应当获悉产生该争议的事件之日起已逾 3 年，则争端不得提交仲裁。"

133 《中国与东盟 FTA》第 14（6）（1）条："将争端提交调解或仲裁发生在争端所涉投资者知道，或者在合理情况下应当知道对本协议义务的违反对其或其投资造成损失或损害之后的 3 年内。"

加坡、印度尼西亚、马来西亚、菲律宾、泰国、文莱、越南、老挝、缅甸、柬埔寨)、《中国与韩国FTA》[134]、《中日韩MAI》[135]、《中国与新西兰FTA》[136]、《中华人民共和国政府与秘鲁共和国政府自由贸易协定》(以下简称《中国与秘鲁 FTA》)[137] 中，投资者提起投资仲裁的时间，自投资者知道或者在合理情况下应当知道权利被侵害时起开始计算，不得超过三年。以韩国安城有限公司诉中华人民共和国政府一案 [138] 为例，该案中，韩国投资者对中国提起仲裁，而仲裁庭以韩国投资者在提起仲裁时已经知晓其投资受到侵害超过 3 年，即超出约定的 3 年时限为由，未经任何实体讨论便驳回全部申请。

4. 仲裁的前置程序和“岔路口条款”

这里的仲裁前置程序，根据具体投资保护法律依据的不同，可能包括：前置友好协商程序；向主管当局申诉，应东道国要求进行当地行政复议程序；等等。根据目前的双边投资协定签订情况看，前置友好协商程序通常为 3 个月至 6 个月不等，经协商未能解决争议的，投资者方能提起投资仲裁。对于有些国家，比如哈萨克斯坦、匈牙利、白俄罗斯、保加利亚，中国与其签订的双边投资协定未对前置协商程序加以约定，因此，投资者可径直提交仲裁解决。

对于“岔路口条款”，其效力已如上文所述[139]，旨在阻止投资者发起双重程序、滥用诉权。对于已经主动将争议诉诸东道国法院解决的投资者而言，“岔路口条款”的存在，会使其丧失将争议提交至国际仲裁的可能性。对中国投

---

134 《中国与韩国 FTA》第 12.12（11）条：“尽管有本条第三款的规定，如自争端投资者首次获悉或者应当首次获悉（以较早时间为准）其遭受了本条第一款所指的损失或损害之日起已超过三年时间，则不能提交本条第三款规定的仲裁。”

135 《中日韩 MAI》第 15（11）条：“尽管有本条第三款的规定，如自争议投资者首次获悉或者应当首次获悉（以较早时间为准）其遭受了本条第一款所指的损失或者损害之日起已超过三年时间，则不能提交本条第三款规定的仲裁。”

136 《中国与新西兰 FTA》第 154（1）条：“如果自争端投资者知道或在合理情况下应当知道由于违反本章义务给其或其投资造成了损失或损害时起，至提交第一百五十二条所指的磋商与谈判请求之日，时间已超过 3 年，则不得根据本章将仲裁请求提交仲裁。”

137 《中国与秘鲁 FTA》第 139（5）条：“尽管有第四款的规定，自争端投资者知道或应当知道违反本章义务的行为，对该争端投资者或第一款中所述的其投资造成损失或损害时起 3 年后，不得再向第二款所列调解或仲裁机构提出申请。”

138 Ansung Housing Co., Ltd. v. People's Republic of China（ICSID Case No. ARB/14/25）.

139 详见第二篇“三、投资争端救济程序”的“2. 东道国国内程序”部分。

资者而言，“岔路口条款”是不利于权利救济的限制性条件。中国投资者需注意：在争端发生后进行救济路径选择时，应当十分慎重，如果一旦选择了东道国国内法院诉讼，将可能丧失向第三方中立仲裁机构（或临时仲裁庭）提起国际仲裁的权利。

二、费用、撤裁与执行（主要以ICSID规则为例）

1. 费用与开支[140]

对于广大投资者而言，费用问题，必然是在选择争议解决途径时需要考虑的重要问题之一。对于是否将与东道国的争议提交至ICSID（或其他机构）进行仲裁，投资者除了考量仲裁程序要求、时间安排等方面之外，同样存有关于费用方面的顾虑：涉外仲裁费用是否很高？ ICSID是如何收费的？笔者将从ICSID仲裁费用与开支（costs and fees）之构成、仲裁费用和开支之分摊规则等方面进行阐释与梳理，以期帮助中国投资者更清楚地把握ICSID费用机制，从而在具体仲裁实践中控制不必要的开支、提高仲裁程序花费的有效性。

（1）ICSID仲裁的费用与开支之构成

① ICSID公约之规定

《ICSID公约》第60条规定：“一、每一委员会和每一仲裁庭应在行政理事会随时规定的限度内并在同秘书长磋商后，决定其成员的费用和开支。二、本条第一款的规定并不排除双方事先同有关的委员会或仲裁庭就其成员的费用和开支达成协议。”[141]由此可见，《ICSID公约》给予双方当事人以约定优先的权利，即双方当事人可就仲裁庭成员的费用和开支达成事先协议，在这种情

140 本节主要参考Practical Law UK数据库整理材料Practical Law UK Practice Note–ICSID arbitration：a step–by–step guide，2–382–0019（2018），并结合ICSID公约、ICSID仲裁规则以及相关文件（包括ICSID《关于费用及开支备忘录》以及联合国贸发会议发布的“UNCTAD Dispute Settlement–2.7 Procedural Issues”，https：//unctad.org/en/Docs/edmmisc232add6_en.pdf，最后访问时间2019年8月15日）总结而成。

141 ICSID Convention. Article 60.“（1）Each Commission and each Tribunal shall determine the fees and expenses of its members within limits established from time to time by the Administrative Council and after consultation with the Secretary–General.（2）Nothing in paragraph（1）of this Article shall preclude the parties from agreeing in advance with the Commission or Tribunal concerned upon the fees and expenses of its members.”

况下，《ICSID 行政与财务规章》即不再适用。

而在双方当事人没有另行约定的情况下，仲裁庭成员有权按照《ICSID 行政与财务规章》第 14（1）条［Administrative and Financial Regulation 14（1）of the Centre］之规定收取相关费用（fees，per diem subsistence allowances，travel and other expense reimbursements）以及公约所规定的开支。

② ICSID 项下案件费用构成

ICSID 项下案件费用（costs of proceedings）主要包括以下部分：

（i）ICSID 机构费用（占 3%—5%）；

（ii）仲裁庭的费用与开支（占 14%—16%）；

（iii）双方当事人的开支（包括法律服务的费用）（占 80%—85%）。[142]

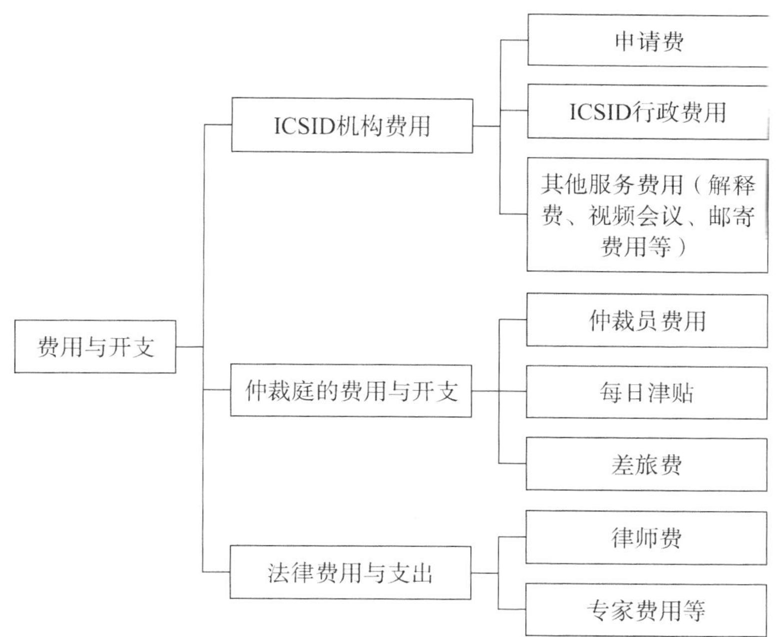

图 3-1 ICSID 费用与开支之构成

主要收费名目如图 3-1 所示。其中，前两项费用（ICSID 机构费用、仲裁庭的费用与开支）均需通过向 ICSID 缴纳预付款（advance payment）来

142 Cost of Proceedings，ICSID 官网：https：//icsid.worldbank.org/en/Pages/Services/Cost-of-Proceedings.aspx#，最后访问时间 2019 年 8 月 15 日；括号中的比例数据来源于 ICSID Secretary General Meg Kinnear 于 2019 年 9 月 17 日在清华大学现场讲座《Introduction to ICSID Arbitration Process》。

支付。一般来讲，预付款的金额是根据向首席仲裁员、仲裁委员会咨询，按3—6个月的通常期间所需费用来决定。第一笔预付款应当在组庭后即刻缴纳，一般来讲，每个当事人需缴纳10万到15万美元（US$100,000–US$150,000 per party）。[143]根据ICSID《关于费用及开支备忘录》（Memorandum on the Fees and Expenses）及ICSID最新官方费用表（Schedule of Fees, 2019年1月1日发布）[144]之规定，仲裁员的报酬为3000美元/日；与仲裁程序相关联的其他工作，其报酬对应为375美元/小时（US$3,000 per day of meeting or other work in connection with the proceedings, corresponding to US$375 per hour）。

机构费用中，主要包括申请费（lodging fees）和行政费用（administrative charge）。其中，申请费是不予退还的，且根据申请程序之不同，其所对应的申请费金额也不尽相同，主要分为以下两档：（i）申请仲裁、调解、撤裁及事实认定程序；（ii）申请补充裁决、解释裁决或在撤裁后向新的仲裁庭提交争议等。根据现行《ICSID费用表》，依据《ICSID公约》或其附加便利规则申请仲裁、调解或撤裁程序的申请费为25000美元（US$25,000）；上述第二档的程序申请费用为1万美元（US$10,000）。机构费用中的行政费用，根据《ICSID费用表》，现为每年42000美元（US$42,000 per year）。

根据《ICSID行政与财务规章》之规定，ICSID会不时发布其官方费用表[145]，该表对费用和开支的具体名目进行了详细划分及定价，当事人可参考该费用表对其花费进行预估。总体来讲，投资仲裁所花费的费用和开支，是由仲裁程序的持续时长、程序和庭审的数量及案件的复杂程度决定的。[146]

---

143 Cost of Proceedings, “The advance payments are estimated in consultation with the President of the Tribunal, Commission or ad hoc Committee, taking into account the costs to be incurred usually in periods of three to six months. The first advance payment is requested shortly after the constitution of the Tribunal and is usually in the order of US$100,000 – US$150,000 per party.” ICSID 官网：https://icsid.worldbank.org/en/Pages/services/Cost–of–Proceedings.aspx，最后访问时间2019年8月15日。

144 Schedule of Fees，ICSID 官网：https://icsid.worldbank.org/en/Pages/icsiddocs/Schedule–of–Fees.aspx，最后访问时间2019年8月15日。

145 Schedule of Fees，ICSID 官网：https://icsid.worldbank.org/en/Pages/icsiddocs/Schedule–of–Fees.aspx，最后访问时间2019年8月15日。

146 Cost of Proceedings, “The total cost of the proceeding paid from the parties’ advances depends on the complexity of the case, its length as well as the number of pleadings and oral hearings.” ICSID 官网：https://icsid.worldbank.org/en/Pages/services/Cost–of–Proceedings.aspx，最后访问时间2019年8月15日。

（2）费用与开支的分摊规则

①仲裁庭的自由裁量权

根据《ICSID 仲裁规则》第 47（1）（j）条之规定，仲裁庭应当在其裁决书中对程序费用的分摊问题作出决定。[147] 并且，《ICSID 公约》第 61（2）条[148] 授予了仲裁庭极大的自由裁量权，即若当事人双方无其他约定，仲裁庭有权对当事人在仲裁程序中所产生的费用与开支进行自由裁量，并由仲裁庭最终决定支付多少、由谁支付以及怎样支付。[149]

在国际商事仲裁领域，仲裁庭对于费用和开支分摊之通行做法是采纳"costs follow the event"[150]——根据争议事项结果分担仲裁费用[151]，即由败诉方向胜诉方支付仲裁费用。然而在不少 ICSID 实践中，包括本书第四篇所详述的涉及中国投资者的投资仲裁案件中，仲裁庭**并未**普遍采纳上述国际商事仲裁的费用分摊原则。

---

147 ICSID Arbitration Rules. Article 47（1）（j）. "any decision of the Tribunal regarding the cost of the proceeding."

148 《ICSID 公约》第 61（2）条：就仲裁程序而言，除双方另有协议外，仲裁庭应估计双方同程序有关的开支，并决定该项开支、仲裁庭成员的酬金和开支以及使用中心的设施的费用应如何和由何人偿付。此项决定应成为裁决的一部分。[ICSID Convention. Article 61（2）. "In the case of arbitration proceedings the Tribunal shall, except as the parties otherwise agree, assess the expenses incurred by the parties in connection with the proceedings, and shall decide how and by whom those expenses, the fees and expenses of the member of the Tribunal and the charges for the use of the facilities of the Center shall be payed. Such decision shall from part of the Award."]

149 笔者发现，该等自由裁量权，也在一些双边投资协定中被肯定和强调。例如，在 1998 年 4 月 1 日生效的《中南双边条约》第 9（7）条，"争议双方应当负担其任命的仲裁员及其参加仲裁活动的有关费用，首席仲裁员和仲裁庭的其他费用由争议双方平均负担。仲裁庭可在其裁决中决定由争议一方承担较大比例的费用"。[Article 6（7）. "Each Party to the dispute shall bear the costs of its appointed member of the arbitral and of its representation in the proceedings. The cost of the appointed Chairman and the remaining costs shall be borne in equal parts by the parties to the dispute. The tribunal may in its decision direct that a higher proportion of the costs shall be borne by one of the two parties."]

150 Costs follow the event: An award of costs will generally flow with the result of litigation; the successful party being entitled to an order for costs against the unsuccessful party. 参见 Duhaime's Law Dictionary, http://www.duhaime.org/LegalDictionary/C/CostsFollowTheEvent.aspx，最后访问时间 2019 年 8 月 22 日。

151 该原则首先见于 1996 年《英国仲裁法》第 61 条。[Arbitration Act 1996（UK）. Article 61. "（1）The tribunal may make an award allocating the costs of the arbitration as between the parties, subject to any agreement of the parties.（2）Unless the parties otherwise agree, the tribunal shall award costs on the general principle that costs should follow the event except where it appears to the tribunal that in the circumstances this is not appropriate in relation to the whole or part of the costs."] 笔者提请读者注意，在国际投资仲裁领域，有不少仲裁庭仍然认为，"costs follow the event" 即由败诉方承担仲裁费用是投资仲裁的通行方法。对此，读者可参考第四篇"世能公司诉老挝政府"案的裁决。

概括看来，多数ICSID仲裁庭所采取的费用和开支分摊方式是，当事人双方各自承担其参加仲裁程序之开支（如法律服务费用），其余费用和开支由当事人双方平均分摊。当然，仲裁庭有完全的自由裁量权，可以在不同案件中采取不同的费用分摊方式。仲裁庭会纳入考量范围的因素，包括当事人的善意（good faith）、与仲裁庭的配合程度（cooperation with the tribunal）、双方当事人是否均未完全胜诉等。例如，在“谢业深诉秘鲁政府”案[152]中，临时撤裁委员会在裁决撤裁费用时，并未采取当事人双方平摊的分摊方式，亦未采取由败诉方承担所有费用的方式，而是考量了如下案件因素：（i）撤裁申请人（秘鲁政府）在撤裁申请中，就管辖权部分提出了关于“条约如何解释”这一值得深入探讨的重要问题；（ii）撤裁被申请人（谢业深）在第一次案件会议召开之时才告知仲裁庭，其放弃申请“终止仲裁裁决中止执行”之决定（仲裁庭认为，此举加大了各方的工作量从而引起原可避免的费用发生）。因此，撤裁委员会最终认定：（i）对于撤裁程序产生的相关费用和开支（含三名仲裁员费用），由败诉方即撤裁申请人（秘鲁政府）承担其中的80%；撤裁被申请人（谢业深），承担剩余的20%。（ii）双方当事人各自承担其自身参与撤裁程序所产生的费用［即其各自法律服务费用及开支（cost for legal representation and expenses）］。

②当事人双方另有约定

虽然《ICSID公约》及其相关规则给予了仲裁庭很大程度的自由裁量权；然而，ICSID更加重视和尊重当事人之间的合意，即当事人之间若对于仲裁程序费用另有约定的，原则上应从其约定。

对于当事人另行约定的方式，ICSID实际上并无特别明确的要求；双方主要可以通过双边或多边投资协定、具体投资项目的投资协议等方式事先约定争议解决费用的分摊方式。通过对中国与“一带一路”沿线国家签订的已生效的双边投资协定进行整理、汇总，笔者发现：在相当一部分的双边条约的争议解决条款中，缔约双方对于投资仲裁相关费用的分摊问题业已作出了明确约定。

---

152 Tza Yap Shum v. Republic of Peru（ICSID Case No. ARB/07/6），关于本案之详细剖析，见本书第四篇“谢业深诉秘鲁政府”案。

表 3-2 与中国的双边投资协定中已约定费用条款的"一带一路"沿线国家

与中国间BIT已约定费用条款(cost)的"一带一路"沿线国家	约定：当事各方应负担其委派仲裁员及其出席仲裁程序费用，首裁与仲裁庭费用均分	苏丹、加纳、莫桑比克、埃塞俄比亚、尼日利亚、津巴布韦、阿尔及利亚、佛得角、埃及、蒙古国、马来西亚、柬埔寨、越南、孟加拉国、阿联酋、科威特、卡塔尔、阿曼、阿塞拜疆、格鲁吉亚、亚美尼亚、哈萨克斯坦、吉尔吉斯斯坦、塔吉克斯坦、菲律宾、奥地利（议定书）、塞尔维亚、保加利亚、阿尔及利亚、克罗地亚、爱沙尼亚、斯洛文尼亚、匈牙利、北马其顿、乌克兰、白俄罗斯、摩尔多瓦、意大利（议定书）、巴布亚新几内亚、智利、玻利维亚、乌拉圭、巴巴多斯、古巴（1995）、牙买加
	除上述约定外，同时约定仲裁庭对费用分摊有自由裁量权	南非、刚果布、坦桑尼亚、赤道几内亚、新加坡、缅甸、老挝、文莱、斯里兰卡、黎巴嫩、巴林、伊朗、乌兹别克斯坦、塞浦路斯、立陶宛、新西兰、圭亚那
	仅约定：当事各方负担其委派仲裁员的费用，首裁费用应由双方均分	波兰

例如，《中华人民共和国和苏丹共和国政府关于鼓励和相互保护投资协定》（以下简称《中苏双边条约》）[153]、《中华人民共和国和加纳共和国政府关于鼓励和相互保护投资协定》（以下简称《中加双边条约》）[154] 以及《中华人民共和国和埃塞俄比亚联邦民主共和国政府关于鼓励和相互保护投资协定》（以

153 可见 1998 年 11 月 1 日生效的《中苏双边条约》第 9（8）条："争议各方应负担其委派的仲裁员和其出席仲裁程序的费用，首席仲裁员的费用和仲裁庭的其余费用应由争议双方平均负担。"［Article 9（8）. "Each Party to the dispute shall bear the costs of its appointed member of the arbitral and of its representation in the proceedings. The cost of the appointed Chairman and the remaining costs shall be borne in equal parts by the parties to the dispute. The tribunal may in its decision direct that a higher proportion of the costs shall be borne by one of the two parties."］

154 可见 1990 年 11 月 22 日生效的《中加双边条约》第 10（6）条："争议各方应负担其委派的仲裁员和其出席仲裁程序的费用，首席仲裁员的费用和仲裁庭的其余费用应由争议双方平均负担。"［Article 10（6）. "Each Party to the dispute shall bear the costs of its appointed member of the arbitral and of its representation in the proceedings. The cost of the appointed Chairman and the remaining costs shall be borne in equal parts by the parties to the dispute. The tribunal may in its decision direct that a higher proportion of the costs shall be borne by one of the two parties."］

下简称《中埃双边条约》)[155]均有约定，争议各方应负担其委派的仲裁员和其出席仲裁程序的费用，首席仲裁员的费用和仲裁庭的其余费用应由争议双方平均负担。《中南双边条约》中也有如下规定：“争议双方应当负担其任命的仲裁员及其参加仲裁活动的有关费用，首席仲裁员和仲裁庭的其他费用由争议双方平均分担。仲裁庭可在其裁决中决定由争议一方承担较大比例的费用。”[156]

在“世能公司诉老挝政府”案中[157]，中国与仲裁被申请人老挝政府之间缔结有《中老双边条约》，其中第8（8）条就仲裁费用分摊规定：“争议各方应负担其委派的仲裁员和出席仲裁程序的费用，首席仲裁员的费用和仲裁庭的其余费用应由争议双方平均负担。但是，仲裁庭可以裁决一方承担较多的费用。”[158]然而，在该案仲裁审理过程中，仲裁庭未援引《中老双边条约》上述条款，而是引用了相应仲裁规则中有关费用的约定。被援引的仲裁规则包括2010年《UNCITRAL仲裁规则》第40条：仲裁庭应当在最终裁决定中确定仲裁费用，或其认为适当时在另一裁决中确定[159]；第42条：仲裁费用原则上由败

---

155 可见2000年5月1日生效的《中埃双边条约》第9（8）条：“争议各方应负担其委派的仲裁员和其出席仲裁程序的费用，首席仲裁员的费用和仲裁庭的其余费用应由争议双方平均负担。”[Article 9（8）. “Each Party to the dispute shall bear the costs of its appointed member of the arbitral and of its representation in the proceedings. The cost of the appointed Chairman and the remaining costs shall be borne in equal parts by the parties to the dispute. The tribunal may in its decision direct that a higher proportion of the costs shall be borne by one of the two parties.”]

156 同脚注149。

157 Sanum Investments Limited v. Lao People's Democratic Republic（ICSID Case No. ADHOC/17/1），关于本案之详细剖析，见本书第四篇“世能公司诉老挝政府”案。

158 《中老双边条约》第8（8）条。

159 UNCITRAL官方中文版本：“1. 仲裁庭应在最终裁决书中并在其认为适当的其它任何决定中确定仲裁费用。2. ‘费用’一词仅包括：（a）按每一仲裁员分别开列并由仲裁庭根据第41条自行确定的仲裁庭收费；（b）仲裁员所花费的合理旅费和其他开支；（c）仲裁庭征询专家意见的合理费用和所需其他协助的合理费用；（d）证人的合理旅费和其他开支，以仲裁庭核准的开支额度为限；（e）各方当事人与仲裁有关的法律费用和其他费用，以仲裁庭确定的此种费用的合理数额为限；（f）指定机构的任何收费和开支，以及常设仲裁院秘书长的收费和开支。”[UNCITRAL Arbitration Rules. Article 40. “1. The arbitral tribunal shall fix the costs of arbitration in the final award and, if it deems appropriate, in another decision. 2. The term ‘costs’ includes only:（a）The fees of the arbitral tribunal to be stated separately as to each arbitrator and to be fixed by the tribunal itself in accordance with article 41;（b）The reasonable travel and other expenses incurred by the arbitrators;（c）The reasonable costs of expert advice and of other assistance required by the arbitral tribunal;（d）The reasonable travel and other expenses of witnesses to the extent such expenses are approved by the arbitral tribunal;（e）The legal and other costs incurred by the parties in relation to the arbitration to the extent that the arbitral tribunal determines that the amount of such costs is reasonable;（f）Any fees and expenses of the appointing authority as well as the fees and expenses of the Secretary-General of the PCA.”]

诉方承担。但是，如果仲裁庭认为分摊合理，并考虑到案件的情况，它可以在双方之间分摊每一笔费用。[160] 在 ICSID 的仲裁案中，荷兰与老挝之间的双边投资协定并无关于费用分担问题的约定，仲裁庭援引了《ICSID附加便利规则》（ICSID Additional Facility Arbitration Rules）第 58 条[161]。且两个仲裁庭均认为，申请人因在仲裁请求中也要求被告承担包括律师费在内的费用而被认定为接受了“费用由败诉方承担”的原则。由此可见，PCA 仲裁庭与 ICSID 仲裁庭，在费用承担的裁决中行使其自由裁量权，确定了败诉方承担费用的原则，并最终裁定，由败诉方——仲裁申请人承担被申请人的律师费及全部仲裁费用。具体承担见表 3–3。对于在“世能公司诉老挝政府”案中，仲裁庭并未遵从双边投资中的约定（可适用的双边投资协定中对仲裁费用分摊方式已有规定）之做法，笔者持保留态度。此案结果对于广大投资者的另一警示是：根据适用的仲裁规则（如《UNCITRAL 仲裁规则》《ICSID 仲裁规则》及其附加便利规则），仲裁庭在费用分摊的决定上，具有十分广泛的自由裁量权。若仲裁庭如“世能公司诉老挝政府”案的仲裁庭一样，认定“国际投资仲裁庭的通行方法

---

160 UNCITRAL 官方中文版本：“1. 仲裁费用原则上应由败诉一方或败诉各方负担。但是，仲裁庭考虑到案件具体情况，认为分摊费用合理的，仲裁庭可裁决在当事人之间分摊每一项此种费用。2. 仲裁庭应在最终裁决书中，或者在其认为适当的其他任何裁决中，裁决一方当事人须根据费用分摊决定向另一方当事人支付的任何数额。”［UNCITRAL Arbitration Rules. Article 42. “1. The costs of the arbitration shall in principle be borne by the unsuccessful party or parties. However，the arbitral tribunal may apportion each of such costs between the parties if it determines that apportionment is reasonable，taking into account the circumstances of the case. 2. The arbitral tribunal shall in the final award or，if it deems appropriate，in any other award，determine any amount that a party may have to pay to another party as a result of the decision on allocation of costs.”］

161 《ICSID 附加便利规则》第 58 条：（1）除非当事人另有规定，仲裁庭应决定如何以及由哪一方来承担仲裁庭成员的费用与开支、秘书处的费用与开支以及当事方在仲裁程序中所产生的费用。为此，法庭可以要求秘书和当事各方提供所需信息，以便制定双方之间仲裁费用的分摊方式。（2）仲裁庭依据前款所作之决定，应作为仲裁裁决的一部分。［Article 58. “（1）Unless the parties otherwise agree，the Tribunal shall decide how and by whom the fees and expenses of the members of the Tribunal，the expenses and charges of the Secretariat and the expenses incurred by the parties in connection with the proceeding shall be borne. The Tribunal may，to that end，call on the Secretariat and the parties to provide it with the information it needs in order to formulate the division of the cost of the proceeding between the parties.（2）The decision of the Tribunal pursuant to paragraph（1）of this Article shall form part of the award.”］注：书中所引该规则中文皆为笔者翻译。

是，根据争议事项的结果分担仲裁费用，即由败诉方承担费用”[162]（the prevailing approach of international investment tribunals is to order costs to follow the event），那么，在投资者提起投资仲裁时，除结果上的败诉风险外，还可能有承担对方律师费及仲裁相关费用（可能是巨额）之风险。如“世能公司诉老挝政府”案，投资者将承担约为630万美元（将近4500万人民币）的费用。

表3–3 “世能公司诉老挝政府”案仲裁费用分摊表

编号	费用类别	Sanum 仲裁 PCA Case No. 2013–13	Lao Holdings 仲裁 ICSID Case No. ARB（AF）/12/6
1	被申请人律师费及杂费（2017.2.23—2019.2.22）	$1,161,611.4	$1,293,720.27
2	被申请人其他费用（Expenses）包括证人、律师、工作人员等差旅费及其他杂费（2017.2.23—2019.2.22）	$151,640.83	$173,763.45
3	仲裁员费用	$1,399,028.46	$1,218,199.00
4	仲裁机构 ICSID 管理费	–	$ 244,000.00
	仲裁机构 PCA 注册费及杂费	$283 ,105.74	–
5	仲裁直接费用（包括发送裁决书的费用等）	–	$273,590.00
6	仲裁员差旅费及其他费用	$90,737.66	–
小计		$3,086,124.17	$3,203,272.72
总计		$6,289,396.89	

162 ICSID Award，ICSID Case No. ARB（AF）/12/6，para.283. Cortec Mining Kenya Limited，Cortec（Pty）Limited and Stirling Capital Limited v. Republic of Kenya，ICSID Case No. ARB/15/29，Award，22 October 2018，¶ 388（citing Mr. Saba Fakes v. Republic of Turkey，ICSID Case No. ARB/07/20，Award，dated 14 July 2010，¶¶ 152–155）; see，e.g.，Telenor Mobile Communications A.S. v. Republic of Hungary，ICSID Case No. ARB/04/15，Award，dated 13 September 2006，¶ 107（ “[T]his Tribunal is among those who favour the general principle that costs should follow the event.”）.

③费用实际情况概要

如前所述，投资仲裁所需的费用和开支，是由仲裁程序的持续时长、程序和庭审的数量、案件的复杂程度决定的。我国政府在向联合国国际贸易法委员会第三工作组（投资人与国家间争端解决制度改革）第三十八届会议提交的意见书中指出[163]，当前就投资仲裁费用而言，存在以下两个最主要的问题：

（i）投资案件耗时长，导致投资仲裁案件成本昂贵。意见书中指出，当前投资仲裁案件平均审理时限为3—4年，而《ICSID公约》项下撤销仲裁程序平均耗时近2年。在“谢业深诉秘鲁政府”案[164]中，秘鲁政府向ICSID提交撤销仲裁申请日为2011年11月9日，撤裁临时委员会决定作出日为2015年2月12日，总程序耗时近三年半。除此之外，在本书前述的各大仲裁机构收费比较中（详见表2–3），也可见ICSID仲裁机构收费之高昂。对此，投资者在进入投资仲裁之前，或过程中，可以借助ICSID仲裁费用计算工具——ICSID Arbitration Cost Calculator[165]来预先估计自己案件可能需要的花费，以便提前做好费用安排。

（ii）第三方资助（Third Party Funding，TRF）。尽管ICSID的行政费用和仲裁员费用已经较为高昂，然而在ICSID仲裁中花费最大的要数当事人的花费，尤其是法律服务费用（legal fees）及专家费用（expert fees），以及证人和其他管理费用。高额的仲裁费用使得不少待主张权益的投资者望而却步。也因此，第三方资助的方式在国际投资仲裁领域也有不小的市场。第三方资助起源于商事诉讼，目前在国际商事仲裁领域、国际投资仲裁领域也都有所运用。其一般是指，由与案件争议没有利害关系的第三方对一方当事人参加诉讼或仲裁提供资助的安排。[166]但是，仲裁员与资助方之间极易出现利益关联甚至利益冲突，而第三方和投资者又大都居于东道国境外，东道国政府缺乏

163　联合国大会：投资人与国家间争端解决制度可能的改革—中国政府提交的意见书—秘书处说明，第3页，https://uncitral.un.org/sites/uncitral.un.org/files/wp117c.pdf，最后访问时间2019年8月26日。

164　详见本书第四篇“谢业深诉秘鲁政府”案。

165　ICSID Arbitration Cost Calculator：https://www.international–arbitration–attorney.com/icsid–arbitration–cost–calculator–2/，最后访问时间2019年8月26日。

166　Khaldoun S. Qtiashat & Ali K. Qtaishat，Third Party Funding in Arbitration：Questions and Justifications，International Journal for the Semiotics of Law–Revue internationale de Sémiotique juridique，24 June 2019，2 the Concept of Third Party Funding，https://link.springer.com/article/10.1007/s11196–019–09635–2，最后访问时间2019年8月26日。

信息、管辖权，由此则需要国际合作或协助，这将导致东道国政府面临更高的仲裁成本问题。[167] 因此，在第三方资助之制度越来越规范与完善的情况下，中国投资者在有需要时，不妨考虑借第三方资助来帮助己方实现权益之维护，说到底仍是争议解决成本和回报之间的考量。

2. ICSID 裁决作出后之救济和程序

（1）概述

根据《ICSID 公约》第 53(1)条之规定[168],ICSID 裁决[169]一经作出即对双方当事人具有约束力，并且裁决是终局的，不得上诉的，不得采取除《ICSID 公约》规定外的其他救济措施。这意味着，ICSID 投资仲裁裁决并不受限于任何国家当地法院的审查。但《ICSID 公约》及其仲裁规则规定了几类由原仲裁庭、新仲裁庭或由临时委员会（ad hoc committee）施行的救济和程序。

该等救济和程序（remedies and procedure）主要包括：

①补充和纠正程序（supplementation and correction）[170]，用于处理原裁决中技术或办公的微小失误；

---

167 对此，我国政府于上述意见书中，就当前第三方资助出现的问题提出建议。我国政府建议，规定第三方资助的透明度纪律，即要求相关方应对相关资助情况进行持续披露（disclosure）。对此，也可参考中国香港与新加坡在仲裁领域中关于“披露第三方资助”的实践。

168 《ICSID 公约》第 53（1）条“裁决对双方具有约束力；不得进行任何上诉或采取除本公约规定外的任何其他补救办法；除依照本公约有关规定予以停止执行的情况下，每一方应遵守和履行裁决的规定。”［ICSID Convention. Article 53（1）.“The award shall be binding on the parties and shall not be subject to any appeal or to any other remedy except those provided for in this Convention. Each party shall abide by and comply with the terms of the award except to the extent that enforcement shall have been stayed pursuant to the relevant provisions of this Convention. ”］

169 此处所指“裁决”仅限于仲裁庭作出的最终决定，不包括依据 ICSID 公约第 47 条所作出的临时措施（Provisional Measures）、其他仲裁庭就程序事宜作出的程序令（Procedural Order）以及其他关于管辖权先行决定（Preliminary Decisions）。因为上述临时措施、程序令以及先行决定，将被包含于仲裁庭所作出的实体裁决（Final Award on Merits）中。

170 UNCTAD Dispute Settlement–2.8 Post–Award Remedies and Procedures，United Nations Conference on Trade and Development，p.7，https：//unctad.org/en/Docs/edmmisc232add7_en.pdf，最后访问时间 2019 年 8 月 15 日。

②解释程序（interpretation）[171]，用于澄清当事人双方有异议的裁决之含义；

③修订程序（revision）[172]，用于考量在裁决作出时未发现的新事实；

④撤裁程序（annulment），对于终局性原则（principle of finality）的例外情形。

上述救济和程序中，第①至③项程序属于相对无争议且处理日常情形的程序救济方式，而第④项是更为引人关注的情形，撤销程序也是对于投资仲裁裁决终局性最大的"挑战"，是需要非常审慎界定的例外（a limited exception）。

（2）撤裁程序

①提起撤裁请求之权利来源

《ICSID 公约》第 52 条规定了限制性的终局性原则之例外——撤裁程序；第 52 条也是**唯一的**可以使 ICSID 裁决搁置于不顾（having the award set aside）的方式。《ICSID 公约》第 52（1）条规定："一、任何一方可以根据下列一个或几个理由，向秘书长提出书面申请，要求撤销裁决：（一）仲裁庭的组成不适当；（二）仲裁庭显然超越其权力；（三）仲裁庭的成员有受贿行为；（四）有严重的背离基本程序规则的情况；（五）裁决未陈述其所依据的理由。"[173]除此之外，ICSID 裁决均为终局的、对双方具有约束力的。由此，双方当事人可以依据有限的理由提起撤裁申请。

ICSID 的撤裁程序与法律意义上的上诉（appeal）是不同的。上诉将导致仲裁裁决的更改（modification）。而此处，撤裁程序会导致原裁决之合法性被摧毁（legal destruction），但不会取代该裁决。撤裁程序的主导

---

171 UNCTAD Dispute Settlement–2.8 Post–Award Remedies and Procedures，United Nations Conference on Trade and Development，p.9，https：//unctad.org/en/Docs/edmmisc232add7_en.pdf，最后访问时间 2019 年 8 月 15 日。

172 UNCTAD Dispute Settlement–2.8 Post–Award Remedies and Procedures，United Nations Conference on Trade and Development，p.11，https：//unctad.org/en/Docs/edmmisc232add7_en.pdf，最后访问时间 2019 年 8 月 15 日。

173 ICSID Convention. Article 52（1）. "Either party may request annulment of the award by an application in writing addressed to the Secretary–General on one or more of the following grounds：（a）that the Tribunal was not properly constituted；（b）that the Tribunal has manifestly exceeded its powers；（c）that there was corruption on the part of a member of the Tribunal；（d）that there has been a serious departure from a fundamental rule of procedure；or（e）that the award has failed to state the reasons on which it is based."

者——临时委员会不可以修订或取代原裁决，不能根据自己的判断对案件进行是非曲直之认定。某案裁定被认定撤销之后，所涉争议将被重新提交给（resubmitted）新的仲裁庭进行审理。故而，我们需要注意，撤裁程序仅仅关注仲裁裁定作出之最基本的、程序的合法性（basic legitimacy of the process of decision），而并不关注案件本身实质的正确性（substantive correctness）。[174]

② ICSID 仲裁裁决的撤销程序[175]

根据《ICSID 公约》第 52 条的规定，笔者将撤裁程序总结如下（表 3-4）。

---

174 UNCTAD Dispute Settlement 2.8 Post-Award Remedies and Procedures，United Nations Conference on Trade and Development，p.13，https：//unctad.org/en/Docs/edmmisc232add7_en.pdf，最后访问时间 2019 年 8 月 15 日。

175 参考《ICSID 公约》以及联合国贸发会议发布的 UNCTAD Dispute Settlemen，2.8 Post-Award Remedies and Procedures（网址链接：https：//unctad.org/en/Docs/edmmisc232add7_en.pdf，最后访问时间 2019 年 8 月 15 日）整理而成。第 52 条："……二、申请应在作出裁决之日后一百二十天内提出，但以受贿为理由而要求撤销者除外，该申请应在发现受贿行为一百二十天内，并且无论如何在作出裁决之日后三年内提出。三、主席在接到要求时，应立即从仲裁员小组中任命一个由三人组成的专门委员会。委员会的成员不得为作出裁决的仲裁庭的成员，不得有相同的国籍，不得为争端一方国家的国民或其国民是争端一方的国家的国民，不得为上述任一国指派参加仲裁员小组的成员，也不得在同一争端中担任调解员。委员会根据第一款规定的任何理由有权撤销裁决或裁决中的任何部分。四、第四十一至第四十五条、第四十八条、第四十九条、第五十三条和第五十四条以及第六章和第七章的规定，在适用于委员会的程序时，得作必要的变动。五、委员会如认为情况有此需要。可以在作出决定前，停止执行裁决。如果申请人在申请书中要求停止执行裁决，则应暂时停止执行，直到委员会对该要求作出决定为止。"[ICSID Convention. Article 52. "...（2）The application shall be made within 120 days after the date on which the award was rendered except that when annulment is requested on the ground of corruption such application shall be made within 120 days after discovery of the corruption and in any event within three years after the date on which the award was rendered.（3）On receipt of the request the Chairman shall forthwith appoint from the Panel of Arbitrators an *ad hoc* Committee of three persons. None of the members of the Committee shall have been a member of the Tribunal which rendered the award，shall be of the same nationality as any such member，shall be a national of the State party to the dispute or of the State whose national is a party to the dispute，shall have been designated to the Panel of Arbitrators by either of those States，or shall have acted as a conciliator in the same dispute. The Committee shall have the authority to annul the award or any part thereof on any of the grounds set forth in paragraph（1）.（4）The provisions of Articles 41-45，48，49，53 and 54，and of Chapters VI and VII shall apply *mutatis mutandis* to proceedings before the Committee.（5）The Committee may，if it considers that the circumstances so require，stay enforcement of the award pending its decision. If the applicant requests a stay of enforcement of the award in his application，enforcement shall be stayed provisionally until the Committee rules on such request."]

表 3-4 ICSID 项下的撤裁程序

撤裁申请之提出（request）	只有所涉仲裁争议案件的当事人，才有权提出撤裁申请（request for annulment）。 仲裁庭不可依职权（ex officio）主动对裁决进行撤销审查。
撤裁申请之客体	仅为裁决（award）；不可就任何其他作出裁决之前的决定[176]提起撤销申请。
申请时效（Time Limits）	在裁决作出之日起 120 日内提交撤裁申请。[177]
撤裁临时委员会之任命	ICSID 行政理事长依职权（而非由双方当事人）从仲裁员库（Panel of Arbitrators）选出、任命撤裁临时委员会的成员[178]。
程序保障	中止执行（stay of enforcement）：临时委员会有权中止裁决的执行以待其决定。在临时委员会组成之前，裁决则自动在撤裁申请提出时暂停执行。 提供担保：一些临时委员会会要求裁决债务人就最终裁决的待付金额提供担保；该等担保仅当撤裁申请被驳回、裁决可执行时被启用。
撤裁后果	若裁决被撤销，该仲裁裁决将全部或部分无效（invalidation of the award or portions of it）[179]。 原仲裁裁决被撤销（annulled）后，当事人可将该争议[180]向 ICSID 申请组成新的仲裁庭进行仲裁审理。[181] 原仲裁裁决被部分撤销（annulled in part）后，未被撤销的原裁决部分仍然具有既判力（res judicata），对新的仲裁庭亦有法律约束力。

176 例如，管辖权决定（Decision on Jurisdiction）、临时措施（Provisional Measures）等；除非该等决定最终被纳入裁决中。但是请注意，仲裁庭拒绝管辖权的决定（a decision by a tribunal declining jurisdiction）属于裁决，可以就此提起撤裁申请。

177 若是以“仲裁员存在贪污受贿行为”为理由的情形，申请人应当自发现该贪污受贿行为之日起 120 日内，提交撤裁申请。

178 《ICSID 公约》第 52（3）条，特别排除了特定人选不能成为撤裁临时委员会成员。

179 Practical Law UK Practice Note 2-382-0019（2018），ICSID arbitration：a step by step guide，Annulment，para.1.

180 在重新提交仲裁（re-litigation）程序中，当事人不得向新仲裁庭提出新的主张；但是，对于其提出的被原仲裁庭认为无须裁决的主张和论辩，当事人可以再次提出（reintroduce）。UNCTAD Dispute Settlement-2.8 Post-Award Remedies and Procedures，p.32，https：//unctad.org/en/Docs/edmmisc232add7_en.pdf，最后访问时间 2019 年 8 月 7 日。

181 第 56（2）条：“如果裁决被撤销，则经任何一方的请求，应将争端提交给依照本章第二节组织的新仲裁庭。”［ICSID Convention. Article 56（2）.“If the award is annulled the dispute shall，at the request of either party，be submitted to a new Tribunal constituted in accordance with Section 2 of this Chapter.”］

（3）中止执行

根据《ICSID 仲裁规则》第 54（5）条之规定[182]，申请人在申请撤销仲裁裁决时，若一并提出对该裁决的中止执行申请，秘书长应对该申请予以登记，并告知双方当事人，自 ICSID 收到该申请之日起，至审理撤裁的委员会对该中止申请作出最终决定之前，该裁决将暂时性中止执行（provisional stay of the award）。

临时委员会一经组成，其须就裁决是否应继续中止作出决定。[183] 并且，根据《ICSID 仲裁规则》第 54（3）条[184]之规定，临时委员会在对撤裁申请审理过程中的任何阶段，均有权修改（modify）或终止（terminate）其就“仲裁裁决是否中止”的决定。值得注意的是，ICSID 当前并未明确规定，在何种情况下仲裁裁决应该中止或继续执行。例如，在 Burlington Resources v. Republic of Ecuador[185] 案中，厄瓜多尔政府提出，若该裁决不予中止而径直执行，将必然对国内医疗、教育、社会福利等方面造成严重影响。但临时委员会认为，东道国本就具有调整其国内预算的职责和义务，这并不可构成仲裁裁决应中止执行的理由。本案也体现出，实践中双方当事人可对中止执行申请提出各自支持或反对的理由，临时委员会也将分别对各方主张进行考量，并最终作出决定。[186]

---

182 ICSID Arbitration Rules. Article 54（5）. “The Secretary–General shall promptly notify both parties of the stay of enforcement of any award and of the modification or termination of such a stay，which shall become effective on the date on which he dispatches such notification.”

183 Patrick Mitchell v. Democratic Republic of Congo，Case No.ARB/99/7，30 November 2004.

184 ICSID Arbitration Rules. Article 54（3）. “If a stay of enforcement has been granted pursuant to paragraph（1）or continued pursuant to paragraph（2），the Tribunal or Committee may at any time modify or terminate the stay at the request of either party. All stays shall automatically terminate on the date on which a final decision is rendered on the application，except that a Committee granting the partial annulment of an award may order the temporary stay of enforcement of the unannulled portion in order to give either party an opportunity to request any new Tribunal constituted pursuant to Article 52（6）of the Convention to grant a stay pursuant to Rule 55（3）.”

185 Burlington Resources v. Republic of Ecuador（ICSID Case No.ARB/08/5–Annulmet Pending）.

186 关于本节撤销与中止的具体应用与操作，见本书第四篇“谢业深诉秘鲁政府”案中“4. 收获与观点”部分。

3. ICSID 仲裁裁决的承认与执行

（1）裁决的约束力及终局性

基于《ICSID 公约》第 53 条[187]，ICSID 仲裁裁决一经作出，即对双方当事人具有法律约束力。ICSID 仲裁裁决不受制于任何救济途径（除公约所规定的救济途径以外）。该**约束力**（binding）和**终局性**（finality）包括两层含义：① ICSID 仲裁裁决不受制于任何国家当地法院的审查（no review by domestic courts）；② ICSID 仲裁裁决不受制于国际法庭（International Court of Justice，ICJ）的审查（no review by ICJ）。《ICSID 公约》第 64 条[188]已规定，缔约国之间就公约的解释与适用产生的争议可以诉诸国际法庭；但该条并未给予国际法庭以管辖权来审查 ICSID 仲裁庭的决定。

（2）裁决的自动承认

《ICSID 公约》第 54（1）条规定："每一缔约国应承认依照本公约作出的裁决具有约束力，并在其领土内履行该裁决所加的财政义务（笔者注：金钱给付义务），正如该裁决是该国法院的最后判决一样。具有联邦宪法的缔约国可以在联邦法院或通过该法院执行裁决，并可规定联邦法院应把该裁决视为组成联邦的某一邦的法院作出的最后判决。"[189]《ICSID 公约》第 54 条明确赋予其仲裁裁决一经作出即自动被认可的效力，不受制于各国国家法

187 《ICSID 公约》第 53 条："裁决对双方具有约束力；不得进行任何上诉或采取除本公约规定外的任何其他补救办法；除依照本公约有关规定予以停止执行的情况下，每一方应遵守和履行裁决的规定。"［ICSID Convention. Article 53（1）. "（1）The award shall be binding on the parties and shall not be subject to any appeal or to any other remedy except those provided for in this Convention. Each party shall abide by and comply with the terms of the award except to the extent that enforcement shall have been stayed pursuant to the relevant provisions of this Convention."］

188 《ICSID 公约》第 64 条："缔约国之间发生的不能通过谈判解决的有关本公约的解释或适用的任何争端，经争端任何一方申请，可提交国际法院，除非有关国家同意采取另一种解决方法。"（ICSID Convention. Article 64. "Any dispute arising between Contracting States concerning the interpretation or application of this Convention which is not settled by negotiation shall be referred to the International Court of Justice by the application of any party to such dispute，unless the States concerned agree to another method of settlement."）

189 ICSID Convention. Article 54（1）. "Each Contracting State shall recognize an award rendered pursuant to this Convention as binding and enforce the pecuniary obligations imposed by that award within its territories as if it were a final judgment of a court in that State. A Contracting State with a federal constitution may enforce such an award in or through its federal courts and may provide that such courts shall treat the award as if it were a final judgment of the courts of a constituent state."

院的审查，也无需各国法院的承认。ICSID 仲裁不同于普通的商事仲裁或其他投资仲裁机构（例如 PCA、ICC、SCC 等），商事仲裁裁决在通过《纽约公约》在另一缔约国法院申请执行时，首先需要获得当地法院对其效力的认可，而如果有《纽约公约》第 5 条所约定的不予承认和执行的事由[190]存在，则该缔约国法院可以拒绝承认和执行该商事裁决。而 ICSID 的仲裁裁决不应受到该等挑战，其具有一经作出就应获得缔约国内自动认可的效力。

（3）裁决的主动和强制执行[191]

由于世界银行与 ICSID 的紧密联系，考虑到拒绝执行 ICSID 裁决可能导致世界银行拒绝对其发放贷款[192]，同时，出于维护国际信用的考量，东道国不履行 ICSID 裁决实非明智之举。然而，实际上仍然有当事人未能主动履行裁决的情况。对于这种情况，有两种法律程序可以选择：

①依据《ICSID 公约》第 54（2）条进行裁决的承认与执行（recognize and enforce）

依据该条，应当向缔约国为承认和执行 ICSID 裁决而确定的有管辖权的

---

190 《纽约公约》第 5 条：“一、裁决唯有于受裁决援用之一造向声请承认及执行地之主管机关提具证据证明有下列情形之一时，始得依该造之请求，拒予承认及执行：（甲）第二条所称协定之当事人依对其适用之法律有某种无行为能力情形者，或该项协定依当事人作为协定准据之法律系属无效，或未指明以何法律为准时，依裁决地所在国法律系属无效者；（乙）受裁决援用之一造未接获关于指派公断员或公断程序之适当通知，或因他故，致未能申辩者；（丙）裁决所处理之争议非为交付公断之标的或不在其条款之列，或裁决载有关于交付公断范围以外事项之决定者，但交付公断事项之决定可与未交付公断之事项划分时，裁决中关于交付公断事项之决定部分得予承认及执行；（丁）公断机关之组成或公断程序与各造间之协议不符，或无协议而与公断地所在国法律不符者；（戊）裁决对各造尚无拘束力，或业经裁决地所在国或裁决所依据法律之国家之主管机关撤销或停止执行者。二、倘声请承认及执行地所在国之主管机关认定有下列情形之一，亦得拒不承认及执行公断裁决：（甲）依该国法律，争议事项系不能以公断解决者；（乙）承认或执行裁决有违该国公共政策者。” https://www.uncitral.org/pdf/chinese/texts/arbitration/NY-conv/New-York-Convention-C.pdf，最后访问时间 2019 年 8 月 15 日。

191 对于“执行”一词，其英文是使用 enforcement 还是 execution，根据《ICSID 公约》第 54 条，其英文版将“enforcement”和“execution”相互交替使用；因此在《ICSID 公约》的语境中，这两个词并不具有任何不同的含义，因为《ICSID 公约》的法语和西班牙语是具有同等效力的。

192 世界银行《操作手册》7.40 章节关于“外债违约、征收以及合同违反争端解决”的文本规定，世界银行可以在“接到成员国不愿就其未能偿还外债的争端采取解决措施的通知”情形下，拒绝对相关国家提供新的贷款。详见：Operational Manual OP 7.40 – Disputes over Defaults on External Debt, Expropriation, and Breach of Contract（This Operational Policy statement was revised in March 2012 to take into account the provisions of OP/ BP 9.00, issued in February 2012.），https://policies.worldbank.org/sites/ppf3/PPFDocuments/090224b08231b9e1.pdf，最后访问时间 2019 年 8 月 12 日。

法院或者其他机构（a competent court or other authority）申请。以“一带一路”沿线国家斯里兰卡为例，其指定的认可和执行ICSID裁决的法院为科伦坡地方法院（District Court of Colombo）[193]；需要特别提醒的是，依据《ICSID公约》第54（1）条，该缔约国不一定是东道国，也可以是投资者所在母国或者其他缔约国，只要被申请执行的缔约国有东道国的财产。因为，每个缔约国均有义务，如同对其国家法院的终审判决一样，对ICSID裁决予以承认与执行。目前，全球共有163个国家签署了《ICSID公约》，其中154个缔约国已交存了公约批准书（Ratification）、接受书（Acceptance）或认可书（Approval）（其中，根据外交部条约数据库信息，中国于1993年1月7日向ICSID交存批准书，公约于批准书交存之日后30天对中国生效）。[194]这也是通过ICSID仲裁解决争议的重要利好所在。但向东道国以外的其他国家申请执行东道国的财产，可能遭遇国家豁免的阻碍。如《ICSID公约》第55条规定：“第五十四条的规定不得解释为背离任何缔约国现行的关于该国或任何外国执行豁免的法律。”[195]因而，中国投资者在向执行地所在国申请裁决执行时，应当咨询相关专业人士，仔细研究所涉国家对于国家豁免采取何种立场、其国内法律就国家豁免相关规定以及实务中处理先例等情况。在此基础上，投资者方可更加优化策略，更有针对性地选择有利国家执行裁决，保证有利裁决结果的实现。

---

193 Search ICSID Membership，ICSID官网：https://icsid.worldbank.org/en/Pages/about/MembershipStateDetails.aspx?state=ST128，最后访问时间2019年8月6日。

194 Database of ICSID Member States，ICSID官网：https://icsid.worldbank.org/en/Pages/about/Database-of-Member-States.aspx，最后访问时间2019年7月16日。

195《ICSID公约》第54条：“每一缔约国应承认依照本公约作出的裁决具有约束力，并在其领土内履行该裁决所加的财政义务（笔者注：金钱给付义务），正如该裁决是该国法院的最后判决一样。具有联邦宪法的缔约国可以在联邦法院或通过该法院执行裁决，并可规定联邦法院应把该裁决视为组成联邦的某一邦的法院作出的最后判决。”（ICSID Convention. Article 54. “Each Contracting State shall recognize an award rendered pursuant to this Convention as binding and enforce the pecuniary obligations imposed by that award within its territories as if it were a final judgment of a court in that State. A Contracting State with a federal constitution may enforce such an award in or through its federal courts and may provide that such courts shall treat the award as if it were a final judgment of the courts of a constituent state.”）我国目前采取的是绝对豁免（absolute immunity）的立场。也就是一国及其财产在外国法院享有绝对豁免，包括免予外国法院管辖和执行，除非该国自愿放弃。池漫郊教授认为中国所采取的绝对豁免立场，将可能导致未来胜诉的中国投资者无法在我国法院执行针对外国政府的仲裁裁决，这将不利于保护我国企业在海外的投资，也将会降低我国作为仲裁地的吸引力。Manjiao Chi，The Impeding Effects of The Immunity Plea on International Arbitration：China's Position Revisited（2016），12 Asian International Arbitration Journal，Issue 1，pp. 21–39.

②公约缔约国可以依据《ICSID 公约》第 27 条申请外交保护（Diplomatic Protection）

在东道国怠于履行仲裁裁决时，中国作为投资者母国，有权行使外交保护措施对投资者的权益进行维护。

第四篇

投资仲裁案例解析

一、“谢业深诉秘鲁政府”ICSID 投资仲裁案

谢业深

诉

秘鲁共和国

ICSID 投资仲裁案

（ICSID Case No. ARB/07/6）

1. 案情介绍

（1）基本信息

① ICSID 投资仲裁案

申请人	谢业深（中国香港永久居民）
被申请人	秘鲁共和国（秘鲁政府）
仲裁机构	解决投资争端国际中心（ICSID）
案件索引号	ICSID Case No. ARB/07/6
案件注册日	2007 年 2 月 12 日

续表

仲裁机构组庭日	2007 年 10 月 1 日
管辖权决定书作出日	2009 年 6 月 19 日
仲裁裁决作出日	2011 年 7 月 7 日
所涉投资条约	《中华人民共和国政府和秘鲁共和国政府关于鼓励和相互保护投资协定》[196]（《中秘双边条约》）
仲裁语言	西班牙语
仲裁状态	审结：申请人胜诉

②申请撤销仲裁裁决案

在案件审理结束后，秘鲁政府对裁决结果不服，于 2011 年年底向 ICSID 提起撤销管辖权决定、实体裁决的申请（application for annulment），以下为该撤销决定、裁决程序部分的基本信息。

申请人	秘鲁政府
案件注册日	2011 年 11 月 9 日
审理机构	ICSID 撤裁临时委员会
撤裁临时委员会组成日	2012 年 1 月 11 日
撤裁临时委员会决定作出日	2015 年 2 月 12 日
程序语言	英语、西班牙语
程序进展状态	审结：撤裁临时委员会决定驳回秘鲁政府撤裁申请，原仲裁裁决继续执行。

（2）案情概要[197]

①谢业深投资设立 TSG

谢业深（Tza Yap Shum），是一名中国香港永久居民；他在秘鲁共和国投资设立了一家秘鲁公司——TSG del Peru S.A.C.（以下简称 TSG）。谢业深在

196 本协定于 1994 年 6 月 9 日在北京签署。一式两份，每份都用中文、西班牙文和英文写成，三种文本具有同等效力。若解释上发生分歧，以英文文本为准。该协定于 1995 年 2 月 1 日生效。

197 由于该仲裁案的审理程序裁决是西班牙语，未有英文裁决；而之后的撤裁案件的决定是用英文写成，因此，鉴于笔者西班牙语水平有限，本案的案情介绍系笔者基于英文撤裁决定文书（Decision on Annulment，paras. 42–50）中事实背景概要部分（factual background）以及伦敦大学玛丽皇后国际仲裁学院（School of International Arbitration，Queen Mary，University of London）发布的案情报告（case report）中所述信息共同总结梳理而成。

TSG 间接持股 90%，投资额为 40 万美元。[198]

TSG 自 2002 年起开始运营，至 2004 年已跻身秘鲁十二大鱼粉（fishmeal）出口商之列，年销售额超过 2000 万美元。TSG 的商业模式包括：（i）与渔船商签订合同、融资以购买（鱼粉）原料；（ii）原料直接由渔船商运至第三方加工厂，该加工厂与 TSG 缔约进行鱼粉生产；（iii）加工后的鱼粉储存于第三方仓库直至出口。因而，TSG 并不直接处理任何产品，其主要身份是一家协调和融资代理商。TSG 在行业中的相对优势，是其拥有与谢业深私交良好的众多企业和个人融资的途径。尽管谢业深未能从秘鲁银行得到融资，但他需要通过秘鲁银行进行资金周转，包括从秘鲁境外收取借款、兑现境外买家开具的信用证，以及普遍跟踪其付款、成本及应收账款。[199]

②秘鲁税务总局对 TSG 进行审计

2004 年，秘鲁国家税务总局（Superintendencia Nacional de Administración Tributaria，SUNAT）在 TSG 的配合下开展了对 TSG 的审计。此项审计表面看来是常规性的，是基于前两年里 TSG 申请销售税相关款项的退税而发起的。SUNAT 于审计过程中认定，TSG 账簿未能充分反映生产鱼粉中使用的原料之价值。因而 SUNAT 依据秘鲁税法运用了"推定基础"（presumed basis），而并未基于 TSG 账簿和记录，进行其审计分析。基于"推定基础"，SUNAT 认定 TSG 存在漏报销售额的行为。因此，SUNAT 向 TSG 征税及罚金共计约 1000 万秘鲁索尔（S/.10 million）。[200]

审计后不久，SUNAT 采取了扣押 TSG 某些特定资产、指示所有秘鲁银行冻结其经手的与 TSG 交易相关的所有款项的临时措施（interim measures）。SUNAT 的依据是，根据秘鲁法律，为确保在"特殊情况下"（exceptional circumstances）税款的支付，国家税务总局可对其采取临时措施。该等"特殊情况"是指，当债务人不配合（如未能披露重要信息），或若不采取该项措施，税款支付将难以实现的情形。负责 TSG 审计的 SUNAT 审计员出具

198 TZA YAP SHUM V. REPUBLIC OF PERU（ICSID CASE NO. ARB/07/6）AWARD – Case Report by Kenneth Juan Figueroa，详见：School of International Arbitration，Queen Mary，University of London，"UCL Queen Mary Case Report"，https://www.italaw.com/sites/default/files/case-documents/ita0882.pdf，最后访问时间 2019 年 8 月 27 日。根据报告，请读者参考本案 Final Award on the Merits，para. 59–60，74，98. 本案中如未特别说明，脚注中的 Award 和 Decision on Jurisdiction and Competence，均出自该报告。

199 Award，paras. 74–76，98–102.

200 Award，paras. 78–81，103–107.

的第一份报告称，由于TSG的不规范行为（irregular behavior）导致需要对TSG采取临时措施；而其报告中唯一列举的“不规范行为”就是SUNAT认定TSG的账簿未能充分反映其销售总额。随后该审计员出具的第二份报告，同样是基于TSG未如实反映销售额而提出采取临时措施的要求（仅对其所依据的秘鲁税法某条款进行了修改）。但这两份报告均未对审计员的结论提供确切依据。随后，负责实施临时措施的SUNAT执行部门（la División de Control de la Deuda y Cobranza）未向审计员要求任何补充信息便强制实施了该临时措施。

TSG依据秘鲁法规定的行政及司法程序，同时对SUNAT的审计决定和其强制执行临时措施的行为提出异议。TSG基于“SUNAT无依据便作出临时措施的行为”提起行政复议，要求SUNAT停止临时措施。SUNAT拒绝了TSG的申请，但减少了退税金额。TSG在秘鲁财政法庭（Fiscal Tribunal）复议SUNAT的决定；该法庭确认了临时措施的决定，但将退税金额减少至310万秘鲁索尔（S/. 3.1 million），并命令重新计算部分额外征收的数额。[201]

③审计措施后果

由于SUNAT强制实施临时措施的行为，TSG不能通过秘鲁银行进行交易转账。因此，TSG的销售额大幅度减少，之后TSG于2005年3月启动了债务重组程序。该债务重组程序解除了上述临时措施，使TSG得以继续营运。

④谢业深提起投资仲裁申请

谢业深作为TSG持股90%的股东，（于2006年9月29日）向ICSID仲裁委提出仲裁申请，称：SUNAT的审计决定及临时措施构成对其投资的“不正当间接征收”（unjustified indirect expropriation），违反了《中秘双边条约》。诸如，东道国“应给予投资以公平公正待遇”（Obligation to accord investments fair and equitable treatment）、“应保护投资”（Obligation to protect investments）、“采取征收或类似措施时进行赔偿”（Obligation to compensate in the event of adopting expropriatory or similar measures）以及“允许转移资本与回报”（Obligation to allow the transfer of capital and returns）等。因此，谢业深

201 Award，paras. 109–113.

认为SUNAT的行为对投资构成不正当间接征收。[202]

据此，谢业深向秘鲁政府基于TSG预期现金流（projected cash flow）索赔：（i）5700万秘鲁索尔（S/. 57 million）；（ii）精神损失费（moral damages）1500万秘鲁索尔（S/. 15 million）；（iii）以11%计算利率的利息（at a rate of 11%）、其他费用和成本。索赔数额共计2500万美元（US$ 25 million）。

2. 案件结果

（1）仲裁庭管辖权决定

2009年6月19日，仲裁庭针对管辖权作出决定：谢业深在TSG的投资构成《中秘双边条约》目的之"投资"（investment），且仲裁庭对谢业深关于征收之请求有管辖权。

（2）仲裁庭实体裁决及撤裁结果

①仲裁庭实体裁决（Final Award on the Merits）

2011年7月7日，仲裁庭针对实体部分作出裁决书（Arbitral Award）。仲裁庭认为：（i）SUNAT强制实施临时措施的行为对谢业深的投资构成任意性攫取，因此认定该临时措施构成间接性征收。（ii）但仲裁庭认为不应基于预期现金流计算损害赔偿，且损害赔偿不应包含精神损失费。因此，仲裁庭并未支持谢业深关于2500万美元（US$ 25 million）损害赔偿数额的请求，而是最终裁定其获得赔偿78万美元（US$ 0.78 million）。（iii）该赔偿额以美国国债利率计息。（iv）前述赔偿、利息、净税收以及其他费用由秘鲁政府转入谢业深名下账户。（v）双方当事人平均分摊程序费用、各自承担其参加仲裁程序的己方开支（如律师聘请费）。（vi）当事人所提其他请求均将不予受理。[203]

②撤销裁决申请的决定（Decision on Annulment）

2011年11月9日，秘鲁政府对上述结果不服，向ICSID提起撤销管辖权决定及实体裁决的申请。2015年2月12日，撤裁临时委员会作出最终决定：（i）对秘鲁政府的异议全部予以驳回；（ii）关于撤裁程序费用分摊，由秘鲁政府承担80%、谢业深承担20%；（iii）双方各自承担其自身参与撤裁程序部分

---

202 UCL Queen Mary Case Report，p.5；Decision on Annulment，para.49.

203 Decision on Annulment，p.49.

的己方开支（包括律师聘请费用等）;（iv）仲裁裁决恢复执行。

3. 本案争议焦点

（1）仲裁庭对本案争议是否享有管辖权

本案首要的争议焦点是：对于谢业深提出的上述投资仲裁申请，ICSID 是否享有管辖权。其中，核心问题在于，除《中秘双边条约》中明确约定的“征收补偿款额”（the amount of compensation for expropriation）争议外，对于征收行为合法性本身的争议是否也享有管辖权。此问题在仲裁庭出具的《关于对管辖权及管辖能力的决定书》（Decision on Jurisdiction and Competence）、《仲裁裁决书》以及 ICSID 撤裁临时委员会作出的《关于撤裁之决定书》中皆有体现。在秘鲁政府提交的撤裁申请中，依据《ICSID 公约》第 52（1）条之规定[204]，秘鲁政府提出三点请求：（i）仲裁庭明显越权（manifest excess of powers）;（ii）裁决书中未能陈述理由（failure to state reasons）;（iii）仲裁庭严重背离基本程序规则（serious departure from a fundamental rule of procedure）。上述三点主张的核心，亦是围绕着“《中秘双边条约》第 8（3）条如何解释”的问题展开论辩。

①《中秘双边条约》第 8（3）条之规定

《中秘双边条约》第 8（3）条，即本案所涉条约的争议条款规定如下：

三、如**涉及征收补偿款额的争议**，在诉诸本条第一款的程序后六个月内仍未能解决，可应任何一方的要求，将争议提交根据一九六五年三月十八日在华盛顿签署的《关于解决国家和他国国民之间投资争端公约》设立的“解决投资争端国际中心”进行仲裁。缔约一方的投资者和缔约另一方之间有关其他事项的争议，经双方同意，可提交该中心。如有关投资者诉诸了本条第二款所规定的程序，本款规定不应适用。[205]

3. If a dispute involving the amount of compensation for expropriation cannot be settled within six months after resort to negotiations as specified in Paragraph 1 of this Article，it may be submitted at the request of either party to the international arbitration of the International Center for Settlement of Investment Disputes

204 详情见脚注 173。

205 书中所引《中秘双边条约》中文文本援引自外交部条约数据库。

(ICSID), established by the Convention on the Settlement of Investment Disputes between States and Nationals of Other States, signed in Washington D.C., on March 18, 1965. Any disputes concerning other matters between an investor of either Contracting Party and the other Contracting Party may be submitted to the Center if the parties to the disputes so agree. The provisions of this Paragraph shall not apply if the investor concerned has resorted to the procedure specified in Paragraph 2 of this Article.[206]

②仲裁庭对于本条款中“涉及”(involving)的解释

仲裁庭认为，本条款中的“涉及”应解释为“包括但不限于”(involving but not limited)；因而“涉及征收补偿款额的争议”应解释为：该等争议可“包括”确定赔偿金额，但非指争议范围仅限于此。从而仲裁庭认定，涉及“关于SUNAT强制实施临时措施之行为是否构成征收”之争议，也应当属于《中秘双边条约》下ICSID仲裁管辖范围内的事项。故，其对本案争议享有管辖权。[207]

③秘鲁政府关于仲裁庭条款解释之异议

秘鲁政府在撤裁申请中提到，仲裁庭对上述条款中“涉及征收补偿款额的争议”的解释过于宽泛，完全忽略了条约中最原始的文义解释。因而仲裁庭对本案争议并不当然享有管辖权。

具体而言，秘鲁政府指出，对上述条款的解释应按照《维也纳条约法公约》(Vienna Convention on the Law of Treaties, VCLT, 以下简称《维

---

206 书中所引《中秘双边条约》英文文本援引自外交部条约数据库。

207 首先，仲裁庭提到第8(3)条所使用的具体词语。双边投资协定使用“involucra”(涉及)一词，根据西班牙皇家学院(Real Academia Espanolo)词典给出的定义，意为“abarcar”(环绕)，“incluir”(包括)，“comprender”(理解)。根据对该术语的善意解释，双边投资协定中唯一的要求是争议应“包括”确定赔偿金额，而不是争议应仅限于此。很明显，(若本条款意在限制争议范围)其可使用有其他含义的表述，例如“限于”或“排他”，但本条款使用了“涉及”一词。(Decision on Jurisdiction and Compensation, para. 151. “Firstly, the Tribunal refers to the specific words used by the third paragraph of Article 8. The BIT uses the word ‘involucra’ which according to the definition given by the Dictionary of the Real Academia Espanolo, means ‘abarcar, incluir, comprender’. A good faith interpretation of this term indicates that the only requirement in the BIT is that the dispute should ‘include’ the determination of an amount of compensation and not that the dispute should be restricted to this element. Obviously, other formulations were available such as ‘limited to’ or ‘exclusively’, but the wording used in this provision says ‘involving’.”)

也纳公约》）所规定的解释规则进行，即应考量《中秘双边条约》该条款的“通常含义”（ordinary meaning）、其上下文（context）以及条约的目的和宗旨（object and purpose）；并提供了辅助解释方法的相关资料，包括中国在1993年加入《ICSID公约》时所作声明[208]、《中秘双边条约》前期准备工作以及最终草案中所包含的证人证言、秘鲁中方法律专家陈安教授的意见等。其中：

（i）中国在1993年加入《ICSID公约》时所作声明（英文版本）中指出：

Pursuant to Article 25（4）of the Convention，the Chinese Government would only consider to submit itself to the jurisdiction of the International Centre for Settlement of Investment Disputes with respect to disputes arising in relation to the compensation that results from expropriation and nationalization.[209]

（ii）《中秘双边条约》前期准备工作以及最终草案所包含的证人证言——当时订立《中秘双边条约》的磋商人员 Mr. Fan 的证词也表明：

在《中秘双边条约》谈判过程中，中方谈判人员给秘鲁谈判人员举了一个简单明了的例子：“在我方法院认定存在征收你方投资的行为并判定赔偿你方6美元的情况下，你若认为应赔偿10美元，则你方可不经我方同意，直接提交仲裁”；这体现了缔约双方同意仲裁的边界。（I remember that we gave [to the Peruvian negotiators] a clear and straightforward example，which we used in a number of negotiations：“you can submit a dispute to arbitration without our consent in the event that our courts decide that there has been an expropriation of your investment and that you are owed \$ 6 but you think that the debt is \$ 10”. This example reflects the outer limit of the consent of the People’s Republic of

---

208 陈安：《对香港居民谢业深诉秘鲁政府案ICSID管辖权裁定的四项质疑》，载《国际经济法学学刊》2010年第17卷第1期。根据上述文章脚注47的内容，中国递交的对《ICSID公约》的批准书中有如下表述：“中华人民共和国声明，根据公约第二十五条第四款的规定，中国政府允许提交解决投资争端国际中心仲裁的案件目前仅限于关于征收、国有化补偿款额的争议。”笔者注意到，仲裁庭引述了上述陈安教授的文章，但笔者通过公开渠道并未查询到中国关于《ICSID公约》第25条第4款规定的中文声明内容。

209 此声明中文版本见脚注208。此声明的中英文版本对照不一致，英文版本中为“in relation to the compensation that results from expropriation”并无“amount”，与中文版本中的“补偿额”及《中秘双边条约》英文版中“the amount for expropriation”不一致。

China regarding international arbitration.[210])

(iii)中方专家陈安教授的意见："如果无法以友好方式解决争议，投资者或东道国可以向东道国主管法院提交该争议。如果在该法院认定投资被征收后，投资者与东道国若就被剥夺投资的价值及赔偿款额发生争议，则任何一方均可将该争议提交至ICSID进行仲裁。但是，该条约也指出，若任何一方已将涉及征收赔偿款额的争端提交至当地法院，任何一方将不得再诉诸国际仲裁。"[211]

④撤裁临时委员会最终决定

撤裁临时委员会认为，仲裁庭在对条约的解释及确定其对本案享有管辖权上，并不存在违背《ICSID公约》第52（1）条之规定的情况，故驳回秘鲁政府对管辖权决定的撤销申请。

具体而言，撤裁临时委员会认为，本案仲裁庭在聆讯及裁决时，确实已参考、研究并讨论了秘鲁政府所提证明材料，特别是其中涉及缔约意图的准备文件（preparatory work）。但仲裁庭认为，此类证明材料证明力不够全面，并不足以将其作为支持秘鲁政府"对条款应作限制解释"的结论性证据（conclusive evidence）。撤裁临时委员会认可了仲裁庭最终（依照《维也纳公约》第31条）选用上下文解释之方法（contextual approach），其结合《中秘双边条约》第8(3)条及第8(2)条[212]之规定对"涉及征收补偿款额"进行解释。《中秘双边条约》第8（2）条规定："二、如争议在六个月内未能协商解决，当事任何一方有权将争议提交接受投资的缔约一方有管辖权的法院。"如此，撤裁临时委员会强调，仲裁庭选择上下文解释的考虑是因为：按照秘鲁政府之请求，ICSID仲裁管辖权将形同虚设。具体而言，第8（3）条的最后一句是"岔路口条款"——

---

210 Decision on Jurisdiction and Competence, para.167.

211 Decision on Annulment, para.136. "If the dispute cannot be settled amicably, either the investor or the host State can submit to a competent court in the State hosting the investment. If, after such court finds that the investment has been expropriated, a dispute arises between the investor and the State with respect to the amount of compensation owed to the investor for the value of the expropriated investment, either party may submit such dispute to ICSID arbitration. The treaty notes, however, that resort to international arbitration shall not be available to either party if they previously submitted the dispute involving the amount of compensation for expropriation to the local courts."

212 《中秘双边条约》第8（2）条："二、如争议在六个月内未能协商解决，当事任何一方有权将争议提交接受投资的缔约一方有管辖权的法院。"（If the dispute cannot be settled through negotiations within six months, either party to the dispute shall be entitled to submit the dispute to the competent court of the Contracting Party accepting the investment.）

一旦选择了诉诸当地法院，那么就征收补偿款额的争议就没有机会再提交给ICSID进行仲裁，从而实质上排除了ICSID的管辖。

为了赋予本条款所有要素以意义，“涉及征收补偿款额”一词必须解释为不仅仅包括补偿款额的确定，还应包括关于征收中通常存在的其他争议（如根据双边条约中约定的标准以及构成要件确定财产是否被征收；如确被征收，补偿款额应为多少；等等）。仲裁庭认为，若做相反解释，必将破坏ICSID仲裁机制。因为根据《中秘双边条约》第8（3）条之规定，若将投资争端提交至东道国法院，这将严重阻碍争议提交至ICSID仲裁项下解决之可能。因此，根据《ICSID公约》第25条、第41条及《ICSID仲裁规则》第41条之规定，仲裁庭认为其对本案争议享有管辖权。[213]

撤裁临时委员会同时强调，根据《ICSID公约》第52（1）条之规定，撤裁临时委员会仅可对该规定项下所列情形进行审查，而并不具有审查案件实体内容的权力；其指出，具有上诉管辖权的机构可以认定仲裁庭某处适用法律错误，但临时委员没有这样的权力（A body that had appellate jurisdiction might well find fault as a matter of law with some aspects of the Arbitral Tribunal's application of the VCLT，but an ad hoc committee does not have such powers）。鉴于从程序上而言，本案仲裁庭所作管辖权决定中也并不存在《ICSID公约》第52（1）条项下可撤销情况，故撤裁临时委员会最终驳回了秘鲁政府的申请。（关于撤裁临时委员会的职能性质及对《ICSID公约》中赋予当事人撤销裁决、决定之权利的分析，详见本案第四部分“收获与观点”。）

（2）SUNAT强制实施初步预防措施的行为是否构成间接性征收

在决定仲裁庭对此案具有管辖权后，仲裁庭对本案的实体问题进行了审

---

213 Decision on Jurisdiction and Competence，para. 188. “in order to give meaning to all elements of the Article，the words ‘involving the amount of compensation for expropriation’ must be interpreted to include not only the mere determination of the amount but also other issues that are normally inherent in an expropriation，including whether the property was actually expropriated in accordance with the standards and requirements of the BIT，and the determination of the amount of compensation due，if applicable. In the opinion of the Tribunal，a contrary conclusion would undermine the provision for arbitration before ICSID since according to the final sentence of Article 8（3），tosubmit the investment dispute to the courts of the host State would definitely preclude the possibility of access to arbitration under the ICSID Convention. Therefore，since Claimant has filed a prima facie claim for expropriation，the Tribunal，in accordance with Articles 25 and 41 of the ICSID Convention and Rule 41 of the Rules of Arbitration，believes it has jurisdiction to hear，on the merits，the claim filed by Claimant.”

理。对于谢业深的请求，仲裁庭认定：SUNAT 的审计行为不构成征收；但其强制实施初步预防措施（preliminary precautionary measures）的行为构成对谢业深投资的间接征收。对此，秘鲁政府依据《ICSID 公约》第 52（1）条项下（b）仲裁庭存在明显超越权限、（d）严重背离基本程序规则及（e）裁决未陈述理由之规定，提出三部分对此实体认定的异议。

①仲裁庭在实体裁决书中是否存在明显超越权限

（i）仲裁庭裁决

（a）基于执行税收的公益性行为国家享有豁免权

仲裁庭首先肯定了“基于执行税收的公益性行为国家享有豁免权”（be exempt from liability based on public interest in the exercise of its taxation power）的一般性法律原则，即承认一国税收行为具有天然的正当合法性；认为国家对善意施行（good faith imposition）的征税、管制和其他被认为是国家政权行使其治安权力之行为所导致的财产损失（loss of value of property or for other economic disadvantages）并不承担责任。[214]

（b）豁免权之例外情况

仲裁庭指出，如若上述国家行为是任意性（arbitrary）或歧视性（discriminatory）的，则国家责任不可豁免且国家应履行赔偿义务。因此，若税收行为本身或其在执行时存在“没收性”（confiscatory）、“任意性”、“滥用性”（abusive）或“歧视性”之情况，该税收行为便构成“征收行为”，国家对此也应承担责任。[215]

（c）SUNAT 实施初步预防措施之行为是任意的

仲裁庭认定，SUNAT 在实施初步预防措施时，未能遵循其内部准则与程序（internal guidelines and procedures）。该等准则与程序要求：第一，需更准确地确定实施初步预防措施中所附加的资产（a more precise identification of assets to be attached via interim measures）；第二，需提供初步预防措施之“例外”救济措施之合理依据及具体证据（a reasoned basis for the “exceptional” remedy

214 Award, para. 173. “under international law, a State is not liable for the loss of value of property or for other economic disadvantages that result from the good faith imposition of general taxes, regulations, or other conduct commonly accepted as part of the police powers of the state. The creation, administration, and collection of taxes form part of the taxation power of the states.”

215 Award, para. 181. “reveal a substantial consensus that the imposition of taxation measures or their enforcement may be expropriatory if they are confiscatory, arbitrary, abusive, or discriminatory.”

of interim measures accompanied by detailed evidentiary support）；第三，努力避免干扰债务人的经营活动（efforts to avoid interfering with the debtor's business operations）。

仲裁庭又指出，在实施初步预防措施之前，SUNAT 执行部门未进行相关调查，亦未要求审计员提供补充信息（relevant inquiries or requests for additional information from the auditor before imposing interim measures）。综上，仲裁庭行使其自由裁量权认定：由于 SUNAT 未遵守其内部程序，故认定其强制实施初步预防措施的行为是任意的。因此，该行为对谢业深投资构成“间接征收”（indirect expropriation）。

（ii）秘鲁政府异议

（a）仲裁庭明显超越权限

秘鲁政府认为，仲裁庭在其管辖权决定中已认定，仲裁庭有权审理的唯一主张就是“征收”主张。然而，仲裁庭在实体部分审理的主张却并不仅是“征收”主张，还就谢业深诉求中其他已被认定超出管辖权范围的部分［包括 SUNAT 的行为违背《中秘双边条约》中的“公平公正待遇”、“任意歧视性措施”（arbitrary and discriminatory）以及“有违公正”（denial of justice）等诉求］进行了裁决。[216] 因而构成“明显超越权限”。

（b）仲裁庭违背“一般法律原则”

秘鲁政府认为，根据《国家对国际不法行为的责任条款》中“一般法律原则”的规定，国家仅对由国家行为造成的损害负责。本案中 TSG 所遭受的损失是由于投资者不及时解除 SUNAT 初步预防措施反而启动债务重组程序而造成的。此结果并非由国家行为所致，故秘鲁政府也不应对该损失负责。[217]

（iii）撤裁临时委员会决定

（a）“任意性”标准的引入是否超出管辖范围

撤裁临时委员会认为，引入“任意性”标准并未超出仲裁管辖范围。具体而言，第一，仲裁庭引用“任意性”标准进行认定，是其对法律体系中所认可的基础性概念的引用。[218] 第二，仲裁庭先指出国家豁免权的存在，又阐述

216 Decision on Annulment，para.144.

217 同脚注 216。

218 Decision on Annulment，para.155.

了该豁免权的例外情形。因“任意性”概念及判断与是否符合“正当税收行为或征收行为”具有相关性，故此处必将引出“任意性”概念，仲裁庭的适用也并无不妥。[219]第三，仲裁庭享有自由裁量权，其有权对各相关标准或法律进行考量及解释。[220]

（b）准据法援引错误（failure to apply the applicable law）是否构成“明显超越权限”

撤裁临时委员会认为，本案仲裁庭并不存在准据法援引错误。撤裁临时委员会首先承认，在先前案例中，确实有撤裁临时委员会认为，若未能正确引用准据法，将被认为构成“明显超越权限”。[221]但根据《ICSID》公约第52（1）（b）条的规定，此种错误，需要对准据法有“异乎寻常”（egregious）的错误解释（misinterpretation）或错误适用（misapplication），才能构成明显超越权限。因而，微小的法律错误（a mere error of law）并不会造成仲裁庭“明显超越权限”。撤裁临时委员会认为，由于秘鲁政府并未明确指出仲裁庭何处存在“异乎寻常”的错误，因此，秘鲁政府的请求不成立。[222]

②裁决书中是否存在“未能陈述理由”之情形

（i）仲裁庭裁决

（a）SUNAT严重影响到TSG的运营[223]

仲裁庭注意到，本案中TSG虽然于2005年3月决定启动债务重组程序，从而产生了解除SUNAT的初步预防措施的效果；但直到2006年6月该破产程序结束之时，TSG仍未能恢复其初步预防措施之前的运营能力。TSG财务报表显示，虽然公司自身发起的破产程序对运营起到了一定的保护作用，但SUNAT的初步预防措施导致TSG公司的销售已经从2003—2004年度的8亿秘鲁索尔（S/.80 million）暴跌至2005—2006年度的3400万秘鲁索尔（S/.0.34 million）。SUNAT的初步预防措施不仅导致TSG账户存款172美元（US$172）的冻结，更严重的是影响并阻碍了TSG及需要向TSG付款的供应商对其银行账户的使用。

---

219 Decision on Annulment，para.156.

220 同脚注219。

221 可见以下案例：Klockner v. Cameroon I（ICSID Case No.ARB/81/2），para. 59（Exh. RA–LA–055）；MINE v Republic of Guinea（ICSID Case No.ARB/84/4），para. 5.03（Exh. CA–LA–2.12）.

222 Decision on Annulment，para.162.

223 Award，paras.152–170，222.

仲裁庭主要针对以下两点事实予以考虑：第一，初步预防措施最终（由于 TSG 的破产措施）于 2005 年 6 月结束。然而，SUNAT 在 2005 年 1 月作出强制行为决定时，该初步预防措施将持续为期一年（至 2006 年 1 月）；其后 SUNAT 还对该措施决定进行过两次展期，分别自 2006 年 1 月延期到 2007 年 1 月，又自 2007 年 1 月延期到 2008 年 1 月。因此，SUNAT 持续实施初步预防措施的行为，直接导致 TSG 无法与鱼粉供应商缔约，最终面临被直接踢出市场的局面。第二，谢业深虽未通过秘鲁银行系统获取融资，但却需要通过秘鲁银行进行资金周转，包括从秘鲁境外收汇借款、兑现境外买家开具的信用证及普遍跟踪其付款、成本及应收账款。因此，仲裁庭认定，SUNAT 冻结资金的行为，直接导致 TSG 丧失了大量商机、损害了 TSG 的经营。而 TSG 随后出现恢复运营的情况，也仅是依靠其自身债务重组程序的结果。

（b）TSG 优先偿付债权人的行为系在“减少损失”

仲裁庭认为，TSG 优先偿付债权人的选择合乎常理。这是因为，如果用退税金（rebates）来支付或担保其税付债务，这笔款项会作为给 SUNAT 的保证金被不定期地（for an indeterminate time）扣押。反而，更经济的方法是，优先偿付短期高收益第三方债权人（short term，high interest creditors）可以获得投资收益。TSG 这样做，正是在“减轻对投资造成的损失”（mitigate its damages caused to his investment）。对于 TSG 减损义务的履行，仲裁庭认为应当认可。[224]

---

224 在聆讯期间，秘鲁政府方面曾有人投诉投资者在 SUNAT 采取措施后表现出“恶意”。具体来说，被投诉人质疑使用 TSG 将退税所产生的资金用于偿还第三方债权人而非向 SUNA 支付所欠税收，该行为系恶意。（但仲裁庭认为）投资者可能选择偿付第三方债权人以减轻其投资损失的行为并不奇怪。相反，由于投资的财务结构方式，从财务角度分析，偿付短期高吸债权人对投资者更有利。若选择使用税收折扣偿还或用以担保税收债务，则这些资金在一段不特定期间内都将作为投资者对 SUNAT 的担保。[Award，para. 249. “[a]dditionally，during the hearing it was suggested that the investor showed bad faith after the measures were imposed by SUNAT. Specifically，the Respondent questioned the decision to use the funds generated by TSG's tax rebates to repay third party creditors rather than to make payment of the tax claims of the SUNAT. It is not surprising that the investor might opt for this course of action in order to mitigate the damages caused to his investment. In effect，because of the way that the investment was financially structured，it was more beneficial from a financial standpoint to repay short term，high interest creditors. The other alternative（to use the rebates to pay off or guarantee its tax debt）would have required him，probably，to offer these funds as a guarantee to SUNAT for an indeterminate time. [...]”]

（ii）秘鲁政府异议

（a）仲裁庭对征收行为进行认定时所适用的法律标准自相矛盾

◆“实质性剥夺”（substantial deprivation standard）标准与“细小标准”（de minimis standard）

秘鲁政府指出，仲裁庭在认定构成“征收”时，引用了“实质性剥夺”标准。但实际上却最终适用了“细小标准”，即“对于投资经营的任何程度的改变都将构成征收”。[225] 秘鲁政府具体指出，在 LG&E Energy 和 S.D. Myers 两案中，仲裁庭所认定的“实质性剥夺”标准，其行为应持续至少 18 个月。但事实上，SUNAT 强制实施初步预防措施的行为，实际持续周期不到 6 个月。而仲裁庭仍认为，SUNAT 如此短暂的强制实施初步预防措施的行为，对谢业深的投资构成“征收”。[226]

◆ 若裁决所陈述理由相矛盾，裁决可撤销[227]

秘鲁政府同时提醒撤裁临时委员会，应参考 Kloeckner v. Cameroon 一案；该案中，临时委员会认为，仲裁员的其中一项义务就是阐述提供不相矛盾的理由（set forth reasons which are not contradictory）。换句话说，根据撤裁临时委员会一贯的实践，仲裁裁决中若有“自相矛盾的推理”（contradictory reasons），其将构成裁决书“未能陈述理由”。

（b）仲裁庭适用“推断性方式”（conclusory fashion）对行为进行认定

秘鲁政府称，在国际通行实践中，众多仲裁庭都认为，对“征收”的认定须是在“完全剥夺投资者权利”（total deprivation of the investor's rights）的

---

225 秘鲁政府指出，仲裁庭提到的各法律来源都明显与结论“SUNAT 初步预防措施为征收”相矛盾。其认为，仲裁庭采用了“缩小标准”，即任何改变投资业务水平或性质的行为都将构成征收。[Decision on Annulment，para.164. “the Republic of Peru claims that each source of law mentioned by the Arbitral Tribunal manifestly contradicts the conclusion that SUNAT's precautionary measures were expropriatory. For the Applicant，instead of the substantial deprivation standard，the Arbitral Tribunal applied a de minimis standard，in which any change to the level or the nature of the investment operations will constitute an expropriation.”]

226 秘鲁政府补充道，由于仲裁庭在 LG&E 与 S.D.Myers 中认定的“实质性剥夺标准”即 18 个月衡量标准，但却认定 SUNAT 实际持续时间不到 6 个月的暂时性预防措施为征收，仲裁庭所作决定自相矛盾。（Decision on Annulment，para.165. “The Republic of Peru adds that，as a result of its alteration of the substantial deprivation standard as set out in LG&E Energy and S.D.Myers，the Arbitral Tribunal contradicted itself by relying on the 18–month standard set out in S.D. Myers and finding that SUNAT's precautionary measures were expropriation，when their actual duration of less than six months was in fact too temporary. ”）

227 Decision on Annulment，para.167.

情况下。而本案仲裁庭，却使用了推断性方式对行为进行了认定。仲裁庭在裁决书中称，其审查了双方观点及有关的法律渊源（examined the parties' arguments and sources of law that emphasize that the effects of the measures on the law）。但秘鲁政府指出，其所提到的众多支持其观点的先前案例（Sempra Energy International v. Argentine Republic，Pope & Talbot v. Canada，CMS Gas v. Argentine Republic，Telenor v. Republic of Hungary，Toto Costruzioni Generali S.p.A. v. Republic of Lebanon，Enron Corporation v. Argentine Republic，Tokios Tokelès v. Ukraine），甚至都没有在裁决书的脚注中出现。基于以上观点，秘鲁政府认为，裁决书中“未能陈述理由”。

（c）仲裁庭的结论系基于假定事实得出

◆ 仲裁庭假定初步预防措施持续周期

秘鲁政府指出，仲裁庭在认定 SUNAT 初步预防措施严重影响 TSG 经营时，是基于这一假定事实得出的结论——若谢业深不解除初步预防措施，冻结行为将持续多久（how long the freeze would have lasted had Claimant not had it lifted）。[228] 具体而言，初步预防措施明明在 6 个月后已被叫停（lifted），但仲裁庭却假定“SUNAT 强制实施初步预防措施持续时间为 3 年”。[229]

◆ 仲裁庭未能证明“因果关系”

秘鲁政府认为的另一个可撤销错误（annullable error）是，仲裁庭在决定 SUNAT 的行为是否导致了投资者所声称的损失时，并未指出其所依据的关于“因果关系”的一般性法律原则（general principles on the issue of “causation”）是什么，也并未确定谢业深投资所遭受的损失与 SUNAT 的初步预防措施行为之间存在因果关系。除此之外，仲裁庭还擅自决定将举证责任倒置（reverse the burden of proof），将原本属于谢业深的举证责任（证明其所遭受的损害是

---

228 Decision on Annulment，para.174.

229 秘鲁政府指出，初步预防措施 6 个月后即被叫停，但仲裁庭却假定其期限为 3 年。并且，仲裁庭完全未考虑到（损害）与 SUANT 预防措施之间的因果关系要件。具体而言，SUNAT 预防措施仅实施了 6 个月（2005 年 1 月 28 日至 7 月 11 日）且仅冻结了 172 美元，但却认定 TSG 被严重攫取。[Decision on Annulment，para.173. “the Republic of Peru remarks that the Arbitral Tribunal based its decision on a hypothetical period of three years for the precautionary measures，when they were actually lifted after six months. The Republic of Peru also argues that the Arbitral Tribunal removed the causation requirement between SUNAT's precautionary measures，which were in effect for only six months（between 28 January and 11 July 2005）and froze only US$ 172，and the alleged substantial deprivation of TSG.”]

由于 SUNAT 的初步预防措施所致）强加于秘鲁政府。[230]

◆ 仲裁庭并未对其“TSG 优先偿付债权人而非补交税收更有益于投资者”的认定给出理由

仲裁庭未能注意到，秘鲁政府提出的 SUNAT 已将税收减少至 300 万索尔（S/.3 million），也就是说，SUNAT 变相给予 TSG 3300 万索尔（S/.3.3 million）的补偿。TSG 本可以使用退税金来支付现金或者其他担保以解除初步预防措施、恢复秘鲁银行系统的使用，但 TSG 并没有这样做。[231] 这就不能说明，优先偿付债权人是更有益的。在明知可为而不为的情况下，TSG 这样做明显是恶意的（bad faith）。

◆ 仲裁庭未注意到 TSG 可使用除秘鲁银行账户以外的其他秘鲁法律允许的合同付款方式

为证明 SUNAT 的行为并未影响到 TSG，秘鲁政府提出了依据秘鲁法律允许的其他可行的合同付款方式（如现金），从而证明“初步预防措施并未阻止 TSG 从事商业行为”的主张。秘鲁政府一并提交其税法专家 José Galvez 的报告和证词，该证词中指出 TSG 可以使用现金交易而无需使用其银行账户。[232] 秘鲁政府认为，仲裁庭对其上述异议及证据未予以回应。[233]

---

230 仲裁庭并未提供任何与其所指因果关系问题的“一般法律原则”的线索，也并未确定初步预防措施是否对谢业深造成了所谓的伤害。（Decision on Annulment，para.175. “the Arbitral Tribunal offered no clue as to what the ‘general principles’ on the issue of causation to which it referred might be, and did not apply them to determine whether the measures caused the alleged harm to Mr. Tza Yap Shum. ”）

秘鲁政府指出，即使 TSG 本可以履行其纳税义务或承诺将退税作为担保解除预防措施，但 TSG 仍在 2005 年 3 月 11 日选择了债务重组程序，对此仲裁庭并未认识到也未对此给予理由解释。秘鲁政府称，仲裁庭从未认识到投资者的选择与 TSG 所受损害之间的因果关系。（Decision on Annulment，para.180. “the Republic of Peru asserts an absence of reasons in the Award for failing to recognize that TSG chose preventive bankruptcy on 11 March 2005, even though it could have paid its tax liabilities or pledged the tax refunds as a guarantee which would have allowed it to lift the precautionary measures. The Republic of Peru argues that the Arbitral Tribunal never considered that the choices of the investor caused the alleged damages to TSG. ”）

231 Decision on Annulment，para.180.

232 Decision on Annulment，para.184.

233 秘鲁政府质疑仲裁庭未对“根据秘鲁法律下合同可接受支付方式之解释，初步预防措施不影响 TSG 与渔商进行交易的”论点做出回应。（Decision on Annulment，para.184. “The Republic of Peru criticizes the Arbitral Tribunal for failing to respond to its explanation of Peruvian law regarding acceptable means of payment under a contract，which it presented to support its argument that the precautionary measures did not prevent TSG from carrying out transactions with the fishing industry. ”）

（iii）撤裁临时委员会决定

（a）关于"'征收'认定标准的改变"异议

撤裁临时委员会认为，仲裁庭关于"法律渊源"（source of law）的选择分析曾提到，不同案件，具体行为造成结果的影响不同；根据不同情形，得出的裁决结果便不同。具体而言，由于SUNAT对TSG造成的双重影响——不仅降低了公司的回报率，还削弱并严重打击了公司的经营能力，使得仲裁庭得出了本案的裁决。[234]秘鲁政府对于此处的质疑在于：仲裁庭的理由过于单一，不足以支持其裁决结论。但撤裁临时委员会再次强调，撤裁临时委员会并不具有审查实体部分的权力。况且，仲裁庭在裁决书中对该问题已进行了详尽分析。秘鲁政府所作请求，实际上是在试图让撤裁临时委员会纠正仲裁庭对案件查明之事实的"错误"，这已然属于"上诉"机制重审案件的范围。而撤裁临时委员会并不是上诉机构，无权对该请求进行审理。[235]

（b）对于"使用秘鲁银行系统非强制性规定"之异议

撤裁临时委员会注意到，仲裁庭对此异议的回应是：其认定银行的扣缴措施将对TSG的运营能力造成致命打击。[236]具体而言，TSG作为一家协调和融资代理商，且主要通过从与投资者谢业深个人私交良好的商业伙伴及亲友处获得融资。在现金流动性稀缺及难以从秘鲁金融机构获得商业贷款的情况下，TSG不仅利用通过该渠道获得的融资购买原材料（如生鱼及鱼粉），还向渔商公司提供燃料、设备预付款以及向加工工厂用以翻新设备和其他设施

---

234 Decision on Annulment para. 168. "[i]n contrast to the cases cited, SUNAT's actions not only reduced the company's rate of return, but instead also eliminated or substantially frustrated the operational capacity of the business."

235 根据《ICSID公约》第52（1）（e）条之规定，（撤裁临时委员会认为秘鲁政府）重新讨论LG&E Energy与S.D.Mayers两案中的标准只是想达成其将撤销审查转变为上诉的目的。[Decision on Annulment, para.168. "Reopening the discussion of the L&G E Energy and S.D. Myers awards as interpreted by the Arbitral Tribunal in the context of a challenge under Article 52（1）（e）of the ICSID Convention would serve no purpose other than transforming the annulment review into an appeal."]

236 应该理解，银行扣缴措施将对TSG的运营能力造成致命打击，扼杀其正常的运营资金来源，并阻止其诉诸银行系统处理其信用证和还款其债务。（Decision on Annulment, para.185. "[...] should have understood that the bank withholding measure would be a fatal blow on TSG's ability to operate, choking off its normal sources of working capital and precluding it from resort to the banking system for processing of its letters of credit and repayment of its debts."）

的预付款。仲裁庭已指出，以上业务均需利用秘鲁银行系统。[237] 虽然对银行系统的使用并非是强制性的，但 TSG 利用秘鲁银行系统的做法恰恰是其遵守“银行化”的规范［“Bancarizacion”（即支持使用正规银行系统的政策）］的表现。[238] 因此，仲裁庭进一步认定，SUNAT 的冻结行为确实对谢业深造成了严重影响。基于此，撤裁临时委员会认定，仲裁庭在裁决书中已陈述足够理由，不构成“未能陈述理由”。

（c）对“未能陈述理由”情形的认定

为进一步明确“未能陈述理由”这一条款的适用，撤裁临时委员会进一步对“何种情形可被认定为构成‘未能陈述理由’”进行解释。其认为，《ICSID 公约》第 52（1）（e）条的“未能陈述理由”主要指两种情况：第一，未能陈述理由将导致仲裁裁决明显缺乏论证逻辑；第二，未能陈述理由会对仲裁裁决的作出造成严重影响。[239] 除此之外，撤裁临时委员会指出仲裁庭有自由裁量权，

---

237 TSG 的主要职责是进行融资，尽管其拥有适度的资本，但 TSG 主要通过投资者的商业伙伴、朋友以及亲戚获得短期融资。在 2002—2004 年中，这类资金约有 5900 万美元。在流动性稀缺及难以获得秘鲁金融机构的商业贷款期间，TSG 不仅将这些资金用于购买生鱼和鱼粉，还向渔商公司提供燃料或设备预付款以及向加工公司提供预付款以翻新设备及其他设施（这些预付款一般通过扣除 TSG 向渔商或加工公司应付款项的利息来偿还）。在拓展业务时，TSG 利用了秘鲁的银行系统。［Decision on Annulment，para.188. “[...] TSG's principal role [...] was a financial one. Despite having a modest capital，TSG had access to short-term international financing，principally from business associates，friends and relatives of the investor. During the 2002-2004 period，these funds amounted to approximately US $ 59 million. In a period when liquidity was scarce and business loans from Peruvian financial institutions were difficult to obtain，TSG used these funds not only to purchase raw fish and fish flour，but also to provide advances to fishing companies for fuel or equipment and to processing companies for refurbishing equipment and facilities. These advances were generally repaid，with interest，by deducting the payments due from the amounts payable by TSG to the fishing or processing companies. In carrying out its operations，TSG made use of the Peruvian banking system. [...] ” ］

238 Decision on Annulment，para.186. “[i]n carrying out its operations, TSG made use of the Peruvian banking system. In so doing, TSG complied with the norms of ‘bankerization’（‘Bancarizacion’ [i.e., a policy in favor of using the formal banking system]）.” 此处为西班牙文，为进一步理解其含义，笔者在 SUNAT 官网查到其官方定义为：La bancarización，consiste en formalizar todas las operaciones y canalizarlas a través de medios legales que permiten identificar su origen y destino y que el Estado pueda ejercer sus facultades de fiscalización contra la evasión tributaria，el lavado de activos y otros delitos. 中文意思是：银行业包括将所有业务正规化并通过法律手段引导它们，以便识别其来源和目的地，以及国家可以行使其控制逃税，洗钱和其他犯罪的权力。

239 Compañiá de Aguas del Aconquija S.A. and Vivendi Universal S.A. v. Argentine Republic（ICSID Case No. ARB/97/3），paras. 64-65（Exh. RA-LA-024）“...annulment under Article 52（1）（e）should only occur in a clear case. This entails two conditions：first，the failure to state reasons must leave the decision on a particular point essentially lacking in any expressed rationale；and second，that point must itself be necessary to the tribunal's decision.”

其有权仅对支持其仲裁裁决的理由进行阐述，而非对所有当事人所提观点或法源均需进行分别解释。这是因为，裁决书需陈述理由的目的在于——能让当事人，特别是败诉方明白作出该裁决时其所依据内在的逻辑。[240] 撤裁临时委员认为，仲裁庭所援引的理由已充足，使读者紧跟其逻辑，由 a 到 b 再推导出最终结论。并且，仲裁庭在其推理过程中也没有跳过重要的证据。

综上，撤裁临时委员会认为，仲裁庭对上述秘鲁政府的每一项异议都已给予充足的理由，也并未超越其权限，故驳回了秘鲁政府的请求。

③仲裁裁决是否存在“严重违背程序规则”的情况

（i）秘鲁政府之主张

秘鲁政府提出三项主张：

（a）基于以上“仲裁庭存在明显超越权限”，秘鲁政府认为仲裁庭“严重违背程序原则”；

（b）基于以上“仲裁裁决未能陈述理由之情形”，秘鲁政府认为提出仲裁庭“严重违背程序规则”；

（c）仲裁庭对其提供关于 TSG 经营不善真正原因的证据不予理睬，构成“严重违背程序规则”。

（ii）撤裁临时委员会之决定

由于“仲裁庭存在明显超越权限”及“仲裁裁决未能陈述理由”之请求已分别被撤裁临时委员会驳回，故撤裁临时委员会认定，基于秘鲁政府上述第 1 项及第 2 项主张，仲裁庭并不存在“严重违背程序规则”的情况。而关于其第 3 项主张，撤裁临时委员会承认，当事人发表意见的权利是依据第 52（1）（d）条所保护的基本程序规则之一，但此项权利并非意味着，仲裁庭有处理当事人所提的每一论点的义务。即，仲裁庭有义务根据当事人提出的所有证据作出裁决，但无义务就每一项证据作出解释。[241]

---

240 Decision on Annulment，para.172. “ Further，the requirement to state reasons（which purpose is to enable the parties，and more particularly the losing party，to understand the decision）applies only to reasons which constitute the basis for the conclusions of the Arbitral Tribunal.”

241 Decision on Annulment，para.202. “The Committee acknowledges that the right to be heard is one of the fundamental rules of procedure protected by Article 52（1）（d），but such right places no obligation on an arbitral tribunal to address each and every argument raised by the parties. Cast in other terms，an arbitral tribunal is under the obligation to decide in light of all the evidence adduced by the parties，but it has no obligation to explain itself on each and every piece of evidence.”

4. 收获与观点

（1）首案影响——中国对于投资仲裁的态度转变

本案为中国投资者将一国政府诉至ICSID仲裁机制下第一案，也是中国投资者海外投资仲裁维权的第一次胜利。我国学者对本案也展开了不少讨论研究；其中，也不乏对于仲裁庭仲裁裁决及撤裁临时委员会最终决定的反对声音。其中涉及的讨论焦点（也是本案争议焦点）为：仲裁庭是否有管辖权、在《中秘双边条约》下"涉及征收赔偿款额"中的"涉及"究竟应作何种解释——限制解释还是广义解释。

陈安教授指出，通过参考1984年《中华人民共和国政府和芬兰共和国政府关于保护投资的协定议定书》(以下简称《中芬双边条约议定书》) 第2条[242]，1998年《中华人民共和国政府和巴巴多斯政府关于鼓励和相互保护投资协定》第9条[243]，以及1993年1月7日中国在呈交《ICSID公约》的批准书给世界银行保存时同时就公约第25（4）条作出的通知，中国政府仅仅考虑把由于征收与国有化导致的补偿争端提交至ICSID。他认为中国在谈判签订这些BITs时，极力主张对投资者与东道国之间的争端提交国际仲裁的范围加以限制，因此国际仲裁条款的适用范围被严格限制于涉及"征收补偿款额"的争端。[244]

---

242 《中华人民共和国政府和芬兰共和国政府关于保护投资的协定议定书》第2条："一、如投资者认为本协定第五条的征收措施不符合采取措施的缔约一方的法律，应投资者的请求，该缔约一方有管辖权的法院应审查上述措施。二、如投资者对其被征收的投资财产的补偿款额有异议，投资者和采取征收措施的缔约一方应为在六个月内达成补偿款额协议进行协商。三、如在上款规定的期限内，协商的双方未获一致，应投资者的请求，由采取征收措施的缔约一方有管辖权的法院或国际仲裁庭对补偿款额予以审查。"

243 《中华人民共和国政府和巴巴多斯政府关于鼓励和相互保护投资协定》第9条"投资争议的解决"：一、缔约一方的投资者与缔约另一方之间任何投资争议，应尽可能由投资者与缔约另一方友好协商解决。二、如本条第一款的争议在争议一方自另一方收到有关争议的书面通知之日后六个月内不能协商解决，投资者有权选择将争议提交下述两个仲裁庭中的任意一个，通过国际仲裁的方式解决：（一）依据1965年3月18日在华盛顿签署的《关于解决一国与他国国民间投资争端公约》设立的"解决投资争端国际中心"；（二）根据《联合国国际贸易法委员会仲裁规则》设立的仲裁庭。该规则中负责指定仲裁员的机构将为"解决投资争端国际中心"秘书长。三、尽管有第二款的规定，缔约一方仍可要求投资者在将争议提交国际仲裁前，用尽其国内行政复议程序。但是，如投资者已诉诸本条第十款规定的程序，则本款规定不应适用。……十、缔约一方的投资者有权将任何争议诉诸缔约另一方有管辖权的法院。如果投资者已诉诸本款规定的程序，本条第二款将不予适用，除非法院将有关事项移交国际仲裁解决。"

244　陈安：《对香港居民谢业深诉秘鲁政府案ICSID管辖权裁定的四项质疑》，载《国际经济法学学刊》2010年第17卷第1期。

那么，我国对于ICSID仲裁究竟持怎样的态度呢？陈安教授认为："我国在早期签订公约及与他国签订双边投资条款时，对仲裁均持以'限制仲裁解决争议范围'的态度，但近几年，我国的态度已有明显转变。"近年来，中国与外国的某些BITs分别被缔约双方加以修订，已纳入了全新的、范围广泛的国际仲裁条款。如2001年《中华人民共和国和荷兰王国关于相互鼓励和保护投资协定》，2003年《中华人民共和国和德意志联邦共和国关于促进和相互保护投资的协定》（以下简称《中德双边条约》）等。基于此，笔者通过对比早期BIT［1984年《中芬双边条约议定书》；本案所涉及1995年《中秘双边条约》、2003年中国与德国新修《中德双边条约》；以及2015年中国与刚果签订的《中华人民共和国政府和刚果共和国政府关于鼓励促进和保护投资协定》（以下简称《中刚双边条约》）］中争议解决条款内容的变化，得出表4–1。

表4–1 争议条款内容变化对比图

双边条约	是否存在法院作为前置程序的设置	是否对自动可提交至ICSID仲裁的争议事项进行限制	具体内容
1984年《中芬双边条约议定书》	是	是	1984年《中芬双边条约议定书》第2条： 一、如投资者认为本协定第五条的征收措施不符合采取措施的缔约一方的法律，应投资者的请求，该缔约一方有管辖权的法院应审查上述措施。 二、如投资者对其被征收的投资财产的补偿款额有异议，投资者和采取征收措施的缔约一方应为在六个月内达成补偿款额协议进行协商。 三、如在上款规定的期限内，协商的双方未获一致，应投资者的请求，由采取征收措施的缔约一方有管辖权的法院或国际仲裁庭对补偿款额予以审查。仲裁庭将参照一九六五年三月十八日在华盛顿签署的《关于解决国家和他国国民之间投资争端公约》自行确定其程序。仲裁庭以多数票作出裁决，裁决是终局的，具有拘束力，并可按国内法执行。应任何一方的要求，仲裁庭应说明其裁决所依据的理由。

续表

双边条约	是否存在法院作为前置程序的设置	是否对自动可提交至 ICSID 仲裁的争议事项进行限制	具体内容
1995 年《中秘双边条约》	是	是	1995 年《中秘双边条约》第 8 条： 一、缔约一方的投资者与缔约另一方之间就在缔约另一方领土内的投资产生的任何争议应尽量由当事方友好协商解决。 二、如争议在六个月内未能协商解决，当事任何一方有权将争议提交接受投资的缔约一方有管辖权的法院。 三、如涉及征收补偿款额的争议，在诉诸本条第一款的程序后六个月内仍未能解决，可应任何一方的要求，将争议提交根据一九六五年三月十八日在华盛顿签署的《关于解决国家和他国国民之间投资争端公约》设立的“解决投资争端国际中心”进行仲裁。缔约一方的投资者和缔约另一方之间有关其它事项的争议，经双方同意，可提交该中心。如有关投资者诉诸了本条第二款所规定的程序，本款规定不应适用。 ……
2003 年《中德双边条约》	否	否	2003 年《中德双边条约》第 9 条： 一、缔约一方与缔约另一方投资者之间就投资产生的任何争议，应尽可能由争议双方当事人友好解决。 二、如争议自其被争议一方提出之日六个月内，未能解决，应缔约另一方的投资者的请求，可以将争议提交仲裁。 三、争议应依据 1965 年 3 月 18 日《解决国家和他国国民之间投资争端公约》提交仲裁，除非争议双方同意依据《联合国国际贸易法委员会仲裁规则》或其他仲裁规则设立专设仲裁庭。 ……

续表

双边条约	是否存在法院作为前置程序的设置	是否对自动可提交至ICSID仲裁的争议事项进行限制	具体内容
2015年《中刚双边条约》	否	否	2015年《中刚双边条约》第9条： 一、缔约一方投资者与缔约另一方之间就在缔约另一方领土内的投资产生的任何争议，应尽可能由争议双方当事人通过协商友好解决。 二、如争议自协商解决之日六个月内，未能通过协商友好解决，缔约一方的投资者可以将争议提交投资所在国有管辖权的法院解决。 三、任何争议，自协商之日起六个月内，未能按照本条第一款的规定通过协商友好解决，应任何一方的请求，争议可提交下列仲裁庭仲裁： （一）依据1965年3月18日在华盛顿签署的《解决国家和他国国民之间投资争端公约》设立的“解决投资争端国际中心”；或（二）专设仲裁庭。争议提交仲裁之前，作为争议一方当事人的缔约方可以要求投资者根据该缔约方国内的法律法规，用尽当地行政复议程序。但是，如果投资者已经诉诸本条第二款规定的程序，则本款规定不适用。 ……

通过表4–1的对比，不难发现，中国近期与他国所签BIT已经取消了将法院作为前置程序的设置；也不再出现“涉及征收赔偿款额”等字眼，对可提交至ICSID仲裁的争议事项范围减少了限制。相反，在中国加入的双边协定中，更多的情形是，缔约双方给予彼此权利——在将争议提交至ICSID仲裁或者东道国法院之间进行选择。因此，我国对国际投资仲裁的态度，相较于（2003年以前）早期，逐步呈现出越加开放、接受的趋势（pro–arbitration）。

随着国际投资仲裁领域的不断发展，加之我国推进“一带一路”倡议的背景形势，中国政府在鼓励越来越多的中国企业走出国门的同时，也以更为开放的态度鼓励投资者将可能发生的投资争议提交至国际仲裁，而非仅限于东道国法院进行解决。而这种选择，亦符合中国投资者通过第三方机构（或临时仲裁庭）而非东道国法院维护自身权益的考虑，毕竟，在投资权益已经受到侵害的情况下，将最后的救济寄托于既为运动员又为裁判员的东道国的法院审理裁决，投资者难免缺乏信心。

（2）中止执行仲裁裁决与撤销仲裁裁决的关系

①裁决不可上诉

根据《ICSID公约》第53（1）条之规定，“裁决对双方具有约束力。不得进行任何上诉或采取除本公约规定外的任何其他补救办法。除依照本公约有关规定予以停止执行的情况外，每一方应遵守和履行裁决的规定”[245]。因此，仲裁庭所作决定、裁决均不可上诉，或采取其他救济（not subject to any appeal or to any other remedy）。

②裁决可申请撤销

尽管裁决不可上诉，但是《ICSID公约》仍为仲裁当事人提供了最后的救济路径。根据本案中反复出现的《ICSID公约》第52（1）条之规定，“任何一方可根据下列一个或几个理由，向秘书长提出书面申请，要求撤销裁决……”[246]，双方当事人拥有申请撤销决定、裁决的权利。

③申请撤销裁决与裁决中止执行

根据《ICSID公约》及《ICSID仲裁规则》规定，当事人可以在申请撤销裁决（a request for annulment）的同时，申请中止执行裁决（request a stay of enforcement of the award）。此外，仲裁庭也有权在其认为的适当情况下（if it considers that the circumstances so require），在其决定之前（pending its decision）中止特定仲裁裁决的执行。

（i）双方享有申请中止执行仲裁裁决的权利

本案中，秘鲁政府在向撤裁临时委员会申请撤销管辖权决定及仲裁裁决的同时，依据《ICSID公约》第52（5）条[247]及《ICSID仲裁规则》第54（2）

245 同脚注168。

246 同脚注173。

247 《ICSID公约》第52（5）条：“委员会如认为情况有此需要，可以在作出决定前，停止执行裁决。如果申请人在申请书中要求停止执行裁决，则应暂时停止执行，直到委员会对该要求作出决定为止。”[ICSID Convention. Article 52（5）. “The Committee may，if it considers that the circumstances so require，stay enforcement of the award pending its decision. If the applicant requests a stay of enforcement of the award in his application，enforcement shall be stayed provisionally until the Committee rules on such request.”]

条[248]之规定，向撤裁临时委员会申请中止执行仲裁裁决。

（ii）一方申请，则裁决应暂时中止

依据《ICSID公约》第52(5)条之规定，若一方当事人申请中止执行裁决，则裁决将暂时中止执行。“委员会如认为情况需要，可在决定作出前裁定中止执行仲裁裁决。若申请人在申请书中要求中止执行裁决，则应暂时中止执行，直至委员会对该要求作出决定为止。”[249]

（iii）暂时中止执行期间，双方可提交各自意见（submit its observations），仲裁庭或委员会应作出是否应继续中止之裁定

依据《ICSID仲裁规则》第54（2）条之规定，仲裁庭或委员会应在规定期间内作出是否应继续中止之裁定：

“若在申请修改或撤销裁决的申请中包含中止执行的请求，秘书长应连同登记通知一起通知双方暂时中止执行仲裁裁决。当仲裁庭或委员会成立，如果任何一方提出申请，应在《仲裁规则》第127条规定的30天内作出是否应继续中止的裁定；除非决定裁定继续中止，否则将恢复执行。”[250]

依据《ICSID仲裁规则》第54（4）条之规定，撤裁临时委员会在裁定中止执行仲裁裁决是否应继续进行时，应给予双方提出特定期限。双方可在此期限内，提交其各自对于中止执行仲裁裁决之意见。《ICSID仲裁规则》第54（4）条规定：“根据第（1）、（2）款（第二句）或（3）提出的申请中应说明——要求中止、修改或终止——的具体情况。只有在仲裁庭或委员会给予每一方

---

248 如果对裁决修改或撤销的申请中，包含有中止执行的请求，秘书长应连同受理登记通知一起，通知双方暂时中止执行裁决。一旦仲裁庭或撤裁临时委员会成立，且任何一方对中止执行提出申请，则仲裁庭或撤裁临时委员会应在30天内就“是否应继续中止执行该裁决”作出决定。（除非决定继续中止执行该裁决，否则暂时性中止决定将自动终止。）注：由于未能于商务部、外交部检索到《ICSID仲裁规则》中文版本，书中皆为笔者翻译。[ICSID Arbitration Rules. Article 54（2）. “If an application for the revision or annulment of an award contains a request for a stay of its enforcement, the Secretary–General shall，together with the notice of registration，inform both parties of the provisional stay of the award. As soon as the Tribunal or Committee is constituted it shall，if either party requests，rule within 30 days on whether such stay should be continued; unless it decides to continue the stay，it shall automatically be terminated.”]

249 同脚注247。

250 ICSID Arbitration Rules. Article 54（2）. “If an application for the revision or annulment of an award contains a request for a stay of its enforcement，the Secretary–General shall，together with the notice of registration，inform both parties of the provisional stay of the award. As soon as the Tribunal or Committee is constituted it shall，if either party requests，rule within 30 days on whether such stay should be continued; unless it decides to continue the stay，it shall automatically be terminated.”

呈交其意见的机会后，（仲裁庭或委员会）方可（决定）同意申请。”[251]

本案中，谢业深对于中止仲裁裁决执行部分，曾申请解除暂时性中止仲裁裁决（lift of the provisional stay of enforcement of the award），或令秘鲁政府提供与仲裁裁决中所判赔偿等额的担保（guaranty to ensure compliance with its monetary obligation under the award）。秘鲁政府对此做出的回应是，其向 ICSID 提交了一封来自秘鲁国际投资争端委员会主席（President of the Special Commission that Represents the State in International Investment Disputes）的保证信。信中称，若裁决最终未被撤销，秘鲁政府将于收到该决定书起 30 日内无条件支付全部赔偿。最终，谢业深同意继续中止执行仲裁裁决。撤裁临时委员会据此作出了“继续中止执行仲裁裁决”之决定。

综上可见，若当事一方投资者对于 ICSID 仲裁裁决不服，虽不可对裁决提起上诉，但公约仍赋予当事人提交撤销仲裁裁决申请的权利。且据公约之规定，当事人在申请撤销裁决的同时，裁决将会暂时中止执行。委员会在此中止期间内，将给予当事双方机会，在一定时限内可提交就仲裁裁决中止执行之意见。投资者应格外注意，在此过程中，其不仅可以提出解除或继续中止执行仲裁裁决的意见，实践中还可采取的做法有：要求败诉国提供银行担保（bank guarantee）或财政担保（financial guarantee）；或不要求败诉国提供财政担保，但要求败诉国提供其他合理保证（reasonable assurances）[252]，如书面声明（written statement）[253]（如本案中，由秘鲁政府一方代表提交的保证执行裁决的信件）等。对于投资者而言，在选择进行 ICSID 仲裁时，应合理利用 ICSID 仲裁程序规则相关机制，并注意各个程序时间节点及具体规定和要求。若对上述规则把握不准，应当及时向相关律师进行咨询，以便运筹帷幄、维护权益。

---

251 ICSID Arbitration Rules. Article 54（4）. “A request pursuant to paragraph（1），（2）（second sentence）or（3）shall specify the circumstances that require the stay or its modifica- tion or termination. A request shall only be granted after the Tribunal or Committee has given each party an opportunity of presenting its observations.”

252 可见以下案例：Amco Asia Corporation and others v. Republic of Indonesia，ICSID Case No. ARB/81/1；Wena Hotels Ltd. v. Arab Republic of Egypt，ICSID Case No. ARB/98/4.

253 CMS Gas Transmission Company v. The Republic of Argentina，ICSID Case No. ARB/01/8.

（3）撤销仲裁裁决的理由

①《ICSID 公约》之规定的撤裁理由

根据《ICSID 公约》第 52（1）条之规定[254]，裁决可撤销理由有以下五点：

（a）仲裁庭的组成不适当（not properly constituted）；

（b）仲裁庭存在明显超越权限（manifestly exceeded its powers）；

（c）仲裁庭成员存在受贿行为（corruption）；

（d）严重背离基本程序规则（a serious departure from a fundamental rule of procedure）；

（e）裁决未陈述其所依据的理由（failed to state the reasons）。

②关于本案中撤裁请求之认定

关于撤裁理由，笔者在前文中分别进行过理论性剖析。在本案中，秘鲁政府主要根据上述条款中的（b）仲裁庭明显超越权限、（d）有严重背离基本程序规则的情况及（e）裁决未陈述其所依据的理由，提出撤裁申请。故下文将围绕上述三点并针对其具体实践展开讨论。

（i）仲裁庭存在“明显超越权限”如何认定

根据前文分析，“明显超越权限”这一条款包含有两项判断标准：第一，超越权限；第二，该越权需“明显”。

（a）是否“超越权限”

本案中，撤裁临时委员会指出，仲裁庭管辖权是建立在双方合意（party consensus）之上的。若超出合意，则构成超越权限。本案对于是否超出“双方合意”之异议主要来自对条约的不同解释。那么，若仲裁庭对条约存有误解，是否可以构成超越权限呢？对此问题的答案是否定的。只要条约的理由可以“站得住脚”（tenable），即使对条约解释存有误解，也不会构成“明显超越权限”。[255] 正如在 Lucchetti v. Peru 案中，该案撤裁临时委员会指出，条约解释并不是一门精确的科学，通常情况下，针对个案，同一条款可能存在多种不同的解释（treaty interpretation is not an exact science and it is frequently

254 详见脚注 173。

255 Klöckner Industrie-Anlagen GmbH and others v. United Republic of Cameroon and Société Camerounaise des Engrais, ICSID Case No. ARB/81/2, Decision on Annulment（3 May 1985）[hereinafter Klöckner v. Cameroon I], para. 52（e）(Exh. RA-LA-055）. “since the answers seem tenable and not arbitrary, they do not constitute the manifest excess of powers which alone would justify annulment under Article 52（1）（b）.”

the case that there is more than one possible interpretation of a disputed provision, sometimes even several)。[256]

（b）是否“明显”

本案撤裁临时委员会援引ICSID另一案——Wena Hotels Limited v. Arab Republic of Egypt，该案撤裁临时委员会指出，超越权限首先必须是一目了然、显而易见的（easily recognizable）[257]，而不是需要以某种方式进行精心解释才能加以确认的。若需通过前因后果解释才能得出“明显超越权限”，该项“超越权限”也就不再“明显”。[258]由于“明显超越权限”有极高的证明标准[259]，实践中撤裁临时委员会在对其的认定上是极其慎重的。

（ii）如何认定裁决未陈述其所依据的理由

裁决未能陈述理由包含四个方面：理由不完整、理由不充足、理由相冲突以及漏裁争议点。

本案撤裁临时委员会着重考虑以下三个方面：第一，理由应该是有意义的，而不可是任意的。[260]第二，实践中，针对同一争议点将不可避免地存在相矛盾的理由。当此情况发生时，仲裁庭将有权在相冲突的理由中进行选择，择其一作为最终仲裁裁决的理由。[261]第三，理由无需一定令人信服。这是由于“未能陈述理由”这一条款中无“明显”或“严重”等修饰词进行限

---

256 Empresas Lucchetti, S.A. and Lucchetti Peru, S.A. v. The Republic of Peru, ICSID Case No. ARB/03/4, award, para.112（Exh.RA-LA-045）.

257 Schreuer, The ICSID Convention, Supra note 44, at 462；摘自ICSID Reports（Volume 11, p. 251）.

258 Wena Hotels Limited v. Arab Republic of Egypt, ICSID Case No.ARB/98/4, Decision on Annulment（8 December 2000）[hereinafter Wena v. Egypt], para. 25（Exh. RA-LA-096）, “the excess of powers must be self-evident rather than the product of elaborate interpretations one way or the other. When the latter happens the excess of powers is no longer manifest.”

259 MCI v. Ecuador, para.49（Exh. CA-LA-2.14）. “the manifest excess requirement in Article 52（1）（b）suggests a somewhat higher degree of proof than a searching analysis of the findings of the Tribunal.”

260 CDC v. Seychelles, para. 70（Exh. CA-LA-2.2）. “Article 52（1）（e）of the ICSID Convention requires that the reasons of the Arbitral Tribunal not be frivolous.”

261 Compañía de Aguas del Aconquija S.A & Vivendi Universal v. Argentine Republic, ICSID Case No. ARB/97/3, Decision on Annulment（3 July 2002）[hereinafter Vivendi v. Argentina], para. 65.（Exh. RA-LA- 024 . “[i]t is frequently said that contradictory reasons cancel each other out, and indeed, if reasons are genuinely contradictory so they might. However, tribunals must often struggle to balance conflicting considerations, and an ad hoc committee should be careful not to discern contradiction when what is actually expressed in a tribunal's reasons could more truly be said to be but a reflection of such conflicting considerations.”）

定，此条款应理解为，“未能就裁决的全部或部分陈述任何（any）理由”。对于一份裁决来说，之所以需要对仲裁裁决说明理由，是为了让读者明白，仲裁庭在对事实及法律进行认定并作出裁决时是基于怎样的原因和逻辑。[262]而本案中，仲裁庭的裁决被认为是仲裁庭已为其得出的结论提供了理由（a reasoned conclusion）[263]；撤裁临时委员会亦认为，仲裁庭所提出的原因使每个当事人和每个阅读裁决的人可以理解其结论的得出（“从A点到B点进而直到裁决结论的得出”[264]）。[265]因此，撤裁临时委员会未采纳秘鲁政府撤裁申请的此项理由。

（iii）严重背离基本程序规则

根据前文所述，严重背离基本程序规则包含两个方面：“严重”及“基本程序规则”。

（a）什么是“基本程序规则”

仲裁程序最重要的一项规则便是，要保证双方当事人独立、公正地参与到仲裁审理中。其中包括：仲裁庭必须给予双方同等、公平的权利，使每一方都能够充分陈述其主张、进行辩护、提供所有支持的证据以及得到仲裁庭对其主张及证据的回应。[266]

（b）是否“严重”

对于“严重”要素，本案撤裁临时委员会主要对“仲裁庭是否超越其自由裁量权”进行考量。仲裁规则赋予了仲裁庭以自由裁量权，即仲裁庭可以自主决定其自身对争议是否具有管辖权；为保证程序的公正平等进行，仲裁庭可自主对证据进行审查；以及仲裁庭对证据的可采性（admissibility）[267]、证据的证明力

262 Decision on Annulment，para.190.

263 Decision on Annulment，para.104.

264 Decision on Annulment，para.192. “The Committee finds that it is therefore possible to follow from point A to point B and all the way to the conclusion of the Arbitral Tribunal.”

265 Decision on Annulment，paras.191–193.

266 Wena v. Egypt，para. 57（Exh. RA–LA–096）. “...refers to a set of minimal standards of procedure to be respected as a matter of international law. It is fundamental，as a matter of procedure，that each party is given the right to be heard before an independent and impartial tribunal. This includes the right to state its claim or its defense and to produce all arguments and evidence in support of it. This fundamental right has to be ensured at an equal level，in a way that allows each party to respond adequately to the arguments and evidence presented by the other.”

267 Decision on Annulment，para.93.

（probative value）[268]、证据的相关性与权重（relevance and weight）[269]的认定。自由裁量权的赋予，有助于仲裁程序高效进行，从而防止双方使用拖延技巧（delay tactics），造成程序的停滞以及对仲裁程序资源的浪费。本案中，撤裁临时委员会认为，本案仲裁庭未作出任何超出其自由裁量权而导致严重背离仲裁程序的行为。因此，"严重背离程序规则"之请求，也未得到支持。

综上，虽然根据《ICSID公约》，双方当事人可提起撤销裁决、决定之申请，但在具体撤裁、撤管辖权决定的审理中，委员会在决定是否撤销裁决、决定时也是极为慎重的。对于每一项可能引起撤销的理由的审查，也是十分严苛的。

③ ICSID裁决撤销理由与中国法项下国内和涉外商事仲裁撤裁依据之异同

表4–2　ICSID裁决撤销理由与中国法项下国内和涉外商事仲裁撤裁依据之对比

撤裁	内地仲裁裁决[270]	内地涉外仲裁裁决[271]	ICSID投资仲裁裁决[272]
共同项	没有仲裁协议的（这里指当事人没有达成仲裁协议，包括仲裁协议被认定无效或者被撤销的情形）。	当事人在合同中未订立仲裁条款或者事后没有达成书面仲裁协议的。	（b）仲裁庭存在明显超越权限 （左侧两栏中所列撤裁依据，均可构成《ICSID公约》中本条"仲裁庭存在明显超越权限"。[273]）
	裁决的事项不属于仲裁协议的范围或者仲裁委员会无权仲裁的。	裁决的事项不属于仲裁协议的范围或者仲裁机构无权仲裁的。	

268　Decision on Annulment，para.93.

269　Decision on Annulment，para.110.

270　参见《仲裁法》第58条、《民事诉讼法》第237条、《最高人民法院关于审理仲裁司法审查案件若干问题的规定》第17条。

271　参见《民事诉讼法》第274条、《最高人民法院关于审理仲裁司法审查案件若干问题的规定》第17条。

272　参见《ICSID公约》第52（1）条。

273　Philippe Pinsolle，"Jurisdictional Review of ICSID Awards"，The Journal of World Investment & Trade（Vol. 5，No. 4，2004），p. 618. "Although there is no specific ground for annulment based on jurisdictional errors，it is widely accepted that manifest excess of powers is an appropriate ground for analyzing jurisdictional errors on ICSID awards." 笔者译：虽然ICSID未明确规定管辖权之错误作为具体的撤裁理由；但已被广泛接受的是，仲裁庭管辖权之错误被合理地划分在"明显超越权限"依据类别中。James Crawford，SC，FBA，LLD（Cantab.）& Karen Lee，MA（Cantab.）*ICSID Report*，Cambridge University Press，p.251，"Essentially，a Tribunal's legitimate exercise of power is tied to the consent of the parties，and so it exceeds its power where it acts in contravention of that consent（or without their consent，i.e.，absent jurisdiction）." 意思是：ICSID仲裁庭合法合理的行使权力，是与当事人的同意紧密联系，即若其违背当事人的同意（consent）或未获得当事人的同意，则仲裁庭便是"明显超越权限"的。

续表

撤裁	内地仲裁裁决[270]	内地涉外仲裁裁决[271]	ICSID 投资仲裁裁决[272]
共同项	仲裁庭的组成或者仲裁的程序违反法定程序的。	仲裁庭的组成或者仲裁的程序与仲裁规则不符的。 被申请人没有得到指定仲裁员或者进行仲裁程序的通知，或者由于其他不属于被申请人负责的原因未能陈述意见的。	(a)仲裁庭的组成不适当 (d)有严重背离基本程序规则的情况
区别项	裁决所根据的证据是伪造的； 对方当事人隐瞒了足以影响公正裁决的证据的； 仲裁员在仲裁该案时有索贿受贿，徇私舞弊，枉法裁决行为的。 人民法院认定该裁决违背社会公共利益的，裁定不予执行。	人民法院认定执行该裁决违背社会公共利益的，裁定不予执行。	(c)仲裁庭成员存在受贿行为 (此项与国内仲裁案件撤裁依据为共同项；但与涉外裁决之撤裁依据属区别项。) (f)裁决未陈述其所依据的理由

由表 4–2 所列内容可以发现，与我国法律项下在撤销国内及涉外仲裁案件之裁决时不同：(i)“裁决未陈述其所依据理由”虽不可成为我国撤销国内及涉外仲裁之理由，但却可以构成撤销 ICSID 投资仲裁案件管辖权决定、仲裁裁决的理由之一。正如秘鲁政府在撤销申请中大篇幅阐述“未能陈述理由”，即当其认为结论不合理或者理由不充分时均可以通过“未能陈述理由”之申请提出。因此，投资者应该注意到，虽然在前述分析中，“未能陈述理由”成为撤销裁决的理由之标准要求极高，但当投资者需要考虑申请撤销 ICSID 仲裁裁决时，“裁决理由”也应作为一项重要情况予以考量。(ii)国内仲裁案件的撤裁依据，相较于 ICSID 投资仲裁案件，更加看重证据方面——证据的真实性及重要证据不得隐瞒等要求；而对于 ICSID 投资仲裁案件，证据并不成为其裁决被撤销的直接因素之一。反而，ICSID 案件的撤裁考量更加注重裁决结论之推演的过程——是否给出了得出相应裁决结论的理由(此间，当然包括相关证据的提供、推演，但并不关注或者说撤裁委员会无需审查证据的真实性或是否隐瞒了重要证据)。(iii)对于“违反社会公共利益”作为撤裁依据之一，在我国国内法项下是撤裁依据的兜底条款——公共秩序保留条

款，是现今各国对于商事仲裁的通行做法；同时1958年《纽约公约》[274]明确规定，国际商事仲裁案件中，若裁决有违承认及执行地所在国之“公共政策”者，不得承认、执行该等仲裁裁决。然而我们注意到，如表4–2所示，ICSID投资仲裁裁决的撤裁理由中，并不包含公共政策这一项。

（4）撤裁临时委员会机制性质

①撤裁临时委员会并非上诉机构

在本案不予撤裁决定书中，不难发现，撤裁临时委员会几乎在针对每一小论点环节都一再强调——撤销请求不是上诉，撤裁临时委员会也并非上诉机构。因此，撤裁临时委员会是无权对仲裁庭的裁决进行全面审查的。即撤裁临时委员会不可解决实体部分之异议，其仅可对程序部分之异议进行决定。[275]那么，哪些问题将可能触及实体问题呢？

②常见实体问题

（i）法律解释问题

本案中，秘鲁政府在其申请撤销管辖权决定时提出：仲裁庭对于《中秘双边条约》的解释有误。但撤裁临时委员会在对秘鲁政府的撤裁申请进行审查时，对此法律解释问题一直持回避态度。撤裁临时委员会在本案撤裁决定书中表示，其作为非上诉机构，无权且不审查法律解释之问题。[276]

（ii）对案件实体的认定方法问题

本案中，虽然撤裁临时委员会注意到，仲裁庭在判定SUNAT初步预防措施行为时运用了“探究性调查”（probing inquiry），且撤裁临时委员会认为该做法欠妥；但是，撤裁临时委员会重申其非上诉机构而无权审查。也就是说，涉及对案件实体的认定方法问题时，即使撤裁临时委员会对仲裁庭裁决存有

274 《纽约公约》第5（2）条：“倘声请承认及执行地所在国之主管机关认定有下列情形之一，亦得拒不承认及执行仲裁裁决……（乙）承认或执行裁决有违该国公共政策者。”

275 Empresas Lucchetti，S.A. and Lucchetti Peru，S.A. v. The Republic of Peru，ICSID Case No. ARB/03/4，paras. 100–101. “The Ad hoc Committee，for its part，attaches weight to the fact that the wording of Article 52（1）（b）is general and makes no exception for issues of jurisdiction. Moreover，a request for annulment is not an appeal，which means that there should not be a full review of the tribunal's award.”

276 Decision on Annulment，para. 156. “While the Republic of Peru may disagree，it is for the Arbitral Tribunal to interpret the law. The Committee reiterates that its role is not to act as a court of appeal.”

异议，也不可对其进行纠正。[277]

（iii）证据性质之认定

本案撤裁临时委员会指出，其在决定撤裁申请的过程中，仅能着眼于（得出裁决结论的相关）理由（reasons）是否存在。[278] 对于证据的可采性、证据的证明力、证据的相关性和权重，撤裁临时委员会作为非上诉机构无权审查。

（iv）举证责任及因果关系之认定

对于举证责任与因果关系认定的问题，撤裁临时委员会指出，撤裁临时委员会只需要看裁决推理逻辑是否通顺即可；撤裁临时委员会并没有权力纠正仲裁庭事实认定或法律适用的错误，亦无权决定撤裁临时委员会裁决理由是否具有说服力。正如 MINE 案中撤裁临时委员会所述：即使有事实认定或法律适用的错误，只要裁决可以令读者理解仲裁庭的推理过程——从 A 部分到 B 部分进而得出其结论，《ICSID 公约》第 52（1）（e）条的要求即被认定是满足的（is satisfied as long as the award enables one to follow how the tribunal proceeded from Part A to Part B and eventually to its conclusion，even if it made an error of fact or law[279]）。综上，撤裁临时委员会无权对任何“可能引起对实体部分进行重审”的异议进行审查。

（5）费用问题

①双方如何承担仲裁程序费用

首先，在《中秘双边条约》中，没有关于 ICSID 仲裁相关费用如何分摊的规定。其次，在仲裁费用分摊实践上，ICSID 仲裁与其他商事仲裁中心的处理规则亦有不同。

ICSID 仲裁庭并未完全采用“败诉方承担一切费用”（cost follows the event）的商事仲裁通行做法。例如，在本案中，仲裁庭裁决仲裁程序所产生

---

277 Decision on Annulment，para. 159. “The Republic of Peru nevertheless challenges the Arbitral Tribunal for its ‘probing inquiry’ of SUNAT’s internal procedures，a criticism which the Committee takes note of but can take no action on in light of Article 53 of the ICSID Convention. Article 53 lays down the principle that an award shall not be subject to any appeal.”

278 Decision on Annulment，para.178. “Allegations pertaining to the violation of said rules cannot give rise to annulment by this Committee under Article 52（1）（e）of the ICSID Convention，which deals only with the existence of reasons and not with the correctness of the application of the law.”

279 Maritime International Nominees Establishment（MINE）v. Government of Guinea，ICSID Case No. ARB/84/4，Decision on Annulment（14 December 1989），para. 5.09（Exh. CA– LA–2.12）.

的费用之分担，由当事双方平均分摊（practice of splitting costs equally between the parties.），而对于各方于仲裁程序中所产生的己方开销，则由各自承担；此项实践也多次被其他 ICSID 仲裁庭所采纳。

②双方如何分担撤裁程序费用

在撤裁申请程序中，本案的撤裁临时委员会决定，由当事双方各自承担自身参加撤裁程序之费用（如聘请律师的费用）；对于其他撤裁申请程序费用，由秘鲁政府承担 80%、谢业深承担剩余 20%。

对于这样的费用分配，读者或许会有疑问：为何同为 ICSID 程序，但费用分摊从五五分变成了二八分？费用分配的依据到底是什么？

依据《ICSID 公约》第 52（4）条[280]与第 61（2）条[281]之规定，撤裁临时委员会在费用的承担分配决定上有自由裁量权。本案中，撤裁临时委员会认定秘鲁政府确实提出了一个极为重要且需探讨的问题：由于《维也纳公约》未对条约解释予以明确指引，以至于出现不能确定仲裁庭是否存在超越《中秘双边条约》约定管辖权的情况。除此之外，撤裁临时委员会还考虑到，被申请人（谢业深）在第一次案件会议召开之时，才告知仲裁庭，其放弃申请“终止仲裁裁决中止执行”之决定（仲裁庭认为，此举加大了各方的工作量从而引起原可避免的费用发生）。因此，撤裁临时委员会在基于对双方上述具体情况进行充分考虑之后，最终认定，尽管秘鲁政府的撤裁申请予以驳回，但除各自费用部分各自承担之外，其他程序费用由谢业深分担二成，秘鲁政府承担八成，而不是由秘鲁政府全部承担。[282]

综上可见，仲裁庭及撤裁临时委员会在对费用问题的考虑上，有基于不同事实、情况决定怎么支付、支付多少、由谁支付的自由裁量权。

（6）TSG 减损行为在裁决时的考量

在东道国政府违约情况下，投资者是否有义务减少已存损失？在 ICSID 投资仲裁的语境下，答案亦是肯定的。本案中，秘鲁政府曾质疑，谢业深优先偿付商业借贷而不是税收之债的行为构成恶意行为。而仲裁庭则认为，谢

280 第 52（4）条：“第四十一至第四十五条、第四十八条、第四十九条、第五十三条和第五十四条以及第六章和第七章的规定，在适用于委员会的程序时，得作必要的变动。”ICSID Convention. Article 52（4）.“The provisions of Articles 41–45，48，49，53 and 54，and of Chapters VI and VII shall apply mutatis mutandis to proceedings before the Committee.”

281 详见脚注 148。

282 Decision on Annulment，para.207.

业深优先偿付商业借贷及启动债务重组程序都是在积极地履行其减损义务，并在仲裁裁决决定损害赔偿时对该行为予以合理性考量，即不会认为其未尽到减损义务而对其作出不利结果。

事实上，减损义务并不仅仅存在于投资仲裁的背景中。在我国《合同法》第 119 条中对减损义务进行了如下规定，“当事人一方违约后，对方应当采取适当措施防止损失的扩大；没有采取适当措施致使损失扩大的，不得就扩大的损失要求赔偿。”减损义务的规定亦存在于其他传统的判例法国家（如英国）。在英国 1895 年的先行案例 Brace v. Calder 中法官认为：“法院因索赔人未能减轻自身损失而驳回其申请。对他来说，接受继续工作的提议是合理的。索赔人拒绝接受的行为是不合理的，因此只能就违反合同获得象征性的损害赔偿。”[283]

通过本案，我们也注意到积极履行减损义务的重要性。即使在将争议提交至 ICSID 仲裁项下进行解决且东道国政府确有违约行为的情况下，投资者还是应当积极采取适当措施防止损失的扩大。仲裁庭在最终决定时，也将对投资者的减损予以认可。反之，投资者不得就扩大的损失要求赔偿。

二、“北京首钢等诉蒙古国政府”PCA 投资仲裁案

北京首钢矿业投资有限公司、黑龙江国际经济技术合作有限公司、秦皇岛秦龙国际实业有限公司

诉

蒙古共和国

投资仲裁案

（PCA Case No. 2010-20）

---

283 Brace v. Calder [1895] 2 QB 253. “The court rejected the claimant’s claim on the basis that he had failed to mitigate his loss. It would have been reasonable for him to have accepted the offer of continued employment. By refusing, the claimant had acted unreasonably and as a result was only able to recover nominal damages for the breach of contract.”

1. 案情介绍

（1）案件基本信息

申请人	北京首钢矿业投资有限责任公司 黑龙江国际经济技术合作有限公司 秦皇岛秦龙国际实业有限公司
被申请人	蒙古共和国
案件索引号	PCA Case No. 2010–20
仲裁开始日期	2010 年 2 月 12 日
仲裁形式	临时仲裁（ad hoc arbitration）
仲裁管理机构	海牙常设仲裁法院（Permanent Court of Arbitration，PCA）
仲裁规则	联合国国际贸易法委员会仲裁规则（UNCITRAL Arbitration Rules, UNCITRAL 规则）
仲裁地	纽约
仲裁语言	英文
仲裁法律依据	《中华人民共和国政府和蒙古人民共和国政府关于鼓励和相互保护投资协定》（《中蒙双边条约》）、1993 年《蒙古国外商投资法》（2002 年修订）
案件状态	审结
案件后续程序	申请人已经提出撤裁申请，被申请人已经提交法律备忘录，截至 2019 年 9 月 16 日，本案仍在审理中。

（2）案情简介

①三家中国公司作为申请人

该案申请人为中国投资者，包括黑龙江国际经济技术合作公司（以下简称黑龙江国际）、北京首钢矿业投资有限责任公司（以下简称北京首钢），以及秦皇岛市秦龙国际实业有限公司（以下简称秦龙国际）。下文中，这三家公司单独或合称为“投资者”或“申请人”。

②蒙古国政府吊销 939A 矿权许可及申请人维权行为

本案是因蒙古国政府吊销申请人投资的蒙古国合资公司的采矿许可证而引起。其中涉及的各方公司主体信息如下：

Darkhan Metallurgical Plant（Darkhan）为蒙古国的国有企业，设立于

1990 年 4 月 15 日。自 1994 年开始，Darkhan 一直在 Darkhan 地区经营钢铁厂。

BLT LLC（BLT）为依照蒙古国法律设立的有限责任公司，设立时间为 1996 年 4 月 23 日。BLT 取得 Tumurtei 矿区有关 T–30 证书并于 1998 年 1 月 28 日取得该矿区 939A 证书（939A Licence）。2005 年 2 月 17 日，BLT 将 939A 证书转让给 Tumurtei Khuder。

Tumurtei Khuder（合资公司）为蒙古国企业，由 BLT 和秦龙国际共同出资于 2002 年 6 月 19 日设立，其中秦龙国际持股 70%，BLT 持股 30%。据申请人介绍，2004 年 1 月，秦龙国际将其持有的合资公司部分股权转让给北京首钢和黑龙江国际。其中黑龙江国际为中国国有企业，持股 11%，北京首钢为首钢集团子公司，持股 30%，秦龙国际持股 29%。

秦龙国际为设立于中国的有限责任公司，设立于 1997 年 12 月 2 日，从事钢铁和铁矿石行业。

黑龙江国际为中国国有企业，从事国内外工程建设和与国外开发项目有关的设备和材料的出口业务，其成立于 1981 年 8 月 3 日，1991 年 6 月 6 日改制重组。

北京首钢为设立于中国的有限责任公司，成立时间为 2003 年 12 月 1 日，是中国国务院直属国有企业首钢集团的全资子公司，营业收入 1300 多亿元，业务范围为投资控股。2004 年北京首钢获得合资公司 30% 的股权。

Tumurtei 矿区：本案争议的核心。据 BLT 于 1997 年提交的可行性报告，Tumurtei 矿区是蒙古国最大的铁矿之一。

据申请人介绍，BLT 与自然资源和油气部门（Mineral Resources and Petroleum Authority）于 2005 年 5 月 2 日签订了关于回收政府筹资的探矿成本（Recovery of the Costs and Expenses of the Exploration Programmes Financed Out of the State Budget）的合同。2005 年 5 月，中国进出口银行与合资公司签订贷款合同，贷款金额为人民币 2 亿元，贷款获得了蒙古国政府的批准。同年 10 月，合资公司有关进行矿区初步设计的合同达成，并制订了开采计划，环境影响评价（environmental impact assessment）以及环保计划（environmental protection plan）也已准备妥当。2005 年 12 月，合资公司申请爆炸许可（Blasting Permit），并获得采矿许可。2006 年，合资公司为开采进行了大量的准备工作。

自 2001 年开始，蒙古国国有企业 Darkhan 多次与蒙古国政府部门沟通，意在获得 BLT 持有的 Tumurtei 矿区的矿权。2005 年 10 月，蒙古国政府将该矿区相邻地块的许可证授予了 Darkhan。2006 年政府应 Darkhan 要求对 BLT 当年获得 Tumurtei 矿权时存在滥用职权、贿赂等行为进行刑事侦查，2006 年 9 月 8 日，蒙古国地质采矿地籍部发布了 902 号决议，吊销（nullify）了合资公司持有的 939A 许可证。

就吊销许可证的行为，合资公司及 BLT 在蒙古国法院开始了维权之路，无论是首都行政法院（Capital City Administrative Court），还是上诉至最高法院（Supreme Court of Mongolia），其请求均未获得支持。

2007 年 2 月，Darkhan 向蒙古国地矿部（Department of Geology and Mining Cadastre）提出申请，要求取得 Tumurtei 矿区的许可证。2007 年 4 月 30 日，另一家公司 EXIMM LLC（EXIMM）向首都行政法院递交申请，请求法院对该矿区是否符合 2006 年《矿产资源法》（2006 Minerals Law）展开调查。2007 年 11 月 2 日，该法院作出裁定，要求任何有关 Darkhan 针对该区块的矿权申请暂停，直至作出判决。然而在同一天，蒙古国地矿部将该区块矿权授予 Darkhan。对此，法院于 2007 年 11 月 14 日作出另一份裁定，要求中止政府的这一行为。2008 年 5 月 12 日，最高法院监督庭（Supervisory Court of the Supreme Court of Mongolia）作出判决，驳回了上诉人 EXIMM 的申请。2008 年 6 月 27 日，Darkhan 获得该矿区许可证。

③中国投资者提起 PCA 国际投资仲裁

2010 年 2 月 12 日，依据《中华人民共和国政府和蒙古人民共和国政府关于鼓励和相互保护投资协定》（《中蒙双边条约》）以及 1993 年《蒙古国外商投资法》（2002 年修订），申请人提起国际投资仲裁。至 2010 年 8 月 10 日，双方组成临时仲裁庭，适用仲裁规则为《联合国国际贸易法委员会仲裁规则》（UNCITRAL 规则），仲裁地在纽约。仲裁管理机构是海牙常设仲裁法院（PCA）。[284] 在经过和各方当事人协商后，仲裁庭确定了本案审理分为两个阶段并作出仲裁程序令（Procedural Order No.1），第一个阶

284 Procedure Order No.1, PCA Case No.2010–20, paras.27–28. “Article 8 of the Treaty does not specify the juridical seat of the arbitration, and the parties agree that the Tribunal has authority to designate the seat. The Tribunal discussed the possible seats with the parties, and all parties expressed their understanding that judicial proceedings relating to the award could be filed in the seat. Claimants expressed a preference for Stockholm or Geneva as the seat but indicated that they would consent to New York; Respondent expressed a preference for Singapore, but also indicated that it would consent to New York. In these circumstances, the Tribunal designates New York, New York, U.S.A., as the juridical seat of the arbitration.”

段将就管辖权和责任的确定进行裁定，第二个阶段（如有）将就补偿款额进行实体审理。

④仲裁庭的组成

仲裁庭组成：首席仲裁员为国际法院前任院长及现任法官 Peter Tomka。申请人选任的仲裁员为 Yas Banifatemi，她是 Shearman & Sterling 律师事务所的合伙人和主办律师，在尤科斯石油公司与俄罗斯政府投资仲裁一案中，代表尤科斯石油公司获得 500 亿美元的胜诉仲裁裁决。被申请人选任的仲裁员为美国国务院[285]负责国际索赔和投资争端事务的前助理法律顾问 Mark Clodfelter。

2. 仲裁请求及裁决结果

（1）申请人在仲裁申请书中寻求的救济

申请人提交仲裁申请书（Request for Arbitration），请求仲裁庭认定：蒙古国政府违反《中蒙双边条约》和外商投资法义务（征收、公平与公正待遇、投资保护）。

具体而言，请求确认违反《中蒙双边条约》及外商投资法中的义务，对申请人的投资构成违法征收，未给予公平公正待遇，对申请人投资未能给予保护。

因此，请求判定被申请人承担以下责任：

①损害赔偿或恢复原状（restitution）：具体而言，诉请蒙古国政府按照第 55 段的要求（即申请人主张蒙古国政府就其对合资公司投资所遭受的利润损失予以赔偿；赔偿数额或于后续的陈词中予以计算，或将主张约为 6000 万美元的投资损失）对损失进行赔偿，或者重新取得 939A 许可证以及赔偿；

②支付利息损失；

③全额赔偿所有费用：具体而言，请求判定被申请人全额赔偿申请人与本次仲裁有关的所有费用，包括但不限于仲裁庭的费用及律师费。

---

285 美国国务院（Department of State）定义，据《布莱克法律词典》（Black's Law Dictionary）（第 9 版）解释，是指负责在制定和执行外交政策方面向总统提供建议的联邦政府的内阁级部门。（The cabinet-level department of the federal government responsible for advising the President in formulating and executing foreign policy.）Bryan A. Gamer，Black's law dictionary（9th edition），West（2009），p.502.

（2）申请人在法律书状中寻求的救济

申请人在法律书状（Memorial of Law）中请求仲裁庭确认：

①仲裁庭对本案具有属人管辖权以及属事管辖权；

②被申请人违反了《中蒙双边条约》第 4 条规定构成违法征收。

因此，请求仲裁庭判定被申请人承担以下责任：

①归还 939A 矿权许可并赔偿损失或全额赔偿损失：请求判定被申请人将 939A 许可归还给合资公司并赔偿无法通过恢复原状得到弥补的损失，或者判定被申请人全额赔偿申请人遭受的全部损失；

②全额赔偿所有费用：判定被申请人全额赔偿申请人与本仲裁有关的所有费用，包括但不限于仲裁庭的费用、律师费以及利息损失。

针对被申请人法律书状部分，申请人和被申请人各自提出了请求，但因篇幅有限，本书不再赘述。具体详见裁决书第 224 段至第 225 段。

（3）仲裁裁决结果

2017 年 6 月 30 日，仲裁庭作出裁决，认定仲裁庭对本案没有管辖权。

3. 争议焦点梳理

尽管仲裁庭表示，为确保仲裁裁决书的完整性，其在裁决书中完整列举了被申请人的所有异议内容以及反请求内容，但因对管辖权异议的裁定结果使其无法延伸至实体审理，因此，仲裁裁决书中仅确定管辖权问题。虽然仲裁庭已按被申请人提出的异议的先后次序列出上述异议内容，但仲裁庭选择以它认为适当的方式处理其管辖权问题，并从属人管辖权以及异议开始分析，此后，仲裁庭将分析属事管辖权及其异议。鉴于仲裁庭最终就《中蒙双边条约》第 8（3）条以及蒙古国政府同意国际仲裁的范围得出的结论为仲裁庭对争议事项没有管辖权，仲裁庭认为没有必要就被申请人的其余异议作出决定。简言之，本案仲裁庭仅对属人管辖权及属事管辖权进行了简短分析便得出了结论。

（1）属人管辖：申请人是否属于《中蒙双边条约》中第 1（2）条规定的“投资者”

①被申请人论点

被申请人认为，为成为《中蒙双边条约》规定的适格投资者，申请人必须满足《中蒙双边条约》第 1（2）（b）条中规定的以下三个条件：（i）必须为“经济实体”；（ii）必须依照中国法律设立；（iii）住所地位于中国。双方均认为上述第2项和第3项条件已经满足，但对第1项要件有争议。

被申请人认为北京首钢及黑龙江国际为国有企业，并非“经济实体”，理由如下：

（i）从中国签订条约的实践来看，在中国签署的其他协定中会明确约定政府机构（governmental institutions）、公共组织（public organizations）、公共实体和准公共实体（public and semi-public entities）可作为适格投资者。在中国作为缔约国的其他协定中包含范围较宽的此类约定，表明在《中蒙双边条约》项下（并没有特别明确约定的情况下），这些实体并不是“经济实体”。

（ii）黑龙江国际和北京首钢是中国国有企业。这两家公司在本质上并不具有经济性，因为并没有通常意义上的经济实体追求利润的动力。并且，这两家公司并没有充分地独立于其股东中国政府而运作，而是作为中国政府的准机构（quasi-instrumentalities of the Chinese government），受中国政府的直接控制，为满足中国的对外投资政策目标而展开对外投资。[286]关于黑龙江国际，被申请人特别提示了该公司的经营范围中包含对外援建及相关设备和材料的出口，他们认为，这表明中国政府意图通过黑龙江国际实现对外投资。

（iii）被申请人提出，以低于市场价格销售铁矿，也表明该机构不以营利为目的，这与通常意义上的商业实体不同。

②申请人论点

申请人反驳称，申请人作为国有企业并不是政府中介机构也未履行政府职能，具备适格投资者条件。

申请人认为被申请人上述论断没有依据。申请人强调，其援引Aaron Broches（对创建ICSID起到了关键性的作用）以及Christoph Schreuer教授的观点：国有企业不应被排除在适格投资者之外，除非该企业作为政府的中介机构或者履行政府职能。[287]而本案中北京首钢及黑龙江国际并不是政府的中介机构，实质上也没有履行政府职能。

③仲裁庭讨论及最终结论

首先，仲裁庭没有采纳被申请人的观点。通过考察《中蒙双边条约》第1（2）

286 Award，PCA Case No.2010–20，para.408.

287 Award，PCA Case No.2010–20，para.276.

条字面意义，仲裁庭认为，“投资者”定义中“经济实体”（economic entities）的表述，特征是中国和蒙古国受到保护的法人，具有明示的广泛性，并不区分组织类型（organizational type）、商业目的（business purpose），所有权以及控制（ownership，or control）。因此，从协定起草者的立意来看，也没有任何理由认定其对投资者组织类型、商业目的、所有权或者控制进行任何限制。[288]《中蒙双边条约》第1（2）条所述的“经济实体”可以是任何从事经济或商业活动的实体。

根据《维也纳公约》第31(4)条[289]，只有在确定当事人有此意图的情况下，才能赋予一个术语以特殊含义。被申请人试图赋予该术语有关“分离”和“独立”的表述并没有根据。被申请人没有证据证明中国和蒙古国有将“经济实体”赋予特殊及狭义的含义。[290]被申请人援引的部分中国过往的投资协定的实践情况并不能成为本案足以证明其主张的证据。仲裁庭得出结论，《中蒙双边条约》第1（2）条的“经济实体”是指，从事经济或商事活动的任何种类的法律实体（any kind of legal entity engaging in economic or business activities）。因此，这三位中国申请人符合《中蒙双边条约》第1（2）条所述的“投资者”的主体要求。中国政府无论是直接持有或者间接持有申请人股权，与本案认定“投资者”本身并无关联。

其次，被申请人关于中国投资者是“准中国政府”的说法，也没有得到仲裁庭的采信。被申请人未提供证据证明，申请人接受中国政府明确的指令进行对外投资以实现中国对外投资目标。无论合资公司是否向被申请人颁发股东证书，或者合资公司是否就股份收到对价，都与申请人是否为协定项下被保护的投资者身份之认定，没有关联。

综上所述，仲裁庭认为，申请人符合《中蒙双边条约》中约定的有关“投资者”定义的三项要求。

（2）属事管辖：《中蒙双边条约》中是否赋予仲裁庭对“是否存在征收”行使管辖权

换句话说，仲裁庭是否有权就申请人的申请，即声称被申请人构成违法征收这一事项进行裁决。

---

288 Award，PCA Case No.2010-20，para.412.

289 《维也纳公约》第31（4）条规定如下：“倘经确定当事国有此原意，条约用语应使其具有特殊意义”。注：书中所引该条约中文文本援引自外交部条约数据库。

290 Award，PCA Case No.2010-20，para.413.

①被申请人论点：仲裁庭对本争议没有管辖权

被申请人提出，根据《中蒙双边条约》第8（3）条[291]规定，蒙古国政府同意提交国际仲裁的范围不包括申请人的仲裁请求事项。该条明确了仲裁庭的管辖范围仅限于款额的确定。被申请人认为，从表面上看，《中蒙双边条约》第8（3）条的规定仅仅是例外条款，有关管辖的一般性条款为第8（2）条，即应诉诸东道国法院解决。

被申请人援引了Mavrommatis Palestine Concessions[292]以及保加利亚、匈牙利和罗马尼亚之间的和平协定[293]，并将重点放在用国际法视角解释“争议”这一词汇。在被申请人看来，适当的检验标准，并不是“申请人的申请是否包含征收补偿款额”，而是“双方的争议是否包含征收补偿款额”。由于申请人请求仲裁庭恢复原状，即要求归还Tumertei矿权许可（Restitution of Tumertei Licence），但却没有要求损害赔偿（monetary compensation）；因此，申请人并不能主张双方之间的争议在于“补偿款额”。条约的语言本身，相较于国际法规则，应优先被考虑；因此有关恢复原状的诉请并不在《中蒙双边条约》第8（3）条约定的范围之内。被申请人认为，重点不应放在“涉及”，而应综合考虑该段全文，特别是关键词“补偿款额”。

申请人试图援引EMV. v. Czech Republic案[294]（援引《捷克—卢森堡双边投资保护协定》），Renta v. Russia案（援引《西班牙—俄罗斯双边投资保护协定》），以及“谢业深诉秘鲁政府”案[295]（援引《中秘双边条约》）仲裁裁决，以证明：对《中蒙双边条约》第8条的解释应适用扩大解释。但被申请人认为，这些双边投资协定的语言表述与《中蒙双边条约》均不同。其中，EMV和Renta

291 《中蒙双边条约》第8（3）条：“如涉及征收补偿款额的争议，在诉诸本条第一款的程序后六个月内仍未能解决，可应任何一方的要求，将争议提交专设仲裁庭。如有关的投资者诉诸了本条第二款所规定的程序，本款规定不应适用。”［Article 8（3）. “If a dispute involving the amount of compensation for expropriation cannot be settled within six months after resort to negotiations as specified in paragraph 1 of this Article, it may be submitted at the request of either party to an ad hoc arbitral tribunal. The provisions of this paragraph shall not apply if the investor concerned has resorted to the procedure specified in the paragraph 2 of this Article.”］

292 Mavrommatis Palestine Concessions（Greece v. Great Britain），Judgment of 30 August 1924，P.C.I.J.（Ser. A）No. 2，at p. 11（Authority RLA–103）.

293 Award，PCA Case No.2010–20，para.155，para.380 & para.381.

294 Czech Republic v. European Media Ventures SA，[2007] EWHC 2851（Comm）（Authority CLA–37）.

295 Tza Yap Shum v. The Republic of Peru，ICSID Case No.ARB/07/6，Decision on Jurisdiction and Competence，19 June 2009（Authority CLA–32）.

案适用的双边协定，包含有关征收的一般性的引用（more general references），而不含约定东道国法院管辖权的条文（lack “a provision vesting jurisdiction in local court”）；这均与《中蒙双边条约》情形不同。被申请人还对这些裁决的推理深度和仅依赖“涉及”（involving）或“有关”（concerning）等字眼而不考虑条款其余内容而提出异议。针对“世能公司诉老挝政府”案仲裁庭[296]的裁决，被申请人认为，该仲裁裁决违反了《维也纳公约》并且被新加坡最高法院驳回了。[297]

被申请人也援引了支持限缩解释的案例[298]并提出“不宜将狭义范围的同意扩大化”，《中蒙双边条约》第8（3）条中仲裁条款的语言与这些案件所涉条约中仲裁条款的语言十分相似，使仲裁庭能够得出类似的结论。

另外，被申请人还提出了解释条约的三个补充性办法：

其一，早期中国投资协定政策以及过往投资协定的实践均表明缔约国并没有意愿将责任问题提交至国际仲裁。为避免疑义，这里的责任问题即判定是否存在征收行为。被申请人还特别提及了中国加入《ICSID公约》所作出的保留声明。[299] 事实上，被申请人认为，“在缔结《中蒙双边条约》时，对仲裁的有限同意是一种规范”，中国过往的条约实践证实了中国限制管辖范围的意图。甚至在申请人自己的顾问的学术著作中也可以看出这一点，他以前支持这样一种观点，即在20世纪90年代末期以前中国缔结的条约中，将仲裁的权利限制在“征收时应支付的补偿款额（而不是征用是否发生的问题）”。

其二，新近的中国签署的投资协定确实将责任问题交由至国际仲裁，因此，最近条约所包含的语言与此前条约相比发生了重大变化。

---

296 Sanum Investments Limited v. Lao People's Democratic Republic，UNCITRAL，PCA Case No. 2013-13.

297 笔者提请读者注意，被申请人所述的“世能公司诉老挝政府”案仲裁裁决被新加坡高等法庭驳回后，最终却获得了新加坡上诉法庭的支持，确认了仲裁庭针对“是否存在征收”这一争议的管辖权。

298 所援引案例包括：Austrian Airlines v. Slovak Republic，UNCITRAL，Award of 9 October 2009; Telenor Mobile Communications A.S. v. The Republic of Hungary，ICSID Case No. ARB/04/15，Award of 13 September 2006（Authority CLA-113）. Vladimir Berschader and Moïse Berschader v. The Russian Federation，SCC Case No. 080/2004，Award of 21 April 2006（Authority CLA-41）; ST-AD GmbH v. Republic of Bulgaria，UNCITRAL，Award on Jurisdiction of 18 July 2013（Authority RLA-199）; Hearing Transcript（Day 1，14 September 2015）197：5 to 197：10. RosInvestCo UK Ltd. v. The Russian Federation，SCC Case No. V079/2005，Award on Jurisdiction of 1 October 2007（Authority CLA-42）.

299 详见本书第四篇“谢业深诉秘鲁政府”案。

其三，与中国或蒙古国加入的其他投资条约相比，该条约序言部分[300]的语言对投资者利益的保护较少。

②申请人论点

申请人认为，按照一般意义理解第 8（3）条，仲裁庭的管辖范围应包括就征收的存在及合法性以及补偿问题进行判定。

申请人援引以下四个案例的裁决来解释《中蒙双边条约》第 8（3）条的一般含义：

案例一：EMV v. Czech Republic[301]案中，英格兰和威尔士最高法院在审查仲裁庭的决定时承认，“任何争议有关赔偿的争端”的管辖范围延伸至确定是否有获得赔偿的权利。

案例二：Renta v. Russia[302]案中，仲裁庭认为，支付赔偿义务的存在，是对“任何到期金额的明显暗示”（evident predicate to any amount being due）；因此属于仲裁条款的范围。

案例三：Sanum Investments Limited v. Laos[303]案中，仲裁庭认为，“涉及”一词是包容性的，而非排他性的，并承认可能有其他解读，但支持更广泛的解释，认为它与《中老双边条约》的其他条款更兼容。

案例四：Tza Yap Shum v. Peru[304]案中，适用的仲裁条款与《中蒙双边条约》第 8（3）条在功能上相同，该案仲裁庭认为，“涉及”一词绝不能被理解为将仲裁庭的管辖权仅限于确定赔偿款额。

申请人坚持认为，上述案例中的裁决或决定与本案相关，因为这些协定

---

300 《中蒙双边条约》序言：“中华人民共和国政府和蒙古人民共和国政府，为发展两国的经济合作和友好关系，愿在相互尊重主权和平等互利原则的基础上，鼓励和保护缔约国一方的投资者在缔约国另一方领土内的投资，并为之创造良好的条件，达成协议如下。”（The Government of the People’s Republic of China and the Government of the Mongolian People’s Republic Desiring to encourage，protect and create favorable conditions for investment by investors of one Contracting State in the territory of the other Contracting State based on the principles of mutual respect for sovereignty，equality and mutual benefit and for the purpose of the development of economic cooperation and friendly relations between both States，Have agreed as follows.）

301 Czech Republic v. European Media Ventures SA，[2007] EWHC 2851（Comm）at para. 44（Authority 417 CLA–37）.

302 Renta 4 S.V.S.A. et al v. Russian Federation，SCC Case No. V 024/2007，Award on Preliminary Objections，¶ 33（2009），https：//www.italaw.com/sites/default/files/case– documents/ita0714.pdf，最后访问时间 2019 年 9 月 16 日。

303 详见本书第四篇“世能公司诉老挝政府”案。

304 详见本书第四篇“谢业深诉秘鲁政府”案。

条款与本案协定条款相比，要么相同，要么类似，被申请人很难对文本进行有意义的区分。在 Sanum（即世能公司诉老挝政府）案中，虽然仲裁庭关于管辖权的决定最初被新加坡最高法院原讼庭驳回，但最终上诉庭支持了仲裁庭的决定。而其中适用的《中老双边条约》中的仲裁条款与本案中《中蒙双边条约》第 8（3）条非常相似。

申请人也不同意《中蒙双边条约》第 4（2）条（“本条第一款所述的补偿，应等于宣布征收时被征收的投资财产的价值，应是可以兑换的和自由转移的。补偿的支付不应无故迟延。”）规定了一种规避“岔路口条款”的方案，因为在间接征收的情况下根本不存在宣布征收。

申请人指出，岔路口条款的存在导致狭义解释《中蒙双边条约》第 8 条会使投资者失去将争议提交仲裁的机会。如果第 8 条仅包括对征收补偿款额的判定，而在判定征收补偿款额前，需要确定征收及征收的合法性，而这只能通过东道国法院进行。那么就意味着一旦投资者将征收及其合法性问题递交法院解决，则根据第 8（3）条的规定，即“岔路口条款”，他就不能再将征收补偿款额的争议提交至仲裁庭解决。

申请人认为，协定的目的和宗旨是通过给予有意义的保护的方式鼓励外国投资者投资。其不能同意被申请人提出的维护主权是协定的宗旨和目的说法。

申请人通过提交过往类似仲裁案例，包括“谢业深诉秘鲁政府”案，“世能公司诉老挝政府”案等仲裁庭关于其“涉及征收补偿款额的争议”范围的认定，试图说服本案仲裁庭，如果对第 8（3）条采取狭义解释，则会导致投资者实际上无法诉诸国际仲裁。仲裁庭对款额进行判定时，也需要具体审视征收是于何时发生、怎样发生的问题。如果不对征收是否发生以及怎样发生这一责任问题定性，就无法决定补偿款额问题。

最后，申请人指出，中国过往有关协定的实践与本案没有关联。根据《维也纳公约》第 31（3）（b）条，条约的嗣后实践需证明在条约解释方面双方的合意。被申请人并未提供蒙古国相关政策的证据。

申请人承认被申请人提供的其他案例的存在，但是认为这些案例或者与本案有所区别，或者在条约解释方面存在错误，不能作为法律渊源。

③仲裁庭讨论及最终结论

仲裁庭认为，对《中蒙双边条约》第 8（3）条进行解读，需要遵守《维也纳公约》第 31（1）条的规定，“条约应依其用语按其上下文并参照条约之目的及宗旨所具有之通常意义，善意解释之”。有关提交国际仲裁的条款，在

《中蒙双边条约》中只有1处，即第8（3）条，内容如下：

如**涉及**征收补偿款额的争议，在诉诸本条第一款的程序后六个月内仍未能解决，可应任何一方的要求，将争议提交专设仲裁庭。如有关的投资者诉诸了本条第二款所规定的程序，本款规定不应适用。

If a dispute ***involving*** the amount of compensation for expropriation cannot be settled within six months after resort to negotiations as specified in paragraph 1 of this Article，it may be submitted at the request of either party to an ad hoc tribunal. The provisions of this paragraph shall not apply if the investor concerned has resorted to the procedure specified in the paragraph 2 of this Article.

仲裁庭首先从第8条的内容中将第4项至第8项剥离出去，因为这些与其确定仲裁庭管辖权问题没有关联。那么与此有关联的，即为第8条第1项至第3项。为使本案具有可仲裁性，需满足以下条件[305]：

第一个条件，必须为投资争端。即符合《中蒙双边条约》第3条至第5条以及第9条的情形。

第3条约定的是，东道国需给予投资者以公平公正的待遇，这一待遇包含：投资者在东道国的投资、收益和与投资有关的活动都应受到公平与公正的待遇和保护，且不得低于东道国给予其他国家投资者的投资、收益和与投资有关的活动的待遇和保护。

《中蒙双边条约》第4（1）条约定："除非为了社会公共利益的需要，缔约国一方投资者在缔约国另一方领土内的投资不得被国有化、征收或采取其效果相当于国有化或征收的措施（以下称"征收"）。征收应在非歧视的基础上，依照法律程序进行，并给予补偿。"即，原则上投资者的投资不得被征收、国有化或类似措施（统称为"征收"），只有为了社会公共利益的需要，且应在非歧视的基础上，依照法律程序进行，并给予补偿方可进行。[306]

第5条约定的是，另一国的投资者在东道国的投资及收益可自由转移。

305 笔者并未按照仲裁庭裁决的原文逐字翻译，而是按照其逻辑分析进行提炼后总结而成，以便于读者更好地理解。

306 Award，PCA Case No. 2010–20，para.429.

根据第 9 条，东道国如根据该国法律法规给予第三国投资者以更优惠的待遇，则投资者均享受最惠国待遇。

第二个条件，必须是与征收补偿数额有关的争端，即根据《中蒙双边条约》中第 4 条约定的事项产生的争端。其他争端，比如东道国违反了第 3 条（公平公正待遇）、第 5 条（自由转移）以及第 9 条（最惠国待遇）只能通过东道国有管辖权的法院解决。对于与征收补偿数额有关的争端，投资者有权选择依照第 8（2）条将争议提交东道国法院解决，抑或是依照第 8（3）条提交专设（临时）仲裁庭解决。但是一旦投资者选择了提交法院解决争议，则其不能再转而提交仲裁解决。这就是“岔路口条款”。

因此，争议的关键点在于，对《中蒙双边条约》第 8（3）条“涉及征收补偿款额的争端”如何解读。仲裁庭认为，本句的目的，在于将仲裁庭的管辖权范围限定在涉及征收补偿款额的争议。那么具体细化到“涉及”到底怎样解释，成为本案焦点。该争议，是指仅仅和征收补偿款额有关的争议，别无其他，还是指因征收而产生的所有争议，只要征收补偿款额是争议的一个因素即可？仲裁庭同意在“世能公司诉老挝政府”案[307]中新加坡上诉法院的观点（在该案中，法院需要审阅的《中老双边条约》中的条款与本案一致[308]），即本条款的解读只能根据条款内容来理解才更准确且有意义。具体来讲，第 8（3）条仲裁庭管辖范围条款需要结合《中蒙双边条约》中第 8（1）条、第 8（2）条以及第 8（4）条进行。

第八条

一、缔约国一方的投资者与缔约国另一方之间就在缔约国另一方领土内的投资产生的争议应尽量由当事方友好协商解决。

二、如争议在六个月内未能协商解决，当事任何一方有权将争议提交接受投资的缔约国一方有管辖权的法院。

---

307 Sanum Investments Limited v. Lao People's Democratic Republic，[2016]，SGCA 57，¶ 147.

308 其中《中老双边条约》第 8（3）条：“如涉及征收补偿款额的争议，在诉诸本条第一款的程序后六个月内仍未能解决，可应任何一方的要求，将争议提交专设仲裁庭。如有关的投资者诉诸了本条第二款所规定的程序，本款规定不应适用。”而《中蒙双边条约》第 8（3）条中文版本内容与上述《中老双边条约》第 8（3）条中文版本内容完全相同。其内容如下：“如涉及征收补偿款额的争议，在诉诸本条第一款的程序后六个月内仍未能解决，可应任何一方的要求，将争议提交专设仲裁庭。如有关的投资者诉诸了本条第二款所规定的程序，本款规定不应适用。”

……

四、该仲裁庭应按下列方式逐案设立：争议双方应各任命一名仲裁员，该两名仲裁员推选一名与缔约国双方均有外交关系的第三国国民为首席仲裁员。头两名仲裁员应在争议任何一方书面通知另一方提出仲裁后的两个月内任命，首席仲裁员应在四个月内推选。如在上述规定的期限内，仲裁庭尚未组成，争议任何一方可提请解决投资争端国际中心秘书长作出必要的委任。[309]

Article 8

1. Any dispute between an investor of one Contracting State and the other Contracting State in connection with an investment in the territory of the other Contracting State shall, as far as possible, be settled amicably through negotiations between the parties to the dispute.

2. If the dispute cannot be settled through negotiations within six months, either party to the dispute shall be entitled to submit the dispute to the competent court of the Contracting State accepting the investment.

...

4. Such an arbitral tribunal shall be constituted for each individual case in the following way: each party to the dispute shall appoint an arbitrator, and these two shall select a national of a third State which has diplomatic relations with the two Contracting States as Chairman. The first two arbitrators shall be appointed within two months of the written notice for arbitration by either party to the dispute to the other, and the Chairman be selected with in four months. If within the period specified above, the tribunal has not been constituted, either party to the dispute may invite Secretary General of the International Center for Settlement of Investment Disputes to make the necessary appointments.

在仲裁庭看来，能够依照第 8（3）条提交仲裁的争议并不是涉及征收补偿的争议，而是涉及征收补偿款额的争议。根据第 4 条，征收补偿款应为首要义务，即征收需在非歧视的基础上进行且需给予补偿，且补偿应等于宣布征收时被征收的投资财产的价值。因此，涉及征收补偿款额的争议

309 书中所引《中蒙双边条约》中文文本援引自外交部条约数据库。

应理解为某一具体类型的争议，即根据第 4（1）条进行的征收补偿是否与宣布征收时被征收的投资产生的价值相等。[310] 因此，"涉及"一词是中立的，它并不扩大也不缩小仲裁庭的争议范围。这里的关键词应是"征收补偿款额"。

据蒙方代理律师介绍，蒙方在本案中提出了新的论据，向仲裁庭证明，将"涉及征收补偿款额的争议"解释为仅涉及征收补偿款额的争议，不会导致《中蒙双边条约》中的仲裁条款无效。蒙方律师在仲裁裁决作出后对外发布的新闻 [311] 中称，其在本案中提出，在中国对外缔结"第一代"双边投资协定（BIT）[312] 的时代，中国政府以法令或命令的形式明确宣布（对某些财产）进行征收；在中国政府正式地宣布实施征收后，投资者与中方可能就征收的补偿款额发生争议，对于这类补偿款额争议可以按照双边投资协定的规定提交仲裁。因此，本案仲裁庭认为，当征收被国家正式宣布，而仅就国家应给予投资者的征收财产的补充数额有争议时，可提交至临时仲裁庭（Arbitration before an ad hoc arbitral tribunal would be available in cases where an expropriation has been formally proclaimed [by the State] and what is disputed is the amount to be paid by the State to the investor for its expropriated investment）。

仲裁庭接受了蒙方的主张，将"涉及征收补偿款额的争议"解释为，仅涉及征收补偿款额的争议。

仲裁庭注意到，投资者援引了"世能公司诉老挝政府"案中的仲裁庭、新加坡上诉法庭在认定类似问题时的观点，其认为按照狭义理解会使该条款失去实际意义。然而，本案仲裁庭并不认同。在本案仲裁庭看来，如果对于征收本身是否发生不存在争议，争议确实仅限于宣布征收的补偿款额，则可以进行仲裁，此时，第 8（3）条仍然有法律效力。征收分为直接征收和间接征收，如果投资者先向法院申请确定征收已经发生或者征收类似措施已经发生并寻求保护，但保留向仲裁庭提起申请解决征收补偿款额的权利，"岔路口条款"并不会剥夺投资者就征收补偿款额进行仲裁的权利，也不会使得投资者维权无门。

仲裁庭认为，争议一旦产生，可通过争议双方友好协商或东道国司法机

---

310 Award，PCA Case No.2010–20，para.445.

311 Milbank，Milbank Secures Significant Victory for Mongolia over Chinese SOEs in Treaty–Based Arbitration，https：//www.milbank.com/en/news/milbank–secures–significant–victory–for–mongolia–over–chinese–soes–in–treaty–based–arbitration.html，最后访问时间 2019 年 9 月 16 日。

312 据蒙方律师称，第一代双边投资协定是指中国于 20 世纪 80 年代至 90 年代缔结的。

关解决争议，该阶段可包含所有投资争议，范围较广，不受限制。仲裁庭并不认为，协定条款内容将仲裁作为例外的情形下，仲裁却优于这些争议解决方式，并且对仲裁条款进行狭义解读会使得投资者失去法律救济途径。

根据《中蒙双边条约》的前言部分[313]，也不能得出两国之间有将仲裁条款中声称的征收进行广义解释的意图。如果当初缔约国有意进行广义解释，那么双方大可将《中蒙双边条约》第 8（3）条的内容界定为，"任何与协定第 4 条有关的争议或者与征收有关的争议"。如果双方当初这样约定，则仲裁庭对征收本身，包括征收补偿款额的争议均有管辖权。根据国际法，正如国际法院所述，如果对某一特定事项具有管辖权，则法院不需要单独的管辖权基础即可审议一方当事人主张（即另一方）违反义务的救济措施。[314] 然而，缔约国已经仔细斟酌第 8（3）条内容的措辞，确定为"涉及征收补偿款额的争议可以提交临时仲裁庭解决"，说明只有征收补偿款额有关的争议这一狭窄的争议才属于仲裁庭的管辖权范围。而其他所有投资争议都可以通过东道国法院解决。这是中国和蒙古国在 1991 年缔约之初的意图。鉴于在缔约时中国和蒙古国的政治和经济制度相类似，他们没有理由去怀疑另一国的司法系统转而认为仲裁是解决投资争端更优的途径。据此，仲裁庭认为对申请人诉请东道国违反了《中蒙双边条约》第 4 条违法征收申请人投资的行为没有管辖权。[315]

（3）费用

尽管双方各自提出自己关于费用的主张，认为仲裁庭有确定费用承担方面的自由裁量权，但均并未提及《中蒙双边条约》第 8（8）条的规定。

《中蒙双边条约》第 8（8）条规定如下：

争议各方应负担其委派的仲裁员和出席仲裁程序的费用，首席仲裁员的费用和其它费用应由争议双方平均负担。

Each party to the dispute shall bear the cost of its appointed member of the tribunal and of its representation in the proceedings. The cost of the appointed Chairman and the

---

313 同脚注 300。

314 仲裁庭援引的国际法庭论点的原文如下："[w]here jurisdiction exists over a dispute on a particular matter，no separate basis for jurisdiction is required by the Court to consider the remedies a party has requested for the breach of the obligation."

315 Award，PCA Case No.2010–20，paras. 451-452.

remaining costs shall be borne in equal parts by the parties to the dispute.

仲裁庭认为，《中蒙双边条约》中第 8（8）条具有约束力。最终裁定各方自行承担各自的律师费用，以及各自委派的仲裁员的费用，其他费用由双方平均负担，从双方各自预先缴纳的费用中多退少补。经笔者统计，本案仲裁费用（不含双方律师费）共计为 1026139.78 美元，其中申请人承担费用总额为 465772.22 美元，被申请人承担费用总额为 560367.57 美元。仲裁费用明细见表 4–3。

表 4–3 仲裁费用明细

费用类别	金额（美元）	负担方
申请人委派的仲裁员费用	216440	申请人负担
	10441.09	
被申请人委派的仲裁员费用	300270	被申请人负担
	21206.44	
首席仲裁员 1	42700	双方平均负担
	742.78	
首席仲裁员 2	199150	双方平均负担
PCA 注册费	120044.48	双方平均负担
仲裁庭秘书费用	17600	双方平均负担
仲裁庭其他费用	97544.99	双方平均负担
仲裁费用总额（注意：不包括律师费）	1026139.78	申请人承担费用总额：465772.22
		被申请人承担费用总额：560367.57

4. 后续程序：撤销仲裁裁决申请

（1）法院撤裁程序基本信息

<table>
<tr><td rowspan="4">申请方</td><td rowspan="3">申请人</td><td>北京首钢</td></tr>
<tr><td>黑龙江国际</td></tr>
<tr><td>秦龙国际</td></tr>
<tr><td>申请人代理人</td><td>PROVENZANO GRANNE & BADER LLP</td></tr>
</table>

续表

被申请方	**被申请人**	蒙古国政府
	被申请人代理人	MILBANK, TWEED, HADLEY & McCLOY LLP
撤裁申请日	2017 年 9 月 29 日	
受理法院	美国纽约州南区地区法院（United States District Court Southern District of New York）	
案件检索号	17 CV 7436	
本案法官	Edgardo Ramos	
申请人诉讼请求	撤销仲裁庭裁决并强令被申请人参加仲裁进行争议解决	
案件状态	仍在审理中	

笔者于2019年9月16日就撤裁案件进展情况查询了Pacer数据库[316]，查询结果显示，自 2017 年 9 月 29 日，中国投资者作为申请人向美国纽约州南区地区法院（以下简称地区法院）递交撤裁申请以来，地区法院已于 2018 年 1 月30日举行庭前会议[317]，双方也各自提交了支持其论点的文件。在庭前会议中，双方对法院对本争议具有管辖权达成一致。

因本案仍在审理中，地区法院尚未对争议焦点进行整理和判定，申请人提交的申请书（日期为：2017 年 9 月 29 日）及法律书状（日期为：2018 年 2 月 14 日）内容有部分重合，被申请人的法律书状（日期为：2018 年 3 月 28 日）中部分内容以申请人提交的文件为依据进行反驳，因此为使文章精简且逻辑分明，笔者将打破文件本身的限制，以双方各自核心观点为标准梳理如下。

（2）双方核心观点

①申请人论点：地区法院对申请人撤裁申请具有管辖权

申请人在撤裁申请书中指出，因蒙古国并不享有豁免权，地区法院有权

316 Pacer Case Locator，https：//pcl.uscourts.gov/pcl/pages/search/results/parties.jsf？ sid=9d7c932b38584f3ba5e1a55ac93363ce，最后访问时间 2019 年 9 月 16 日。

317 在 2018 年 1 月 30 日举行的庭前会议上，申请人请求，延长对被申请人反请求的回复时间；因此，法院于 2018 年 1 月 30 日就此举行庭前会议。双方确认了法庭对本争议有管辖权。在被申请人对申请人提出的诉请进行回复后，被申请人又提出了反请求（cross-petition）；针对反请求的回复，申请人请求法院准许其延期提供；最终，法院准许双方均有 6 周时间进行反馈。2018 年 2 月 14 日前，申请人对于被申请人的反请求予以反馈（response），而被申请人对此回复的截止时间为 2018 年 3 月 28 日。

对申请人的撤裁申请进行审查。

有关该法院的管辖权问题，其焦点在于，蒙古国作为外国主权国家，是否享有豁免权。申请人主要依据《外国主权豁免法》以及默认放弃豁免的案例而主张：由于蒙古国不享有豁免权，仲裁地法院（即美国纽约州南区地区法院）有权对撤裁申请进行审查。具体分析思路如下：

（i）《外国主权豁免法》28 U.S.C. § 1330（a）规定，美国法院对针对根据该法第 1605 条至第 1607 条不享有豁免权的外国政府涉入的民事纠纷享有管辖权。

此条款可概括如下：在依据本文第 1605—1607 条或其他可适用的国际条约，外国国家无权豁免的情形下，就任何外国国家作为被告的不设陪审团的民事案件，无论争议金额大小，地方法院皆具有对人（in personam，区别于 in rem 对物管辖权）的权利救济主张的初审管辖权。（The district courts shall have original jurisdiction without regard to amount in controversy of any nonjury civil action against a foreign state... as to any claim for relief in personam with respect to which the foreign state is not entitled to immunity either under sections 1605–1607 of this title or under any applicable international agreement.）

（ii）《外国主权豁免法》中有两个独立的条款允许地区法院行使对蒙古国政府的管辖权。

第一，根据《外国主权豁免法》28 U.S.C. § 1605（a）（6）相关规定，蒙古国政府在下列案件中不享有豁免权：如仲裁地位于美国或有意将美国作为仲裁地，（法院）对根据仲裁协议作出的仲裁裁决进行确认的情形。[318]

本案申请人与蒙古国之间的仲裁协议的最初条款体现在《中蒙双边条约》第 8 条的约定，但其中并未约定仲裁地，双方在后续的仲裁程序中达成了一致，决定将仲裁地确定为纽约。[319] 申请人认为，因蒙古国政府同意将纽约作为仲裁地，从而根据《外国主权豁免法》28 U.S.C. § 1605（a）（6），地区法院有权对以纽约作为仲裁地而作出的仲裁裁决进行确认（笔者提请读者注意：该法条原文中用词为“confirm an award”即确认裁决，未提及“vacate an award”即

---

318 英文原文如下：“in which the action is brought，either ...，or to confirm an award made pursuant to such an agreement to arbitrate，if（A）the arbitration takes place or is intended to take place in the United States ...”

319 详见脚注 284。

撤销裁决，而本案申请人诉请法院撤销裁决，而非确认裁决。但被申请人蒙古国政府并未就该点提出异议）。

第二，《外国主权豁免法》28 U.S.C. § 1605（a）（1）允许法院对任何外国政府已经通过明示或默认的方式放弃其豁免权的争议行使管辖权。

申请人指出，正如第二巡回庭所认为的，随附《外国主权豁免法》的众议院报告（House Report）中明确列举了三种默认放弃豁免权的例子，其中之一就是同意在另一个国家进行仲裁。[320] 当一个外国主权国家同意在美国进行仲裁时（也即选定美国作为仲裁地，此处并非指仲裁庭审地），它就默认地放弃了对美国法院管辖的豁免权。[321] 本案中，在仲裁程序之初，仲裁庭与当事各方协商确定仲裁地时，蒙古国政府同意将仲裁地确定为纽约，这意味着蒙古国政府同意在美国进行仲裁，即默认放弃了豁免权。因此，地区法院对本争议拥有管辖权。

对此，蒙古国政府并未提出异议，其后，双方在 2018 年 1 月 30 日举行的庭前会议中已经达成一致，确认了地区法院对本案争议具有管辖权。

②本案应适用《纽约公约》还是美国法律?

蒙古国政府主张，法院仅能基于《纽约公约》中列明的理由对仲裁裁决进行审查。申请人认为，《美国联邦仲裁法》第 9 章（Federal Arbitration Act, 9 U.S.C. § 9 et seq., FAA）应适用于其撤裁申请及反请求。

申请人提出，如果审查的对象是《纽约公约》另一缔约国作出的裁决，蒙古国政府的上述主张是成立的。但是本案仲裁裁决作出地位于纽约，相较于其他国家法院，《纽约公约》赋予了仲裁地国家（本案中，指美国）的法院特有的角色：根据《纽约公约》，裁决作出地国家对仲裁裁决具有主要管辖权。《纽约公约》特别考虑到，裁决作出地国家，或根据其法律作出裁决的国家，将可根据其国内仲裁法及其全部明示和暗示的救济理由，自由撤销或修改仲裁裁决。所有其他签署国都是次要司法管辖区，当事各方只能就该国是否应

---

320 See Cargill Int’l S.A. v. M/T Pavel Dybenko, 991 F.2d 1012, 1017（2d Cir. 1993）[citing H.R. Rep. No. 1487, 94th Cong., 2d Sess., 18（1976）, reprinted in 1976 U.S.S.C.A.N. 6604, 6617].

321 申请人援引了以下两个案例以支持该论点：Maritime Ventures Int’l, Inc. v. Caribbean Trading & Fidelity, Ltd., 689 F. Supp. 2d 1340, 1351（S.D.N.Y. 1988）; Blue Ridge Investments LLC v. Argentina, 735 F.3d 72, 83–85（2d Cir. 2013）.

执行仲裁裁决提出异议。[322]

随后，申请人比较了两则案例，一则案例为Manios v. Zachariou[323]，在该案中，法院依照 FAA 中规定的理由撤销了依照《纽约公约》项下的仲裁裁决；另一则案例为CBF Indústria de Gusa S/A[324]，该案法院认定，仅能依照《纽约公约》中的理由承认和执行外国仲裁裁决。最终申请人得出结论为：在次要司法管辖区执行裁决的程序中，《纽约公约》规定了可以拒绝执行裁决的理由；而在撤销主要管辖区作出的裁决的程序中，应适用主要管辖区的国内法。而最高法院及第二巡回庭均确认，在美国作出的国际仲裁裁决适用 FAA。因此，美国法律如 FAA 规定了本案法院司法审查仲裁裁决应适用的理由[325]。

被申请人蒙古国政府在其法律书状中提出，黑龙江国际（即“申请人”，但未说明是否包含其他两位申请人，即北京首钢和秦龙国际）在论证 FAA 应适用于本案后，却未能说明适用 FAA 如何能得出需撤销仲裁裁决的结论。

笔者注意到，申请人所援引的法律依据中，并未具体说明 FAA 中应具体适用哪一条款。在得出“在撤销主要司法管辖区作出的裁决的程序中，应适用主要管辖区的国内法”这一结论时，也并未提及《纽约公约》或 FAA 的具体适用条款，而是以判例的方式进行对比和论述。

③法院进行司法审查的程度是什么？法院是否有对“可仲裁性”事项的最终决定权？

（i）申请人的论点

申请人认为：法院应独立地进行司法审查（independent judicial determination）。

---

322 申请人所援引案例如下：CBF Indústria de Gusa S/A v. AMCI Holdings，Inc.，850 F.3d 58，71（2d Cir. 2017），cert. denied，138 S. Ct. 557（2017）（citations，quotations omitted）；see generally BG Grp.，PLC v. Republic of Argentina，134 S. Ct. 1198（2014），“Under the New York Convention，[the] country in which the award is made is said to have primary jurisdiction over the arbitration award. The [New York] Convention specifically contemplates that the state in which，or under the law of which，[an] award is made，will be free to set aside or modify an award in accordance with its domestic arbitral law and its full panoply of express and implied grounds for relief... All other signatory States are secondary jurisdictions，in which parties can only contest whether that State should enforce the arbitral award”.

323 Manios v. Zachariou，No. 14CV4331–LTS–DCF，2015 WL 1455696，at *2（S.D.N.Y. Mar. 31，2015）.

324 CBF Indústria de Gusa S/A，850 F.3d at 75.

325 在申请人看来，严格来说，《纽约公约》被写进了 FAA 第 2 章，因此，该公约已经成为 FAA 一部分。

在得出上述“本案应适用美国法”的结论以后，申请人在法律书状中进一步提出，地区法院对“可仲裁性”进行审查的深度，应达到独立司法审查的程度，不受先前仲裁庭关于仲裁管辖权决定的影响。申请人在撤裁申请书中提出，根据FAA第10章（FAA，9 U.S.C. § 10.），法院有权撤销在纽约作出的仲裁裁决。接着，申请人引用判例来证明其上述论点，思路如下：

（a）争议的“可仲裁性”的含义。申请人认为，最高法院已经明确，美国法项下的“可仲裁性”（arbitrability）包含了某一争议是否属于仲裁协议约定的范围这一问题。[326] 换言之，“可仲裁性”是指，各方是否已经同意将某一具体争议提交至仲裁解决，除非双方“明确且无误地”同意将争议交由仲裁庭解决，否则，即属于司法审查问题[327]。本案争议即为，申请人的主张——蒙古国政府对其投资进行了征收这一事项——是否属于仲裁协议的范围，与上述“可仲裁性”的含义刚好吻合。

蒙古国政府论点与之刚好相反，他们认为，“可仲裁性”是指争议事项是否可以通过仲裁解决。根据其他国家的法律，“可仲裁性”也可能是指因公共政策原因，国内法不允许将某些问题提交仲裁解决。蒙古国政府还列举了巴布亚新几内亚的例子——允许就“自杀”问题进行仲裁，但就“通奸”问题则不属于仲裁的管辖范围，意在证明“可仲裁性”的含义为“某一争议是否可通过仲裁解决”。对此，申请人认为，这并不代表美国法项下“可仲裁性”的意义，巴布亚新几内亚的规定与本案无关。

（b）申请人提出，法院必须独立地决定争议的可仲裁性，不受仲裁庭的影响，除非有“明确且无误”的证据证明当事人同意将可仲裁性问题交由仲裁庭解决。[328]

第一，申请人援引案例意在证明法院有独立审查“可仲裁性”事项的权力。申请人特别强调了First Options of Chicago，Inc. v. Kaplan[329] 案，在该案中，法院清晰地将“可仲裁性”问题表述如下：双方是否同意将“可仲裁性”问题提交至仲裁解决？如果是，那么法院审查仲裁裁决的标准，不应与法院在审查各方同意仲裁的任何其他事项时所适用的标准不同。也就是说，法院应该给仲裁员相当大的余地，只在有限的情况下才会撤销仲裁裁决。如果当事各方

326 申请人所援引案例为：Schneider v. Thailand，688 F.3d 68，71（2d Cir. 2012）.

327 Howsam v. Dean Witter Reynolds，Inc.，537 U.S. at 83.

328 First Options of Chicago，Inc. v. Kaplan，514 U.S. 938，943–44（1995）.

329 同脚注328。

不同意将“可仲裁性”问题本身提交仲裁，则法院应像决定当事各方未提交仲裁的任何其他问题一样，独立地决定该问题。[330]

申请人援引 Howsam 案，提出，有关一个确定有约束力的合同中的仲裁条款，是否适用于解决某一特定类型的争议的争端，应由法院决定。（[A] disagreement about whether an arbitration clause in a concededly binding contract applies to a particular type of controversy is for the court.）[331] 最高法院已经屡次重申这一原则，即“除非当事方明确且无误地另行约定，否则‘可仲裁性’应为司法审查事项”[332]。本案情况刚好如此，在《中蒙双边条约》中存在一项无可争议的仲裁条款，而双方的分歧点在于仲裁条款是否适用于解决某特定类型的争议，且没有将“可仲裁性”问题提交给仲裁庭的约定。

申请人援引 BG Group 案 [333]，意在说明，“可仲裁性”问题包括诸如当事各方是否受到仲裁条款的约束，或者在某一确定有约束力的合同中的仲裁条款是否适用于某一特定争议的问题。[334]

通过后文，我们可以看到，被申请人蒙古国政府提出抗辩，认为申请人援引 First Options 案论点与本案无关，详细论述见后文“（ii）被申请人论点”部分详述。针对该抗辩，申请人则认为，其援引该案并无不当；因为该案确定了三种争议的处理方式，其中包括关于当事方是否将争议提交仲裁的争议，以及谁有决定这一问题的主要权限。而这两个问题与本案争议焦点恰好一致。因此，申请人援引该案是正确的。该案恰恰说明了：“如果……当事各方并未同意将‘可仲裁性’这一问题本身提交至仲裁庭决定，那么法院应独立审查这一问题，就像审查其他当事方未提交仲裁的问题一样。”

第二，申请人提出，没有“明确且无误”的证据证明当事人同意将可仲裁性问题交由仲裁庭解决。

申请人认为：无论是双边投资协定还是双方之间的任何其他仲裁协议，均

330 同脚注 328。

331 同脚注 327。

332 同脚注 327。

333 BG Group，PLC v. Republic of Argentina，134 S. Ct. 1198（2014）.

334 同脚注 333，原文如下：“the parties intend courts，not arbitrators，to decide ... disputes about ‘arbitrability，’ [which] include questions such as whether the parties are bound by a given arbitration clause，or whether an arbitration clause in a concededly binding contract applies to a particular type of controversy.”

未将“可仲裁性”这一事项赋予仲裁庭。申请人提出，关于一项具有约束力的合同中的仲裁条款是否适用于某一特定类型的争议，应由法院决定。[335]《中蒙双边条约》第 8 条约定了仲裁庭的组建和程序事项，但并未约定可将争议的可仲裁性事项的主要决定权限赋予仲裁庭。也即，并未有任何协议，赋予仲裁庭权力来决定自身管辖权，以替代法院原本拥有的审查权限。因此，当事各方并未“明确且无误地”(clearly and unmistakably)，也未默认同意将“可仲裁性”提交仲裁庭解决。

(ii) 被申请人的论点

(a) 蒙古国政府认为，申请人援引的“可仲裁性问题”应由法院审理的以下三起案件与本案无关，理由如下：

案例一：First Options 案

最高法院在该案中提出，当事人不同意将可仲裁性问题本身提交仲裁的，应当由法院裁决。但是 First Options 案的问题是，没有签署载有仲裁条款文件的 Kaplan 是否同意将“可仲裁性问题”提交仲裁。该案法院解释说：“由于争议的可仲裁性取决于当事各方是否同意仲裁该争议，因此‘谁拥有决定可仲裁性的主要权力’的问题取决于当事各方是否同意将该问题提交仲裁。”该案法院认为，人们自然会认为，鉴于 Kaplans 一贯反对仲裁庭的管辖权，因此，他们不希望仲裁员对他们拥有约束力。重要的是，对于 First Options 所要求的“明确无误的证据”，第二巡回上诉法院解释说，它没有“如此广泛地解读 First Options 案”，以至于要求用“精确的语言写明将可仲裁性问题提交仲裁”。[336] 因此，该双边投资协定的仲裁条款没有精确语言表明应就可仲裁性问题进行仲裁，这并不妨碍仲裁员有对该问题的管辖权。最高法院规定：“虽然第三巡回上诉法院有时用‘从头再来’一词来描述这一标准，但它并不适用于所有上诉法院。意见书明确表示，它只是认为[所有巡回上诉法院(只有一个除外) 都是这样认为的]，在这种情况下，它对地方法院的判决的审查没有特别的标准。”正是基于撤销仲裁的这一审查标准，最高法院确认了第三巡回上诉法院撤销针对 Kaplan 的裁决，因为 Kaplan 不同意将“可仲裁性”提交仲裁。事实上，Kaplan 未同意将任何事项提交仲裁。申请人在诉请中首先援引该案且以

---

335 AT&T Technologies，Inc. v. CWA，475 U.S. 643 (1986) .

336 Abram Landau Real Estate v. Bevona，123 F.3d 69，73 (2d Cir. 1997) . “the Second Circuit explained that it did not ‘read First Options so expansively’ as to require ‘precise language that issues of arbitrability should be arbitrated’ .”

该案作为核心论点支持自己的请求，该案本身也说明了只有根据 FAA 中列明的理由才能进行司法审查，而申请人甚至未提及这些理由。

在此，更有甚者，双边投资协定中仲裁条款的范围，具体规定了仅对“涉及征用补偿款额的争议”进行仲裁的明确限制，显然是在主权各方‘至少经过一些思考”后达成一致的。像申请人那样辩称，尽管主权国家明确将其同意仲裁的范围限于此类争端，但他们却将决定其同意仲裁的范围的权力授予了另一个国家的法院，这种说法毫无意义。

案例二：Howsam 案[337]

蒙古国政府认为，最高法院针对该案裁定的结果是，可仲裁性问题应由仲裁员来决定，因为产生于争端并对其最终处理产生影响的“程序性问题”应推定由仲裁员而不是法官来决定。最高法院进一步解释说，相对而言，NASD[338] 仲裁员对他们自己的规则的含义理解更为专业，他们能够更好地解释和应用规则。如果仲裁协议中没有任何相反的声明，则可以合理地推断双方有意在协议中反映这一理解。在这方面，黑龙江国际声明它“没有义务为其继续寻求仲裁而非在仲裁过程中转而寻求法院救济这一决定进行辩护”，这再一次反映了其立场的弱点。

申请人如果真的相信仲裁庭没有权限决定《中蒙双边条约》第 8（3）条的范围，那么显然他将不得不放弃自己启动的仲裁程序。他可能只需在仲裁程序中表明其反对仲裁庭拥有决定该事项的权力，接着向美国纽约州联邦地区法院就同一事项提出请求解决争议，而非在仲裁程序中，主动提出由仲裁庭决定该事项的论点，且在对蒙古国政府的论点进行回应时依然坚持该论点。

申请人向本案法院提起诉请无非是就同一事项进行第二次尝试（原文是“试图同一个苹果上再咬一口，而这是不被允许的”）[339]。

案例三：BG Group 案[340]

蒙古国政府指出，最高法院最终裁定结果为，其认为 BG Group 案的可仲

337 同脚注 327。

338 National Association of Securities Dealers，全国证券交易商协会。

339 原文为“an attempt at getting an impermissible second bite at the apple”。

340 同脚注 333。

裁性问题应由仲裁庭决定。[341] 在得出这一结论时，最高法院为我们的目的提出了以下有益的意见：对于根据 FAA 在美国作出的仲裁裁决的撤销或确认的动议，联邦法院在解读（当事方是否有将“可仲裁性”交由仲裁庭解决的）意图时，通常应适用美国法律规定的推定。在本案中，申请人并没有提出根据 FAA 哪项法律规定应对仲裁裁决予以撤销。

（b）蒙古国政府认为，申请人在仲裁过程中对蒙古国政府提出的管辖异议进行反驳，而没有立即向法院提起重复性诉讼，即是默认同意了仲裁庭可就其管辖权进行裁定。其在法律书状中提出，申请人的前提具有误导性，表现在：

首先，关于“仲裁条款是否适用于某一争议的争端”实际上是由申请人自己提交给仲裁庭的，而不是纽约法院。

其次，因为当事各方接受仲裁庭针对仲裁中所有问题作出的决定，因此当事各方将“可仲裁性问题”这一事项的决定权赋予了仲裁员。因此，蒙古国政府认为，各方有将“可仲裁性”赋予仲裁庭决定的意图。即使申请人有权要求法院进行独立司法审查，本案法院也应判定仲裁庭具有推定的决定其自身管辖权的权限。

再次，蒙古国政府认为，申请人重点论述了 Schneider v. Kingdom of Thailand[342] 案，以证明法院“有权”对仲裁庭关于其自身管辖权的决定重新进行司法审查。然而，该案中，最高法院只是批评下级法院没有询问当事各方是否有“明确无误的证据”有意向仲裁员提出可仲裁性的问题。最高法院发现，事实上，在那个案件中有明确无误的证据表明这种意图。它还证实，“在缺乏这种明确无误的证据的情况下，法院通过适用‘可仲裁性推定’独立履行其职责，解决与可仲裁性范围相关的问题”。蒙古国政府还援引了 U.S. Fire Ins. Co. v. National Gypsum Co.，101 F.3d 813，817（2d Cir. 1996）案，意在说明“可仲裁性”推定的问题：在 First Options 案中，最高法院说明了，当没有

---

341 据笔者查询结果，BG Group 案中，在 BG 集团获得有利判决后，阿根廷向仲裁地法院提出申请，以申请人未满足提起仲裁的前置程序要求（即需向阿根廷法院首先提起诉讼，18 个月过后方可提起仲裁）导致仲裁庭缺乏管辖权为理由，请求撤销该仲裁裁决。仲裁庭审查后认定自身具有管辖权。而最高法院在进行司法审查时，认为，由于该争议最终都会通过仲裁解决，此处的“18 个月”仅为程序性先决条件，或门槛条款（threshold provision）前置程序。因此，这与其他的程序性前置条件没有什么不同，它不会影响争议是否能够提交仲裁解决，而只是影响了何时能够提交仲裁解决。根据现存有关程序性前置条件的判例法，应尊重仲裁庭的决定，法院不得进行独立的司法审查。BG Group PLC v. Republic of Argentina，No. 12–138，572 US（5 March 2014）.

342 Schneider v. Kingdom of Thailand，688 F. 3d 68（2d Cir. 2012）at 71.

明确且无误的相反证据时，应推定为当事方没有同意将“可仲裁性”事项交由仲裁解决。但是，一旦法院认定双方之间存在就一些争议提交仲裁的协议，推定则转为：针对某一争议是否属于仲裁协议范围模棱两可的，将按照有利于仲裁的角度解决。[343] 因此，蒙古国政府认为，当双方对争议是否属于仲裁协议范围有不同意见时，应推定为支持仲裁解决。因此，如果地区法院认定申请人在审理过程中的这些行为［即明确向仲裁员提出了《中蒙双边条约》第8(3)条范围的问题，且对仲裁员在持续7年的审理期间解决该问题的权力没有任何异议］均不足以证明其有“明确无误”的意图的话，那么地区法院必须将“可仲裁性推定”适用于仲裁员对自己管辖范围的认定。

申请人反驳称，上述 Schneider v. Kingdom of Thailand 案的情形为，该案申请人向纽约南区地区法院提出申请，确认针对泰国的仲裁裁决。泰国抗辩称仲裁庭在适用的双边投资协定项下缺乏管辖权，因为该案申请人的投资不符合投资协定规定的“被许可的投资”的要求。第二巡回法院驳回了地区法院的裁决理由，认为：有关当事方是否将特定争议提交仲裁的问题，也即可仲裁性问题，除非各方有明确且无误的另行约定，否则，应由法院进行司法审查。因此，当事方反对确认仲裁裁决的，有权对“可仲裁性”这一问题获得独立的司法审查，除非有明确且无误的证据证明各方已经同意将该问题提交至仲裁解决。[344] 法院认为，地区法院在未查明双方是否有明确且无误的意图将可仲裁性问题提交至仲裁解决之前，不得拒绝行使独立的司法审查权。

最后，蒙古国政府援引了 Howsam 案和 Moses[345] 案，争辩道：仲裁庭承认自身管辖权的决定，可能会受到美国法院在特定的有限条件下的司法审查，但针对仲裁庭作出的支持对“可仲裁性抗辩”的决定则不会。

对此，申请人则认为，最高法院的确区分了“关口问题”（gateway issue）和“可仲裁性抗辩”（defense to arbitrability），但蒙古国政府对两

---

343 Memorandum of law（a）in opposition to petitioners’ petition to vacate arbitral award declining to exercise arbitral jurisdiction and compel arbitration and（2）in further support of respondents’ cross-petition to confirm arbitration award，Civil Action No. 17-cv-7436，p.14，“[i]n First Options of Chicago Inc. v. Kaplan，the Supreme Court noted that courts should apply a presumption that parties did not agree to arbitrate arbitrability unless there is clear and unmistakable evidence to the contrary. But once a court finds that there is an agreement to arbitrate some issues，the presumption switches：ambiguity as to whether an issue is within the scope of an arbitration agreement is resolved in favor of arbitrability.”

344 同脚注 342。

345 Moses H. Cone Mem’l Hosp. v. Mercury Constr. Corp.，460 U.S. 1（1983）.

者的区别理解有误。法院在 Howsam 案、First Options 案中首先需解决的“关口问题”均为：相关仲裁协议是否包含拟进行仲裁的争议。“有关某一争议是否在仲裁协议之外”的争论不仅仅是对“可仲裁性抗辩”，而正如大多数先例诠释的那样，它是经典的“关口问题”。申请人提出，被申请人蒙古国政府似乎认为，关口问题针对的是尚未开始的仲裁程序，而“可仲裁性的抗辩”针对的是仲裁庭已经组成的仲裁程序。申请人认为，此种区分方法毫无意义且没有法律依据。在最高法院的许多有关可仲裁性的司法审查的决定中，都没有说明，司法审查的标准取决于仲裁庭肯定或驳回了管辖异议，抑或是该争议是如何被提起的。相反，法院总是审视“可仲裁性”本身，而未考虑该争议是如何被提起以及仲裁庭是如何回复的。本案申请人提出，其过往参加仲裁的行为，不构成默认的将“可仲裁性”事项提交至仲裁庭解决的意愿。因此，法院应独立审查争议是否具有“可仲裁性”。

④申请人提出“是否存在征收行为”具有可仲裁性，蒙古国政府对此未回应

本标题以下内容为申请人论点，被申请人蒙古国政府并未对此予以回应。申请人认为，争议解决条款，赋予了投资者将争议提交仲裁解决的途径；是现代双边投资协定中的关键性因素（crucial element）。该案中仲裁庭拒绝行使管辖权则意味着其将这一关键性因素从《中蒙双边条约》中剔除。

《中蒙双边条约》，其内容具有中国在同一时期与其他国家订立的双边投资协定的典型特征。本案中仲裁庭采取了极其狭义的解释；根据仲裁庭的裁决，只有关于征收补偿款额的争议才具有可仲裁性。而对于是否存在征收行为，只有被申请人东道国自己才能决定。如果东道国拒绝承认存在征收行为，那么投资者就无法诉诸仲裁，仲裁庭就永远不会组成。按照这个逻辑，只有东道国的行政或立法机关主动承认进行了征收，或者东道国法院作出同样的认定，投资者才有机会将争议提交国际仲裁。

仲裁庭的这种解释，打破了投资者向东道国发起投资争端解决的初衷。双边投资协定目的在于保护从而促进投资，而这种解释，则剥夺了投资者可从双边投资协定中获得的益处。投资者可能并不信任，东道国法院能够确保该国政府与外国投资者之间产生争端时能够公正处理（既为运动员，又为裁判员），这种担心也合情合理。其他仲裁庭及法院认为，此类仲裁条

款赋予了仲裁庭有权决定征收是否发生以及是否具有合法性这一问题。

《中蒙双边条约》第 8（3）条约定，涉及征收补偿款额的争议经协商解决不成的，可以提交仲裁解决。该协定作为国际协定，其解释需依照《维也纳公约》进行解释，中国和蒙古国都是这一公约的缔约国。依照该公约进行解释时可参照其他仲裁庭和司法机关的判决。多数司法机关在认定“涉及”（involving）、“有关”（relating to）或者“关于”（concerning）时，都认为，仲裁庭的管辖权应该包含对是否进行了征收这一事项进行裁决。法院相继援引了其他仲裁庭及法院，对于类似条款和案件的解读和裁定。

这些案件包括，“谢业深诉秘鲁政府”案；在该案中，仲裁庭进行了广义解释，认为如果将是否进行了征收留给东道国法院判决的话，会导致与协定的目的不符。当争议产生之后，将这一投资者关注的核心问题交由作为被申请人一方的东道国法院去判决可仲裁性，失去了协定本来的目的。据此，仲裁庭裁定对是否进行了征收这一事项具有管辖权。在后续的申请撤销仲裁裁决的过程中，撤裁委员会支持了仲裁庭的裁决。

在“世能公司诉老挝政府”案中，仲裁庭对“涉及”一词的解释得出同样的结论。也就是说，仲裁庭有权对是否存在征收进行审查。后该案被诉至新加坡高等法庭（初审），该法庭认为仲裁裁决无效，因为法院的看法与仲裁庭的看法不同。而新加坡上诉法庭（终审），最终支持了仲裁庭的裁决。由此可见，在上述与中国有关的仲裁案件中，除本案中的仲裁庭外，其他仲裁庭都作出了广义的解释。包括解决投资争端国际中心撤裁委员会以及新加坡上诉法庭均支持了此种解释。本案中的仲裁庭在解释有关中国双边投资保护协议时是个例外，而且支持该类解释的新加坡高等法庭的判决遭到了上诉法庭的改判。

新近的一个案例“北京城建诉也门政府”案中，仲裁庭也支持，对双边投资协定进行广义解释。在《中也双边条约》中，仲裁条款约定：双方同意将任何有关征收补偿款额的争议提交国际仲裁（any dispute relating to the amount of compensation for expropriation）。仲裁庭认为，综合协定的全文，如果对该仲裁条款进行狭义解释缩小仲裁庭的管辖范围，将会与协定本身的目的和意义相冲突，据此认定仲裁庭有权对是否存在征收这一事项进行裁定。

其他进行广义解释的相关案例还有 European Media Ventures SA v. Czech

Republic[346]案。仲裁庭决定，仲裁条款约定因有关征收补偿款额的争议可提交仲裁的情形，则就是否以及如何进行征收这一事项也属于可仲裁的范围。捷克试图在英国法院申请撤销该仲裁裁决，但被法院驳回申请。法院认为：“有关一词含义广泛。该词与双边投资协定中的其他常用词汇表述类似，比如‘relating to’（有关）and‘arising out of’（因……而起）。通常情形下包含主题的每个方面：在本案中，因第3（1）条和第3（2）条引发的‘补偿’。通常意义上理解，这包含应得的权利以及数量。”偶见其他案例会有相反的判定，但多数当局都倾向于选择对条款进行广义解释。狭义解释从根本上会使条款丧失实际意义。

5. 笔者关于本案的思考与总结

（1）仲裁庭的管辖权要点：属事管辖及属人管辖

正如Ecuador v. Chevron Corp.[347]案中仲裁庭的论断，在双边投资协定中，两个缔约国向相对方国民发出将争议提交仲裁的要约，投资者启动仲裁的行为即为对该要约的承诺。通常情况下，仲裁协议仅存在于协议主体之间，而此处，该双边投资协定仅仅创建了一个框架，通过该框架，外国投资者，如Chevron可向协议主体提起仲裁。然而最终，这被证明是一种没有区分意义的区别，因为厄瓜多尔签署了双边投资协定，Chevron同意仲裁，这创建了一个单独的有约束力的仲裁协议。[348]为满足提起仲裁的前提条件，投资者需至少确保仲裁庭对该争议具有属人管辖权、属时管辖权以及属事管辖权。本案中仲裁庭的裁决重点在于属事管辖权及属人管辖权。

①属事管辖：狭义解释《中蒙双边条约》第8（3）条给投资者造成的窘境

---

346 European Media Ventures SA v. Czech Republic，Judgment on Jurisdiction，[2007] EWHC 2851（Comm）.

347 Ecuador v. Chevron Corp.，638 F.3d 384，392（2d Cir. 2011）.

348 Ecuador v. Chevron Corp.，638 F.3d 384，392（2d Cir. 2011），“In a BIT，the two states make an offer to each other's nationals to arbitrate disputes. An investor accepts the offer by commencing arbitration.” Jan Paulsson，Arbitration Without Privity，10 ICSID Rev. – Foreign Investment L.J. 232（1995），“Unlike the more typical scenario where the agreement to arbitrate is contained in an agreement between the parties to the arbitration，here the BIT merely creates a framework through which foreign investors，such as Chevron，can initiate arbitration against parties to the Treaty. In the end，however，this proves to be a distinction without a difference，since Ecuador，by signing the BIT，and Chevron，by consenting to arbitration，have created a separate binding agreement to arbitrate.”

根据仲裁庭的分析，我们得知其判断仲裁庭属事管辖权的基本逻辑为：仲裁庭的管辖范围仅限于“涉及征收补偿款额的争议”，不包括对“是否存在征收行为而产生的争议”。投资者是否能够通过国际仲裁保护投资，取决于东道国是否承认进行了征收，如东道国承认存在征收行为，但仅对征收补偿款额有争议的，投资者可以诉诸国际仲裁解决争议。

仲裁庭一百五十三页的仲裁裁决中，其中有关分析部分仅占了十三页（第136页至第148页）。仲裁庭简短论述即得出了其对申请事项不具有管辖权的结论。笔者认为，该案仲裁庭并未考虑到，如果正如本案蒙古国所为，东道国拒绝承认存在征收行为，就将陷入逻辑怪圈，使投资者无论怎样选择，都无法提起国际仲裁。分析思路如下：在东道国拒绝存在征收行为的情况下，投资者只能通过东道国法院确认存在征收行为，而东道国法院确认是否存在征收行为时，需依照《中蒙双边条约》第4条的约定，确认征收补偿款额是否符合约定的要求以满足征收合法性的前提条件。如果东道国法院最终认定存在征收行为，则投资者因为在此前东道国已经对征收金额合理性进行判定，则就同一事项，“岔路口”条款的存在（即投资者如果将“征收补偿款额”的争议提交至法院解决，就不能再就同一事项提交至仲裁解决）无疑将阻碍投资者就征收补偿款额问题再行诉诸国际仲裁；如果东道国法院认定并不存在征收行为，这在实践中是有可能发生的。正如“世能公司诉老挝政府”案中仲裁庭的裁决一样，按照本案仲裁庭的思路推理，由于“是否存在征收”这一事项并不属于国际仲裁庭的管辖范围，投资者对东道国法院的判决将无计可施。那么，归纳起来，即只要东道国拒不承认存在征收行为或东道国法院作出并不存在征收行为的判决，投资者便无法获得国际投资仲裁的机会。笔者认为，这与《中蒙双边条约》意图保护投资的目的与宗旨相悖，也违反了《维也纳公约》条约解释的原则。

本案仲裁庭一反“世能公司诉老挝政府”案仲裁庭和“谢业深诉秘鲁政府”案仲裁庭的意见，采取狭义解释方式，否认了自身的属事管辖权，导致投资者求诉无门。这无疑给有可能援引包含类似仲裁条款的投资协定的投资者敲响了警钟，这些双边投资协定针对仲裁庭管辖权的措辞与《中蒙双边条约》皆有相似，那么在此种情况下，这些投资者的投资将被置于重大政治风险之中，双边投资协定也就不能起到其应有的鼓励和促进投资的作用。

鉴于目前国际仲裁界对于“涉及征收补偿数额相关的争议”范围的解释

并未形成一致意见，具有较大的不确定性。而一旦仲裁庭作出了狭义解释，同时由于“岔路口”条款的存在，就意味着投资者在国际仲裁维权的道路上困难重重。因此，我们建议投资者采取“未雨而绸缪”的策略，在投资之初便做好调研，尤其是仔细研究东道国在投资时所有已经生效的条约、协定，结合税务筹划，便利性要求，选择最适合自身的中间层公司，做好国籍筹划。在争议产生之时，也需要研究针对同一国籍，是否可以选择适用对自己最为有利的投资保护机制。因此，我们建议投资者在投资之初便借助律师的力量对东道国的投资保护情况进行系统研究。

②属人管辖

仲裁庭处理的另一个争议焦点，是属人管辖权问题。这也是本案中被申请人提出的一项重要管辖异议点，即投资者是否符合仲裁协议中约定的“适格投资者”的条件。

在本案中，蒙古国政府在管辖异议中首先提出，申请人作为中国国有企业并不能成为《中蒙双边条约》项下约定的“投资者”，因此不符合属人管辖权的范围。对此，仲裁庭驳回了该项异议，认为，根据《中蒙双边条约》的约定，“投资者”定义中“经济实体”的表述，特征是中国和蒙古国受到保护的法人，具有明示的广泛性，并不区分组织类型、商业目的、所有权以及控制。因此，从协定的起草者的立意来看，也没有任何理由认定其对投资者组织类型、商业目的、所有权或者控制进行任何限制。[349]《中蒙双边条约》第1（2）条所述的经济实体可以是任何从事经济或商业活动的实体。

中国与“一带一路”沿线国家签订的双边投资协定或者自由贸易保护协定中，对“投资者”的定义和范围施加限制的情况有很多。投资者需审慎选择条约保护，以确保符合该条约中“适格投资者”的要求。笔者在本书总论部分已经对诸如条约选择和比较、投资者、投资等多项要点加以论述，此处便不再赘述。笔者仅将对有关新加坡投资保护的条约、协定进行的初步总结列出（见表4-4），借以抛砖引玉，以启发各位中国投资者在选择条约保护方面的思考。当然，在选择条约进行国籍筹划时，还包括东道国与其他国家存在的更具优惠的条约与协定，中国投资者不妨多多参考，选择最适宜的投资者国籍。

349 Award，PCA Case No.2010-20，para.412.

表 4-4 投资争端解决机制对比

	《中华人民共和国政府和新加坡共和国政府关于促进和保护投资协定》	《中国与东盟 FTA》
投资主体	“国民”和“公司”。对于公司来说，对形式有要求，限于法人，无实质经营要求	形式不限，但是有实质经营要求
拒绝给予利益的主体类型	无	有。当中国投资者被非东盟成员国国民控制且没有实质经营时，或者当中国投资者被新加坡国民控制时，可以在磋商基础上拒绝给予利益
有权提交法院进行诉讼的主体	投资者和东道国均可	只有投资者有权选择提交
可以提交仲裁的争议类型	限于涉及征收补偿款额的争议	范围更广。包括违反国民待遇、最惠国待遇、征收、利润转移等
可以选择的仲裁机构或仲裁庭	仅限于临时仲裁	投资者可以选择 ICSID，或者 UNCITRAL 规则仲裁，或者其他双方同意的任何仲裁机构或仲裁规则
提交至法院后是否可以转而提交仲裁	如果投资者选择提交至法院，则不能再转而提交仲裁，如果东道国选择提交至法院，则投资和可以提交仲裁	在法院作出最终判决前撤诉可以再提交仲裁
提交仲裁的时效	无	三年
提交仲裁前是否需要用尽当地行政救济	无	东道国可以要求投资者在提交仲裁前用尽当地行政救济
税收事项是否能够提交仲裁	不能。明确排除适用	通常情况下不能，但是当税收措施效果等效于征收时，中新双方需要磋商决定，不能在指定期限内得到磋商结果的，投资者可以提交仲裁
最惠国待遇能否用于争议解决	未限定	不能
仲裁的承认与执行	只能通过《纽约公约》进行承认和执行	如果是 ICSID 仲裁裁决，可以通过《ICSID 公约》承认和执行；如果是其他的仲裁裁决，则可以通过《纽约公约》来承认和执行

（2）撤销仲裁裁决和仲裁地法院的司法审查

本案仲裁程序以仲裁庭作出否认自身管辖权的裁决为标志而结束。中国投资者随即向美国纽约州南区地区法院提出请求撤销该仲裁裁决，并强令被申请人蒙古国政府参加仲裁程序。这便涉及一个问题：对于根据ICSID公约及仲裁程序规则以外的其他规则提起的国际投资仲裁，撤销裁决应按照何种思路进行？答案是，与《ICSID公约》项下自成体系且完备的裁决、撤裁、承认和执行的规定不同，其他仲裁规则项下，诸如本案中的由海牙常设仲裁法院管理的临时仲裁机构，采用UNCITRAL规则，作出的仲裁裁决的撤销，需由仲裁地法院依照仲裁地的法律，也即美国法律进行。由此可见，此种情形下，仲裁地法律规定将影响整个仲裁程序，以及后续的裁决的撤销、承认与执行程序，这也凸显了仲裁地选择的重要意义。

申请人通篇未明确指出其申请所依据的《美国联邦仲裁法》中的具体条款，此处也一直为被申请人蒙古国政府所诟病。但申请人援引判例以试图证明其论点，也符合美国普通法法律体系的特点。

在美国判例法项下，仲裁地法院对仲裁管辖决定进行司法审查采取何种原则和标准呢？是在尊重仲裁庭决定的原则上进行有限范围且有条件的审查，抑或是无需考虑先前仲裁庭的意见而独立进行司法审查，这取决于仲裁庭管辖权决定的性质（nature of the jurisdictional decision）。如果仲裁庭拒绝行使管辖权的理由，在于未能满足美国法院所称的“程序可仲裁性”（procedural arbitrability），即“程序性先决条件”（procedural preconditions），比如仲裁前置程序的时间要求，则法院需尊重仲裁庭的决定。如果仲裁庭拒绝行使管辖权的理由，在于缺乏仲裁协议、争议不在仲裁协议范围内或因性质使然争议缺乏可仲裁性，美国法院称之为“实体可仲裁性”（substantive arbitrability），则法院将独立行使审查权，并拥有决定该争议是否可提交仲裁的最终决定权。[350]

申请人通过援引判例，意在说明，仲裁地法院具有审查“可仲裁性”问题的主要权力。仲裁地法院在对“可仲裁性”问题进行司法审查时的标准是，是否有“明确且无误”的证据证明双方有将“可仲裁性”问题提交至仲裁庭解决的意愿。

---

350 Redfern and Hunter on International Arbitration，Nigel Blackaby and Constaintine Partasides QC with Alan Redfern and Martin Hunter，6th edition，Oxford University Press，p.347.

这不禁让笔者联想到了新加坡上诉法庭在“世能公司诉老挝政府”案中处理仲裁管辖问题时采取的思路，其认为，高等法庭不仅有权利，且有义务对该问题进行判定。理由是，由于仲裁地位于新加坡，因此，新加坡《国际仲裁法》（International Arbitration Act，IAA）适用于本案，这要求新加坡高等法庭对仲裁管辖问题进行审查。在谈及法院对仲裁管辖问题进行司法审查的标准和程度时，上诉法庭认为，法院应重新审理该事项，而无需受制于仲裁庭先前的决定，这与此前的许多先例思路一致。在 PT[351] 案中，上诉法庭认为，有关管辖权的审查应为独立的审查，仲裁庭自身关于其管辖权的观点对于法院审理该事项没有法律或证据价值（no legal or evidential value）。[352]

尽管仲裁庭有决定其自身管辖权的权力（Competence–Competence），但这不妨碍仲裁地法院的司法审查权。而仲裁地法院的司法审查的程度，是根据仲裁地法律的要求进行的。这也正是除 ICSID 公约和仲裁规则项下以外的其他国际投资仲裁类型所具有的特点。

由于本案关于撤裁的相关法律分析是基于美国法展开的，超出了笔者的执业范围，因此，笔者仅就上述要点加以列举，借以抛砖引玉，引发读者更多的思考。截至 2019 年 9 月 15 日，笔者通过公共渠道查询到的结果显示，美国纽约州南区地区法院判决尚未形成。我们期待法院早日作出判决，以了解研究其判决的理由和思路。

三、“中国平安诉比利时政府”ICSID 投资仲裁案

中国平安人寿保险股份有限公司、中国平安保险（集团）股份有限公司

诉

比利时王国

ICSID 投资仲裁案

（ICSID Case No. ARB/12/29）

351 PT First Media TBK（formerly known as PT Broadband Multimedia TBK）v. Astro Nusantara International BV and others and another appeal [2014] 1 SLR 372.

352 Sanum Investments Ltd v Government of the Lao People's Democratic Republic [2016] SGCA 57, at 38、41 and 42.

1. 案情介绍

（1）案件基本信息

申请人 [353]	①中国平安人寿保险股份有限公司 ②中国平安保险（集团）股份有限公司
被申请人	比利时王国（比利时政府）
仲裁机构	解决投资争端国际中心（ICSID）
案件索引号	ICSID Case No. ARB/12/29
案件注册日	2012 年 9 月 19 日
仲裁机构组庭日	2013 年 2 月 26 日
仲裁裁决作出日	2015 年 4 月 30 日
涉及投资条约	①《中华人民共和国政府和比利时与卢森堡经济联盟关于相互鼓励和保护投资协定》（《1986 年中比双边条约》）（签署日期：1984 年 6 月 4 日；生效日期：1986 年 10 月 5 日） ②《中华人民共和国政府和比利时—卢森堡经济联盟关于相互促进和保护投资的协定》（《2009 年中比双边条约》）（签署日期：2005 年 6 月 6 日；生效日期：2009 年 12 月 1 日）
仲裁语言	英语，法语
仲裁状态	审结

（2）案情简介 [354]

本案的仲裁申请人，是中国金融巨头之一——中国第二大保险公司中国平安保险（集团）股份有限公司 [355] 及其集团内关联公司中国平安人寿保险股份有限公司（以下简称中国平安）。本案是继香港地区的投资人谢业

353 根据截至 2019 年 6 月公开的工商登记信息，两家公司均为注册在中国深圳市福田区的中国内地知名金融企业。

354 由于本案仲裁庭并未就案情进行查明认定（由于仲裁庭裁定其缺乏管辖权、仲裁程序未进入查明具体事实及实体权利审理阶段），故此处“案情简介”系根据中国平安所提交的仲裁申请书（Request for Arbitration）和相关书状（Memorial）进行的总结、梳理，而并非最终查明事实。特此注明。

355 中国平安保险（集团）股份有限公司同时是 H 股和 A 股的上市公司。

深诉秘鲁共和国ICSID投资仲裁案[356]之后，中国内地企业在ICSID提起的投资仲裁第一案[357]。

中国平安，于2012年9月7日，基于《1986年中比双边条约》和《2009年中比双边条约》，向ICSID提起投资仲裁，主张比利时政府在2008年对于中国平安投资的富通集团的一系列"国有化"行为违反了其作为东道国在《1986年中比双边条约》下的一系列义务，造成中国平安在富通集团中投资价值的巨额损失。

①中国平安投资富通公司[358]

（i）富通集团介绍

公司构成及规模：富通集团（Fortis Group）由富通公司（Fortis）牵头、与其众多直接或间接的子公司共同组建而成。此处，富通公司是两家企业——比利时企业 Fortis SA/NV 与荷兰企业 Fortis N.V. ——的合并称谓。富通公司是欧洲布鲁塞尔、欧洲阿姆斯特丹、卢森堡证券交易市场的上市公司，活跃于零售银行业务、资产管理业务和保险业务。在2007年（中国平安第一次投资富通集团时），全世界按收入排名的公司中，富通集团是第20名，也是世界上第三大商业储蓄银行，有约六万五千名雇员。

股权结构：富通公司是"成对股份双重控股公司结构"（a "twinned share" dual holding company structure），即每一份富通公司股份（Fortis Unit），都同时代表了一份比利时公司 Fortis SA/NV（FBB）的普通股和一份荷兰公司 Fortis N.V. 的普通股。这意味着，富通集团的股东每购买一份富通股份，即同时分别购买了上述比利时公司和荷兰公司的一份股份。

业务：富通公司业务划分为两个部分——银行业务和保险业务。银行业务由 FBB 及其两家子公司[359]执行。

监管：富通公司由三个国家的监管机构进行法规监管：（a）位于比利时的 Commission Bancaire, Financière et des Assurances（CBFA）和比利时国

356 Tza Yap Shum v. Republic of Peru，ICSID Case No. ARB076.

357 依据为ICSID官网可查的案件注册记录信息，https://icsid.worldbank.org/en/Pages/cases/AdvancedSearch.aspx，最后访问时间2019年8月23日。

358 为了更好地引导读者了解案件情况，笔者总结了以公共可查资源途径，调整了ICSID公布的仲裁裁决的论述顺序，并未完全按照事实依据、法律依据、双方主张等严格的法律文书的顺序进行。

359 FBB的两家子公司分别为：Fortis Banque Luxembourg SA 与 Fortis Bank Nederland（Holding）NV。

家银行（BNB）；（b）位于荷兰的荷兰中央银行（DNB）；（c）位于卢森堡的 Commission de Surveillance du Secteur Financier（CSSF）。

（ii）中国平安投资富通公司

投资：2007 年 10 月至 2008 年 7 月，中国平安在公共市场收购了总值超过 20 亿欧元（€ 2 billion）的股份，成为富通公司的最大单一股东。自 2008 年 7 月，中国平安持有相当于 4.81% 的富通公司的发行股份[360]。

董事会席位：根据中国平安与富通公司于 2007 年 11 月达成的协议，中国平安有权在富通公司董事会指派一名董事。

②比利时政府行为：政府干预

FBB 金融危机：2008 年 9 月 15 日，雷曼兄弟倒台，银行间借贷市场枯竭（dried up）。2008 年 9 月 16 日，有传言称富通公司有可能发行新股权来融资，这些传言引起了对其偿付能力（solvency）的担忧，因而阻碍了其他银行向其出借资金，导致了 FBB 资金周转流动性头寸（funding）[361] 的重大风险。

2008 年 9 月 25 日、26 日，CBFA 建议富通公司立即进行包括寻求战略合作伙伴等措施，并告知富通公司，若未能在当前周末找到战略合作伙伴，FBB 的流动资金情况（liquidity position）意味着它将无法存活过那个周末。2008 年 9 月 26 日，富通公司无法进入隔夜银行间拆借市场（Overnight Interbank Market）[362]，它的机构跟客户已开始撤出大规模储蓄，使其不得不求助于 BNB 以惩罚性利率提供的边际借贷工具。

第一次政府干预：2008 年 9 月 28 日，比利时、荷兰和卢森堡共同协商，

---

360 根据 ICSID 公布的本案裁决，由中国平安持有的富通公司股份代表富通公司发行股份的 4.81%。

361 以下为 MBA 智库百科和维基百科对“头寸”一词的定义，辅助读者理解该术语。头寸（position）也称为“头衬”，就是款项的意思，是金融界及商业界的流行用语。如果银行在当日的全部收付款中收入大于支出款项，就称为“多头寸”，如果付出款项大于收入款项，就称为“缺头寸”。对预计这一类头寸的多与少的行为称为“轧头寸”。到处想方设法调进款项的行为称为“调头寸”。如果暂时未用的款项大于需用量时称为“头寸松”，如果资金需求量大于闲置量时就称为“头寸紧”。参考：MBA 智库百科，https://wiki.mbalib.com/wiki/%E5%A4%B4%E5%AF%B8，最后访问时间 2019 年 9 月 9 日。头寸可以指：银元的黑话。引申为资金；引申为贷款。参考：维基百科，https://zh.wikipedia.org/wiki/%E5%A4%B4%E5%AF%B8，最后访问时间 2019 年 9 月 9 日。

362 Interbank Market，银行间拆借市场，意为银行间短期融资的市场，融资金额较大，但期限很短，通常都是次日偿还。B. Butler 等原编：《牛津英汉双解金融与银行词典》（Dictionary of Finance and Banking with Chinese Translation），何智美编译，上海外语教育出版社 2007 年版，第 285 页。

实施下述行动：（a）比利时将利用比利时的主权投资工具 SFPI[363] 通过增加股本的途径收购 FBB 的 49.93% 的股份，比利时政府支付对价 47 亿欧元（€ 4.7 billion）；（b）荷兰将支付 40 亿欧元（€ 4 billion）收购 FBB 的荷兰子公司 FBN 的 49.9% 的股份；（c）卢森堡将给 FBB 的卢森堡子公司 FBL 提供 25 亿欧元（€ 2.5 billion）的强制性可转换贷款[364]。同时，BNB 同意向 FBB 提供 148 亿欧元（€ 14.8 billion）的紧急流动性援助（emergency liquidity assistance）。富通公司董事会和 FBB 接受了上述各国政府的计划。2008 年 9 月 29 日，比利时政府实施了对 FBB 的增资。

中国平安称，第一次政府干预的结果导致其在 FBB 的间接利益直接被减半：从 4.81% 跌至约 2.41%。

第二次政府干预：由于上述措施并未解决 FBB 的（资金）流动性危机（liquidity crisis），2008 年 10 月 3 日，比利时政府通知富通公司：（a）比利时与荷兰政府商议决定，由荷兰政府收购富通公司在荷兰的所有资产，作价 168 亿欧元（€ 16.8 billion）；（b）荷兰政府将保证立即向 FBB 偿还 FBN 所欠的 340 亿欧元（€ 34 billion）的短期债务，并在一个月内将 FBN 及其子公司欠 FBB 的 160 亿欧元（€ 16 billion）长期贷款转换为由荷兰政府担保的可流通票据（negotiable instrument）[365]；（c）卢森堡政府将增持其在 FBL 中的股份（由 49% 至 51%）；（d）比利时将以票面金额（nominal amount）[366] 收购 FBB 的剩余股份。

与此同时，比利时政府与法国巴黎银行（BNP Paribas）进行谈判，意图出售 FBB 的大量股份。2008 年 10 月 6 日，比利时政府发布新闻称其将以 47 亿欧元（€ 4.7 billion）的对价收购 FBB 剩余股权，然后以“背靠背”的方式将其持有的 FBB 75% 的股份转让给法国巴黎银行，以换取后者即将发行的价

---

363 利用比利时主权投资工具 La Société Fédérale de Participations et d'Investissement（SFPI）通过增加股本的方式，支付 47 亿欧元收购 49.93% 股份（详见本案裁决书第 60 段内容）。

364 一旦完成债转股，卢森堡将持有 FBL 的 49.9% 的股份。

365 Negotiable instrument，意为“可转让票据”或“可流通票据”。参见《布莱克法律词典》（第 9 版）第 1136 页：negotiable instrument. A written instrument that（1）is signed by the maker or drawer,（2）includes an unconditional promise or order to pay a specified sum of money,（3）is payable on demand or at a definite time, and（4）is payable to order or bearer. 意为：可转让票据是一份书面票据：（1）由出票人签署；（2）包括无条件支付特定金额的承诺或指令；（3）见票即付或定期支付；（4）支付给指定人或持票人。

366 Nominal Amount，意为名义金额或票面金额。此处申请人显然是在指控比利时政府收购价格低于股份的实际价值。

值82.5亿欧元的新股。[367]2008年10月10日，FBB剩余的50%加一份股权被转让给了比利时政府。这就是“第二次政府干预”。

中国平安称，这两次政府干预行为即上述一系列交易的结果，导致了中国平安在FBB中的（间接）投资被比利时政府“完全征收”（completely expropriated）了。

补偿行为及后续：比利时政府随后宣布了对FBB股东的补偿方案，然而该方案只向少数小股东（拥有比利时或其他欧洲国家的国籍的自然人，或在比利时或其他欧洲国家有居留权的自然人）开放。富通公司股东向比利时法院提起诉讼；比利时法院裁定，其中一些交易活动需要股东批准方可进行；并暂停了交易，以等待股东批准。2009年2月11日的股东会议否决了这些交易，而由比利时法院下令组建的专家委员会报告称该等交易符合富通公司的利益。比利时政府修订了交易条款，使其对富通公司股东更加有吸引力。最终，富通公司股东于2009年4月28日、29日的股东大会表决通过了比利时政府转让FBB的75%的股份给法国巴黎银行的交易。该交易于2009年5月完成。

自此，富通集团仅从事保险业务。于2012年，其总收入约为157亿欧元（€15.7 billion）。中国平安称，较其第一次投资（在2007年）时相比，富通集团的收入减少了几乎90%。

2. 仲裁请求、主要抗辩及裁决结果

（1）概况

中国平安作为仲裁申请人，指控比利时政府对中国平安在比利时的投资（富通公司）进行的“国有化”之政府干预行为违反了《1986年中比双边条约》中东道国的投资保护等义务，主张一系列损害赔偿等救济。比利时政府对此指控提出了五项管辖权异议，其中最重要的是第一项属时管辖异议。仲裁庭未对中国平安指控的实体内容进行审理，但就管辖权异议进行裁决，否认了ICSID对本案的管辖权。

（2）仲裁请求

①中国平安提出的指控（allegations）

基于以上所述事实背景，中国平安提出以下指控：

367 Award，para.62.

（i）对于中国平安关于比利时法律和商业环境（特别是比利时的银行业领域）之稳定性、透明性、可预测性的合法期待，比利时政府未能为中国平安的投资提供应给予的保护等级；

（ii）比利时政府未能采取更合理或有效的选择来进行政府干预，该等干预给中国平安（的利益）造成严重损害，并迫使富通公司接受比利时政府对于中国平安大量重要投资份额的“征收”（expropriation）；

（iii）比利时政府未能公平、足额地就政府干预行为补偿中国平安，并且还在这一过程中不正当地获利；[368]

（iv）比利时政府未能在其行政决策的过程中为中国平安及其投资提供“正当程序”，并随意地、不合理地区别对待（discriminate）中国平安及其投资，未能给中国平安提供与富通公司竞争者（以“德克夏银行”为例）所受到的同等的政府支持。

②法律基础（legal basis）

本案中，中国平安提出上述指控所依据的是《1986 年中比双边条约》的以下条款（“实质性条款”），共分为四个部分：（i）公平待遇条款 Article 3（1）；（ii）保护条款 Article 3（2）；（iii）征收、国有化条款 Article 4 和 Protocol Article 2；（iv）最惠国待遇条款 Article 3（3）和 Article 11.

③寻求救济（relief sought）

（i）主要主张：征收补偿金（compensation for expropriation）

本案中，中国平安的主要主张是，比利时政府应依照《1986 年中比双边条约》给予中国平安对 FBB 的投资被“征收”的补偿。根据《1986 年中比双边条约》的第 4 条及议定书的第 2 条的规定，该等补偿应为在征收发生前一日（at the date immediately preceding the expropriation）或征收被公开的当天（or the date on which the expropriation was made public）被征收投资的公平市场价值（fair market value）。据此，中国平安提出，政府干预行为发生前 FBB 的公平市场价值在 188.2 亿欧元（€ 18.82 billion）至 228.4 亿欧元（€ 22.84 billion）之间，因而按照中国平安在富通公司中的 4.81% 份额来计算，中国平安认为其有权获得 9.04 亿欧元（€ 904 million）至 10.97 亿欧元（€ 1,097 million）之

368 Award，paras. 75–78. 申请人提出，比利时政府以极低的对价（47 亿欧元，而股份的价值在 115 亿至 135 亿欧元）获得了富通银行 49.93% 的股份，转而迅速通过“背对背”的方式将其股份转让给法国巴黎银行（BNP Paribas），直接获利约 12 亿欧元。比利时政府此举严重损害了富通公司及包括申请人在内的富通公司股东的利益。

间的赔偿。而比利时政府仅为富通公司提供了47亿欧元(€4.7 billion)的补偿，其中与中国平安相关的权益仅2.26亿欧元(€ 226 million)。因此，加上利息，比利时政府还需赔偿中国平安7.86亿至10.09亿欧元(between € 786 million and € 1,009 million)。

(ii)其他主张：损害赔偿(damages)

若比利时政府履行了其在《1986年中比双边条约》中的义务(提供稳定安全的商业环境、对2008年9月的流动性危机及时回应、为富通公司提供足够的流动性支持——至少1500亿欧元的银行间借贷保证)，则FBB的资金流动性问题将立即被解决，由此中国平安在富通公司的投资价值将在8.17亿至8.26亿欧元(between €817 million and €826 million)，然而现在其价值仅为4.24亿欧元(€ 424 million)。因此，中国平安认为其有权据此获得3.93亿至4.02亿欧元(between € 393 million and € 402 million)的赔偿。

(iii)其他主张：返还赔偿(restitution)

中国平安提出的另一主张是，要求比利时政府赔偿其价值相当于比利时政府通过干预获取的不当得利的部分。中国平安主张，比利时政府应当返还其不当获利，其中中国平安按比例应得(含利息)7.86亿到10.09亿欧元(between € 786 million and € 1,009 million)。

(iv)其他主张：费用

中国平安主张比利时政府应全额负担所有与本案仲裁程序相关的费用，包括仲裁庭和ICSID的费用，以及仲裁申请方发生的法律及其他费用(包括法律顾问的费用、专家及顾问费用以及仲裁申请人员工花费时间所对应的费用)。此外，还主张比利时政府支付所有被裁决支持的待付金额的以最大允许利率算取的利息，直至清偿。

(3)主要抗辩

比利时政府未直接就中国平安提出的具体指控进行正面回应，而是从管辖权相关的角度提出了五项对ICSID仲裁庭的异议。

①第一项异议：属时管辖异议(Objection *Ratione Temporis*)

比利时政府异议称，双方争议发生于《2009年中比双边条约》生效(2009年12月1日)之前。根据《2009年中比双边条约》第8条之规定，比利时政府同意仲裁的范围仅限于在该条约生效后所发生的争议。

②第二项异议：属事管辖异议(Objection *Ratione Materiae*)

比利时政府异议称，根据《2009年中比双边条约》第7条和第8(1)条之规定，ICSID 仲裁庭的管辖权仅覆盖基于《2009 年中比双边条约》的实质性条款、“缔约一方国内法规”或“现存的或该缔约方将来加入的国际公约”所包含的诉因（cause of action）而提起的主张（claims）；然而本案中仲裁申请人的主张是基于《1986 年中比双边条约》——一份已终止的条约提出的，根据国际习惯法和一般法律原则，该等主张没有一项属于比利时在《2009 年中比双边条约》项下给出的同意仲裁的范围。

③第三项异议：仲裁合意异议（Objection *Ratione Voluntatis*）

比利时政府异议称，中国平安不符合《2009 年中比双边条约》第 8 条所规定的管辖权要求，未提供适当的争议通知。此外，中国平安在发出《2009 年中比双边条约》项下声称的争议通知后不到 2 个月即开始了仲裁程序，不符合《2009 年中比双边条约》项下约定的“6 个月和解期”的要求。

④第四项异议：无初步证明的案件（No Prima Facie Case）

比利时政府称，假使根据《2009 年中比双边条约》，该案主张是在 ICSID 仲裁庭管辖范围以内且中国平安在富通公司的投资使其在《1986 年中比双边条约》项下拥有一些权利，中国平安也并未对以下事实提出“初步证明”（prima facie）：（i）比利时政府违反了《1986 年中比双边条约》的任何条文；或（ii）中国平安有权基于“不当得利”（unjust enrichment）而提出索赔。

比利时政府异议称，第一，比利时政府拯救富通集团的干预行为，是通过增资和股权购买的行为实现的，是正常的公司运营行为，且是基于自由决策和缔结的合同进行的。第二，中国平安的利益并未被“征收”，因为他们仍然保有他们在富通公司的股权。第三，中国平安未能阐释“征收”指控的法律依据，且其所要求的“更合适、合理的措施”（more appropriate and reasonable measures）并非《1986 年中比双边条约》项下的任何义务。

⑤第五项异议：货币黄金案原则（Monetary Gold Case Principle）[369]

比利时政府异议称，若本案被纳入了仲裁庭的管辖权范围内，仲裁庭亦应拒绝行使该管辖权，以避免对荷兰——这一未加入且不能加入本仲裁程序的第三方——的权利和义务作出判定。此项异议是基于国际法庭的判例 Monetary Gold principle [see Case of the Monetary Gold Removed from Rome

369 Award，para. 238. 在庭审过程开始阶段，比利时政府表示，放弃该项异议的主张。

in 1943（Italy v. France，and others），1954 ICJ Rep 19］所确定的“货币黄金案原则”。该原则的内容是，若某争议的解决将牵涉到决定不参与该诉讼程序的某位非当事人 / 国的权利和义务，则国际法庭应当拒绝对某争议行使其管辖权。本案中，荷兰和比利时监管者长期合作、共同监管富通集团，并为避免富通集团的破产而共同实施政府干预，因此本案的主张牵涉到了荷兰政府的权利义务，而荷兰政府并未且不能参与本案的仲裁程序。此外，比利时政府亦指出，荷兰政府在本案的缺席将不可接受地损害比利时的“正当程序”权利。

（4）仲裁裁决结果

仲裁庭裁决：

①中国平安的主张由于无管辖权而被驳回（由于本案的争议发生在《2009 年中比双边条约》生效之前，本案不能适用《2009 年中比双边条约》，因而不能依据《2009 年中比双边条约》确认 ICSID 对该争议享有管辖权，详见下述）；

②各方当事人等额分担仲裁庭人员的费用和支出以及中心的收费；

③各方当事人各自承担各自的法律费用和支出。

3. 争议焦点梳理

（1）ICSID 的属时管辖权

本案最具决定性（decisive）的争议焦点无疑是：中国平安所主张的争议是否能够适用《2009 年中比双边条约》，从而按其约定 ICSID 拥有对本案管辖权。[370]

①争议发生时间

争议双方均认同，争议发生是在《2009 年中比双边条约》生效之前。下文将重要事件发生时间和信息梳理如下：

---

370 申请人提出诉求所依据的事实发生时间以及争议具体化的发生时间，均在《1986 年中比双边条约》生效期间；申请人是完全依据《1986 年中比双边条约》和国际法的一般原则来确定其诉请的实质内容，而非援引《2009 年中比双边条约》的实质性条款。此处，之所以出现是否能适用《2009 年中比双边条约》的争议，仅仅是因为《2009 年中比双边条约》规定了投资争议可提交至 ICSID 解决这一程序性事项（《1986 年中比双边条约》未规定 ICSID 管辖权）。换言之，申请人在实体法方面依据《1986 年中比双边条约》，而在程序法上依据《2009 年中比双边条约》。因此，确定 ICSID 管辖权的决定性因素就在于中国平安的诉求是否适用《2009 年中比双边条约》。

——2008 年 10 月 14 日，中国平安通过中国驻布鲁塞尔大使馆向比利时政府发函，表达对于比利时政府在政府干预措施中涉及富通公司的行为表示强烈不满，并要求比利时政府保护其投资利益、提供相应补偿。2008 年 10 月 30 日，比利时政府回函称，其行为是与荷兰和卢森堡政府一同为了避免富通公司流动性危机而实施的，否认其提供不足信息和以低价售卖等指控，并拒绝了中国平安的补偿请求。

——2009 年 10 月 14 日，中国平安（在 9 月 28 日会面后）致函给在北京的比利时大使。此信函即为中国平安所称的“根据《1986 年中比双边条约》第 10（1）条的‘通知’”，是中国平安发至比利时政府的、就其 2008 年 9 月和 10 月对富通公司和富通银行实施相关行为措施的“争议通知”（notice of a dispute）。

——2012 年 7 月 3 日，中国平安致函给在北京的比利时大使，随附（上述的）2008 年 10 月 14 日及 2009 年 10 月 14 日两封信函，并确认，中国平安于2009年10月14日所发信函构成《2009年中比双边条约》第8(1)条中的“争议通知”（a notice of dispute）。

——2012 年 9 月 19 日，ICSID 秘书长登记了中国平安要求提起仲裁程序的请求。

②所涉两份《中比双边条约》的相关规定（BIT provisions at issue）

《1986 年中比双边条约》的“争议解决条款”第 10 条及“落日条款”第 14 条：

第十条

一、有关投资的任何争议将由缔约一方投资者向缔约另一方提出书面通知，并附有详细的备忘录。

争议应在尊重接受投资缔约一方法律和法规的前提下尽可能友好解决。

二、本条第一款所述的争议受投资所在国的司法管辖。

三、作为第二款的例外，在本条第一款所述的书面通知之日起六个月内未能友好解决时，有关征收、国有化或其他类似措施的补偿额的争议，可按投资者的选择：

（一）或提交接受投资缔约一方国内司法解决；

（二）或直接提交国际仲裁，而不诉诸其他任何手段。

第十四条

一、本协定应于缔约双方相互通知已完成各自国内法律程序之日起第三十天生效，有效期为十年。

二、如缔约任何一方均未在本条第一款规定的有效期期满前至少一年，将其终止本协定的意愿书面通知缔约另一方，则本协定将不定期延长。

三、本协定的原始有效期期满后，缔约任何一方均可随时决定终止本协定，但应至少提前一年书面通知缔约另一方。

四、对于本协定终止之日前进行的投资，本协定的规定自其终止之日起十年内仍然有效。

《2009年中比双边条约》的“争议解决条款”第8条及“过渡条款”第10条：

第八条　投资争议的解决

一、缔约一方投资者和缔约另一方间产生法律争议，争议任何一方应书面通知争议另一方。

争议当事方应尽可能通过磋商、在必要的情况下通过寻求第三方的专业建议或通过缔约方间经由外交途径进行磋商解决争议。

二、如果争议在争议一方将争议通知争议另一方六个月内未能通过磋商解决，缔约各方同意根据投资者的选择将争议提交：

（一）作为争议一方的缔约方国内有管辖权的法院；

（二）依照一九六五年三月十八日在华盛顿开放签字的《关于解决国家与他国国民投资争端的公约》设立的“解决投资争端国际中心”。

一旦投资者将争议提交相关缔约方国内有管辖权的法院或“解决投资争端国际中心”，对上述两种程序之一的选择应是终局的。

三、仲裁裁决应是终局的并对争议双方具有拘束力。缔约各方承诺根据其国内法规执行裁决。

第十条　过渡

……

二、本协定应适用于缔约任何一方投资者在缔约另一方领土内的所有投资，不论其是在本协定生效之前还是之后作出的。但是，本协定不得适用于在本协议生效前已进入司法或仲裁程序的与投资有关的任何争议或索偿。此等争议和索偿应继续按本条第一款提及的一九八四年六月四日的协定的规定解决。[371]

③双方观点概要

（i）中国平安论点

中国平安提出，其仲裁请求涉及的实质义务的依据是《1986 年中比双边条约》，而程序救济的依据则是《2009 年中比双边条约》。根据《2009 年中比双边条约》第 8 条和第 10 条，中国平安认为：（a）《2009 年中比双边条约》可以适用于条约生效之前的投资；（b）唯一被该条约第 10 条排除适用的是在条约生效之日即 2009 年 12 月 1 日以前已经进入司法或仲裁程序的争议；（c）本案即"缔约一方投资者（中国平安）和缔约另一方（比利时）间产生法律争议"；（d）中国平安已就该法律争议通知了比利时政府，且在六个月内双方未能达成和解，符合《2009 年中比双边条约》的第 8（1）条和第 8（2）条的规定。

通过对三个仲裁案例裁决的分析[372]，中国平安指出：

对于实体法：适用于实体义务部分的法律应当是在行为发生时即已生效的法律，即《1986 年中比双边条约》的实体条款、国际惯例法以及一般法律原则。该适用性同时也符合"不可溯及既往原则"（The Principle of Non-Retroactivity）[373]。并且，如《国家责任条款草案》（Draft Articles on State Responsibility）第 13 条之规定，《1986 年中比双边条约》虽被《2009 年中比双边条约》所替代（superseded），但并不影响在《1986 年中比双边条约》生效期间所发生的行为的违法性。

371 英文文本如下：Article 10（2）. "The present Agreement shall apply to all investments made by investors of either Contracting Party in the territory of the other Contracting Party，whether made before or after the entry into force of this Agreement，but shall not apply to any dispute orany claim concerning an investment which was already under judicial or arbitral process before its entry into force. Such disputes and claims shall continue to be settled according to the provisions of the Agreement of 1984 mentioned in paragraph 1 of this Article."

372 Société Générale de Surveillance v. Republic of the Philippines（ICSID Case No. ARB/02/6），"SGS v. Philippines"; alini Costruttori SpA v. Hashemite Kingdom of Jordan（ICSID Case No. ARB/02/13），"Salini v. Jordan"; Impregilo SpA v. Islamic Republic of Pakistan（ICSID Case No. ARB/03/3），"Impregilo v. Pakistan".

373 《维也纳公约》第 28 条："除条约表示不同意思，或另经确定外，关于条约对一当事国生效之日以前所发生之任何行为或事实或已不存在之任何情势，条约之规定不对该当事国发生拘束力。"

《国家对国际不法行为的责任条款草案》第 13 条："一国的行为不构成对一国际义务的违背，除非该行为是在该义务对该国有约束力的时期发生。"

引用案例：Tradex Hellas S.A. v. Republic of Albania，ICSID Case No. ARB/94/2，"Tradex v. Albania".

对于程序法：中国平安认为，尽管相关事实发生时《2009 年中比双边条约》尚未生效，但仲裁庭基于该双边条约的管辖权并不因此而受到影响，因为它适用于投资者与东道国之间的任何争议。《2009 年中比双边条约》第 10（2）条明确约定了，该争议解决程序适用于本条约生效前的争议，只要其没有进入司法或仲裁程序。[374] 因此，中国平安认为，仲裁庭有权依照《2009 年中比双边条约》对基于《1986 年中比双边条约》实体条款而产生的争议行使管辖权。

（ii）比利时论点

比利时辩称，争议应当被排除在《2009 年中比双边条约》第 8 条中比双方约定同意的仲裁范围之外。其主要论点包括：

条约解释：比利时同意 ICSID 仲裁的范围仅限于 2009 年 12 月 1 日（2009 年中比双边条约生效日）以后发生的争议，这是与其字面表述及国际法原则相一致的。而《1986 年中比双边条约》中约定的仲裁，与《2009 年中比双边条约》的仲裁相比，机构不同，可提起仲裁的事项也不同（《1986 年中比双边条约》的仲裁事项仅限于对政府征收补偿款额存在争议的实质问题）。

具体来说，根据《维也纳公约》[375] 第 31（1）条，公约的解释应根据其用语的通常含义，《2009 年中比双边条约》第 8（1）条提到，“当产生法律争议”（when a legal dispute arises），意味着其无意包括其生效前的争议。[376]《维也纳公约》第 28 条和一般国际法亦确认了这个观点。[377] 若双方有意愿排除适用“不可溯及既往原则”，则他们可以使用“已发生的”（has arisen）或者“发生过的”（arisen）

---

374 相关支持案例有：Jan de Nul N.V. and Dredging International N.V. v. Arab Republic of Egypt（ICSID Case No. ARB/04/13），“Jan de Nul v. Egypt”.

375 《维也纳公约》（1969 年 5 月 23 日订于维也纳），于 1980 年 1 月 27 日生效。英文文本是 UNTS（United Nations Treaty Series）颁布的英文原文版本。

376 可见以下案例：Impregilo v. Pakistan at [300]; ABCI Investments Ltd. v. Republic of Tunisia（ICSID Case No. ARB/04/12），Decision on Jurisdiction，February 18，2011（Orrego Vicuña，Bernardini，Stern）at [169]（hereinafter “ABCI Investments v. Tunisia”）; Salini v. Jordan at [170]; Walter Bau AG（in liquidation）v. Thailand（UNCITRAL），Award，July 1，2009（Barker，Lalonde，Bunnag）at [9.67]，[9.72]–[9.73]（hereinafter “Walter Bau v. Thailand”）; Sergei Paushok，CJSC Golden East Company and CJSC Vostokneftegaz Company v. Mongolia（UNCITRAL），Award on Jurisdiction and Liability，April 28，2011（Lalonde，Grigera Naón，Stern）at [467]（hereinafter “Paushok v. Mongolia”）.

377 可见以下案例：Paushok v. Mongolia，at [468]; MCI Power Group LC and New Turbine Inc v. Republic of Ecuador（ICSID Case No. ARB/03/6），Award，July 31，2007（Vinuesa，Greenberg，Irarrázabal）at [61]（hereinafter “MCI Power v. Ecuador”）.

争议来表述，或是明确扩大属时管辖权至未进入诉讼、仲裁程序的已存在（pre-existing）的争议。第 8 条亦应当作为整体来理解，而不得单独解释第 8（2）条，从而推定出缔约国同意仲裁的结论。

不可溯及既往原则：同时，比利时提出，第 10 条确保《2009 年中比双边条约》可以适用于条约生效前的投资，但这并不意味着可以适用于条约生效前发生的争议。[378] 第 10（2）条，并非意味着，仲裁庭基于《2009 年中比双边条约》对在该条约生效时尚未进入司法程序的争议具有管辖权。第 8（1）条的表述说明，缔约双方有意遵守“不可溯及既往”原则；否则，条约内容可表述为“已经产生”（has arisen）或“发生过的”（arisen），或明确表明将适用范围扩大至未进入司法程序的已存在的争议。[379] 除非有清晰、明确的意愿来免除“不可溯及既往”之原则，否则双边条约的文本对条约生效前发生的争议的沉默无法动摇“不可溯及既往”原则。[380]

仲裁约定条款的解读：对第 10（2）条的解读，不得解读出其未表之意，否则就违背了“一个国家同意进行国际仲裁的意愿需要明确且不模棱两可”的根本原则。如果中国平安的主张是对的，那么，比利时的投资者现就可以在《1986 年中比双边条约》项下提起仲裁，哪怕该争议在中国成为《ICSID 公约》缔约国之前业已发生且已经根据《1986 年中比双边条约》发出通知。可能中国或比利时都没有意图考虑这样的情形：若一个投资者在《1986 年中比双边条约》项下通知某个争议，然后用了很长时间（超过 6 个月的时间）来决定是去当地法院还是国际仲裁庭追索权利。如果这种情形未考虑过，那

---

378 可见以下案例：Société Générale In respect of DR Energy Holdings Ltd and Empresa Distribuidora de Electricidad del Este，S.A. v. Dominican Republic（UNCITRAL，LCIA Case No. UN 7927），Award on Preliminary Objections to Jurisdiction，September 19，2008（Orrego Vicuña，Bishop，Cremades）at [81]（hereinafter “Société Générale v. Dominican Republic”）；MCI Power v. Ecuador at [59]；Victor Fey Casado and President Allende Foundation v. Republic of Chile（ICSID Case No. ARB/98/2），Award，May 8，2008（Lalive，Chemloul，Gaillard）at [579]（hereinafter “Pey Casado v. Chile”）；Jan de Nul v. Egypt，Decision on Jurisdiction，June 16，2006 at [111]；Walter Bau v. Thailand at [9.68].

379 Agreement Between The Government Of The People's Republic Of China And The Belgium-Luxemburg Economic Union On The Reciprocal Promotion And Protection Of Investments. Article 8（1）. “When a legal dispute arises between an investor of one Contracting Party and the other Contracting Party, either party to the dispute shall notify the other party to the dispute in writing. As far as possible, the parties to the dispute shall endeavour to settle the dispute through consultations, if necessary by seeking expert advice from a third party, or by conciliation between the Contracting Parties through ...”

380 可见以下案例：Elettronica Sicula SpA（ELSI）（United States of America v. Italy），1989 ICJ Rep 15 at 42；Société Générale v. Dominican Republic at [83]；MCI Power v. Ecuador at [61].

会有明确的条文为其规定。

滥用条约：比利时对于第 8（1）条和第 10（2）条的解读，是符合《2009 年中比双边条约》的目的和宗旨的。排除已存在的、未进入诉讼仲裁程序的争议并没有不符合《2009 年中比双边条约》。[381] 且中国平安在《2009 年中比双边条约》项下提起 2008 年 10 月发生事件的主张，属于“滥用条约”（abusive treaty–shopping）[382]。

并未剥夺其他救济途径：中国平安并非在《1986 年中比双边条约》项下没有救济途径。《1986 年中比双边条约》第 14（4）条 [383] “落日条款”（sunset clause）规定，《1986 年中比双边条约》截止日之后仍有 10 年的延续效力，因而中国平安可以启动《1986 年中比双边条约》第 10 条“争议解决条款”，该条款根据《1986 年中比双边条约》第 14（4）条而具有条约到期之后 10 年的延续效力（按照此处观点，效力到期日为 2019 年 11 月 30 日）。此外，即使在《1986 年中比双边条约》效力届满之后，中国平安仍可以在比利时当地法院诉诸权利；根据《1986 年中比双边条约》，当地法院是其主要的争议解决机构，国际仲裁是次要的、解决征收补偿款额争议的机构。

（iii）仲裁申请人对被申请人异议的反驳

反驳条约解释相关内容：《2009 年中比双边条约》第 8 条第（1）款规定，依照其过渡条款的性质，结合《2009 年中比双边条约》的目的和意图解释，ICSID 仲裁庭是有管辖权的，不论该等争议发生于《2009 年中比双边条约》生效之前还是之后。中国平安认为，《2009 年中比双边条约》的第 8 条应当与第 10 条结合解释：（a）《2009 年中比双边条约》强调投资者保护的延续性，替代、替换（substitutes and replaces）就表明保护应当延续；（b）《2009 年中比双边条约》涵盖了事先存在的投资，且并未排除事先存在的争议；（c）《2009 年中比

381 可见以下案例：Yb ILC，1966，vol II，at 220；Daimler Financial Services AG v. Argentine Republic（ICSID Case 53 Tr. [J.]/1/36. 54 Resp. Rep. Jur.，¶¶13–20；Tr. [J.]/1/9. 55 Tr. [J.]/1/12–16. 56 Tr. [J.]/1/23. 57 Tr. [J.]/1/32. 58 Tr. [J.]/1/25–27；Tr. [J.]/2/3–5. No. ARB/05/1），Award，August 22，2012（Dupuy，Brower，Janeiro）at [164]（hereinafter “Daimler Financial Services v. Argentina”）；Wintershall AG v. Argentine Republic（ICSID Case No. ARB/04/14），Award，December 8，2008（Nariman，Bernárdez，Bernardini）at [88]（hereinafter “Wintershall v. Argentina”）；Fraport AG Frankfurt Airport Services Worldwide v. Republic of the Philippines（ICSID Case No. ARB/03/25），Award，August 16，2007（Fortier，Cremades，Reisman）at [340]（hereinafter “Fraport v. Philippines”）.

382 可见以下案例：Lao Holdings NV v. Lao People's Democratic Republic [ICSID Case No. ARB（AF）/12/6]，Decision on Jurisdiction，February 21，2014（Binnie，Hanotiau，Stern）at [115]，[117].

383 裁决书第 151 段，原文为 14（1），笔者认为，应属笔误，应为 14（4）。

双边条约》延伸涵盖了任何法律争议，仅仅排除了已经进入司法或仲裁程序的法律争议。此外，中国平安进一步论称，在《2009 年中比双边条约》第 8 条中，管辖权的属时性并非由第 8（1）条决定；第 8（1）条实为规定争议通知要求的条款，第 8（2）条才是决定管辖权属时性的条款。而第 8（2）条在规定“若某争议无法……和解”时，用的是“如果”（if），而非“仅当”（when）。（若用 when，则表示，缔约双方对投资争议管辖权给予的同意范围仅限于在争议通知发出后 6 个月内无法和解之争议案件。但此处规定的 if，则表示上述条件仅为假设，并未对管辖权至属时性作出限制。）[384] 比利时与其他国家的双边条约（与也门、埃及的双边条约）明确排除了对于已存的争议的管辖权，而“arise”这个词本身并没有排除已存争议。同时，对于条约解释相关内容的反驳，中国平安还提到，《2009 年中比双边条约》第 10（2）条仅区分了两类争议：其一是在《2009 年中比双边条约》生效时已经进入司法或仲裁程序的争议，此类争议将继续依照《1986 年中比双边条约》进行解决；其二是其他争议，该类争议将依照《2009 年中比双边条约》进行解决。若将《2009 年中比双边条约》解释为投资者再也不能将任何 2009 年 12 月 1 日以前发生的争议提交仲裁，这会与《2009 年中比双边条约》的目的和宗旨相悖。《2009 年中比双边条约》的程序性规定并不适用溯及既往原则。中国平安是将已存争议提交仲裁，适用的是提交时生效的程序性条款。当争议是关于已存在的义务时，将争议解决条款适用于该已存争议，并不牵涉到相关条约适用的溯及既往。即使涉及了溯及既往的适用，第 10（2）条也明确证明了条约替代“不可溯及既往”的推定。

反驳“不可溯及既往原则”：该原则不适用于为仲裁庭授予管辖权，而是适用于实质性义务。[385] 所有法律体制普遍性地对程序（包括争议解决条款）时

---

384 可见以下案例：clauses（Walter Bau v. Thailand；Tradex v. Albania）or clauses which expressly exclude jurisdiction in relation to disputes which arose before the BIT（ABCI Investments v. Tunisia），or cases which did not involve successive BITs and which did not contain transitional provisions（Impregilo v. Pakistan；Salini v. Jordan）. Treaty：Mavrommatis Palestine Concessions Case（Greece v. United Kingdom），Judgment（Merits），August 30，1924，PCIJ，1924，Ser A，No.2 at 35（hereinafter “Mavrommatis”）.

385 可见以下案例：International Law Commission，Yb ILC，1966，Vol II，at p 212；ibid 1964，Vol II at 11；Case Concerning Application of the Convention on the Prevention and Punishment of the Crime of Genocide（Bosnia and Herzogovina v. Yugoslavia），Preliminary Objections，Judgment，July 11，1996，1996 ICJ Rep 595，at [34]（hereinafter “Bosnia Genocide”）；Salini v. Jordan at [176]；Impregilo v. Pakistan at [309]；SGS v. Philippines at [167]；Ioan Micula，Viorel Micula and others v. Romania（ICSID Case No. ARB/05/20），Decision on Jurisdiction and Admissibility，September 24，2008（Lévy，Alexandrov，Abi-Saab）at [157]（hereinafter “Micula v. Romania”）；Schreuer，The ICSID Convention，A Commentary，2nd ed 2009 at 228.69.

不时修订、更新。(因而，中国平安认为，不可溯及既往原则不应被适用于程序性条款，包括争议解决条款。)

反驳"未剥夺所有救济途径"：按照比利时的主张将导致中国平安没有任何的救济。《1986年中比双边条约》的第14(4)条[386]并没有规定该条约在期满后10年仍有效。其仅适用于《1986年中比双边条约》被单方终止或期满的情形，而不适用于双方协商用后一个条约替代前一条约的情形。

反驳"滥用条约"：中国平安未滥用条约，真正的滥用条约的情形是，有公司有意操纵壳公司的子公司的国籍[387]。而本案中对于投资的定义并不相关，与滥用条约无丝毫关系。

④仲裁庭讨论

(i)条约解释的原则

仲裁庭表明，问题的起点很明确：就是如何解释两个双边条约。条约解释的一般性原则是，应按照《维也纳公约》第31(1)条、第31(2)条，条约解释之通则：条约应依其用语**按其上下文(包括序言及附件)并参照条约之目的及宗旨所具有之通常意义，善意解释之**。也包括其缔约之情况。[388]

《维也纳公约》第31条反映了条约解释的基础是"文本为首"，同时需考虑关于条约的缔约情况及其目的、宗旨的证据作为条约解释方式。文本被推定是缔约双方真实意思表示，因此解释的起点就是通过参考起草者的意愿来阐释其文本之意。

条约文本通常意义之解释，被众多的投资者与东道国的仲裁案件采纳，来确认推定的缔约双方的意图不应被用于推翻一个双边条约的明确用语[389]，也不能推翻一个议定的框架[390]，也不应作为一个独立的解释基础。[391]

---

386 原文中为14(1)，笔者认为是笔误，第14(4)条应是此处所指的落日条款。

387 Pac Rim Cayman LLC v. Republic of El Salvador (ICSID Case No. ARB/09/12).

388 《维也纳公约》第31条"解释之通则"：一、条约应依其用语按其上下文并参照条约之目的及宗旨所具有之通常意义，善意解释之。二、就解释条约而言，上下文除指连同弁言及附件在内之约文外，并应包括：(甲)全体当事国间因缔结条约所订与条约有关之任何协定；(乙)一个以上当事国因缔结条约所订并经其他当事国接受为条约有关文书之任何文书。……"第32条"解释之补充资料"："为证实由适用第三十一条所得之意义起见，或遇依第三十一条作解释而：(甲)意义仍属不明或难解；或(乙)所获结果显属荒谬或不合理时，为确定其意义起见，得使用解释之补充资料，包括条约之准备工作及缔约之情况在内。"

389 Fraport v. Philippines at [340].

390 Daimler Financial Services v. Argentina at [164].

391 Wintershall v. Argentina at [88].

（ii）不可溯及既往原则

不可否认的是，对于实质性义务，国际法的一般性原则是不可溯及既往（除非有相反的约定）。

条约一般性的“不可溯及既往”推定被载入《维也纳公约》第 28 条。[392] 法官 Huber 在 Island of Palmas 案中写道：“一个司法事实的解读必须依照与其同期的法律，而不是依照与该等事实有关的争议之产生或解决之时生效的法律。”这个原则也在《国家对国际不法行为的责任条款草案》（2001）的第 13 条出现：“一个国家的行为不应构成违反某项国际义务，除非该义务是在国家行为发生时就有约束力的。”

正如《维也纳公约》的起草文献的评注中强调的，一部条约或其某些规定是否拥有溯及既往的效力，根本上还是取决于缔约双方意愿。

该“不可溯及既往”之推定已被适用于众多投资者与东道国的仲裁案件中，肯定了双边条约的实质性条文没有溯及既往的效力（除非行为具有持续性或综合性[393]）。显而易见的是，条约义务是否有溯及既往之效力，与双边条约是否可适用于条约生效前的投资［如《1986 年中比双边条约》的第 13 条和《2009 年中比双边条约》的第 10（2）条］，是两个问题。

（iii）Mavrommatis 案

仲裁庭称，由于本案双方都对于常设国际法院（Permanent Court of International Justice，该机构后为 ICJ 所取代）Mavrommatis 案的多数裁决（the majority decision）给予十分的关注，因而仲裁庭在该案裁决中特地列单一节就 Mavrommatis 案进行了辨析。

Mavrommatis 案是希腊政府与英国政府之间的争议案件；希腊政府对英国政府主张：英国未承认巴勒斯坦奥斯曼政府掌权时授予一名希腊国民的一项特许权利（40 年的电车轨道的施工及运营特许权）[394]。1918 年英国军事占领巴勒斯坦，于 1920 年变为民事占领（civil occupation）。1921 年，上

392 详见脚注 373。该条原文为：“Unless a different intention appears from the treaty or is otherwise established, its provisions do not bind a party in relation to any act or fact which took place or any situation which ceased to exist before the date of the entry into force of the treaty with respect to that party.”

393 Award, para 172. “The effect is that, unless a different intention appears, the substantive provisions of a BIT may not be relied on in relation to acts and omissions occurring before its entry into force (unless they are continuing or composite acts) even where (as here) the BIT applies to investments made prior to the entry into force of the BIT, or where the dispute arose after the entry into force of the BIT.”

394 争议还涉及其他特许权利，包括在耶路撒冷和雅法的电力和饮用水的供应特许权。

述特许权被巴勒斯坦政府授予另一自然人。上述希腊国民主张：该等授予与其被授予的特权相互冲突；希腊政府随后承接了这名希腊国民的主张。该案涉及的《英国受委任托管巴勒斯坦》（Mandate for Palestine，以下简称托管令）是由国际联盟（League of Nations）委员会在1922年7月发给英国的，于1923年9月生效。希腊政府是根据该托管令的第26条提起上述主张。该托管令的第26条规定："托管人同意，对于任何托管人与其他国际联盟成员之间发生的、关于该托管令条文适用的解释的争议，若无法通过协商解决，则应按照国际联盟盟约第14条规定递交至常设国际法院解决。"（The Mandatory agrees that，if any dispute whatever should arise between the Mandatory and another Member of the League of Nations relating to the interpretation or the application of the provisions of the mandate，such dispute，if it cannot be settled by negotiation，shall be submitted to the Permanent Court of International Justice provided for by Article 14 of the Covenant of the League of Nations.）

此案的争议是巴勒斯坦政府，后为英国政府，自1921年即错误地拒绝承认上述希腊国人的特许权。（即在1923年9月托管令生效前就已发生的争议。）希腊政府于1924年4月将该案诉诸常设国际法院。本案国际法院法官认为："一个争议，是对于一个法律或事实的不同意见，或是两个主体之间不同的法律观点或利益的冲突。"[395]"如果法庭的管辖权是基于该托管令的第11条[396]，则该条文必须可以适用于这个争议，不仅需符合属事管辖，

395 原文如下：A dispute is a disagreement on a point of law or fact，a conflict of legal views or of interests between two persons.

396 Mavrommatis案中希腊政府主张的实体权利所依据的条款。英文原文如下：ART. 11.The Administration of Palestine shall take all necessary measures to safeguard the interests of the community in connection with the development of the country，and，subject to any international obligations accepted by the Mandatory，shall have full power to provide for public ownership or control of any of the natural resources of the country or of the public works，services and utilities established or to be established therein. It shall introduce a land system appropriate to the needs of the country，having regard，among other things，to the desirability of promoting the close settlement and intensive cultivation of the land.The Administration may arrange with the Jewish agency mentioned in Article 4 to construct or operate，upon fair and equitable terms，any public works，services and utilities，and to develop any of the natural resources of the country，in so far as these matters are not directly undertaken by the Administration. Any such arrangements shall provide that no profits distributed by such agency，directly or indirectly，shall exceed a reasonable rate of interest on the capital，and any further profits shall be utilised by it for the benefit of the country in a manner approved by the Administration.

同时也应符合属时管辖。”托管令的第 11 条是希腊政府主张的实质性条款（substantive provision），其授予巴勒斯坦政府权力——基于托管人所接受的国际义务规范公共所有权或控制公共工程。法庭认为，“被指控违反托管令规定的行为必须在托管令生效时发生。……本案中，违反托管令的行为一直存在（subsists），无论它第一次发生是在何时；因而托管令的规定是可以被适用的。……故而，法庭认为不需要讨论托管令规定的适用是否具有溯及既往的效力。”（即因为本案的争议事实被认定为：违反行为持续存在，直至托管令生效后；故不涉及“溯及既往”的问题。）

对于上述判例，中国平安引用它来证明“arises”一词并非限于条约生效后的争议、争议解决条款具有默认的（default position）溯及既往的效力，不同于实质性条款。比利时主张，Mavrommatis 案中的争议解决条款与本案不同，因为它用的是“if”和“may arise”，而不是“when”和“arises”。本案判决是在考虑（争议解决）条款对于事实的适用性，而非对于发生在条约生效之前的争议的适用性。

此后，国际法委员会（International Law Commission，ILC）在向全体大会（General Assembly）的报告中（后被采纳为《维也纳公约》第 28 条[397]）称，Mavrommatis 判决在默示条约具有溯及既往之效力这一点上，是不正确的。因为条约不得拥有溯及既往之效力，其**仅适用于在条约后发生的或持续存在（continuing to exist）的争议**。

另一方面，管辖权条款是与条约实质性条款相连的，不可溯及既往原则应当也用于限制管辖权条款之属时性的适用性上。

由此，Mavrommatis 案明确表明，常设法庭认为，托管令生效后，希腊和英国之间的争议已经产生（此处争议产生时间时态为过去完成时，而托管令生效时间为过去时，前者发生时间早于后者，因此本句含义为托管令生效之时争议已经产生，在生效之后仍持续存在），且希腊主张的是持续性违反（托管令）的行为（continuing breaches）。[398] 本案中，显然中国平安并未主张比利时政府的行为是持续性的。此外，仲裁庭用几个案例说明，如果 Mavrommatis 案能够证明一项原则，即仲裁庭对于在其组建之前已经存在的争议具有推定

397 见脚注 392。

398 然而，根据现有材料，本案中申请人中国平安并未主张或并未坚持，其控诉的 1986 年的违约行为一直持续在 2009 年条约生效之后仍然存在。此点也是笔者认为中国平安方本案中论述失误的一点。详见“4. 收获与观点”中“（1）对于属时管辖裁定的评议”的第 2 点。

的管辖权，这项原则也不适用于解决投资者与东道国之间的投资争议。

（iv）争议解决与溯及既往

管辖权的时效性适用的问题，与实质性条款的溯及既往效力是分开的。仲裁庭列举了数个案例来说明，如 Jan de Nul v. Egypt 案中，案件所涉双边条约规定，其适用于条约生效之前及之后的投资，但不适用于条约生效之前已发生的争议（disputes having arisen prior to its entry into force）。[399]

在缺乏明示条款的情况下，审理投资者与被投资国之间仲裁的仲裁庭时常适用不可溯及既往的推定来否认对于条约生效前发生的争议之案件的管辖权。即在默示（不明确约定的）情况下，条约推定为不得适用于条约生效前发生的争议。[400]

（v）连续条约

再若不论是否有推定，此处最终的问题是案件中的双边条约的解释问题。在当前案件中，《2009 年中比双边条约》的确在某些方面致力于处理《1986 年中比双边条约》项下的争议，因而各方在书面、口头论述中大量关注点都在处理连续条约之间关系的仲裁裁决上。其中仲裁庭主要分析了以下四个案件：

◆ 在 Jan de Nul v. Egypt 案（中国平安援引）中，涉及两个连续条约：1977 年和 2002 年比利时卢森堡经济联盟与埃及（Belgium–Luxembourg Economic Union and Egypt）之间的双边条约。2002 年双边条约提到了 1977 年双边条约，并规定其将适用于条约生效之前的投资，但不适用于条约生效前已发生的争议。同时约定，1977 年双边条约持续适用于条约终止通知前缔结的合同（直至该等合同的有效期届满）。本案仲裁庭裁决，该案争议时同时违反了两个双边条约，因此，与此前诉诸埃及法院的争议有所不同，该争议产生于 2002 年双边条约生效之后。故 2002 年双边条约对本争议具有管辖权。在对实体内容进行审理时，该案仲裁庭认为，2002 年双边条约实体条款适用

399 同样，如在 Micula v. Romania 案中，仲裁庭认为，双边条款不适用于任何在条约生效前就发生的投资的争议。

400 Impregilo v. Pakistan：“the tribunal decided that the wording of the dispute resolution provision, and the absence of specific language for retroactivity, led to an inference that disputes which may have arisen before the entry into force of the BIT were not covered（but concluded on the facts that the claimant had presented its claims after the BIT entered into force）.” MCI Power v. Ecuador：“the silence of the text of the BIT with respect to its scope in relation to disputes prior to its entry into force does not alter the effect of the principle of the non–retroactivity of treaties.”

于埃及法院于2002年双边条约生效之后作出的判决（笔者注：埃及法院判决违反了2002年双边条约），而此前发生于2002年双边条约生效前的行为，违反了1977年双边条约。虽然，实际上这并没有什么区别；由于两个双边条约的保护条款基本是一致的，因而，争议是在2002年双边条约生效之后发生的，故2002年双边条约具有管辖权，并不会造成任何结果上的不同。而本案仲裁庭从上述案例中得出的结论是，理论上，申请人可就违反前一双边条约的行为，基于后一双边条约为依据提起索赔；前提是，争议是在后一双边条约生效之后产生的。

◆ 在Walter Bau v. Thailand案（比利时方援引）中，德国和泰国有两部连续性双边条约（1965年和2004年条约）。1965年条约的落日条款规定，对于该条约终止前的投资，条约条文将在终止后10年有效。2004年双边条约也明确终止了1965年条约。该案的指控是在基于2004年条约提起的，仲裁庭认为，ICSID有属事管辖权，因为2004年条约适用于其生效前的投资。但紧接着仲裁庭裁决，2004年条约的争议解决条款并未给仲裁庭属时管辖权来审理条约生效前所发生的争议。有关“任何争议”（any dispute）的一般性表述并不包含条约生效前产生的争议。其中最重要的裁决规则是，当前后两个条约实质性（substantively）内容差别很大（一部允许投资者——国家投资仲裁，另一部不允许），则后一部条约中的一般性语言并不能推翻“不可溯及既往”这一推定原则。

◆ 在ABCI Investments v. Tunisia案（比利时援引）中，涉及荷兰和突尼斯的两部连续条约（1963年和1998年条约）。1998年条约取代了1963年条约。其问题是在于，投资者能否就在1998年条约生效前发生的事件依据1998年条约提起指控。1998年条约规定，在1998年条约生效前发生的争议应持续由1963年条约规制。本案说明的情况是，如果双边条约有意处理过往争议，有关“产生”的词汇会用“发生过的”（arisen），而不是用“产生”（arising）。

◆ 为确保推理的完整性，仲裁庭分析了申请人为证明其主张而援引的Nordzucker AG v. Poland案。在该案中，1991年德国与波兰双边条约包括了一项争议解决条款，其限制争议解决条款的范围是“征收和资产转让之规定”（expropriation and capital transfer provisions），该条之后被2005年议定书修订，从而扩张了管辖权至：就1991年条约项下的权利和义务的、有关投资的任何争议。荷兰方称，2005年议定书并不适用于在议定书生效前发生的事件引发的争议。因而，该案例并不能支持将争议解决条款适用于条约生效前已存在的争议（pre-existing disputes）。该案仲裁庭总结，《维也纳公约》第 28 条同时适用于程序性义务和实质性义务，只要某事件在其发生时构成违反条约（a breach of the Treaty），则条约的管辖权条款将立即适用于旧“事件”。因而仲裁庭裁决 2005 年议定书的管辖权扩张适用于已存在的违反行为（pre-existing breaches）。但是该案裁决并未得到仲裁庭的采纳，理由或许是如仲裁庭指出的，该案裁决是依据对条约某一具体条款作出的。仲裁庭也未给出何以该案例不能支持中国平安的观点。

（vi）最终结论

仲裁庭依据完善的条约解释之原则来处理本案的问题。《1986 年中比双边条约》和《2009 年中比双边条约》最根本的区别如下：

（a）综合审查《1986 年中比双边条约》的第 10 条、议定书的第 6 条，对于征收、国有化或对类似措施补偿款额之争议，可以由投资者选择，递交给投资地的当地法院，或直接递交给国际仲裁（依据斯德哥尔摩商会规则或 ICSID 规则）；

（b）《2009 年中比双边条约》第 8 条的效力，是使得更加宽泛的争议（不限于征收和类似措施补偿款额相关）可提交给 ICSID 仲裁。

如前所述，双方认可的共同点是：争议发生于《2009 年中比双边条约》生效之前。仲裁申请书表明争议最晚（at the latest）在 2009 年 10 月 14 日业已发生，比利时政府也认为争议在《2009 年中比双边条约》生效前已经发生。同时，《2009 年中比双边条约》并未就条约生效前发生的、已根据《1986 年中比双边条约》进行通知但并未进入司法或仲裁程序的争议如何处理进行明确约定。[401] 因而，仲裁庭需解决的问题是：《2009 年中比双边条约》是否可被解释为，就题述事项的管辖权（subject-matter jurisdiction）可适用于在条约生效前存在的、基于《1986 年中比双边条约》项下的、已根据《1986 年中比双边条约》通知的争议。仲裁庭承认，如不对《2009 中比双边条约》进行上述解释，可能会导致《2009 年中比双边条约》生效时业已存在但并未进入司法或仲裁程序的争议，落入所谓的“黑洞”或两代双边条约的“仲裁空档期”之中。

---

401 Award. para.227. “As the Claimants accepted at the hearing，Article 10（2）is simply silent on the disposition of such disputes.” 意为：中国平安也于庭审中认可，《2009 年中比双边条约》的第 10（2）条对此种情形保持沉默。

因为其至少对申请人是否存在任何救济存有疑虑。

《1986年中比双边条约》项下是否还有其他仲裁救济：虽然仲裁庭认为是否还有其他救济不是该仲裁庭要解决的问题，但鉴于有仲裁申请人丧失其他救济的风险，仲裁庭仍然观察（observe）到以下情况：（a）《1986年中比双边条约》项下的争议（仅限于关于征收补偿款额相关的争议）可以在通知该等争议后6个月向当地法院或国际仲裁机构提起；（b）《1986年中比双边条约》落日条款保留了对于特定投资适用10年的效力；但需注意的是，此处的投资仅指那些在《1986年中比双边条约》截止日之前（before the date of expiry）即开始的投资，且适用的10年期限之起算日为截止日（for 10 years from the date of expiry）;《1986年中比双边条约》并未"截止"（expire），而是被《2009年中比双边条约》所替代（substituted and replaced）。而对于是否还能向比利时当地法院提起司法程序，仲裁庭并不对此表达观点。

就前述案例的观点：仲裁庭将不进行任何推定来反驳"溯及既往"，因为仲裁庭认为将一个新的争议解决机制适用于发生时即违法的行为，其本身并不是法律溯及既往地适用。仲裁庭亦不赞同使用限缩的、纯粹的语义解释之方式，认为这并不是合适的国际条约的解释方法。

仲裁庭认为，缔约双方本该知道争议（哪怕是在通知对方后）仍需要时间成熟从而进入司法或仲裁程序。从而仲裁庭意图推断：双方对于《1986年中比双边条约》项下已通知但还未成熟到进行司法、仲裁程序的争议究竟是何意愿。仲裁庭推测出**四种可能性**：（a）缔约双方认为该等争议落入《1986年中比双边条约》的范围（即使《2009年中比双边条约》替代了《1986年中比双边条约》）；（b）缔约双方认为第8条和第10条合起来足以阐明该等争议在《2009年中比双边条约》的范围以内；（c）双方可能只是简单地忘记处理这样的争议；或（d）双方可能故意决定不处理该等内容。[402] 仲裁庭否定了第3个可能性，认为双方几乎不可能是忘记阐明这个问题。仲裁庭并未直接否定其他三种推论，但是通过下述推演，仲裁庭得出结论：《2009年中比双边条约》无意涵盖前述争议情形。仲裁庭认为，有几个情况表明《2009年中比双边条约》不适用于题述争议：（a）按《2009年中比双边条约》第8（1）条、第8（2）条以及第10（2）条的字面意思理解，"争议"仅指条约生效之后产生的争议，不包括条约生效时"已经产生"的争议。（b）《2009年中

402 Award. para.220.

比双边条约》没有任何前言（preamble）可辅助解释。《2009 中比双边条约》的前言仅有非常有限的解释性作用，其表明，该条约的目的是通过为对方投资者的投资创设优惠条件而加强两国的经济合作。而该等孤立的目标，并不能得出以下推论，即对于《2009 年中比双边条约》前的处于仲裁空档期的争议（an arbitration gap for pre–2009 BIT disputes），应当以积极的解释来补齐。（c）第 10（2）条的一般性约定，即《2009 年中比双边条约》适用于条约生效前和生效后的投资，并不能帮助解决在条约生效前发生的争议的效力问题。（d）第 10（2）条排除适用已进入司法程序的争议并不能以其自身支持推定，即在《2009 年中比双边条约》之前通知的、未进入司法程序的争议必须进入《2009 年中比双边条约》的范畴。（e）第 10 条也没有明确意图来替代《1986 年中比双边条约》，从而并不能推定出已在《1986 年中比双边条约》项下通知但并未成熟到进入司法程序的争议将在《2009 年中比双边条约》项下继续存活（survive）。（f）最重要的是，若扩大解释得出上面的推论，则将使《2009 年中比双边条约》的争议解决条款扩大适用到所有已在《1986 年中比双边条约》项下发出通知但未进入司法或仲裁程序的争议，那么不仅将使这些争议解决条款包含 ICSID 管辖，也将可提起仲裁的争议种类由《1986 年中比双边条约》项下的“征收补偿款额的争议”扩大到“所有争议”。仲裁庭认为，该争议解决条款的目的之实质性范围是远比此限缩的。第 10（2）条的效力应当是，对于 2009 年 12 月 1 日之前进入司法程序的投资争议或指控应当按照《1986 年中比双边条约》处理。这就意味着，该等争议的范围仍然需被限制在“有关征收补偿款额”的范围。这就不再只是一个技术或程序性的问题：因为如果仲裁庭确认了《2009 年中比双边条约》项下的管辖权，将导致对于仲裁申请人来说，相较于其在《1986 年中比双边条约》项下可寻求的救济，在很大程度上扩大了的投资争议解决机制。这样说来，一个争议将仅仅由于《2009 年中比双边条约》的生效自动适用加强版争议解决机制。[403]

鉴于以上所有的原因，仲裁庭认为，《2009 年中比双边条约》中没有明确约定，亦没有默示约定或推定使得《2009 年中比双边条约》扩大的救济途径适用于《1986 年中比双边条约》项下发出通知但未进入司法程序的已发生争议。对于仲裁申请人是否仍有其他救济，仲裁庭不予置评。

---

403 对于最后一点的推理和分析理由，笔者并不认同。

（2）费用

《ICSID公约》第61（2）条之规定[404]授予了仲裁庭宽泛的自由裁量权来决定仲裁费用的承担。本案中，比利时政府于2015年2月3日递交了其费用申请，主张：若管辖权异议成立，比利时政府应当（从中国平安方）收取其法律和相关的行政费用（its legal and associated administrative costs），以及比利时政府方所承担的仲裁庭的费用和支出（fees and expenses of the Tribunal）和中心的收费（the charges of the Centre）。而中国平安在其2015年2月20日的费用申请中表示：如果仲裁庭认定其有管辖权，仲裁庭应在就案情作出实质裁决后再决定；如果仲裁庭决策其没有管辖权，仲裁各方应承担其自己的成本（its own costs）并等额分担仲裁庭和中心的费用和支出。

仲裁双方向仲裁庭提供其他ICSID仲裁庭的裁决做参考，该等裁决有：①裁定败诉方承担ICSID费用和仲裁员支出；②裁定败诉方此外还要承担胜诉方的法律费用（或其合理部分）；③裁定各方承担其自己的法律费用和支出并等额分担仲裁庭和中心的费用和支出。

此外，中国平安还指出，由于案情裁定并未有"胜诉方"（successful party），仲裁庭在依据《ICSID公约》第61（2）条行使自由裁量权时应考虑：①争议问题的复杂和新奇性；②比利时政府未在第一次程序听证会上确认其是否将提管辖权异议，导致中国平安第一次即就事实部分提交完整的书状（Memorial），从而大幅增加了中国平安的支出和仲裁的费用；③比利时政府仅在庭审开始时，才表示其在庭审中决定放弃对第五项异议的主张，而中国平安已经对该异议进行了完整驳斥。

仲裁庭根据以下事项行使其自由裁量权：①对于是由败诉方承担胜诉方的费用和支出，还是由双方各自承担自己的法律费用和支出并且等额分担仲裁庭和中心的费用，两种裁决实践中均有出现；②比利时政府最终胜诉（prevailed）；③属时管辖权是一个复杂、有难度的问题；④其他四项争议（作为大量的书面和口头论述的主体）不是本裁决的主体；⑤对于案情实质性的主张并未达成裁决。鉴于上述情况，仲裁庭决定中国平安和比利时各自承担其各自的仲裁程序的费用和支出，两方当事人等额分担仲裁庭的费用和支出，以及中心的收费。

404　详见脚注148。

4. 收获与观点

（1）对于属时管辖裁定的评议

整体看来，仲裁庭的裁决结果无法令人信服。此结果的出现一方面系因仲裁庭推演过程不完善所致；另一方面中国平安聘请的法律专业人士在策略、思路方面的错误及对己不利内容的自认亦是重要原因。

①仲裁庭方面

本案中，仲裁庭得出不具有属时管辖权的推导（reasoning）要点和逻辑脉络如下：

仲裁庭确定双方共同认可的事实基础：本案争议发生在《2009年中比双边条约》生效之前→

条约解释应当以“文本为首”，同时考虑缔约情况、缔约目的和缔约宗旨→

不可溯及既往是国际法的一个一般性的推定，适用于实质性条文（《维也纳公约》的文献评注中强调，一部条约是否溯及既往，根本取决于缔约双方的意愿）→

管辖权条款与条约的实质性紧密相连；在默示的情况下，条约推定不适用于条约生效前发生的争议→

《2009年中比双边条约》并无任何明示或默示意图来涵盖本案情形（条约生效前已通知但未进入司法程序的争议情形）→

因而得出结论：本案情形不可适用《2009年中比双边条约》（包括其争议解决条款），从而ICSID对本案没有（属时）管辖权。

在上述推演中，笔者认为，仲裁庭“对于《2009年中比双边条约》争议解决条款的解读”这个争议焦点的推理存在两点偏差[405]，导致不甚具有说服力的裁判结果：

（i）仲裁庭根据推测缔约双方意图，而得出结论称：《2009年中比双边条约》的争议解决条款未有意图涵盖本案情形。但仲裁庭在推测出“双方基本不可能忘记约定这种情形”以后，根据其没有发现“该种情形被涵盖在条约中”

405 除了正文中所述两点以外，笔者还认为，仲裁庭对于连续条约是否及如何替代，做出不予置评的评价，在其不支持中国平安通过《2009年中比双边条约》争议解决条款在ICSID寻求救济的同时，也未陈清是否能够通过就条约（《1986年中比双边条约》）寻求其他有效救济途径，整体的裁决思路不符合双边投资协定保护投资者的宗旨。

明示或默示的规定，直接跳入结论：《2009 年中比双边条约》无意涵盖本案情形。然而，正确的逻辑应为：双方没有忘记约定这个情形，同时，双方有明确的约定排除了某种情形（条约生效前已进入司法、仲裁程序的争议或索偿），因而推出：本案情形不在明确排除的情形范围内，双方亦考虑了该种情形，所以本案情形是双方意图纳入《2009 年中比双边条约》的适用范围内的。对于此点，笔者赞同中国平安对此的论述，然而却为其遗憾：由于辅助证明不足而未成功说服仲裁庭（下文将详述）。

具体来说，既然仲裁庭可以看出 2009 年缔约双方没有忘记约定本案情形，《2009 年中比双边条约》又明确约定了根据《2009 年中比双边条约》第 10（2）条规定中的“但书”（但是，本协定不得适用于在本协议生效前已进入司法或仲裁程序的与投资有关的任何争议或索偿。此等争议和索偿应继续按本条第一款提及的一九八四年六月四日的协定的规定解决），恰恰明确表明了其二者考虑了应当排除而不适用《2009 年中比双边条约》的情形，其他情形（包括本案情形）理应在涵盖的范围之内。

仲裁庭对此点的推演，是通过论证争议解决条款和不溯及既往的关系而得出：争议解决条款与实体条款紧密相连，因而除非明确约定，（与实体条款相同）溯及既往效力不得适用。故《2009 年中比双边条约》的争议解决条款，对于本案（未明确约定的情形）不得溯及既往适用。但其关键争议问题仍然存在：《2009 年中比双边条约》是否真的没有“明确约定”本案情形。如上论述，既然缔约双方意图考虑了 B 情形，最终条约明确排除了 A 情形，那么非 A 情形（包含 B 情形）不应当是明确涵盖的吗？

（ii）对于《2009 年中比双边条约》的第 10（2）条的解读，仲裁庭声称自己是依据《维也纳公约》、国际法的一般原则等采取“整体解读”方式进行的。且《维也纳公约》第 31（1）条的条约解释原则中，亦明确包括条约应当“按上下文”来解释。然而，实际上，仲裁庭在本案中对于条约的解读恰恰是相反的做法：其分割解读第 10（2）条的第一句，从而得出“投资”和“争议”不同的认定；进而分割解读第 10（2）条的第二句，从而得出：排除的争议类型不当然包括未排除的所有争议（如本案情形）。此处仲裁庭是通过用案例证明“争议解决条款若非明示，不得具有溯及既往效力”的方式来论证的。

笔者认为，对于上述解读，分开来看这两个层次的分析，其分别是有道理、有一定说服力的。然而，仲裁庭的分析看似详实，实则却背离了条约解释的根本原则，其分裂解读同一条文同一款中的前后语句，得出了偏差的结论。若依照条约解释原则——结合上下文来看，《2009 年中比双边条约》第 10（2）条前一句用的“投资”（investment），下一句用“但是”不得适用于某种“争议或索偿”（any dispute or any claim）。这恰恰体现了，条约原文中“投资”是广义的概念，后一句“但书”是对于前面“投资”大概念范围中特定情形（在本协议生效前已进入司法或仲裁程序的与投资有关的任何争议或索偿）的排除。正是由于仲裁庭割裂地理解，使得《2009 年中比双边条约》第 10（2）条的前一句约定的只是“投资”，到后一句但书排除的仅是某种“争议和索偿”,[406]天然地注入了一个逻辑空洞：“条约生效前作出的投资是适用的；但投资不等于争议；因而，条约生效前未进入司法仲裁程序的争议或索赔是空洞未明确的（black hole）。”笔者认为，这个逻辑空洞的形成是由于仲裁庭的不当解释方法而人为造成的结果。

②律师方面

笔者认为，本案仲裁经过也涉及中国平安的律师团队在本案论证思路中的错误，最终共同导致了对于中国平安不利的裁判结果。

首先，中国平安在庭审中确认，《2009 年中比双边条约》对于本案情形是“沉默的”（silent）。对此至关重要的关键争议点的“让步”，导致中国平安方丧失了对条约解释结果的可控性，将对本案情形适用的不确定性推给了仲裁庭，使不利的条约解释有了“可乘之机”。

其次，从庭审和证据准备角度，中国平安方有可能是策略失误，对关键的管辖争议焦点预判不够，未料想在一个条文——第 10（2）条的解读中就败下阵来，后面的其他证据证明再详实也无用武之地。对于条文解读的争议焦点部分，除《维也纳公约》第 31（1）条外，第 32 条也明文规定了“辅助性条约解释方法”（supplementary interpretation methods）：结合条约之缔约情况（circumstances）来辅助解释条约。试想一下，中国平安方律师是否可以辅助提交《2009 年中比双边条约》缔约前期、谈判商讨过程中缔约双方相关文本记录或缔约草案来辅助证明双方缔约时的意图？自 1998 年中国签署双边条约的争议解决条款策略进入新阶段，中方开始同意将投资相关的所有争议提交

406 按照逻辑，要符合仲裁庭的理解，条约文本表述完整逻辑表述应当为：“本协定……适用于 ××× 投资，以及由该等投资所引发的争议，但排除 ××× 种情形的争议”。但实际上并没有必要这样行文，且没有这样行文恰恰表明了缔约双方对于前句“投资”理解的范围之广，排除的情形也非常明确、有限。

仲裁，便有了扩大争议条款规定范围的意图。《2009 年中比双边条约》签署于 2006 年；通过研究缔约时双方的工作文件、起草草案、评注文献以及中国学者对缔约意愿的探究等文献著述，不难推出当时的缔约背景；上述缔约背景资料可辅助条约解读，从而协助论证得出：缔约双方对于排除的争议范围进行了明确的限缩；进而推导出：本案情形是“明确”不被排除的，且应是被纳入新条约适用范围内的争议类型。以上论述方案不失为一项重要的辅助手段来支持条约按照有利于中国平安方的角度解释。然而律师团并未从该等角度入手，没能为本方加上更多有利的砝码。

再次，即使对于上述情形之条约适用裁判倾向不甚明朗，对中国平安方潜在不利，中国平安方应当对另一个要点，即本争议是否是发生在本条约生效之前，进行更为有利的争取。在本案审理过程中，中国平安方却轻易地放弃了对这一点的争辩，在仲裁过程中多次承认：争议就是发生在《2009 年中比双边条约》生效之前。[407] 尤其是，2012 年 7 月 3 日，中国平安致函给在北京的比利时大使时，确认了中国平安于 2009 年 10 月 14 日所发信函构成《2009 年中比双边条约》第 8（1）条项下的“争议通知”。仲裁庭据此认定，“争议”最晚产生于 2009 年 10 月 14 日。因此，在策略上，中国平安方似乎可以选择更为有利的时间发起通知和提起仲裁，尤其是需进一步考虑到《1986 年中比双边条约》与《2009 年中比双边条约》的承继关系，可以在《2009 年中比双边条约》生效之后，（再次）发起通知，再提起仲裁，进而主张：争议发生的时间点（最晚点）是《2009 年中比双边条约》生效后；或换句话说，可以主张：争议是一直持续存在至《2009 年中比双边条约》生效之后，比利时政府对于条约的违反是持续性的。

若上述主张成立，则同时涉及中国平安是否可以选择性地（alternatively）同时主张：比利时政府违反了在《2009 年中比双边条约》项下的实质性义务造成违反条约行为。这个选择性主张可能被支持的理由有：（i）《2009 年中比双边条约》明确约定可以适用于条约生效前的投资，而中国平安对于富通公司的投资就在此列。（ii）同时，比利时政府的“国有化”干预行为一直存在，

407 Award. para. 130. 双方共同承认，争议发生在《1986 年中比双边条约》生效之时。Award. para. 205. 再次强调，双方共认争议发生在《2009 年中比双边条约》生效之前。“As indicated above, it is common ground that the dispute arose before the 2009 BIT came into force. The Request for Arbitration treats the dispute as having arisen at the latest by October 14，2009，and Belgium also relies on the fact that the dispute arose before the 2009 BIT came into force.”

在《2009年中比双边条约》生效以后，该等国有化行为仍然存在，且一直没有提供合理赔偿，从而"持续性违约"行为存在。(iii)此时，最好的支持案例便是本案中双方争论核心的案例Mavrommatis案。此案中，希腊政府的策略就是主张违约持续存在直到托管令生效之后，从而有力地避开了探讨"溯及既往"效力之论证和审判的难点。中国平安引用了该案例，却未能把握住该有利判例的精髓——不纠结溯及既往效力是否适用，而是主张争议事实持续存在。

复次，中国平安在仲裁申请中的主张还包括，要求依照《2009年中比双边条约》组建的仲裁庭确认比利时违反了《1986年中比双边条约》中的全面及时保护投资的义务；而对这项义务的违反，在《1986年中比双边条约》项下是不能成为可仲裁的事项的。因此，如中国平安的律师将关注点放在：比利时的行为构成了征收却未给予中国平安以足额的补偿，因而同时违反了两个双边条约，此种主张既是《1986年中比双边条约》规定的可仲裁事项，也属于《2009年中比双边条约》项下的可仲裁事项范围。此时，申请人可援引Jan de Nul一案的观点来支持自己的主张，不会致使仲裁庭认为其管辖权会导致前后两个条约出现实质性的不同。

最后，在管辖异议书中，比利时政府还指出，中国平安未依照《2009年中比双边条约》的要求完成仲裁前置程序，比如该条约要求6个月的磋商期，协商不成的，才能提起国际仲裁。而本案中，比利时政府声称，中国平安未进行有效通知，且在通知后2个月内（而非满6个月后）即提起了国际仲裁。虽然仲裁庭未将仲裁合意管辖异议进行处理，但这也给广大中国投资者敲响了警钟。即，在出现投资争端时，务必严格依照管辖权条款，处理好相应的仲裁前置程序，比如及时有效地发出争议通知，进行友好协商。否则可能会有风险——在经过几年的仲裁程序后因未满足这些前置条件而被驳回管辖权。

（2）律师和仲裁员的选任

①对本案中律师和仲裁员选任的反思

对于投资仲裁争议案件，中国投资者需要在海外、与东道国政府选用投资仲裁的方式进行维权对抗，此间非常关键的一步便是选择专业、合适的律师团队。一个好的律师团队，不仅是在案件本身的法律和事实分析、论证角度提供专业服务；笔者认为，案件的统筹管理等层面的专业服务同时具有相当甚至更高的含金量，这包括在仲裁申请提起前对策略、时机的把握，仲裁程序开始后提供建议合适的仲裁员，案件处理过程中的统筹和策略调整等。

本案中，律师和仲裁员的选任情况如下：

中国平安的代理律师团队是 Kirkland & Ellis 国际律师事务所英国伦敦办公室的三位律师（Messrs. Chris Colbridge，Phillip Kurek 以及 Chiraag Shah）和美国芝加哥办公室的一位律师（Mr. John Hartman）。比利时方委托的是布鲁塞尔一家当地律所的三名律师以及美国华盛顿 Foley Hoag LLP 律师事务所的两名律师作为顾问（counsel）。当仲裁庭组庭后，比利时政府提出其管辖权书状（Memorial on Jurisdiction）后，2014 年 3 月 19 日，中国平安补充选任 Professor James Crawford AC SC 作为共同顾问（co-counsel）。

本案的律师（及顾问）聘任及仲裁员的选任过程中，有下述两点值得我们注意和反思：

（i）Professor James Crawford AC SC这位著名的国际法专家由中国平安聘为共同顾问，是在比利时提出管辖权异议之后。由此看出中国平安意识到管辖权异议的争议焦点后，意识到律师团队需要额外的国际法专家来做顾问辅助，侧面体现了中国平安在第一次申请时对于管辖权异议未能合理预计难度、未足够重视，从而聘任 Professor Crawford 从时间和策略上看，略显被动。此后，比利时方指定的仲裁员 Professor Philippe Sands QC 提出，其与 Professor Crawford 在同一个工作室（Matrix Chambers）工作；并且他们在其他几个案件中同是共同顾问。

（ii）Professor Sands 的履历中已体现出其与比利时方委托的美国律师事务所 Foley Hoag LLP 有某种联系（link）。中国平安（于 2013 年 1 月 17 日、2 月 6 日）两次要求 Professor Sands 提供补充声明，进一步澄清关于此项潜在影响独立性的事实后，并没有对 Professor Sands 担任本案仲裁员提出异议。在 2013 年 2 月 5 日，本案双方还同意让两位边裁共同指定首裁；首裁是与 Professor Sands 同为英国人的 Lord（Lawrence）Collins of Mapesbury，LL.D.，F.B.A.。2 月 22 日，双方同意对仲裁员的指定，没有异议。

上述第一点涉及对方指定的仲裁员与中国平安方聘请的案件顾问在同一家工作室执业的问题。此处先简要介绍一下英国的工作室：英国的律师制度下，律师分为初级律师（solicitor）与出庭律师（barrister，又称大律师）；数个出庭律师基于费用成本等各方面因素会共同租用一个工作室来提供法律服务；其中，各出庭律师之间并不具有合伙关系或公司股东类似的关系。

《国际律师协会（IBA）国际仲裁中的利益冲突指引》[408]阐释道，尽管出庭律师工作室（Barristers' Chambers）从冲突的角度不应等同于律师事务所，且没有概括标准来约束出庭律师工作室，但具体考虑到出庭律师之间的关系时，有可能仍然要求其披露该等关系[409]。同时，在IBA利益冲突事项橙色清单（并不强制披露但可以选择披露的事项清单）中，3.3.2明确指出了仲裁员与另一仲裁员或另一方顾问在同一家律师工作室的情形。[410]这说明，虽然只是在同一家工作室，但此类情形也值得引起当事人的注意和警觉。

在本案中，虽然仲裁员Professor Sands与中国平安方顾问Professor Crawford在同一家工作室执业，并不构成当然的利益冲突（不同于在同一家律师事务所任职）；但是，若在本方无法把握该等关系是否会造成潜在不利影响的情况下，中国平安应当更加谨慎地考虑该等关系，而不应当直接放弃任何寻求进一步澄清关系甚至异议的机会。

对于上述第二点，关于仲裁员Professor Sands与对方聘任律师事务所的关系（link），虽然中国平安方曾两次要求进一步解释与澄清该等事实，然而最终并未在庭审结束前提出任何异议，放弃了利用潜在利益冲突关系扭转不利战局的机会。

② ICSID“取消仲裁员资格”（Disqualification of Arbitrator）机制

试想一下，如果综合上述两点潜在影响仲裁员Professor Sands独立性的

---

408 International Bar Association（IBA）Guidelines on Conflicts of Interest in International Arbitration（IBA Guidelines），adopted on 23 October 2014.

409 Part I General Standards Regarding Impartiality，Independence and Disclosure，Explanation to General Standard 6. IBA Guidelines. “Although barristers' chambers should not be equated with law firms for the purposes of conflicts，and no general standard is proffered for barristers' chambers，disclosure may be warranted in view of the relationships among barristers，parties or counsel.”

410 IBA Guidelines. Orange List 3.3.2. “The arbitrator and another arbitrator，or the counsel for one of the parties，are members of the same barristers' chambers.” Part II：Practical Application of the General Standards. IBA Guidelines. “The Orange List is a non-exhaustive list of specific situations that，depending on the facts of a given case，may，in the eyes of the parties，give rise to doubts as to the arbitrator's impartiality or independence.” “Orange List situations are generally not subject to disclosure. However，an arbitrator needs to assess on a case-by-case basis whether a given situation，even though not mentioned in the Orange List，is nevertheless such as to give rise to justifiable doubts as to his or her impartiality or independence.”

情况，中国平安想要尝试提起异议，在投资仲裁（ICSID）规则下应当如何操作？

在国际（包括国内）商事仲裁领域，对于仲裁员的利益冲突的机制是“挑战仲裁员”和仲裁员回避制度。以 ICC 仲裁规则为例：当事人可对仲裁员的偏倚、缺乏独立性等在特定时限要求内书面向仲裁秘书提交指控并阐明事实及原因（A challenge of an arbitrator，whether for an alleged lack of impartiality or independence，or otherwise，shall be made by the submission to the Secretariat of a written statement specifying the facts and circumstances on which the challenge is based.）。

在投资仲裁领域，ICSID 规则下仲裁员的回避不是直接“挑战仲裁员”，而是采取类似但不尽相同的用词 / 机制——仲裁员“取消资格”机制。根据《ICSID 公约》第 14 条[411]、第 37—40 条及第 56、57 条规定[412]，仲裁员主要应具备以下要求：（a）具有高尚的道德品行（high moral character）；（b）在法律（重点）、商业、行业或财务等领域具有公认的能力（recognized competence）；（c）可以被信赖进行独立裁判（independent judgment）。同时，若有明显不符上述任一要求（a manifest lack of the qualities required）或不

411　第 14 条：“一、指派在小组服务的人员应具有高尚的道德品质，并且在法律、商务、工业和金融方面有公认的能力，他们可以被新来作出独立的判断。对仲裁员小组的人员而言，在法律方面的能力尤其重要。二、主席在指派在小组中服务的人员是，还应适当注意保证世界上各种主要法律体系和主要经济活动方式在小组中的代表性。”［ICSID Convention. Article 14. “（1）Persons designated to serve on the Panels shall be persons of high moral character and recognized competence in the fields of law，commerce，industry or finance，who may be relied upon to exercise independent judgment. Competence in the field of law shall be of particular importance in the case of persons on the Panel of Arbitrators.（2）The Chairman，in designating persons to serve on the Panels，shall in addition pay due regard to the importance of assuring representation on the Panels of the principal legal systems of the world and of the main forms of economic activity.”］

412　第 57 条：“一方可以根据明显缺乏第十四条第一款规定的品质的任何事实，向委员会或仲裁庭建议取消其任何成员的资格。参加仲裁程序的一方还可根据第四章第二节以某一仲裁员无资格在仲裁庭任职为理由，建议取消该仲裁员的资格。”［ICSID Convention. Article 57. “A party may propose to a Commission or Tribunal the disqualification of any of its members on account of any fact indicating a manifest lack of the qualities required by paragraph（1）of Article 14. A party to arbitration proceedings may，in addition，propose the disqualification of an arbitrator on the ground that he was ineligible for appointment to the Tribunal under Section 2 of Chapter IV.”］

符合仲裁员国籍要求时[413]，仲裁当事人可以基于该等不符的事实依据向仲裁委（Commission）或仲裁庭（Tribunal）建议（propose）取消仲裁员资格。取消仲裁员资格的建议需要在仲裁程序宣告终止以前提出（《ICSID 仲裁规则》第 9 条）。[414]

③投资仲裁中律师和仲裁员选任的建议

笔者在最后对中国投资者在进行投资仲裁时对律师和仲裁员的选任，提出以下建议。

（i）关于仲裁员的选任

◆ 充分分析仲裁员背景，包括学术观点、过往裁判风格、“亲华”或相反倾向等；

◆ 关注仲裁员的国籍；

◆ 慎重把握潜在的利益冲突情形（如有）。

（ii）关于律师团队的选任

◆ 欧美律师为前线律师：现阶段来讲，以 ICSID 为例，其投资仲裁争议解决的规则制定、仲裁员备选库等，还是由欧美国家的法律专业人士占据主导；因此，熟悉其程序、具有英美法体系下庭审经验的资深欧美专业律师是中国投资者进行海外投资仲裁争端解决时必要的团队构成。

◆ 搭配国内外学者做共同顾问：投资仲裁案件中，多数时候涉及大篇幅的条约解释及国际法原则、规则的适用，选配具有国际影响力的国内外法学家作为共同顾问，在律师丰富的庭审技巧中，融入从学理角度更加深入、灵敏的国际法分析，也是十分重要的。

◆ 中国律师纳入律师团队并成为必要组成部分：中国投资者与欧美律师、外籍专家的语言、文化、思维方式、办案风格等有可能具有较大差异，从而

---

413 第 38 条：“主席根据本条任命的仲裁员不得为争端一方的缔约国的国民或其国民是争端一方的缔约国的国民。（ICSID Convention. Article 38. “Arbitrators appointed by the Chairman pursuant to this Article shall not be nationals of the Contracting State party to the dispute or of the Contracting State whose national is a party to the dispute.”）第 39 条：“仲裁员的多数不得为争端一方的缔约国国民和其国民是争端一方的缔约国的国民；但独任仲裁员或仲裁庭的每一成员经双方协议任命，本条上述规定则不适用。”（“ICSID Convention. Article 39. “The majority of the arbitrators shall be nationals of States other than the Contracting State party to the dispute and the Contracting State whose national is a party to the dispute; provided, however, that the foregoing provisions of this Article shall not apply if the sole arbitrator or each individual member of the Tribunal has been appointed by agreement of the parties.”）

414 关于取消仲裁员资格的具体机制，参见 https://icsid.worldbank.org/en/Pages/process/Disqualification-of-Arbitrators.aspx，最后访问时间 2019 年 8 月 23 日。

导致案件方案、策略的沟通协商过程中有可能出现偏差和错位。这时，将熟悉投资仲裁流程同时兼具大陆法和英美法背景的、有相关研究或实践经验的中国律师纳入中国投资者的投资仲裁律师团队，便自然成为必要选择。每个跨国案件的影响因素皆繁多、复杂，有了优秀的中国律师的加盟会在中国投资者和国外法律专家之间搭建桥梁、建言献策，多个促进因素综合作用，从而让案件争取最有利结果的可能性大大提升。

（3）关于本案裁判规则的总结

①连续条约的效力与承接

根据本案仲裁庭的裁决，我们可以推演出以下几个裁判要点：

（i）由于不可溯及既往的普遍推定的存在，只要没有明确规定具有溯及既往效力的条文，对于实质性条文，包括管辖权条文（被认为成与实质性条文紧密相连的条文）也推定为不可溯及既往。（本案仲裁庭还总结出，《维也纳公约》的不可溯及既往的推定同时适用于程序性义务及实质性义务。）

（ii）条约的适用性，也推定为：限于在条约生效之后发生的争议。

（iii）“条约生效前已存在的投资”与“条约生效前已发生的争议”，是两个概念，需要明确辨析。

在存在连续条约的情况下，仲裁庭通过审视过往类似案例得出的最重要的仲裁裁决规则是，如前后两个条约在实质性内容上差别较大（如本案中的情形，即两个双边条约中的争议解决机制的机构与可仲裁事项均不同），则后续条约中一般性的语言并不能推翻不可溯及既往原则。

实践中，如若投资者国籍所在国与东道国之间的双边条约存在连续条约的情形［包括前后两部条约或者前一条约后伴随新的修订（amendment）等情形］，我们建议投资者关注新条约（新修订稿）中条文约定（例如是否包括“本条约不适用于在条约生效前已发生的争议”等内容）以及旧条约的“落日条款”等。认真解读新旧条约的具体条文是进行具体案情分析的关键。此处，笔者总结其一般性规则是，若无明确约定，除非有其他相反证据，否则条约中争议解决条款的“任何争议”（若无明确条文予以涵盖）并不包括条约生效前所发生的争议。

② ICSID 管辖权的来源

《ICSID 公约》第 25（1）条规定：“中心的管辖适用于缔约国（或缔约国向中心指定的该国的任何组成部分或机构）和另一缔约国国民之间直接因投资而产生并经双方书面同意提交给中心的任何法律争端。当双方表示同意后，任何一方不得单方面撤销其同意。”[415]

其中，实践中，“书面同意提交给 ICSID”之管辖权要件的符合方式，很多情形是通过国家间的多边或双边条约的争议解决条款而达成“书面同意”的效果。因此，中国投资者在选择投资国或进行海外投资战略决策时，鉴于 ICSID 的众多优势和广泛采纳性，可关注中国与该国的双边或多边条约中的争议解决条款是否约定了 ICSID 管辖，从而为潜在的投资争议选择可靠的争议解决机制，为投资保驾护航。

③条约的解释原则

《维也纳公约》第 31（1）条规定：“条约应依其用语按其上下文并参照条约之目的及宗旨所具有之通常意义，善意解释之。”[416]第 32 条规定：“为证实由适用第三十一条所得之意义起见，或遇依第三十一条作解释而：（甲）意义仍属不明或难解；或（乙）所获结果显属荒谬或不合理时，为确定其意义起见，得使用解释之补充资料，包括条约之准备工作及缔约之情况在内。”[417]

由此，总结《维也纳公约》规定的条约解释方法，包含五个要件：（i）根据条约用语之通常含义（the ordinary meaning）；（ii）根据上下文（in their context）；（iii）参照条约之目的和宗旨（in the light of its object and purpose）；（iv）善意解释（in good faith）；（v）补充资料，包括条约的准备工作（the preparatory work of the treaty）及缔约的情况（the circumstances of its conclusion）。

对于条约并未明确约定的事项的适用性解释，根据本案仲裁庭的分析，可以看出，仲裁庭并未采取单一的、限缩性的解释，而是基于条约本身的文字语言和可推定的含义，结合上述解释原则来分析缔约双方的缔约意图。（但

415 ICSID Convention. Article 25（1）. “The jurisdiction of the Centre shall extend to any legal dispute arising directly out of an investment, between a Contracting State（or any constituent subdivision or agency of a Contracting State designated to the Centre by that State）and a national of another Contracting State, which the parties to the dispute consent in writing to submit to the Centre. When the parties have given their consent, no party may withdraw its consent unilaterally.”

416 VCLT. Article 31（1）. “A treaty shall be interpreted in good faith in accordance with the ordinary meaning to be given to the terms of the treaty in their context and in the light of its object and purpose.”

417 VCLT. Article 32. “Supplementary Means of Interpretation: Recourse may be had to supplementary means of interpretation, including the preparatory work of the treaty and the circumstances of its conclusion, in order to confirm the meaning resulting from the application of article 31, or to determine the meaning when the interpretation according to article 31:（a）Leaves the meaning ambiguous or obscure; or（b）Leads to a result which is manifestly absurd or unreasonable.”

笔者认为仲裁庭并未正确运用上述解释规则，反而抛却“上下文”原则，使用了割裂解释的方法，如上所述，此处不再展开。）

在条约解释过程中，有可能会涉的条约未明事项的解释方法，本案提供了很好的分析思路工具，缔约双方对于条约未明事项有四种可能性：（i）缔约双方认为该等争议落入《1986年中比双边条约》的范围（即使《2009年中比双边条约》替代了《1986年中比双边条约》）；（ii）缔约双方认为第8条和第10条合起来足以阐明该等争议在《2009年中比双边条约》的范围以内；（iii）双方可能只是简单地忘记处理这样的争议；或（iv）双方可能故意决定不处理该等内容。笔者认为，此四种情形基本涵盖了分析条约未予以明确约定的事项所需要考虑的可能性，不失为一项可供参考的方法，可以作为分析不同条约不同情形的起点。

四、“世能公司诉老挝政府”投资仲裁案

世能投资有限公司

诉

老挝人民民主共和国

投资仲裁案

（ICSID Case No. ARB（AF）/12/6）

---

1. 案件申请人及背景简介

（1）同一投资，两个投资主体

① Sanum Investments Limited（Sanum或世能澳门）是于2005年7月14日依照中国澳门特别行政区法律设立的公司。2007年8月24日，该公司与老挝当地合作伙伴ST公司（ST Holdings，ST）设立了老挝合资公司Savan Vegas & Casino Co.，Ltd.，主营业务为博彩业。为避免疑义，本案以下内容中，将Savan Vegas & Casino Co.，Ltd.简称为“世能老挝”或“Savan Vegas”。

② Lao Holdings N.V.（LHNV）注册于荷兰，成立时间为2011年1月28日。2012年1月17日，该公司通过收购的方式获取了世能澳门100%的股份，间接控制世能澳门在老挝的投资。

（2）案件信息

①PCA仲裁案基本信息

申请人	Sanum Investments Limited （注册地位于中国澳门特别行政区）
被申请人	老挝人民民主共和国
案件索引号	PCA Case No. 2013/13
仲裁开始时间	2012年8月14日
仲裁管理机构	海牙常设仲裁法院（Permanent Court of Arbitration，PCA）
仲裁形式	临时仲裁
仲裁地	新加坡
仲裁规则	《UNCITRAL仲裁规则》（2010）
仲裁依据	《中华人民共和国政府和老挝人民民主共和国政府关于鼓励和相互保护投资协定》（《中老双边条约》）
仲裁庭构成	仲裁庭由三名仲裁员组成： Dr. Andrés Rigo Sureda（首席仲裁员） Professor Bernard Hanotiau Professor Brigitte Stern
案件状态	已审结
裁决作出日	2019年8月6日
裁决结果	东道国胜诉
费用承担	投资者承担东道国律师费以及全部仲裁费用

②ICSID仲裁案基本信息

申请人	LAO HOLDINGS N.V.（LHNV）（注册地位于荷兰）
被申请人	老挝人民民主共和国
案件索引号	ICSID Case No. ARB（AF）/12/6
仲裁开始时间	2012年8月14日
仲裁管理机构	ICSID
仲裁形式	机构仲裁
仲裁地	新加坡
仲裁规则	《ICSID附加便利规则》
仲裁依据	《荷老双边条约》

续表

仲裁庭构成	仲裁庭由三名仲裁员组成： The Honourable Ian Binnie, C.C., Q.C. Professor Bernard Hanotiau Professor Brigitte Stern [418]
案件状态	已审结
裁决作出日	2019 年 8 月 6 日
裁决结果	东道国胜诉
费用承担	投资者承担东道国律师费以及全部仲裁费用

（3）案情简介

①世能澳门投资老挝博彩业

John Baldwin 和 Shawn Scott 为两名美国籍商人。他们利用两个投资主体，即荷兰公司（LHNV）和中国澳门公司（世能澳门）与老挝当地合作伙伴 ST 合作，拟在老挝境内与泰国交界处经营两处赌场和三家老虎机俱乐部。截至仲裁开始之日，Savan Vegas 赌场已经建成且运转良好，而另一处赌场 Paksong Vegas 并未建设。

在 Savan Vegas 项目中，世能澳门和 ST 各占 40%，老挝政府占 20%。依照当地博彩业税收征管惯例，老挝政府同意向该项目征收单一固定税率并签署了单一固定税率协议（Flat Tax Agreement，FTA），有效期为 5 年，自 2009 年 9 月 1 日起至 2013 年 12 月 31 日止。据世能澳门称，5 年期满后，政府同意签署新的单一固定税率协议，直至 50 年期满。

然而，随后世能澳门与当地合作方 ST 公司关系破裂，ST 公司终止了与世能澳门的合作，且将争议诉诸当地法院解决，并将申请人排挤出盈利能力最强的 Thanaleng 老虎机俱乐部。据世能澳门主要负责人称，ST 公司与老挝政界关系紧密。该公司促成了老挝政府一系列针对投资者投资的错误行为，以至于申请人的投资被老挝政府完全剥夺。老挝政府的一系列行为包括，拒绝对 FTA 延期、拒绝颁发投资所需的项目建设许可、对赌场进行税务和财务调查、催缴本应按照 FTA 免除的税款，查封赌场、驱逐员工、替换高级管理人员、对主要人员进行刑事审查，以及违反后来双方达成的和解协议的其他措施等。

418　请注意，除首席仲裁员以外，另外两名仲裁员在两个并行的仲裁程序中同时担任仲裁员。

2012 年 1 月 17 日，LHNV 通过并购重组的方式获取了世能澳门 100% 的股份，成为世能澳门全资股东[419]，并间接控制世能澳门在老挝的投资。

②世能澳门和 LHNV 提起国际仲裁

2012 年 8 月 14 日，世能澳门依照《中老双边条约》，就其与老挝之间的投资争议提起了临时投资仲裁，仲裁管理机构为海牙常设国际仲裁法院（PCA）。同日，荷兰公司 LHNV 作为世能澳门的母公司，依照《老挝人民民主共和国与荷兰王国关于鼓励和相互保护投资协定》（以下简称《荷老双边条约》）向解决国际投资争端国际中心（ICSID）提起了投资仲裁，仲裁规则为《ICSID 附加便利规则》。两起仲裁的仲裁地均位于新加坡。

（4）仲裁程序及仲裁请求

① PCA 和 ICSID 仲裁程序同时开始

2012 年 8 月 14 日，申请人世能澳门和 LHNV[420] 请求仲裁庭，确认老挝政府存在征收其投资却未予补偿以及违反协定的其他行为。此处的投资，包括 Savan Vegas 赌场的项目开发许可，三处老虎机俱乐部，以及在 Savannakhet 机场的预期扩建和在 Thakhet 经济特区的发展机会。申请人诉请的老挝政府违反协定的行为，包括：向赌场征收 80% 的所得税，违反公平原则对 Savan Vegas 酒店和赌场进行审计，滥用公权力协助 ST 公司收购本属于申请人的财产。申请人声称，截止到 2016 年 8 月 31 日其投资损失价值介于 6.9 亿美元至 10 亿美元之间。

②仲裁管辖异议

2013 年 12 月 13 日，PCA 仲裁庭作出确认其管辖权的裁决；因仲裁地位于新加坡，2015 年 1 月 20 日，新加坡高等法庭（The High Court of the Republic of Singapore）依据新加坡《国际仲裁法》行使司法审查权，裁定 PCA 仲裁庭无管辖权；2016 年 9 月 29 日，新加坡上诉法庭（Court of Appeal of the Republic of Singapore）[421] 推翻了高等法庭的裁定，确认了 PCA 仲裁庭的管辖权。

2014 年 2 月 21 日，ICSID 仲裁庭作出确认其管辖权的裁决。

---

419 这也成为老挝政府提起仲裁管辖异议的一个根据，见后文详述。

420 因两起仲裁依据的案件事实混杂在一起，除非特别说明，本案中申请人皆指世能澳门和 LHNV。

421 新加坡高等法庭和上诉法庭均为新加坡最高法院（Supreme Court）内设审判机构。其中上诉法庭判决为终审判决。

③双方和解及后续程序

2014年6月15日，世能澳门、LHNV和老挝政府签订和解协议，2014年6月18日，签订补充协议，合称为“和解协议”。两起仲裁程序故而中止。

2014年7月，申请人LHNV首次提出，被申请人违反和解协议，于2015年6月10日被ICSID仲裁庭驳回。[422]

2014年8月11日，老挝政府根据和解协议中的争议解决条款，向新加坡国际仲裁中心提出仲裁申请，要求世能澳门、LHNV履行和解协议项下的义务。

2017年12月15日，PCA和ICSID仲裁庭均确认，被申请人行为违反了和解协议第8条和第23条；根据和解协议第32条，两个仲裁程序重启，但并未合并程序。

随后，申请人又提出两个与本案相关却独立的仲裁申请，分别为：（i）Lao Holdings N.V. v. Lao People's Democratic Republic [ICSID Case No. ARB（AF）/16/2]；（ii）Sanum Investments Limited v. Lao People's Democratic Republic（ICSID Case No. ADHOC/17/1）。本书中，新提起的仲裁案件并不作为讨论的重点；除非特别说明，本书中ICSID仲裁案，仅指案号为ICSID Case No. ARB（AF）/12/6的仲裁案件，而PCA仲裁案，仅指案号为PCA Case No. 2013/13的仲裁案件。在日期为2018年1月14日申请人写给仲裁庭的信件中，申请人请求将本案[423]庭审延后，待上述新仲裁程序庭审后再进行，遭到被申请人拒绝。

④仲裁重启及申请人变更其仲裁请求

2018年3月26日，申请人提出变更仲裁请求，将ICSID仲裁请求限于以下四项投资：（i）Thanaleng老虎机；（ii）Savan Vegas赌场；（iii）the Ferry Terminal渡轮码头；（iv）Lao Bao slots（一种赌博机）。将PCA仲裁请求限于如下范围：老挝政府对Thanaleng、Paksan、Thakhet、Paksong Vegas旅馆及赌场（Hotel and Casino）之征收。

---

422 尽管PCA仲裁庭在其裁决中表明，其曾经作出过下列裁定——因和解协议引发的争议的临时裁定（日期为2014年12月19日）（Interim Ruling on Issues Arising Under the Deed of Settlement of 19 December 2014）以及针对申请第二次提出的实质违约申请所作出的裁定（日期为2017年12月15日）（Decision on the Merits of the Claimant's Second Material Breach Application of 15 December 2017）。但笔者尚未查询到这两份文件具体内容，因此，笔者未能确定世能澳门于何时向PCA仲裁庭提出重新启动仲裁的申请，但可以确定的是，PCA仲裁庭于2017年12月15日作出裁定重启本仲裁程序。

423 此处是指：Lao Holdings N.V. v. Lao People's Democratic Republic [ICSID Case No. ARB（AF）/12/6] 以及 Sanum Investments Limited v. Lao People's Democratic Republic（PCA Case No.2013/13）.

⑤实体审理及作出仲裁裁决

2018 年 9 月 3 日至 9 月 7 日，两起仲裁庭审程序在新加坡合并进行[424]。2019 年 7 月 17 日，两个仲裁程序均告终止。2019 年 8 月 6 日，仲裁裁决作出。

（5）仲裁结果[425]

第一，ICSID 仲裁庭认为，申请人未能举证证明，老挝政府针对 Thanaleng、Savan Vegas 和老虎机俱乐部的行为违反了《荷老双边条约》中第 3（1）、3（2）、4 条的规定，也未能举证证明，就 Savan Vegas 项目本身，老挝政府的行为对《荷老双边条约》第 3（4）条之违反。[426]

第二，尽管仲裁庭发现，被申请人并没有以“清晰且令人信服的证据”（clear and convincing evidence）证明申请人存在贿赂和贪污行为，然而，有证据表明，申请人的主要负责人 John Baldwin 先生与老挝当地顾问 Sengkeo 女士之间存在多笔财务交易，而 Sengkeo 女士与政府官员之间进行过沟通。这些证据累积起来，从较低的“盖然性权衡”（the lesser standard of a balance of probabilities）标准审查，可以证明，在某些投资及不诚信方面，申请人存在严重的财务不当行为。

第三，ICSID 仲裁庭认为，虽然老挝政府的表现并不总是适当的（例如，仲裁庭认为，老挝政府第二次实质性违反和解协议，而政府官员无可争议地造成 LHNV 与老挝政府之间的关系更加恶化）；但是，申请人并未证明其有任何合法的预期，亦未证明被申请人有其他违反双边投资协定的行为，包括违反公平、公正待遇条款。

第四，申请人的主要证人 John Baldwin 先生的证言与大部分文件不一致，也不可靠。申请人，依照 John Baldwin 先生的指示，收买关键证人 Sengkeo 女士，使其拒绝在庭审中出庭作证，这从根本上影响了仲裁的公正性。

综上，ICSID 仲裁庭和 PCA 仲裁庭均裁决，申请人未能尽到举证义务，致其败诉；且申请人需承担被申请人律师费用及全部仲裁费用。

---

424 笔者提请读者注意，此处仅为庭审程序合并进行，仲裁程序并未合并。

425 此处指 ICSID 仲裁裁决结果。PCA 仲裁裁决结论已基本被 ICSID 裁决覆盖，且论述范围较小，故不再单独叙述。

426 两起投资仲裁案件中，在 LHNV 作为申请人的仲裁案中，申请人诉请被申请人违反了公平与公正待遇条款的条约义务以及构成征收；在世能澳门作为申请人的案件中，仅请求被申请人的行为构成征收行为。这与两个双边投资协定（《中老双边条约》与《荷老双边条约》）内容规定之不同有关。

（6）笔者就本案的初步思考

如上所述，就同一事实背景，投资者（运用其两个投资实体、依据两个投资双边条约）开启了两个并行的投资仲裁程序。世能澳门与其母公司LHNV分别依照不同的管辖依据，向不同的机构提起了投资仲裁。投资者与老挝政府之争议，历经两个案件的管辖异议；于2014年达成和解协议。在和解协议中，双方约定了新的争端解决机制；并在实体义务方面，老挝政府同意帮助世能澳门出售资产，最大限度地获得回报。后老挝政府以申请人违反和解协议为由，强行接管项目公司，更换高管，开出7000万美元的补缴税款催收单，收回原本同意颁发的项目建设等一系列许可；并在Sanum项目公司附近又许可另一家竞争者的进入。申请人随即于2014年提出，老挝政府实质性违反和解协议，因而要求恢复原仲裁程序，被仲裁庭驳回；其后，申请人再次诉请老挝政府实质违反和解协议，故而提出要求恢复原仲裁程序的申请，仲裁庭终于确认管辖权，恢复了原已中止的仲裁程序。

两起仲裁案件的最终裁决于同一日（2019年8月6日）作出，且结论相同，即投资者因未能举证证明被申请人东道国存在违反条约义务的行为，且其自身在投资之初及投资过程中均存在可疑的“不诚信恶意行为”，无法获得条约的保护；投资者因此败诉，且需承担被申请人的律师费用及所有仲裁费用。至此，两项基于同样的事实基础的长达7年的马拉松式投资仲裁程序，尘埃落定。

笔者之所以花费诸多笔墨整理本案，是因为本案中有多项教训值得我们总结，对其他投资者可能有所启发。本案中，投资主体层层追溯至其实际控制人为美国国籍自然人，然而，本案中因其设立了澳门公司和荷兰公司，从而可以分别援引中国和老挝之间的双边投资协定以及荷兰和老挝之间的双边投资协定进行投资保护。虽实际控制人并非中国公民，但因其进行的国籍筹划而使得《中老双边条约》得以被援引；申请人以《中老双边条约》作为法律依据，提起PCA国际投资仲裁。因PCA案与ICSID案的案情基本一致，无法分割，虽然两起仲裁最终未合并审理，但本文将在承认其独立性的基础上综合讨论。

笔者认为，被申请人在两个投资仲裁过程中采取的策略，值得其他投资者警醒。其中关键点在于：

（i）以《中老双边条约》不能适用于澳门为主要理由，提出针对世能澳门作为申请人的投资仲裁案的属地管辖异议；

（ii）以投资者在争议产生之后再取得荷兰国籍为主要理由，提出针对荷兰公司作为申请人的投资仲裁案的属时管辖异议；

（iii）进入实体审理阶段后，被申请人提出，申请人在投资之初及投资过程中均存在通过贿赂非法获得许可等行为，此类恶意行为将使得投资者无法获得投资保护；

（iv）被申请人提出，其针对投资者的一系列行为皆事出有因，并非违反投资保护的行为。最终，仲裁庭在实体审理中采纳了被申请人的说法；通过逐一对证据材料进行分析后，最终确认了投资者的行为属于“不诚信恶意行为”，其提出的每一项被申请人侵害的投资权利均无法律依据。

笔者将在下文集中就管辖权问题以及实体审理中的关键点进行整理和解析。

2. 仲裁庭管辖权问题

众所周知，确认仲裁庭的管辖权，对于投资争议来讲，具有非凡的意义。投资争端的争议解决条款，通常包含在投资者母国与东道国之间的双边或多边投资保护协定或公约中，对于某些特定行业，还可以存在于投资者与东道国之间签署的投资协议等合同文件中，甚或是东道国的法律法规中。在这些争议解决条款中，常见的争议解决方式有，东道国司法机关诉讼解决、行政机关复议、国际仲裁等。相较于其他争端解决方式，国际仲裁无论从公正公平中立的角度，还是裁决的承认和执行方面，都具有无可比拟的优势。因此，当投资者与东道国发生投资争议时，能够确定国际仲裁庭的管辖权便显得至关重要。

在上述两个并行的国际投资仲裁案件中，被申请人老挝政府均提起了管辖异议。最终，两个仲裁庭均确认了自己的管辖权。其中PCA仲裁案中，PCA首先确定了自己的管辖权，随后，被申请人向仲裁地司法机关新加坡高等法庭申请撤销该裁决，获得了该法院的支持。后新加坡上诉法庭推翻原判决，最终确认了仲裁庭的管辖权。有关新加坡法院司法审查的问题，笔者将在后文说明。在ICSID仲裁案中，仲裁庭最终以老挝政府未能尽到举证义务为由，驳回了其管辖异议申请。

（1）PCA仲裁管辖异议裁定

① PCA案管辖异议争议焦点

PCA仲裁案中，世能澳门注册地澳门地区与老挝之间并未订立任何投资保护协定，因此，是否能援引《中老双边条约》对其投资加以保护，对于投资者来说至关重要。本案关于管辖异议的争议焦点有二：其一为中国和老挝之间签署的双边投资协定能否适用于澳门特别行政区；其二为投资者提起的投资仲裁申请事项是否属于仲裁管辖范围。

②新加坡上诉法庭裁定结果：PCA 仲裁庭对争议具有管辖权

新加坡上诉法庭，于 2016 年 9 月 29 日，就案号为（2016）SGCA 57 一案作出终审裁定，认定 PCA 仲裁庭对世能澳门诉老挝政府一案中的争议具有管辖权。

中国对香港和澳门地区施行“一国两制”政策，就澳门地区的协定适用问题，中国在外交部给老挝外交部的回函中已经明确表示，且在后续的记者招待会上再次进行了确认，即中国政府并没有将中国与其他国家签署的条约或协定自动适用于特别行政区的意图。然而，新加坡上诉法庭还是不顾中国和老挝现在的真实意图，裁定了该双边投资协定适用于澳门地区。可见，在国际法意义上讲，中国外交部的函件，或者记者招待会的问答，或不足以产生改变国际条约适用范围的效果。

③被申请人提交的关键证据

（i）第一份关键证据：中国和老挝政府之间的外交照文（2014NVs）（以下简称 2014 年外交照文）

这份证据包含两份外交函件，第一份函件载明的日期为 2014 年 1 月 7 日，是老挝外交部写给中国驻老挝首都万象大使馆的；内容是，老挝政府认为，中国和老挝之间的双边投资协定不适用于澳门特别行政区，请中国确认双方在该问题上理解一致。第二份函件是中国驻老挝首都万象大使馆的回函，确认了除非双方在未来另有约定，中国和老挝之间的双边投资协定不适用于澳门特别行政区，日期为 2014 年 1 月 9 日。这一证据显然对案情进展起到了关键作用。新加坡高等法庭法官即是因为接受了这份证据，并赋予了它强有力的证明力，才据此认定仲裁庭对该争议没有管辖权的。理由是，这两封外交函件是缔约国之间的真实合意，这是中国和老挝两国之间对于双边投资协定不适用于澳门特别行政区这一问题的确认，双方的共同立场一直如此，并未因此而改变双方的法律地位。因此，新加坡高等法庭据此认定，《中老双边条约》不能适用于澳门特别行政区，因此，世能澳门不能援引《中老双边条约》中的争议解决机制条款提起本次投资仲裁。

（ii）第二份证据：《中葡联合声明》（1987）

在《中葡联合声明》附件一《中华人民共和国政府对澳门的基本政策的具体说明》第八条中，中国声明，将于 1999 年 12 月 20 日对澳门恢复行使主权，设立澳门特别行政区，施行“一国两制”。中国缔结的国际协议，中央人民政府可根据情况和澳门特别行政区的需要，在征询澳门特别行政区政府的意见后，决定是否适用于澳门。

（iii）第三份证据：中国和英国之间对香港问题的处理实践类比，中国缔结的国际条约不会自动适用于香港地区。

（iv）第四份证据：2001 年 WTO 报告显示，除了与葡萄牙签署的两份协定之外，澳门地区未签署过其他双边投资协定或税务协定。

④新加坡上诉法庭裁定推理过程

（i）新加坡高等法庭对仲裁决定具有司法审查权

针对这个问题，申请人最初提出，《中老双边条约》的解释与适用属于单纯的国际法问题，新加坡国内法不应适用，因此新加坡法院对此没有管辖权。但申请人在上诉时并没有就此问题继续争论，因此法院无需进行解释和分析。但是为保证判决的完整性，法院还是对其管辖权问题作出了分析。

在法院看来，针对本案，新加坡最高法院[427]不仅有管辖权，而且必须行使该管辖权。理由是，争议双方选定新加坡作为仲裁地，故新加坡《国际仲裁法》（International Arbitration Act，Cap 143A，2002 Rev Ed，IAA）适用于该仲裁程序。根据 IAA 第 10 章，新加坡最高法院高等法庭和上诉法庭有权审查仲裁庭的管辖权问题。[428]本案中仲裁庭管辖权的法律依据来自中国和老

427 新加坡最高法院，由新加坡高等法庭和上诉法庭组成，审理刑事和民事案件。“The Supreme Court consists of the High Court and the Court of Appeal and hears both criminal and civil cases.” https：//www.supremecourt.gov.sg/about-us/the-supreme-court/singapore-judicial-system，最后访问时间 2019 年 8 月 26 日。

428 新加坡最高法院高等法庭和上诉法庭针对本案行使司法审查权的法律依据为《国际仲裁法》第 10 章，其英文原文为：

10-...

（2）An arbitral tribunal may rule on a plea that it has no jurisdiction at any stage of the arbitral proceedings.

（3）If the arbitral tribunal rules -

（a）on a plea as a preliminary question that it has jurisdiction；or

（b）on a plea at any stage of the arbitral proceedings that it has no jurisdiction，any party may，within 30 days after having received notice of that ruling，apply to the High Court to decide the matter.

（4）An appeal from the decision of the High Court made under Article 16（3）of the Model Law or this section shall lie to the Court of Appeal only with the leave of the High Court.

笔者概括其含义如下：

第 10 章

……

（2）仲裁庭可在仲裁程序的任何阶段，就“仲裁庭无管辖权”的抗辩作出裁定。

（3）如仲裁庭对该抗辩

（a）作为一个初步问题，裁定其有管辖权的；或者

（b）在仲裁程序的任何阶段，裁定其没有管辖权的。

任何一方，有权在收到该裁定之日起 30 日内，向高等法庭提出请求，请求其对该问题作出决定。

（4）就高等法庭依照《示范法》第 16（3）条和本章作出的决定提起上诉的，需在获得高等法庭许可的前提下提交至上诉法庭。

挝之间的双边投资协定；为确认仲裁庭对仲裁申请事项是否具有管辖权，法院需要对新加坡并非主体的《中老双边条约》进行解释。法院继续表明，法院在对仲裁庭的裁定进行判定时，无需考虑先前仲裁庭的裁决结果，但是会考虑这些裁决中有说服力的推理部分。法院只关注，中国和老挝作为缔约国针对这一特定协定都作出了哪些行为，以判定该协定是否适用于澳门特别行政区。其他国家缔结其他协定，或者中国和老挝之间缔结的其他协定，都与本案无关。

（ii）焦点之一适用的国际法规则以及法院判决的推理过程

（a）《维也纳公约》第31条

条约应依其用语按其上下文并参照条约之目的及宗旨所具有之通常意义，善意解释之。就解释条约而言，上下文指连同正文内容、前言、附件以及其他与缔结条约有关的文件和协议。[429] 第31条如下：

第三十一条　解释之通则

一、条约应依其用语按其上下文并参照条约之目的及宗旨所具有之通常意义，善意解释之。

二、就解释条约而言，上下文除指连同弁言及附件在内之约文外，并应包括：

（甲）全体当事国间因缔结条约所订与条约有关之任何协定；

（乙）一个以上当事国因缔结条约所订并经其他当事国接受为条约有关文书之任何文书。

三、应与上下文一并考虑者尚有：

（甲）当事国嗣后所订关于条约之解释或其规定之适用之任何协定；

（乙）嗣后在条约适用方面确定各当事国对条约解释之协定之任何惯例；

（丙）适用于当事国间关系之任何有关国际法规则。

429　仲裁庭依据第31条总结的原则原文如下：The rules of treaty interpretation are governed by Art 31 of the VCLT which encapsulates the following key principles：（a）Treaties are to be interpreted in good faith in accordance with the ordinary meaning to be given to the terms of the treaty，both（i）in their context；and（ii）in the light of the object and purpose of the treaty.（b）The context includes the text，preamble and annexes and any other instrument or agreement which was made in connection with the conclusion of the treaty. The court may also consider：（i）any subsequent agreement between the parties regarding the interpretation of the treaty or its application；and（ii）any subsequent practice in the application of the treaty which establishes the agreement between the parties.

四、倘经确定当事国有此原意，条约用语应使其具有特殊意义。

因此，法院也可考虑缔约国对于协定解释及其适用的嗣后协定，以及在协定适用问题上能体现双方合意的嗣后实践。

（b）VCST 第 15 条：移动条约边界（Moving Treaty Frontier）规则（MTF 规则）

该条款的主要含义为：一国的疆域变化时，其签订的条约，除非条约中明确约定不适用，或者将条约适用于变更的疆域会与其他证据表明条约的标的和目的不兼容，或者明显改变条约的施行，否则都默认为条约适用范围跟随疆域的变化而变化。[430]

双方认可《维也纳公约》第 29 条和 VCST 第 15 条作为国际习惯法，对缔约国具有法律约束力，可适用于本案。

（c）《维也纳公约》第 29 条：有关条约适用范围

除条约有不同意思表示，或另经确定外，条约对每一当事国之拘束力及于其全部领土。[431]

简言之，当一国的疆域变动时，条约随边境移动法则自动适用，除非有相反证据可以排除适用。在本案中，当中国对澳门恢复行使主权时，即推定葡萄牙订立的各类协定和条约对澳门地区不再适用，而中国签订的协定和条约将自动适用于澳门地区，除非有特定事项能够推翻该推定。综合上述适用的国际法规则，此处的特定事项即指以下事项：

---

430 该条原文如下：

Article 15 Succession In Respect of Part of Territory

When part of the territory of a State, or when any territory for the international relations of which a State is responsible, not being part of the territory of that State, becomes part of the territory of another State:

（a）treaties of the predecessor State cease to be in force in respect of the territory to which the succession of States relates from the date of the succession of States; and

（b）treaties of the successor State are in force in respect of the territory to which the succession of States relates from the date of the succession of States, **unless it appears from the treaty or is otherwise established that the application of the treaty to that territory would be incompatible with the object and purpose of the treaty or would radically change the conditions for its operation.**（emphasis added）

431 VCLT. Article 29. “Territorial Scope of Treaties Unless a different intention appears from the treaty or is otherwise established, a treaty is binding upon each party in respect of its entire territory.”

◆ 从《中老双边条约》来看，或者其他方面的证据表明，将《中老双边条约》适用于澳门地区将导致与该双边投资协定的宗旨和目的不兼容；[432]

◆ 从《中老双边条约》来看，或者其他方面的证据表明，将《中老双边条约》适用于澳门地区将明显改变条约的施行；[433]

◆ 从《中老双边条约》或者其他证据可以得出缔约方并没有将双边投资协定适用于中国全疆域的意图。

以上例外事项中，前两项皆不适用于本案，理由正如仲裁庭分析的那样，《中老双边条约》中约定了协定的宗旨和目的为发展两国之间的经济合作、对投资加以保护，将双边投资协定适用于澳门地区不会致使其宗旨和目的不兼容，相反，适用至澳门地区会增大投资数量并且在更大范围内增进经济合作。《中老双边条约》适用于澳门地区也不会明显改变该双边投资协定的施行。因此，若老挝政府欲证明《中老双边条约》不适用于澳门地区，必须举证证明：从双边投资协定本身可以看出缔约国有不将该双边投资协定适用于澳门地区的意图；或者有其他证据表明缔约国有不将双边投资协定适用于澳门地区的意图。

（d）《中老双边条约》未排除适用 MTF 规则

法院认为，首先需审查，从双边投资协定本身是否可以看出缔约国有不将该协定适用于澳门地区的意图。根据《中老双边条约》，无论是正文、宗旨、目标，还是结论部分，均未显示缔约方有突破移动条约边界规则而不将该协定适用于澳门地区的意图。《中老双边条约》并未对该协定是否适用于澳门地区进行规定。

《中老双边条约》签订于 1993 年，在 1987 年《中葡联合声明》中，双方已经确定 1999 年中国对澳门恢复行使主权，因此，在 1993 年签订《中老双边条约》时，双方应该考虑是否将该协定适用于澳门地区的事宜。即便由于忽略了这一问题而在缔结双边投资协定时对此保持沉默，如果双方的确有排除适用移动条约边界规则的意图，在澳门回归中国后，缔约国之间也应就此问题在双边投资协定层面再次进行审查并进行确认，然而时至今日，缔约方依然未采取这类措施。

因此，通过审查《中老双边条约》，法院未发现缔约方有排除适用移动条

432 详见《关于国家在条约方面的继承的维也纳公约》第 15（a）条。

433 详见《关于国家在条约方面的继承的维也纳公约》第 15（b）条。

约边界规则、不将双边投资协定适用于澳门地区的意图。如双方未对移动条约边界规则这一国际习惯法加以排除，则该原则将在中国对澳门恢复行使主权时自动适用于澳门。

（e）是否有“其他证据”证明缔约方有不将《中老双边条约》适用于澳门地区的意图

法庭在对上述问题进行分析之后，转而分析是否有“其他证据”证明缔约方有不将《中老双边条约》适用于澳门地区的意图，法庭采取的证明标准为“盖然性权衡”标准。此处的“其他证据”指的是，老挝政府提交的证据（笔者已经在上文列出，下文中将对这些证据如何认定一一介绍）。老挝政府的主张能够获得新加坡高等法庭的支持，2014 年外交照文起到了至关重要的作用。该证据被视作缔约双方针对协定解释或适用范围的“嗣后协定”（Subsequent Agreement）。而上诉法庭却根据“关键日期”规则以及《维也纳公约》第 15 条、第 27 条和第 29 条排除了这份证据的适用。下面简要介绍上诉法庭的裁决理由。

◆“关键日期”规则（The Critical Date Doctrine）排除了老挝政府的关键证据 2014 年外交照文

“关键日期”规则是国际法上的概念；主要是指，在设定的关键日期之后产生的证据，其不具有关联性（而不是可采性），当事人的行为或事件将不能对判决结果产生任何影响。关键日期证据规则的用意是，避免相关当事人在争议产生之后为改善自己的处境而做出利己行为而产生的证据。

本案认定的关键日期为争议具体化——也就是仲裁开始——的时间，即 2012 年 8 月 14 日。在判定“关键日期”规则是否适用于本案时，老挝政府及新加坡高等法庭皆认为，该法则不适用于本案，因为一旦适用，将与《维也纳公约》第 31（3）（a）条[434]相冲突。因为该法则将排除“嗣后协定”。

上诉法庭则认为，两者之间并不冲突。老挝政府可以利用《中老双边条约》签订之后甚至澳门回归之后的证据，因为存在“嗣后协定”的可能。但是不能利用在争议产生（仲裁开始）之后产生的证据，因为这违反“关键日期”证据法则。

434 《维也纳公约》第 31（3）（a）条是关于“嗣后协定”的规定。即在对条约进行解释时，应与上下文一并考虑者尚有：当事国嗣后所订关于条约之解释或其规定之适用之任何协定。

上诉法庭认为2014年1月9日外交照文为在仲裁开始之后产生的证据，因此根据上述“关键日期”法则推断，该证据与本争议缺乏关联性。除非老挝政府能够证明，该照文仅仅是对之前双方立场的再次确认，而不是新的证据。法院认为：当“关键日期”之前产生的证据并不能得出结论时，接受“关键日期”之后产生的证据也是有可能的；只是，此时要尤其注意应赋予该证据的证明力。当证据内容表明该证据为关键日期之前的证据的延续和一致性时，应认定该证据具有较强的证明力。

老挝政府提供的在仲裁开始之前产生的证据，包括1987年《中葡联合声明》。那么老挝政府是否可以依赖《中葡联合声明》进行抗辩，认为中国在声明中表明的立场能够适用于中国和老挝的投资协定呢？上诉法庭认为不能。

◆ 2014年外交照文不能认定为“嗣后协定”

上诉法庭认为，该证据不能构成“嗣后协定”。证据显示，双方在签订双边投资协定时意识到了这个问题，但是并没有在国际法上采取有效行动，以排除MTF规则的适用，实现该双边协定并不能适用至澳门地区的意图。或者他们根本没有注意到这一点。无论如何，在国际法层面，上诉法庭并不认同，老挝政府表明的之前就存在此类共同立场的说法。相反，直到2014年的证据，才是双方有关这类协议的第一份证明。而且这份证明仅仅以中国国内法和法律体系的立场出具。如果认为2014年外交照文可以作为双方协定理解的嗣后协定的话，就意味着更改了双方的协定。根据国际法规则，MTF规则只有在各方明示（expressly）同意排除适用时，才能不适用。即便法庭接受这种说法，即中国在《中葡联合声明》中表明的不适用于澳门地区的说明能够排除MTF规则的适用，那么也不能说明老挝政府在签订《中老双边条约》时也有相同的理解。

◆《维也纳公约》第27条排除了《中葡联合声明》和2014年外交照文的证明力

根据《维也纳公约》第27条[435]的规定，一国的国内法并不能单方面作

435 《维也纳公约》第27条规定：“一当事国不得援引其国内法规定为理由而不履行条约。……”（A party may not invoke the provisions of its internal law as justification for its failure to perform a treaty ...）

为不履行国际义务的根据，也不能在对第三国有影响的情况下单方排除 MTF 规则的适用。《中葡联合声明》为双边条约，因此不能约束第三方，如本案中的老挝。MTF 规则属于国际习惯法，根据这一规则，在中国对澳门恢复行使主权时，《中老双边条约》即自动适用，除非双方采取了明确的措施排除适用该规则。

《中葡联合声明》的附件一并未直接解决适用问题。中国在该声明中表明的立场不能单方面替代中老双方进行的磋商。即使中国在《中葡联合声明》中暗含了中老双边条约不适用于澳门地区的概括性意图，那么还需要证明老挝也有此意图，才能排除 MTF 规则的适用。然而本案中并无此类证据。

对于 2014 年外交照文，上诉法庭认为，即便其可作为证据被采纳，其证明效力也不足以推翻 MTF 规则的适用，理由是该外交照文是根据中国国内法律和政策（即《基本法》）而得出《中老双边条约》并不适用于澳门地区这一结论的，这不能作为推翻 MTF 规则适用的依据。因此，中老双方如欲使《中老双边条约》不适用于澳门地区，可就条约本身进行明确修订，以有效地反映双方意图。

◆ 中国和英国之间对于香港地区的安排不能类比到澳门地区

法庭认为，对于中国对香港地区的安排，《中英联合声明》明确表示，英国签署的双边投资协定在香港回归中国之后不再适用于香港；但这并不能表示中国签署的双边投资协定不能适用于香港地区。中央人民政府赋予香港地区一定的签订双边协定的权力，并不能单方面阻止 MTF 规则的适用。至于其他国家与香港地区单独签订双边投资协定，是出于自身利益的考虑。但是，香港的例子并不能类比到澳门，因为它们并不相关。

（f）争议焦点一之小结

对于新加坡上诉法庭认定《中老双边条约》适用于澳门地区这一判决，中国外交部发言人华春莹在 2016 年 10 月 21 日举行的例行记者会上明确表示，此种判决是不正确的；中国再次申明，中国严格遵循“一国两制”基本国策和香港、澳门地区基本法的规定，对于中国与他国缔结的条约是否适用于港澳地区，中央政府将在征求特别行政区政府意见的基础上，根据具体情形和需要来决定。是否应该将中国和老挝之间的双边投资协定适用于澳门地区，应由缔约国来决定。中国已经明确表明过两次，中国与老挝的双边投资协定不适用于澳门地区。[436]

我们都知道，中国对香港和澳门地区施行“一国两制”，就澳门地区的协定适用问题，中国并没有将中国与其他国家签署的条约或协定自动适用于特别行政区的意图，这一意图在中国外交部给老挝外交部的回函中已经明确表示，且在后续的记者招待会上再次进行了确认。

然而，新加坡上诉法庭还是不顾中国和老挝现在的真实意图，裁定了该双边投资协定适用于澳门地区。可见，在上诉法庭看来，从国际法角度讲，中国外交部的函件或者记者招待会的问答，或不足以产生改变国际条约的适用范围的效果。对于未来因管辖权范围产生的争议，当事人是否能够以该立场和态度作为中方意图的表现，是否具有排除 MTF 规则的效力，目前还不能给出确切的答案，与事的中国投资者应充分关注国际法中“关键日期”的有关要求和规定。

（iii）争议焦点之二：争议是否属于双边协定中约定的“可提交仲裁的诉争范围”

根据《中老双边条约》第 8 条规定，只有涉及征收补偿款额的争议（dispute involving the amount of compensation for expropriation）才能够提交仲裁。这里的仲裁管辖范围是仅仅限于征收补偿款额的争议，还是包括与征收补偿款额有关的其他争议？前者是狭义理解，后者是广义理解。《中老双边条约》第 4 章规定了征收必须满足的四个条件；其中，第四个条件就是，东道国是否对征收财产给予了有效且合适的补偿。如果根据狭义理解，上诉法庭需要首先对是否存在违禁征收行为（“whether an impermissible expropriation” has occurred）进行审理。而法庭在对“有关征收是否符合规定”进行审理时，必须考虑征收补偿是否合适。然而这与第 8（3）条的约定正好冲突，该条为“岔路口条款”，即一旦投资者选择了诉诸法院程序，就不能再将有关征收补偿款额的争议提交仲裁。投资者一旦将征收补偿款额的争议提交了法院，则丧失了提交仲裁的机会。狭义理解使得双边协定中的仲裁条款形同虚设。

依照《维也纳公约》第 31 条规定，上诉法庭认为，提交仲裁的争议的“涉

---

436 Itlaw，Foreign Ministry Spokesman Hua Chunying's Regular Press Conference on October 21，2016，https：//www.italaw.com/sites/default/files/case-documents/italaw7687.pdf，最后访问时间 2019 年 9 月 17 日。

及”（involving）在本案中应作广义理解。也就是说，为了达到能够作出裁决的目的而必须作出的对其他问题的认定，也应该属于仲裁管辖的范围。当然，这并不是说所有与征收有关的争议都能提交仲裁，而是只有和征收补偿款额有关的争议才能提交仲裁。类似的案件还有，Tza Yap Shum v. Republic of Peru（ICSID Case No.ARB/07/06，Decision on Jurisdiction and Competence，19 June 2009），与中国和秘鲁之间的双边投资协定中的争议解决条款的表述一样，即“涉及征收补偿款额的争议”可以提交仲裁。在决定如何对该条进行解读时，法庭认为，“涉及”应广义理解，不仅包含款额的裁决，也包含在征收过程中内在的其他问题的裁决。如果等到法院对征收的合法性进行判定之后才能将补偿款额是否合适的争议提交仲裁，将使得 ICSID 仲裁名存实亡。届时，《中老双边条约》第 8（3）条（岔路口条款）会明确地排除国际仲裁的可能。

小结：这里需要注意的是，上诉法庭在认定仲裁管辖范围时，“岔路口条款”起到了很重要的作用。因为这个条款，使得狭义理解仲裁管辖范围将导致仲裁条款缺乏可操作性。在双边协定中，双方并没有明确对管辖范围进行约定，使得扩大字面意义上的仲裁管辖范围成为可能。如果双方在协议中明确约定，征收的合法性首先由法院管辖（“legitimacy of the expropriation” is to be considered by the competent authorities of the host state），则仲裁庭认为，此时应对仲裁管辖范围做狭义理解。

因此，在订立双边协定时，如果管辖范围约定得十分明确，如明确约定了“征收的合法性”由法院来认定，关于“征收补偿款额的争议”通过国际仲裁解决。按照字面意思来理解就容易得出与约定内容一致的管辖范围。反之，如果约定得含混不清，同时又有岔路口条款，此时有的仲裁庭会采用狭义解释，否认仲裁庭的管辖权，比如“北京首钢等诉蒙古国政府”案[437]仲裁庭。而本案仲裁庭和新加坡上诉法庭却倾向于赋予投资者将与征收补偿款额有关的所有争议都提交仲裁的权利，而不仅仅限于“征收补偿款额”的争议。[438]对此，“谢业深诉秘鲁政府”案[439]及“北京城建诉也门政府”

---

437 详见本书第四篇“北京首钢等诉蒙古国政府”案。

438 Austria Airlanes v Slovakia（UNCITRAL Final Award，9 October 2009，p. 97）；ST – AD GmbH v. The Republic of Bulgria（PCA Case No.2011–06，Award on Jurisdiction，18 July 2013）.

439 详见本书第四篇“谢业深诉秘鲁政府”案。

案[440]的仲裁庭也采取了同样的分析思路，采取了广义的解释，确认了仲裁庭对征收责任的认定具有管辖权。

⑤笔者对新加坡上诉法庭管辖异议裁定的思考

尽管中国政府在《中葡联合声明》和《澳门特别行政区基本法》中明确表示澳门特别行政区拥有一定的自主权，且中国在2014年给老挝政府的回函中明确表示，中国和老挝之间的双边协定不适用于澳门地区，新加坡上诉法庭还是依据国际法规则认定，中国政府的这些行为不构成国际法意义上的排除移动条约边界规则的确认，并作出了与缔约国中国和老挝的真实意图截然不同的判决。

当然新加坡上诉法庭此举受到了诸多国际法学者的质疑和批判，认为其逻辑混乱、适用法律不当等。然而，既然选择新加坡作为仲裁地，无论法院判决正确与否，当事方都要接受该地司法机关对于此类问题行使司法审查权作出裁定的约束力。由此可见，投资者无论是在投资协议签订之初，或者搭建海外架构之时，抑或是争议产生后选择仲裁地时，争议解决条款中仲裁地的选择都是十分紧要的。我们不仅要关注，该地司法机关过往对于仲裁司法审查的裁判思路；还要关注，司法机关对于仲裁是否持友好的态度，这对投资者权益的保护都有直接的影响。例如，之后港澳地区投资者要适用中国与其他国家的双边投资协定时，如仍选择新加坡作为仲裁地，那么得以适用中国和他国的双边投资协定的可能性会很大。这一仲裁地的选择就是有利的。

本案关于管辖异议的焦点为属地管辖异议，即如何确定条约适用的地域范围。在国际习惯法上，在没有其他明确约定的情况下，移动条约边界规则已经成为各国均认可的习惯法准则。显然，《中老双边条约》并未对该协定是否适用于澳门地区作出明确约定，因此法院将审查缔约国之间的真实意图。中国和老挝在订立双边投资协定时，中国对澳门恢复行使主权时，均未采取任何措施对这一问题加以明确。对这一问题，只是在《基本法》和《中葡联合声明》中加以明确；而这两者都与老挝无关。在上诉法庭看来，以《基本法》对是否适用于澳门这一问题加以模糊化规定，并不能产生对抗国际法的效力；而《中葡联合声明》是双边协定，不能对老挝产生约束力。因此，不能推断出，中国和老挝均有不将《中老双边条约》适用于澳门的合意。虽然双方在争议

440 详见本书第四篇“北京城建诉也门政府”案。

产生之后两年以外交函件的方式确认了这一立场，但因为属于“关键日期”之后产生的证据而不被法院认可。老挝政府也未能证明，这一立场是双方一直以来的立场，2014 年外交照文构成嗣后协定。因此，上诉法庭通过一系列国际法规则，仔细剖析了老挝政府提交的各类证据，得出了《中老双边条约》适用于澳门地区的结论。

中国内地涉港澳投资者众多，尤其中国内地投资者在对外投资过程中，通常在香港或澳门地区设置第一层控股公司。那么这些港澳投资者在“一带一路”沿线国家投资时，是否能够利用中国与该国签订的条约或协定以保护自己的投资呢？目前来看，尚不能得出确定的答案。

有关香港和澳门地区以及港澳投资者的法律适用，十分复杂。根据《香港特别行政区基本法》和《澳门特别行政区基本法》以及《中华人民共和国政府和葡萄牙共和国政府关于澳门问题的联合声明》和《中华人民共和国政府和大不列颠及北爱尔兰联合王国政府关于香港问题的联合声明》（以下统称《联合声明》）规定，香港和澳门特别行政区，可在经济、贸易、金融、航运、通讯、旅游、文化、体育等领域分别以“中国香港”或“中国澳门”的名义，单独地同世界各国、各地区及有关国际组织保持和发展关系，签订和履行有关协议。中华人民共和国缔结的国际协议，中央人民政府可根据情况和香港 / 澳门特别行政区的需要，在征询香港 / 澳门特别行政区政府的意见后，决定是否适用于香港 / 澳门特别行政区。中华人民共和国尚未参加但已适用于香港 / 澳门的国际协议仍可继续适用。中央人民政府根据需要[441]授权或协助香港 / 澳门特别行政区政府作出适当安排，使其他有关国际协议适用于该特别行政区。

同时，我国目前的有关投资方面的法律规定，皆将港澳地区视作境外处理，港澳投资者也视作外商。根据 2020 年 1 月 1 日生效的《外商投资法实施条例》、国家发展和改革委员会发布的《外商投资项目核准和备案管理办法》（2014 年修正），香港特别行政区、澳门特别行政区投资者在内地投资，台湾地区的投资者在祖国大陆举办的投资项目，视同外商管理。《企业境外投资管理办法》（2018 年 3 月 1 日实施）规定，境内投资主体直接或通过其控制的企业对香港、澳门、台湾地区开展投资的，或者境内自然人通过其控制的境外企业或香港、澳门、台湾地区企业对境外开展投资的，参照本办法

441 《澳门特别行政区基本法》中有关内容表述为“根据情况和需要”，与香港略有不同。

执行，也即视同境外投资。

在个人境外投资方面，根据国家外汇管理局发布的《关于境内居民通过特殊目的公司境外投融资及返程投资外汇管理有关问题的通知》（汇发[2014]37 号）和《直接投资外汇业务操作指引》，持有《港澳居民往来内地通行证》的港澳地区同胞，以及持有《台湾居民来往大陆通行证》的台湾地区同胞，视为境外个人对待；并且，对于同时持有境内合法身份证件和港澳台合法身份证件的，视同境外个人管理。

由此可见，在我国目前的外商投资和中国企业境外投资监管体系中，港澳台地区均被视为境外地区处理，而其投资者也视同外商对待。那么，这些投资者在对其他国家进行投资时，能否获得中国与该国签署的投资保护协定的保护？根据目前的规定，将由中央政府根据港澳地区的需要，在征询其意见后决定是否适用，换言之，能否适用仍具有较大的不确定性。那么，一旦香港、澳门地区与该国并未订立任何投资保护协定，这些投资者的利益如何保护，是应该引起我国关注的问题，毕竟，这两个特别行政区的投资活动如此活跃，投资保护问题会显得越发重要。笔者发现，在中国与“一带一路”沿线国家签署的双边投资协定中，未见有明确约定是否适用于香港、澳门地区的情形。[442] 尤其是，通过新加坡最高法院上诉法庭的裁定可以看出这样的逻辑，中国外交部通过函件来确认中国和其他国家的条约是否适用至港澳地区这种做法可能并不是有效的措施。因此，建议中国相关部门将该议题提上日程，就条约的适用问题以在国际法层面有效的方式，比如以“嗣后协定”的方式进行确认，对于港澳同胞的对外投资来讲，不失为一个好的保护途径。

（2）ICSID 仲裁案之管辖异议裁定

①案件事实背景

ICSID 仲裁案中，投资仲裁申请人 Lao Holdings N.V 注册于荷兰，成立时间为 2011 年 1 月 28 日。

2012 年 1 月 17 日，荷兰公司通过收购的方式成为世能澳门的股东，成为《荷老双边条约》中规定的“投资者”。本书中有关该案的讨论过程中所

442 笔者以“投资”为关键词，选择“适用于香港和澳门”作为条件在中国外交部条约数据库内进行检索，结果显示，未有中国签署的任何双边投资协定符合该检索要求。本结论依赖于外交部条约数据库信息，结果仅供参考。

称的“投资者变更国籍”的日期即为2012年1月17日，《荷老双边条约》对荷兰公司Lao Holdings生效之日。老挝政府认为，双方之间的投资争议产生在先，申请人成为荷兰与老挝之间的双边投资协定约定的“投资者”发生在后，因此申请人不能获得《荷老双边条约》的投资保护，仲裁庭对本案没有管辖权。

②管辖异议争议焦点及举证责任分担

（i）仲裁庭确定其管辖权的前提条件

在论证自身对该申请的管辖权时，仲裁庭采取了如下分析方法：根据适用的《ICSID附加便利规则》以及双边投资协定，需满足以下条件，仲裁庭方有管辖权：

（a）其中一方为ICSID缔约国或国民，而另一方为非ICSID缔约国或国民；

（b）争议必须为因投资直接产生的争议；

（c）双方需书面同意将争议提交仲裁，按照《ICSID附加便利规则》进行审理；

（d）在相关时间节点，上述仲裁规则及仲裁条款需可适用。

被申请人管辖权异议，仅针对上述第四点，即上述仲裁规则及仲裁条款在相关时间节点是否适用。简单讲，即在争议产生时，申请人是否可以利用双边投资协定中的仲裁条款提起仲裁。因此，仲裁庭在论证其管辖权时，引入了两个关键日期，其一为投资者变更国籍的日期，即2012年1月17日；其二为争议产生之日。

（ii）举证责任分担

仲裁庭裁定，被申请人有义务举证证明：“法律争议”在关键日期（投资者国籍变更日期）之前已经产生，且该争议不具有持续性或综合性。此处，关键日期是指，申请人成为世能澳门全资股东之日，即2012年1月17日。[443]

（iii）滥用程序与因属时管辖而产生的异议有所区别

老挝政府同意，投资者改变国籍以挑选争议解决机构（forum shopping）仅属于“滥用正当的条约程序”行为（abuse of proper Treaty procedure），并不构成可使老挝政府有权推翻整个仲裁程序的滥用程序行为。

443 Decision on Jurisdiction，ICSID Case No. ARB（AF）/12/6，para.67.

仲裁庭认为，“滥用条约程序”与“滥用程序”是两个不同的概念。关于后者，仲裁庭引用了 Phoenix Action Ltd. v. Czech Republic[444]案。在该案中，“证据确实表明，申请人进行‘投资’不是为了从事经济活动，而是为了对捷克共和国提起国际诉讼。这项所谓的投资不是为了参与国民经济活动，而是完全为了参与国际法律活动。‘投资’的唯一目的是，将现有的国内争端转变为，可根据《双边投资协定》提起国际仲裁的国际投资争端。这种交易不是真正的交易，也不能成为《ICSID 公约》体系下的受保护投资。……仲裁庭有责任拒绝对这种滥用《ICSID 公约》和《双边投资协定》所规定的国际投资保护制度的行为进行保护，承认仲裁庭对该案件的管辖权将违反《ICSID 公约》以及《双边投资协定》的基本目标。仲裁庭必须确保 ICSID 机制对其设计初衷之外的投资不加保护”[445]。

仲裁庭认为，在投资者意识到已发生对其投资产生负面影响并可能导致仲裁的事件时，投资者操纵子公司的国籍以根据国际条约获得管辖权，显然构成滥用程序。然而，本案中，老挝政府承认，其提出的管辖异议，并非基于上述“滥用程序”原则，而是依据认定属时管辖权的国际条约之不可溯及既往原则，因此，仲裁庭对该争议是否具有管辖权取决于时间因素。

老挝政府引用了其认为能够支持其观点的 Venezuela Holdings B.V. and others v. Bolivarian Republic of Venezuela[446]案，并认为该案事实与本案具有相似性。尽管在仲裁庭看来，从法律角度上讲，被引用案例的仲裁庭裁决明显指向的是对权利滥用（abuse of right）的指控。事实上，该案基本上裁定了，在争议产生之后去改变国籍构成权利滥用，但如果在争议产生之前，国籍改变已经发生，就不构成权利滥用。此种情况下，属时管辖权法则适用于本案，仲裁庭可对争议进行审理[447]。（此处理解为，国籍变更的完成时间早于争议产生

---

444 Phoenix Action Ltd. v. Czech Republic，ICSID Case No. ARB/06/5.

445 有关“投资”的要件和认定标准可参见本书第二篇“一、投资与投资者”中有关“萨利尼标准”（Salini test）的论述。

446 Venezuela Holdings B.V. and Others v. Bolivarian Republic of Venezuela，ICSID Case No. ARB/07/27（2010）.

447 Decision on Jurisdiction，ICSID Case No. ARB（AF）/12/6，“In fact，the tribunal in that case essentially ruled that it is an abuse to change nationality after a dispute has arise，but that no such abuse exists when the change of nationality has occurred after the dispute has arisen，in which case the rules of ratione temporis application of the Treaty aloow the claim to be heard by the arbitral tribunal.”

时间，则仲裁庭具有属时管辖权。）

Venezuela 案之案件背景如下：1999 年至 2005 年，美孚公司在委内瑞拉进行了大量投资。2004 年，委内瑞拉将开采使用费（Royal Tax）从 1% 增长到了 16.6%。2005 年 2 月和 5 月，美孚就税费上涨向委内瑞拉政府投诉。同年 6 月，委内瑞拉政府将税率增长到了 30%，并通过法令的方式表示将进一步将税率增长至 50%。2005 年 6 月 20 日，美孚向政府书面表示，近期的税率增长已经扩大了投资争议，并要求进行协商以友好解决争议。仲裁庭认为，这表明，2005 年 6 月的信件已经说明，双方就委内瑞拉政府增加开采使用费及所得税的未决争议已经发生。2005 年 10 月 27 日，美孚根据荷兰法律设立了新公司。这家新公司收购了美孚公司在委内瑞拉的投资，成为公司架构图中的一环。基于以上事实，美孚仲裁庭认为：通过荷兰公司对美孚投资进行重组发生于自 2005 年 10 月至 2006 年 11 月，在此期间，针对矿区开采费和所得税方面的争议已经产生。但是，委内瑞拉当局开始采取国有化措施是在 2007 年 1 月；因此，有关国有化措施的争议是在委内瑞拉当局采取这些措施之后才产生。美孚仲裁庭进一步认为，如申请人所述，通过荷兰控股重组其在委内瑞拉投资的目的，是通过荷兰与委内瑞拉间的双边投资协定获得向 ICSID 提起国际仲裁的途径，保护这些投资不受委内瑞拉当局侵犯。就未来的争议而言，这是一个完全合法的目标。

美孚仲裁庭对程序滥用规则（abuse of process doctrine）与属时管辖权异议（an objection to jurisdiction *ratione temporis*）进行了区分。针对程序滥用，美孚仲裁庭认为：“对于先前已经存在的争议，仅仅为了获得对这些争议的管辖权而调整投资结构，用 Phoenix 仲裁庭的话说，这将构成对《ICSID 公约》和双边投资协定所规定的国际投资保护制度的滥用。”

然而，针对属时管辖权，美孚仲裁庭继续表示，申请人似乎也意识到了这一点；申请人提出，其基于双边投资协定中争议解决条款而提起的 ICSID 投资仲裁，仅针对在申请人重组之后，被申请人采取的措施或者继续采取的措施（笔者注：国有化措施）而产生的争议。

在 Pac Rim Cayman LLC v. Republic of El Savador[448] 案中，仲裁庭明确地解释说，一项认定程序滥用的裁决所对应的时限，与一项认定属时管辖异议所对应的时限，并不相同。更确切地说，如果一家公司为了获得 ICSID

448 Pac Rim Cayman LLC v. Republic of El Savador，ICSID Case No. ARB/09/12.

的管辖权而改变其国籍，而此时情况已开始恶化，以致极有可能发生争议，则可认为是滥用程序；但要支持属时管辖异议，则该争议必须在关键日期之前已经实际发生，以符合国际条约解释和适用中不可溯及既往的一般原则。

有关程序滥用，Pac Rim 仲裁庭解释道：在仲裁庭看来，在相关主体能够看到实际争议或者能够预见一项具体争议未来发生的可能性很高，而不仅仅是一种可能性时，才会出现分界线。在仲裁庭看来，在达到这一分界线之前，通常不构成滥用程序；但在此之后，通常会被认为构成滥用程序。

如果是基于属时管辖而产生的异议，则解决思路是不同的。实践中存在一种连续行为，在2007年12月13日（即投资者变更国籍成为美国投资者之日）之前开始发生并在此之后继续进行，无论申请人在 2007 年 12 月 13 日之前发生了什么事件或知道什么情况，仲裁庭对自 2007 年 12 月 13 日之后继续进行的那部分行为具有属时管辖权。仲裁庭的结论是，这一解决思路不同于其在分析滥用程序问题时所采用的思路；用以判定滥用程序问题相关日期，必须早于用以判定属时管辖的相关日期。

《维也纳公约》第 31（1）条规定，应根据条约条款在其全文中的通常含义，并根据其目标和宗旨，善意地解释条约。在本案中，与 Phoenix 案一样，仲裁庭很难看出重组产生了任何新的经济投资，能促进条约的宗旨即“扩大和加强缔约国之间的经济关系，特别是一个缔约国的国民在另一个缔约国领土上的投资”。

老挝政府表示，申请人只是接管了世能澳门的现有投资，将其纳入所有权结构是出于法律策略的目的，而非投资。然而，在本案中，老挝政府并没有提出像 Phoenix 案那样的论点，即滥用程序将导致撤销整个仲裁。老挝政府在管辖权方面的关切完全在于属时管辖，即在一方无权享有条约保护的情况下试图使条约具有溯及既往效力。

被申请人在日期为 2013 年 10 月 15 日的异议书的第 20 段指出，申请人恶意启动本程序，被申请人请求仲裁庭认定，与税收争端有关的程序均属程序滥用这一事实，但其目的仅仅是使仲裁庭在对仲裁费用进行裁决时加以考虑。这一目的是受到 Phoenix 案的启发；在 Phoenix 案中，仲裁庭因申请人滥用国际投资仲裁制度支持了被申请人所有的费用请求。老挝政府的这一立场，在 2014 年 1 月 6 日的管辖异议庭审中，进一步得到了确认。换句话说，在本案中，如果老挝政府是基于程序滥用而提出管辖异议，则仲裁庭需要就争议是否具有可预见性进行认定；然而老挝政府提出的异议，是基于属时管辖，因此，仲裁庭唯一的任务就是决定争议何时产生。如果“法律争议”实际发生在国籍变更之前，则仲裁庭无管辖权；如果相反，则仲裁庭具有管辖权。

③仲裁庭针对属时管辖异议的分析

（i）适用的协定条款:《荷老双边条约》第 9 条和第 10 条

《荷老双边条约》第 9 条规定，有关投资的任何法律争议均可提交仲裁[449]；且该条款并未对争议本身发生的时间加以限制。《荷老双边条约》第 10 条则规定：“本协定不适用于在本协议生效前已经提出的有关投资的主张。”[450]

《荷老双边条约》第 9 条和第 10 条分别包含了关于“法律争议”（legal dispute）和“法律主张”（claim）的内容。其中第 9 条内容为：缔约方在此同意将缔约方与另一缔约方国民之间就其国民在前缔约方领土上的投资所产生的任何法律争议提交至解决投资争端国际中心，根据《ICSID 公约》通过调解或仲裁加以解决。请注意，此处，第 9 条仅提出了“法律争议”的概念，范围较广，包含“任何法律争议”，该条并未对争议加以时间上的限制。然而，第 10 条对因投资产生的“法律主张”进行了时间上的限制。第 10 条内容为：本协议条款也适用于在本协议生效之前作出的投资，**但不适用于**在本协议生效之前已经发生的任何有关该投资的法律主张。

---

449 Agreement on encouragement and reciprocal protection of investments between the Lao People's Democratic Republic and the Kingdom of the Netherlands, Article 9, “Each Contracting Party hereby consents to submit any legal dispute arising between that Contracting Party and a national of the other Contracting Party **concerning an investment** of that national in the territory of the former Contracting Party **to the International Centre for Settlement of Investment Disputes** for settlement by conciliation or arbitration[wt] under the Convention on the Settlement of Investment Disputes between States and Nationals of other States, opened for signature at Washington on 18 March 1965, in the event that both Contracting Parties have become Contracting States to the said Convention. In case a Contracting Party is not a Contracting State to the said Convention, the disputes referred to above shall be submitted to the International Centre for Settlement of Investment Disputes under the Rules Governing the Additional Facility for the Administration of Proceedings by the Secretariat of the Centre (Additional Facility Rules). A legal person which is a national of one Contracting Party and which before such a dispute arises is controlled by nationals of the other Contracting Party shall, in accordance with Article 25 (2)(b) of the Convention, for the purpose of the Convention be treated as a national of the other Contracting Party.”

450 Agreement on encouragement and reciprocal protection of investments between the Lao People's Democratic Republic and the Kingdom of the Netherlands, Article 10, “The provisions of this Agreement shall, from the date of entry into force thereof, also apply to **investments, which have been made before that date**, but they shall **not apply to any claim concerning an investment, which arose before its entry into force**.”

有关“法律争议”和“法律主张”之间的区别，仲裁庭参考了 Emilio Agustin Maffezini v. Kingdom of Spain[451] 案。该案仲裁庭认为：产生了争议，不一定同时附随提出正式的法律主张（presentation of a formal claim）。关键日期（critical date）实际上不应区分“争议”与“主张”，而应区分“争议”与未引起法律观点和利益冲突的先前事件（prior events that do not entail a conflict of legal views and interests）。只有在条约生效日期之后发生的“争议”才能够提出后续的法律主张，反之则不能获得双边投资协定项下的投资保护。通过该仲裁庭的分析，笔者认为，这里的先前事件，如果未引发法律观点及利益矛盾，则尚不构成争议。

（ii）被申请人提出管辖异议的根据

2011 年 3 月 18 日，申请人提出《核定税率协议》延期申请；2011 年 6 月 10 日，老挝总理府通过《1121 号通知》（Notice 1121）拒绝了申请人的延期申请，并要求 Savan Vegas 赌场在 FTA 期限届满之后按照税法规定的税率缴纳（此时税收争议成为一项“事实”）；世能澳门在随后 5 个月的谈判中，试图使政府收回成命。2011 年 11 月 28 日，老挝财政部通过《0772 号文件》通知申请人，在现有 FTA 届期之后，申请人的投资将适用新税法。新税法于 2011 年 12 月 20 日颁布；其规定，赌场收入的消费税新税率为 80%。因此，老挝政府主张，“法律争议”产生时间早于申请人取得荷兰国籍时间。

申请人辩称，在投资者国籍改变之前，争端尚未具体化。对此，老挝政府的律师认为，2012 年没有任何当局参与过“谈判”；申请人在 2011 年 12 月 28 日给总理办公室的信只是单方面的谈判提议。老挝政府的律师得出结论说，很明显，申请人不能通过单方面写毫无意义的“建议书”来拖延“法律争议”的形成。尽管如此，2012 年 1 月 17 日，当荷兰公司成立时，因适用新税法而产生的法律争议，已经被老挝政府——以对申请人不利的方式——进行了处置；因此，申请人不能利用荷兰和老挝之间的双边投资协定解决争议。在 1 月

451 Emilio Agustin Maffezini v. Kingdom of Spain，ICSID Case No. ARB/97/7，Decision on Jurisdiction，25 January 2000，16 ICSID Review – F.I.L.J. 1，33，para. 97（2001）.

12日（应为1月17日[452]）这个“关键日期”之前，“在法律和事实问题上的分歧、法律观点或利益的冲突”就已经开始了。在老挝政府律师看来，在关键日期之前，法律争议不但已经产生，而且老挝政府已经对其进行了解决。

（iii）申请人对管辖异议答辩

申请人的仲裁申请是仅依据《荷老双边条约》第9条之内容提出的。鉴于第9条并未对争议时间加以限制，故申请人提交仲裁申请不受时间因素的影响；因此有关新税法的争议在2011年还是2012年产生并不重要。

申请人认为，第9条和第10条的表述不同，表明缔约国当时对时间问题加以考虑过；与第10条相比，第9条中缺乏明确的时间限制这一事实需要加以强调。同时，申请人再次表明，其并未依赖第10条，而是根据第9条有关争议的条款提起本仲裁。

即便条约被解读为包含时间限制条款，那么，有关税法适用的法律争端直到2012年3月——有关FTA延期的谈判失败（最早）——才产生，远迟于投资者取得荷兰国籍的时间。申请人引用了Micula[453]仲裁庭的裁决：关键日期不是争议产生的日期，而是导致争议产生的事件和行为发生的时间。在申请人提供的Mr. Baldwin的第四份证人证言（日期为2013年11月25日）中说明，尽管老挝政府的《0772号通知》日期标为2011年11月28日，但直到2011年12月16日申请人才收到该通知。申请人收到该通知后，随即与财政部人员进行沟通，却被告知，FTA会被延期，但是需要取得总理办公室的同意，申请人需直接向总理办公司提交申请。因此，申请人随后向总理提出新申请，请求对FTA延期。直至2012年年初，申请人皆认为政府正在积极考虑FTA延期一事，其间，申请人与总理办公室的部长进行了多次讨论。针对该证据，老挝政府未举出反证。该证人在律师的建议下也未出庭接受质证和交叉询问。

根据申请人所述，截至申请人于2012年8月14日提出仲裁申请，老挝政府从未威胁申请人将对其实施新的80%的惩罚性税率。2013年9月17日的《临时措施令》通过托管安排，为申请人提供了免受新税法影响的保护措施。

---

452 被申请人老挝政府律师提交的被申请人异议（Respondent's objection，22）中标明的日期为：2012年1月12日。但综合上下文分析，该日期应为笔误。由于申请人LHNV变更国籍日期为2012年1月17日，仲裁庭据此在管辖决定中注明：应为17日。Decision on Jurisdiction，ICSID Case No. ARB（AF）/12/6，para.89 & footnote 28.

453 Ioan Micula，Viorel Micula and others v. Romania，ICSID Case No. ARB/05/20，Decision on Jurisdiction and Admissibility，24 September 2008，¶ 155.

因此，在申请人看来，直到 2013 年 7 月 12 日老挝政府确定将对申请人适用新税法时，本案中的法律争议才具体化。

最后，新税法的实施是一项持续性措施，将从 2014 年 1 月 1 日起影响申请人的投资，每次评估都会引发新的索赔或法律纠纷。因此，这是仲裁庭应该享有管辖权的范围。

（iv）仲裁庭对于管辖权异议的分析

（a）《荷老双边条约》第 9 条未提及时间限制这一事实，并不能推翻不可溯及既往原则

仲裁庭不接受申请人关于双边投资协定第 9 条没有时间限制的论点，也不认为任何一方可以在任何时候将投资者加入条约之前处理过的“法律争议”提交仲裁。这其中涉及条约的不溯及既往原则。[454]

《荷老双边条约》第 9 条对时间限制未加提及，并不说明其“明显”表明（“clearly” manifest）条约表面上的不同意图。申请人所指出的老挝和荷兰在不同条约条款中表述不同，并没有改变这一事实，即本条约中没有任何条款考虑到，在同一投资者就同一问题发生法律争端之后，像申请人这样的投资者可以通过巧妙地将公司改组改变国籍以选择争端解决机构。条约解释的普遍推定倾向于不可溯及既往；而在本条约中，并没有任何表面上“明显”的不同意图推翻该普遍推定。仲裁庭并不认为该条约是打算向投资者提供法律武器，以便重新卷入与老挝政府先前存在的法律争端。因此，仲裁庭认为，被申请人有权提出属时管辖异议。则本案争议焦点就在于，税收争议是何时产生的？

（b）仲裁庭就申请人答辩的第二部分之分析，即在关键日期 2012 年 1 月 17 日之前有关新税法的法律争端是否产生

仲裁庭首先分析了有关“法律争端”的定义。双方均认可 Mavrommatis 案中有关法律争端的定义；同时，仲裁庭综合了 Victor Pey Casado v. Chile 案仲裁庭的意见，认为，为了确定这种争端的存在，“必须表明当事一方的要求遭到另一方的明显反对，只有通过双方观点的表达和对抗，争端才得以具体化”。

第一，争端何时产生？

仲裁庭认为，FTA 延期和新税法适用是相关联的。如果 FTA 延期谈判失败，则新税法将适用于申请人。

454 《维也纳公约》第 28 条。详见脚注 373、392。

在认定证据方面，老挝政府提出，《1121号通知》回绝了申请人的FTA延期申请。但老挝政府后来的书面文件显示，其并不能佐证此种主张。仲裁庭认为，该通知确定了拥有最终决定权的是总理级别。老挝政府提供了在2011年6月时担任税务局法规处的Mr. Bounnam Chounlaboudy的证人证言，表明《1121号通知》被视作对FTA延期申请的拒绝。申请人申请该证人出庭接受交叉盘问，老挝政府提出，该证人因未能及时获得法国签证未能出庭。此种托词未能得到仲裁庭的认可。仲裁庭认为，因Mr. Bounnam Chounlaboudy未能出庭接受质证，在没有其他证据佐证，且该证据内容含混不清、模棱两可，又与其他证据内容有出入的情况下，《1121号通知》不能被用作证明老挝政府已经决定拒绝申请人FTA延期的证据。毫无疑问，老挝政府税务部门继续以一种开放的态度持续与申请人协商。

老挝政府提供的另一份证据《0772号文件》，明确拒绝了FTA延期申请，但是文件的层级在财政部。老挝政府认为，申请人收到《0773号文件》时（2011年11月28日，或不晚于2011年12月16日）即被认为，FTA争议已不复存在，有关新税法的争议在该时间节点已产生。

仲裁庭同意老挝政府的观点，即一旦认定FTA争议在2011年12月之前已经完结，那么新税法适用税率的争议在关键日期——2012年1月17日之前已经产生。但是，因申请人提出了证人证言，证明老挝政府方面仍存在继续谈判的可能性，且仍在沟通。老挝政府提供的证人证言内容含混不清，且不肯出庭接受交叉盘问，因此不能认为《0772号文件》可证明老挝政府拒绝申请人FTA延期申请的决定。

因此，仲裁庭认为，根据目前申请人提交的证据情况来看，在2012年3月21日，老挝政府最高级别的机关，才作出了拒绝申请人FTA延期申请的决定。此时视为有关FTA争议产生。换言之，争议在关键日期之后产生。仲裁庭表示，目前仍需核实老挝政府是否就争端何时发生提出了可信的相反证据。

第二，老挝政府未能提出证据证明新税法争议何时产生。

老挝政府未能提供关键证人的任何证据，其他间接证人也未能出庭，申请人提供的证人可以出庭作证。但其后，双方律师最终达成了一致，双方的证人证言均不作为证据。这一意思表示得到了仲裁庭的认可。

老挝政府负有责任就其主张提供证据，以证明新税法的争议产生时间先于关键日期。因双方的证人证言均不得作为证据，老挝政府需承担举证不能的法律后果。尤其是，仲裁庭认为，老挝政府未能证明在关键日期即 2012 年 1 月 17 日之时，FTA 延期的谈判已经结束，“新税法”的适用已成为各方之间的“法律纠纷”。事实上，恰恰相反，从目前的记录来看，申请人的 FTA 延期提案谈判一直持续到 2012 年 3 月 21 日在总理办公室举行的会议。在谈判完结前，适用新税法只是一种可能性，尚不至于成为“法律争端”。因此，仲裁庭对本案具有属时管辖权。

④关于争议发生后投资者变更国籍的思考

本案中，引发投资争议的事件发生时间较早，且具有持续性。在谈判过程中，世能澳门通过公司重组，其母公司 LHNV 获得了荷兰国籍，因而成为荷兰和老挝双边投资协定中约定的“投资者”，从而可以依照其中的投资争议解决条款将争议提交至 ICSID 管辖。被申请人提出的属时管辖异议，是在挑战投资者变更国籍仅为获取 ICSID 投资仲裁的机会。

因此，如果在争议具有高度可预见性之前，投资者国籍变更已经完成，则该国籍变更遭遇挑战的可能性较小；否则，可能会被仲裁庭认定为构成程序滥用，从而不能达到将争议提交投资协定中约定的仲裁管辖的目的。因此，笔者建议投资者在投资之初搭建海外架构时，除了考虑税收筹划外，有关投资保护的协定和条约也需要着重考虑，防患于未然，选择能够给予中国投资者较为全面的保护，尤其是争议解决条款中提供机构投资仲裁选择的国家，也是极为重要的。

另外，从老挝的角度考虑，我们能够从本案中得出的教训为，被申请人当初如以程序滥用为由要求仲裁庭否认管辖权，而不是挑战属时管辖的话，则其举证责任难度相对较低，且可以据此要求驳回管辖权。因为前者要求的事件发生时间要早于后者要求的事件发生的时间。对于后者来说，认定标准是实际已经产生了争议的时间，而不仅仅是可以预见将有争议发生的时间。而实际产生争议，在本文中，以老挝政府实际上明确拒绝了申请人的 FTA 延期申请之日为准。申请人在变更国籍时仅仅能够预见到争议这一事实是不足以成为仲裁庭认定属时管辖异议的理由的。

3. 仲裁裁决

2019 年 8 月 6 日，历时近七年的 LHNV 诉老挝案以及 Sanum 诉老挝案终于尘埃落定。仲裁庭在进行实体审理后作出终局裁决，认定申请人未能举证证明被申请人老挝政府存在违反协定约定义务而败诉。笔者在下文对仲裁裁决中的关键部分加以整理。[455]

（1）援引的实体法律依据：《荷老双边条约》

前言：“希望加强缔约国之间的传统友谊关系，并扩大和加强双方之间的经济关系，特别是关于缔约国一方国民在另一缔约国领土上的投资，认识到就给予这种投资的待遇达成协议将促进资金和技术的流动以及缔约双方的经济发展，而且需要公平和公正地对待投资。”[456]

第 2 条：“缔约任何一方应在其法律法规的范围内，通过保护缔约另一方国民在其领土内的投资，促进经济合作。缔约各方在行使其法律或法规赋予的权力的前提下，应承认这种投资。”[457]

第 3（1）条“公平与公正待遇条款”：“缔约方应确保缔约另一方国民的投资得到公平和公正的待遇，不得因不合理或歧视性措施而损害缔约另一方国民的对其投资的经营、管理、维护、使用、享受或处置。每一缔约方应给予此类投资以充分的实体保护。”[458]

第 3（2）条“国民待遇及最惠国待遇条款”：“特别是，每一缔约方应给予另一缔约方投资者的待遇在任何情况下都不应低于给予其本国国民的投资

---

455 如前所述，由于 PCA 仲裁裁决结论基本被 ICSID 结论覆盖，笔者不再单独分析 PCA 裁决内容。

456 “Desiring to strengthen their traditional ties of friendship and to extend and intensify the economic relations between them, particularly with respect to investments by the nationals of one Contracting Party in the territory of the other Contracting Party, Recognising that agreement upon the treatment to be accorded to such investments will stimulate the flow of capital and technology and the economic development of the Contracting Parties and that fair and equitable treatment of investment is desirable...” 注：笔者未能从相关官方网站找到官方中文译本，故书中所引此条约皆为笔者根据原文所译。

457 Article 2. “Either Contracting Party shall, within the framework of its laws and regulations, promote economic cooperation through the protection in its territory of investments of nationals of the other Contracting Party. Subject to its right to exercise powers conferred by its laws or regulations, each Contracting Party shall admit such investments.”

458 Article 3（1）. “Each Contracting Party shall ensure fair and equitable treatment of the investments of nationals of the other Contracting Party and shall not impair, by unreasonable or discriminatory measures, the operation, management, maintenance, use, enjoyment or disposal thereof by those nationals. Each Contracting Party shall accord to such investments full physical security and protection.”

或给予任何第三国国民的投资。”[459]

第3（4）条“保护伞条款”：“缔约各方应履行其与缔约另一方国民签署的与后者投资相关的可能承担的任何义务。”[460]

第3（5）条“优惠条款优先适用原则”：“如缔约一方的法律规定或缔约双方之间现行或今后在本协定之外根据国际法所承担的义务包括一项规定，不论是一般性的还是具体的，使缔约国另一方国民的投资享有比本协定所规定的更优惠的待遇，该规定应在其较优惠的范围内，优先适用。”[461]

第4条“税收方面的国民待遇及最惠国待遇及其例外”：“在税收、费用、收费和财政扣减和豁免方面，每一缔约国应给予在其领土内从事任何经济活动的另一缔约国国民不低于其本国国民或处于同样情况的任何第三国国民的待遇。但是，为此目的，上述待遇不应包括缔约国另一方依照避免双重征税协定、关税同盟、经济联盟或类似机构、互惠原则而给予第三国投资者投资的任何优惠待遇。”[462]

第6条“征收或类似措施”：“缔约任何一方均不得采取任何措施直接或间接剥夺缔约另一方国民的投资，除非符合下列条件：

（a）所采取的措施符合公共利益，并符合适当的法律程序；

（b）这些措施不具有歧视性，也不违反采取这些措施的缔约方作出的任何承诺；

459 Article 3（2）. “More particularly, each Contracting Party shall accord to such investments treatment which in any case shall not be less favourable than that accorded either to investments of its own nationals or to investments of nationals of any third State, whichever is more favourable to the national concerned.”

460 Article 3（4）. “Each Contracting Party shall observe any obligation it may have entered into with regard to investments of nationals of the other Contracting Party.”

461 Article 3（5）. “If the provisions of law of either Contracting Party or obligations under international law existing at present or established hereafter between the Contracting Parties in addition to the present Agreement contain a regulation, whether general or specific, entitling investments by nationals of the other Contracting Party to a treatment more favourable than is provided for by the present Agreement, such regulation shall, to the extent that it is more favourable, prevail over the present Agreement.”

462 Article 4. “With respect to taxes, fees, charges and to fiscal deductions and exemptions, each Contracting Party shall accord to nationals of the other Contracting Party who are engaged in any economic activity in its territory, treatment not less favourable than that accorded to its own nationals or to those of any third State who are in the same circumstances, whichever is more favourable to the nationals concerned. For this purpose, however, any special fiscal advantages accorded by that Party, shall not be taken into account: a) under an agreement for the avoidance of double taxation; or b) by virtue of its participation in a customs union, economic union or similar institution; or c) on the basis of reciprocity with a third State.”

（c）这些措施应给予公正赔偿。赔偿额相当于受影响的投资的真正价值，应包括按正常商业利率计算的利息，直至付款为止，并应立即以投资者所在国的货币或投资者接受的任何可自由兑换货币进行支付和转让。”[463]

第 9 条“投资争端解决条款”：“缔约方在此同意将缔约方与另一缔约方国民之间关于该国民在前缔约方领土上投资的任何法律纠纷提交解决投资争端国际中心，根据 1965 年 3 月 18 日在华盛顿开放供签署的《解决国家与其他国家国民之间投资争端公约》（《ICSID 公约》）通过调解或仲裁解决，如任何一方不是《ICSID 公约》缔约国，则上述争端应根据该中心附加便利规则解决。缔约国一方国民的法人，在争端发生前为缔约国另一方国民所控制的，按照公约第 25（2）（b）条的规定，应被视为缔约国另一方国民。”[464]

有关仲裁过程中实体审理适用的法律依据，被申请人老挝政府提出将其国内法作为法律依据之一；申请人予以反对。双方对此争执不下，理由是，这关乎申请人的投资是否必须依照东道国法律作出并依法运营才能得到保护，国内法与投资保护的相关性成为双方的争议焦点之一。该争议和备受争议的国际政策的适用问题均与违法行为抗辩相关，仲裁庭表示，将在相关章节逐

---

463 Article 6. “Neither Contracting Party shall take any measures depriving, directly or indirectly, nationals of the other Contracting Party of their investments unless the following conditions are complied with: a) the measures are taken in the public interest and under due process of law; b) the measures are not discriminatory or contrary to any undertaking which the Contracting Party which takes such measures may have given; c) the measures are taken against just compensation. Such compensation shall represent the genuine value of the investments affected, shall include interest at a normal commercial rate until the date of payment and shall, in order to be effective for the claimants, be paid and made transferable, without delay, to the country designated by the claimants concerned and in the currency of the country of which the claimants are nationals or in any freely convertible currency accepted by the claimants.”

464 Article 9. “Each Contracting Party hereby consents to submit any legal dispute arising between that Contracting Party and a national of the other Contracting Party concerning an investment of that national in the territory of the former Contracting Party to the International Centre for Settlement of Investment Disputes for settlement by conciliation or arbitration under the Convention on the Settlement of Investment Disputes between States and Nationals of other States, opened for signature at Washington on 18 March 1965, in the event that both Contracting Parties have become Contracting States to the said Convention. In case a Contracting Party is not a Contracting State to the said Convention, the disputes referred to above shall be submitted to the International Centre for Settlement of Investment Disputes under the Rules Governing the Additional Facility for the Administration of Proceedings by the Secretariat of the Centre (Additional Facility Rules) . A legal person which is a national of one Contracting Party and which before such a dispute arises is controlled by nationals of the other Contracting Party shall, in accordance with Article 25 (2) (b) of the Convention, for the purpose of the Convention be treated as a national of the other Contracting Party.”

一进行分析。

（2）核心争议焦点之一：申请人是否存在贿赂行为及其后果

（i）被申请人论点

被申请人在抗辩时主张，申请人因存在贿赂、侵占公款及洗钱行为，其全部请求应被驳回。关于这一抗辩的性质问题，申请人认为，该抗辩为管辖权抗辩的一种，因投资存在违法行为而使仲裁庭无管辖权。

然而，仲裁庭认为，被申请人针对申请人违法行为的抗辩，并非针对仲裁庭的管辖权，而是在确认仲裁庭管辖权的基础上，请求仲裁庭进行实体审理、以申请人存在违法行为而驳回其全部请求。

本案双方同意，被申请人对此负有举证义务。但双方对于举证责任的程度，有不同意见：是适用"盖然性权衡"（balance of probabilities）标准，还是适用更为苛刻的（the more demanding standard）标准，即要求证据必须"清晰且令人信服"（clear and convincing）？对此双方争执不下。但双方均认为，贪污和贿赂与老挝国内法相悖。

被申请人对此提供了诸多证据，以证明申请人在进行投资、在获得 FTA 及许可证时，均存在贿赂行为。被申请人提出，《联合国反腐败公约》（UN Convention Against Corruption，UNCAC）第 16（1）条和《国际商务交易活动反对行贿外国公职人员公约》（OECD Convention on Combating Bribery of Foreign Public Officials in International Business Transactions）第 1(1)条[465]均规定：缔约方应当采取必要的措施设定。任何人无论是直接地还是通过中间方，故意地向外国公职人员或者为外国公职人员或第三方提议给予、承诺给予或事实上给予不当的金钱或其他利益，以期该外国公职人员在履行其职责中采取行动或不行动，进而在国际商业活动中获得或保留其业务或其它不当利益的行为，依法定为犯罪。被申请人还援引了 ICC 档案[466]，指出："现在毫无争议的是，在进行或执行投资时发现腐败将导致申请人的仲裁请求被驳回，并使《条

465 英文文本为："Each Party shall take such measures as may be necessary to establish that it is a criminal offence under its law for any person intentionally to offer, promise or give any undue pecuniary or other advantage, whether directly or through intermediaries, to a foreign public official, for that official or for a third party, in order that the official act or refrain from acting in relation to the performance of official duties, in order to obtain or retain business or other improper advantage in the conduct of international business." 参见 http://www.oecdchina.org/OECDpdf/1837141.pdf，最后访问时间 2019 年 9 月 17 日。

466 《解决商事和投资仲裁中的腐败问题》（Addressing Issues of Corruption in Commercial and Investment Arbitration），第 11 章，第 34 段，Exhibit LHRA-155。

约》所提供的任何保护丧失作用。”

被申请人还援引了 Fraport AG Frankfurt Airport Services Worldwide v. Republic of the Philippines案[467]，并提出，腐败（corruption）[468]与最初的投资有关，也与投资者在东道国投资的后续行为有关。区别两者的意义仅在于，投资之初的腐败行为将影响仲裁庭的管辖权，而后续的腐败行为将使投资者失去获得双边投资协定项下救济的权利。[469]

被申请人援引的第二个案例为Metal-Tech v. Uzbekistan案[470]：“当得出投资者因存在违法行为而无权提出请求的结论时……并不是要以一方为代价而惩罚另一方，而是要确保促进法治，因为法治意味着法院或仲裁庭不能向从事腐败行为的一方提供援助。”

（ii）申请人论点

申请人认为，仲裁庭管辖权来源于双边投资协定，无论是荷兰还是中国与老挝的双边投资协定“均未包含授权给仲裁庭因投资者存在贿赂行为而拒绝提供条约保护的条款”。在申请人看来，“干净的手”（clean hands）原则既不是国际惯例，也不是国际法一般原则，以此不能因此为依据驳回申请人的仲裁请求。

申请人承认，投资之初的腐败（即贿赂）行为将导致请求无法受理，因为条约仅保护符合条件的有效的投资。《联合国反腐败公约》仅适用于缔约国，而不适用于私人主体。被申请人老挝政府是在仲裁开始后，才捏造其有关贿赂的指控；而且，其行为也不符合其应承担的国际义务，包括未给予正当程序和诚信，也未对受贿者和涉嫌行贿者起诉。

467 Fraport AG Frankfurt Airport Services Worldwide v. Republic of the Philippines，ICSID Case No. ARB/03/25，at para. 345，LHRA-29。

468 本文中并未区分腐败或贿赂。

469 被申请人援引的上述案例中相关英文原文如下：If，at the time of the initiation of the investment，there has been compliance with the law of the host state，allegations by the host state of violations of its law in the course of the investment，as a justification for state action with respect to the investment，might be a defence to claimed substantive violations of the BIT，but could not deprive a tribunal acting under the authority of the BIT of its jurisdiction.（emphasis added）笔者概括其含义如下：如在投资之初，投资者遵守东道国法律法规，而东道国指控投资者在投资过程中存在违法行为致使其采取国家行动，这可作为对东道国实质违反双边投资协定指控的抗辩，但不能借此剥夺仲裁庭的管辖权。详见：Award，ICSID Case No. ARB/03/2，para.99.

470 Metal-Tech v. Uzbekistan，ICSID Case No. ARB/10/3，Award，4 October 2013，at para. 389，Exhibit LHRA-157.

双方认可，有关申请人是否存在腐败（贿赂）行为的举证责任应由被申请人承担。但双方对举证责任的标准存在分歧，被申请人认为，由于贿赂和腐败行为具有隐秘性，难以举证。因此，有必要根据间接证据进行推断。合理的方法是适用“红旗”标准（the “red flags” approach），即一旦识别出可疑行为，将由申请人对此进行解释。在 Metal–Tech v. Uzbekistan 案中，仲裁庭认为，在下列情况下，政府提供的（即申请人）向顾问支付大额款项的信息可以作为证明腐败的证据：

（a）当该顾问在该领域缺乏经验；

（b）顾问不是项目所在国的居民；

（c）该顾问在国内没有重要的业务存在或经验；

（d）顾问要求“紧急”付款和 / 或异常高的佣金；

（e）咨询人要求以现金支付，在第三国支付，支付给隐名银行账户，或支付给协议签署主体以外的其他人或实体；

（f）顾问与政府有密切的私人 / 职业关系，可能会不恰当地影响决策。[471]

但申请人认为，国际法中适用的腐败证明标准是“清晰且令人信服的证据”，这些证据必须包括“实质性事实”（substantial facts），而不仅仅是“推论”（inferences）。在 Waguih Elie George Siag and Clorinda Vecchi v. The Arab Republic of Egypt 案中，仲裁庭认为，适用的证据标准应高于“盖然性权衡”标准而低于刑事案件中的“排除合理怀疑”的标准。[472] 而申请人认为，证据应达到“清晰且令人信服”的程度。

（iii）仲裁庭的裁定

仲裁庭承认，证明腐败问题存在困难，同时也认识到揭露腐败的重要性。然而，考虑到指控的严重性以及对相关个人将会造成的严重后果，程序公平要求有证据而不是猜测。“盖然性权衡”标准要求检验事实的人退后一步，以做出全面的评估。“清晰且令人信服”证据要求将重点放在证据的构建块上，以确保实现完整严格的测试。

仲裁庭认为，并不是每一项腐败指控的每一项内容都需要有“清晰且令人信服的证据”，但是现有的“清晰且令人信服的证据”必须明确指向存在腐

---

471 Award，Metal–Tech v. Uzbekistan，Exhibit LHRA–157，para.107 & para. 293.

472 Waguih Elie George Siag & Clorinda Vecchi v. Arab Republic of Egypt，ICSID Case No. ARB/05/15，Award，1 June 2009，Exhibit CLA（LH）–069，at para. 326.

败行为。因此，必须评估所指控的腐败行为，其哪些因素已有“清晰且令人信服的证据”加以证明，哪些因素需要合理推断；并从整体上评估所指控的腐败行为，是否能够通过高于“盖然性权衡”标准而低于“排除合理怀疑”标准得到证明。

针对申请人提出的，被申请人老挝政府并未对任何所指控收受贿赂的政府官员进行起诉，也未有除对申请人的实际控制人以外的其他人进行任何刑事调查。仲裁庭认为，老挝政府未对其政府官员进行调查，并不妨碍其追究申请人的行贿责任，但是，未进行上述行为将降低老挝政府证据的可信度。

第一项指控：申请人为获得 2009 年老挝政府与 Savan Vegas 之间签署的单一固定税率协议，通过 Sengkeo 女士向政府税务部门高级官员行贿，金额为 3 万美元。

被申请人老挝政府声称，2008 年 12 月 29 日，总理原则上批准了 FTA。2009 年 9 月 21 日，签署 FTA。2009 年 9 月 22 日，Sanum 内部电子邮件记录显示 Baldwin 先生将事先同意的金额转账至 Sengkeo 女士女儿的账户。2009 年 10 月 8 日，转账完成。这一系列事件的时间顺序，以及使用女儿的账户而非 Sengkeo 女士自己的账户接收款项，已经引发“红旗”（red flag）。申请人对该笔款项给出的解释为，由于此前的中介机构未能成功，因此，支付给 Sengkeo 女士的 3 万美元，为其协助申请人获得 FTA 的成交费。申请人指出，申请人没有理由在 2008 年 12 月已经获得总理同意的基础上再于 2009 年 9 月向政府雇员行贿。

仲裁庭认为，被告的主张是推测性的，而非实质性的。Sengkeo 女士从事顾问服务，收取费用是合情合理的。收取成交费也合乎情理，并且金额也适当。同时在本案中，无论是 Sengkeo 女士，还是她的女儿均未受到起诉。被申请人提供的证据既不明确也没有说服力。

第二项指控：通过 Bouker 先生（对 Sanum 不满的前员工）向政府官员行贿，证据为 Bouker 先生的证词。最终因为金额较小，证人证言的前后矛盾，且未有任何人因本次款项受到起诉，仲裁庭认为，证据不明确也无说服力。

第三项指控：申请人于 2012 年为终止安永对 Savan Vegas 的审计以及促使政府关闭 Thanaleng 老虎机俱乐部，向 Sengkeo 女士支付 50 万美元。仲裁庭认为被申请人提供的证据未能达到“明确且有说服力”的程度。这笔款项分为两笔，其中一笔金额为30万美元，另一笔金额为20万美元。申请人承认，其主要负责人的私人秘书随身携带30万美元带往越南交付给Sengkeo女士。Sengkeo女士后将该笔款项存至其纽约的账户。申请人解释该笔款项的性质为“贷款”（loan）。因Sengkeo女士与ST公司关系密切，当双方关系恶化，切断了Sengkeo女士的常规收入来源时，其急需资金，Baldwin先生便施以援手。

但该笔款项作为“贷款”支付给Sengkeo女士，申请人并未有任何文件支持。且申请人所述，Sengkeo女士仅归还1.5万美元。Baldwin先生承认，其并未要求Sengkeo女士归还剩余借款。被申请人声称，Sengkeo女士将其中27万美元支付给政府官员，以阻止安永公司对Sanum Vegas的审计。且申请人认为，Sengkeo女士收取了10%的手续费，其余27万美元作为行贿金支付给了政府官员。行贿的结果为，某不愿透露姓名的官员下令终止了安永的审计，安永通过审计本应查出申请人的违法行为，包括侵占财产和洗钱。

仲裁庭认为，Baldwin先生的解释不足为信。很显然，申请人了解安永的审计对Sanum义务的威胁，Baldwin先生有动机通过政府取消安永的审计，因此，仲裁庭相信申请人通过Sengkeo女士向政府官员行贿。但是老挝政府显然并未查出受贿人。安永应知晓下达该命令的人士。老挝政府通过该线索，可查出作出该命令的官员，并要求其对该命令进行解释。然而，被申请人就该证据漏洞并未进行任何解释。据此，仲裁庭得出结论，很有可能申请人通过Sengkeo女士向政府官员行贿以阻止安永审计；但是，该结论并未达到“明确且有说服力”的标准，但已经达至“盖然性权衡”标准。仲裁庭相信，申请人为叫停安永审计而实施了严重的财务违法行为。

另外一笔费用为20万美元。被申请人声称，该笔费用与试图关停Thanaleng老虎机俱乐部有关。2012年，申请人与老挝当地合作伙伴ST公司之间的关系紧张，其中一部分原因与Thanaleng老虎机俱乐部有关。ST公司原本同意，在现有与其他老虎机供应商的协议届满后，与申请人合作经营该俱乐部。然而，期限届期后，ST公司却拒绝履行与申请人的交易。

被申请人声称，申请人试图通过贿赂政府部长关停老虎机俱乐部，以对ST公司施压，迫使其与申请人谈判，款项通过Anousith先生支付。申请人主要负责人Baldwin先生解释说，他们向Anousith先生支付的款项是用于其游说“国民议会”的，但被申请人认为此种解释不足为信。因为国民议会并没有执行权能，只有部长才有权向 Thanaleng 老虎机俱乐部下发关停令。

申请人解释道：Baldwin 先生承认，在 2012 年 7 月，他尽一切可能促使政府关停 Thanaleng 老虎机俱乐部，包括向总统提出书面申请。申请人认为，没有理由怀疑 Baldwin 先生的证据，因为是副总理告知其游说“国民议会”的。申请人称该款项不是用于向部长行贿，而是用于游说国民议会。老挝仍以现金为主，合法交易中涉及大量现金也不足为奇，现金本身不能说明存在违法行为。

仲裁庭认为，支付给 Anousith 先生的款项十分可疑，没有任何顾问文件支持，也没有关于这笔存入其个人银行账户的款项所对应的工作的解释。游说国民议会的说法，牵强附会。仲裁庭认为，该证据并未达到“明确且有说服力”的程度，但是根据较低的“可能性”标准；仲裁庭相信，很有可能该笔贿赂款项支付给了未透露姓名的政府官员，但并未达成申请人期望的效果。

第四项指控：向 Sengkeo 女士支付 57.5 万美元以使其拒绝出庭作证。

被申请人声称，2014 年仲裁程序最初阶段，老挝政府向 Sengkeo 女士签发保证书（Letter of Assurance），保护其作为证人，提供申请人存在贿赂行为的信息与文件而免受追究的权利。申请人在 2014 年 5 月 14 日，向仲裁庭提出向 Sengkeo 女士提供 57.5 万美元个人贷款的申请，遭到仲裁庭的拒绝。于是，Baldwin 先生通过第三方向 Sengkeo 女士提供该笔款项，且未有文件支持；实际上也并非贷款，而是促使关键证人 Sengkeo 女士拒绝出庭作证的酬金。该笔款项加之此前已经存在的“贷款”数额，总计 87.5 万美元，仅归还了 1.5 万美元，尚有 86 万美元未归还，且未有合理解释。

申请人抗辩道，申请人之所以将款项贷款给 Sengkeo 女士，是基于长期商业关系而形成的良好的私人友谊。Sengkeo 女士居住在老挝境外，在受到老挝政府不当施压、为其贪腐案作假证时，该女士拒绝作证的心理可以得到理解。Baldwin 先生关于“贷款”的资金用途解释与其他事件并无冲突。

仲裁庭认为，整体来看，被申请人未能提交“明确且有说服力的证据”，但是 57.5 万美元的贷款，加之此前的 30 万美元贷款，只归还了 1.5 万美元，这些事实已经满足了较低的证据标准，即“盖然性权衡”标准。Baldwin 先生显然试图通过第三方提供贷款，以避开仲裁庭的禁令。鉴于 Sengkeo 女士多年参与申请人与被申请人之间交易并担任核心角色，她的证词应会提供被申请人指控事项中许多款项的合法性与非法性的关键性信息。从“盖然性权衡”标准来看，仲裁庭认为其符合该标准，很有可能 Baldwin 先生与 Sengkeo 女士涉入行贿政府官员事件中，且贿买 Sengkeo 女士以使其拒绝出庭作证，妨碍了仲裁的公正性。

仲裁庭进一步认为，贷款在时间上与申请人迫切希望通过政府介入对其业务（如终结安永的审计以及试图关停 Thanaleng 老虎机俱乐部）的关键节点发生重合，加上 Sengkeo 女士在 Baldwin 和政府之间的连接作用，正如 Baldwin 先生所述，老挝政府的腐败迫使 Baldwin 先生作为申请人的代表作出违法行为，这都显示出申请人的“不诚信”。

老挝政府未能追查受贿人，也未能提供令人信服的解释以证明其已尽力追查，这对被申请人不利；当然，关键证人 Sengkeo 女士拒绝合作也增加了老挝政府的工作难度。

总之，仲裁庭最终得出结论，被申请人虽未能提出“明确且有说服力的证据”证明申请人的行贿行为，但在仲裁庭看来，这种行为很有可能存在，这将影响申请人的诚信度与合法性，以及申请人声称的“公平与公正待遇”的“合法”期待。

第五项指控：申请人虚假交易以重新取得 Savan Vegas 赌场的控制权。

被申请人老挝政府于 2015 年 4 月 15 日获得了 Savan Vegas 赌场的控制权。根据和解协议约定，申请人需于 2015 年 4 月 15 日前，在公开市场上将其投资出售给买家。而申请人声称，其已找到买家且双方签订了买卖合同；但最终，该买家在作证时表示，该交易为虚假交易。无论申请人如何辩解，仲裁庭均认为该要约为虚假要约，但并不能证明存在贿赂与腐败行为。

第六项指控：其他方面。

尽管老挝政府提出了其他方面的指控，试图证明申请人存在贿赂与腐败行为，但申请人认为，老挝政府未能调查其员工的腐败行为，也未能提供合理的解释来说明其未能试图查出受贿人信息的理由，仲裁庭认为，证据不足以认定这些指控。

（3）申请人投资和运营过程中缺乏诚信（Lack of Good Faith）及其后果

两起案件的仲裁庭，在实体审理时，均将申请人是否“诚信”作为重点进行讨论。并且申请人的不诚信行为，显然成为其最终败诉的重要原因之一。通过解析这案件的两个仲裁裁决，我们发现，PCA 裁决将申请人的恶意行为列在有关贿赂的指控之后，而 ICSID 裁决将申请人恶意行为置于其对被申请人违反条约义务的指控之后，两者有所区别，在于两者所依据的双边投资协定内容有所不同。笔者稍后详解。但无论如何，该"诚信"事项都决定了申请人的申请能否获得仲裁庭的支持，其重要性可见一斑。

仲裁庭指出，从《维也纳公约》第31(1)条要求的依照善意原则解释条约，到当事方有义务善意进行仲裁，诚信原则在投资仲裁多处情况下都得到体现。经证明，投资者恶意行为与是否能够获得投资协定中的救济有关。

仲裁庭认真听取了申请人主要负责人 Baldwin 先生的证词，认为该证人证言不足为信。仲裁庭认为，Baldwin 先生代表的申请人存在以下不诚信恶意行为：

(i) 向政府作出虚假陈述，承诺在该地区投资 2500 万美元，以取得 Paksong 酒店及赌场的开发许可，在仲裁庭看来，申请人从未打算进行该等投资；

(ii) 有可能向政府官员违法支付款项以终止安永对 Savan Vegas 的审计；

(iii) 有可能向 Sengkeo 女士支付 87.5 万美元企图妨碍司法公正，将 57.5 万美元支付给该女士以指示其拒绝出庭作证，妨碍了仲裁的正当程序；

(iv) 在有关购买 Savan Vegas 方面，试图以虚假交易误导仲裁庭。

仲裁庭希望毫无疑问地得出结论，申请人主要负责人在操纵政府以推进其赌博业务的各种努力中表现出明显的恶意，而且就 Sengkeo 女士的问题而言，他们还在操纵仲裁程序本身。

(4) 被申请人是否构成"征收"

仲裁庭逐一对申请人有关征收的诉请进行分析，得出的结论为：申请人的所有请求均没有法律依据，东道国的行为均事出有因，申请人并没有证据证明被申请人老挝政府存在征收行为。被申请人老挝政府提出，申请人滥用仲裁程序，其就同一事项提出平行仲裁程序（其称，申请人在 2012 年以法院判决造成征收为由提起第一起仲裁程序。接着，2016 年 8 月，申请人取得针对 ST 公司的由新加坡国际仲裁中心作出的裁决后，于 2017 年向老挝法院申请执行，遭到拒绝后即于 2017 年 9 月 1 日向 ICSID 以司法不公为理由提起新的投资仲裁）。两起仲裁是基于同一事实基础，同一申请人，依据同一投资协定而提起的不兼容的诉请，因此被申请人认为，申请人的行为属于滥用仲裁程序。

仲裁庭未对滥用程序进行解析，而是说明，申请人未能举证证明被申请人存在不当干预司法的行为，因此，申请人需承担举证不能的后果。

在 Paksong Vegas 旅馆及赌场项目开发协议（Project Development Agreement，PDA）方面，申请人诉请，因被申请人终止 PDA，该行为构成了征收。仲裁庭分析，该争议焦点的症结在于，政府终止 PDA 的行为是构成征收，还是对申请人未能履行 PDA 要求的前提条件而行使自身权利的行为。

仲裁庭发现，Paksong PDA 要求公司，在该地建造并运营投资额度为 2500 万美元的酒店赌场以及高尔夫俱乐部，从而授予公司在该地区独家经营博彩业的权利。然而，根据 PDA 第 4 条约定，公司需在约定时间内签署用地许可协议，但公司并未在期限内完成，且项目建设较约定时间已延期两年。公司一直在致力于将投资地点变更至其他更有投资商业潜力的地区，但未得到政府的批准。公司存在违反 PDA 要求的行为，造成了政府终止 PDA 的后果。其中，最关键的证据是，2009 年 1 月 30 日由全部出席人员签字的公司董事会会议纪要上写明的，董事长承认公司在过往存在多处履约瑕疵，承认并未按照预定时间表完成 Paksong Vegas 项目。各方同意，虽然不能批准在其他地区成立分支机构，但是原本在该项目项下的土地归还给政府，不再授予独家权利；有关 Paksong Vegas 项目的协议将进行更改。仲裁庭认为，由于申请人存在违反 PDA 约定的行为，导致其丧失了 PDA 项下的权利。因此，政府行为不构成征收。

在 Paksan 老虎机俱乐部项目方面，仲裁庭查明的事实为，Savan Vegas 于 2007 年获得由信息与文化部颁发的许可其经营老虎机俱乐部的证照，有效期为一年，后又延期两次，每次一年。但 2010 年总理府下令吊销该执照。申请人随即向总理申请重新开业，但遭到拒绝。申请人在政府下达关停俱乐部后继续营业达一年。

仲裁庭认为，申请人获得的独家经营权，只是排除了其他竞争者的进入，并不意味着申请人可不经过任何审批而进行运营。政府下令关停俱乐部时营业执照已经因期限届满而失效。

在 Thakhet 赌场和酒店度假村项目问题上，仲裁庭查明事实如下：申请人 Sanum 与 SEZ 委员会签署了谅解备忘录，授予申请人土地特许权，对价为 90 万美元，供政府做拆迁补偿之用等一系列条款，申请人也向相关政府部门递交了老虎机俱乐部的项目计划书，得到了总督及信息文化部的许可。但一个月后，总理府要求信息文化部撤销许可，理由是仅有“政府”，即“总理府”才有权颁发该许可。申请人随即向总理府提出申请，但在 7 个月后遭到拒绝。被申请人声称，申请人获得的许可是通过贿赂文化部相关政府官员之实现的。仲裁庭认为，谅解备忘录中明确约定，申请人需获得中央及地方政府所有最终许可后［final approval from all governmental authorities（central and local）］方能将其业务拓展至 Thakheak。虽然政府《1957 号通知》并未写明只有总理府才有权颁发该许可，但是，申请人已经意识到，总理府是申请人在老挝从事博彩业的基本审批机构。然而，总理府从未颁发过该等许可。仲裁庭可以理解申请人为其付出了40万美元的投入却未能开展一项可行的项目感到懊恼；但是，在谅解备忘录之外，双方并未达成任何有约束力的文件，也未取得任何有效审批，这不应归结于老挝政府。

最终，两个仲裁庭均认为，申请人并没有证据证明被申请人老挝政府存在征收行为。

（5）被申请人是否违反公平与公正待遇及其他条约义务

以 LHNV 为申请人的 ICSID 仲裁案件中，申请人还诉请，被申请人存在违反“公平与公正待遇条款”的行为；最终被仲裁庭认定为证据不足。其余诉请，或因申请人存在恶意行为，或因申请人未能举证证明，或因被申请人有权作出相关行为，而全部遭到仲裁庭的驳回。

ICSID 仲裁庭，在仲裁裁决 8.4 章节解析完毕申请人有关征收的诉请、在仲裁裁决 8.8 章节解析完毕申请人提出的其他有关协定义务诉请之后，分别论述了申请人存在恶意行为的情况。当仲裁庭退后一步审视，申请人在上述程序中所涉及的整个行为过程，包括申请人在安排终止安永审核时作出贿赂行为的可能性（本身即属失信行为），操纵政府当局在 Thakhaek 项目上取得博彩业牌照，以及在 Paksong PDA 上作出承诺却并未打算建造 2500 万美元的酒店和赌场，借此排除其他更认真的投资者在申请人垄断地区申请博彩设施的机会；这些行为都支持仲裁庭得出这样的结论，即申请人对在老挝投资获取好处所对应的承诺不屑一顾。Baldwin 先生的证言也证实了这一点。申请人在投资之初以及投资过程中存在恶意行为，加之企图诱使关键证人 Sengkeo 女士拒绝出庭作证而损害了仲裁的公正性，这些都使得申请人无法获得投资协定所给予的保护。

4. 仲裁费用分担

（1）前序仲裁程序费用问题的负担

2014 年仲裁申请人与老挝政府签订和解协议后，LHNV 于 2014 年 7 月 10 日，向 ICSID 仲裁庭提出重新启动仲裁程序的请求；LHNV 声称，老挝政府允许另一家赌场在申请人附近开设，损害了申请人的独家专有权，违反了和解协议。2015 年 6 月 10 日，仲裁庭驳回其请求，理由是：其一，申请人并未提供足够的证据证明被申请人存在上述违约行为；其二，即便能够证明老挝政府在2014年6月27日收到申请人的违约通知书之日或之前，允许且授予了另一家赌场的开设，根据和解协议第32条，老挝政府也有权在收到该通知之日起45日内对该违约行为进行补救。ICSID仲裁庭认为，老挝政府已经依照和解协议对违约行为采取了补救措施，因此，驳回了申请人要求重新恢复仲裁程序的申请。综上，申请人首次提出的要求重启仲裁的申请之所以被驳回，最重要的原因在于，仲裁的前置程序未被满足，即被申请人被赋予了45日内采取补救措施的合同权利，如果被申请人在该前置程序满足了合同约定的条件时，仲裁程序则不能重启。

ICSID仲裁庭裁定，申请人需负担被申请人老挝政府在本程序（LHNV向ICSID仲裁庭首次提出的指控老挝政府违反和解协议的程序）[473]中的费用。针对该部分费用[474]，申请人与老挝政府产生了新一轮的争端。最后，仲裁庭对费用进行了裁定，认为被申请人老挝政府要求申请人承担的费用金额有失公正和合理性；因此，仲裁庭依照公平合理原则，裁定申请人需承担被申请人的诉请费用总额的70%。[475]

仲裁庭称，被申请人请求费用总额为762705.83美元（期间为2014年6月28日至2015年4月23日），但申请人认为，因被申请人无端提起多次程序性请求，导致花费了大量时间，故要求被申请人将其律师花费时间细化至每一具体程序。但申请人此要求遭到被申请人拒绝，理由是，根据和解协议的适用法即美国法，律师费属于律师应予保密的范围。仲裁庭随即根据公平原则，考虑到申请人在仲裁管辖权异议中胜诉，要求申请人承担全部的被申请人管辖异议方面的律师费用，是不符合公平原则的。最终，仲裁庭裁定，申请人承担被申请人请求费用总额的70%，即533894.08美元。[476]

（2）最终裁决确定的费用分担

PCA仲裁庭和ICSID仲裁庭，均引用了相关仲裁规则中有关费用的约定，最终行使自由裁量权，确定了败诉方承担费用的原则。其中，

---

473 详见：Lao Holdings N.V. v. The Government of the Lao People's Democratic Republic，ICSID Case No. ARB（AF）/12/6，Decision on the Merits，June 10，2015.

474 费用所涉期间为2014年6月28日至2015年4月23日。

475 详见：Lao Holdings N.V. v. The Government of the Lao People's Democratic Republic，ICSID Case No. ARB（AF）/12/6，Decision on Costs，5 November 2015.

476 同脚注475。

ICSID 仲裁庭援引了《ICSID 附加便利规则》第 58 条规定：除非当事各方另有约定，仲裁庭应决定仲裁员的费用和开支、秘书处的费用和收费以及当事各方因仲裁而产生的费用应如何和由谁负担。[477] 笔者查明，在该仲裁程序中所涉及的《荷老双边条约》，并未对仲裁过程中产生的费用如何分担问题进行约定。于是 ICSID 仲裁庭得出结论，其有权对费用分担问题进行决定。

在 PCA 案中涉及的《中老双边条约》，对于投资仲裁费用分摊是有明确约定的，其第 8（8）条明确：“争议各方应负担其委派的仲裁员和出席仲裁程序的费用，首席仲裁员的费用和仲裁庭的其余费用应由争议双方平均负担。但是，仲裁庭可以裁决一方承担较多的费用。”[478] 然而，PCA 仲裁庭在费用裁决中并未提及这一约定，而是援引了 2010 年《UNCITRAL 仲裁规则》第 40 条：仲裁庭应当在终裁决定中确定仲裁费用，或其认为适当时在另一裁决中确定。[479] 以及第 42 条：仲裁费用原则上由败诉方承担。但是，如果仲裁庭认为分摊合理，并考虑到案件的情况，它可以在双方之间分摊每一笔费用。[480] 特别是，由于申请人在其仲裁申请中提出要求老挝政府承担本仲裁程序中申请人产生的费用和支出（costs and expenses）（包括律师费）的请求，仲裁庭据此认定为，申请人同意了“由败诉方承担费用”的原则。笔者推断仲裁庭的思路为，因申请人和被申请人均默认同意适用该原则，即意味着双方达成了新的约定，以替换《中老双边条约》第 8（8）条的约定。由此可见，投资者对仲裁申请内容也需慎之又慎，请求“被申请人需承担申请人仲裁费用（包括律师费）”也并不意味着一定对自己有利，还可能出现诸如本案中的情形，即被仲裁庭推定为申请人同意由“败诉方承担费用”的原则，因此，投资者还需根据实际情况，多方权衡，综合确定仲裁请求思路。

最终，两个仲裁庭均认为：尽管实践中有些仲裁庭的做法有所不同，但国

---

477 详见脚注 161。

478 Article 8（8）. “Each party to the dispute shall bear the cost of its appointed member of the tribunal and of its representation in the proceedings. The cost of the appointed Chairman and the remaining costs shall be borne in equal parts by the parties to the dispute. The tribunal may, however, in its decision, direct that higher proportion of costs shall be borne by one of the two parties.”

479 详见脚注 159。

480 详见脚注 160。

际投资仲裁庭的主流做法是，由败诉方承担费用。[481] 本案申请人因未能证明被申请人存在违反条约行为而败诉。因此，仲裁庭认为，其有权行使自由裁量权，决定由败诉方即申请人承担被申请人律师费及全部仲裁费用[482]。

笔者将两个仲裁裁决中裁定的费用明细见表 4–5。

表 4–5 仲裁费用明细（单位：美元）

编号	费用类别	Sanum 仲裁 PCA Case No. 2013–13	Lao Holdings 仲裁 ICSID Case No. ARB（AF）/12/6
1	被申请人律师费及杂费[487]（2017.2.23—2019.2.22）	1161611.48	1293720.27
2	被申请人其他费用（expenses）包括证人、律师、工作人员等差旅费及其他杂费（2017.2.23—2019.2.22）	151640.83	173763.45
3	仲裁员费用	1399028.46	1218199.00
4	仲裁机构 ICSID 管理费	–	244000.00
	仲裁机构 PCA 注册费及杂费	283105.74	–
5	仲裁直接费用（包括发送裁决书的费用等）	–	273590.00
6	仲裁员差旅费及其他费用	90737.66	–
小计		3086124.17	3203272.72
总计		6289396.89	

481 仲裁庭所援引案例如下：Cortec Mining Kenya Limited，Cortec（Pty）Limited and Stirling Capital Limited v. Republic of Kenya，ICSID Case No. ARB/15/29，Award，22 October 2018，¶ 388（citing Mr. Saba Fakes v. Republic of Turkey，ICSID Case No. ARB/07/20，Award，dated 14 July 2010，¶¶ 152–155）；see，e.g.，Telenor Mobile Communications A.S. v. Republic of Hungary，ICSID Case No. ARB/04/15，Award，dated 13 September 2006，¶ 107 。

482 仲裁庭裁定的费用币种为美元。

483 仲裁庭在日期标为 2015 年 11 月 5 日的费用决定书中裁定申请人承担被申请人律师费用的 70%，金额为 533894.08 美元。

5. 笔者关于本案的其他思考

（1）关于选择条约进行争议解决的思路

投资者与东道国政府在世能澳门诉老挝一案中，就仲裁庭管辖权问题即进行了四年的较量。由国际仲裁庭，到新加坡高等法庭，再到新加坡上诉法庭，最终确认了仲裁庭对于本案争议的管辖权，过程可谓漫长而艰苦。既然仲裁庭最终裁定，《中老双边条约》能够适用于澳门特别行政区，而老挝作为东南亚国家联盟[484]成员国，那么中国与东盟签署的包含投资保护的条约或协定，投资者是否可以选择适用以获得更好的投资保护呢？

我们知道，截至2012年，即世能澳门提起国际仲裁之时，中国和东盟已经签署的协议包括：2003年生效的《中华人民共和国与东南亚国家联盟全面经济合作框架协议》和《中华人民共和国与东南亚国家联盟全面经济合作框架协议争端解决机制协议》以及2010年生效的《中国与东盟FTA》。其中，前两个协议中的争端解决机制仅适用于缔约国之间，因此，投资者并不能成为该协议项下适格的争议当事方。而《中国与东盟FTA》第14条[485]为投资者与东道国之间的投资争端解决提供了救济途径。

---

484 东南亚国家联盟，简称“东盟”，其成员国包括：文莱达鲁萨兰国、柬埔寨王国、印度尼西亚共和国、老挝人民民主共和国、马来西亚、缅甸联邦、菲律宾共和国、新加坡共和国、泰王国和越南社会主义共和国。参见https：//asean.org/asean/asean–member–states/，最后访问时间2019年9月16日。

485 Article 14. Investment Disputes between a Party and an Investor.

1. This Article shall apply to investment disputes between a Party and an investor of another Party concerning an alleged breach of an obligation of the former Party under Article 4（National Treatment），Article 5（Most– Favoured–Nation Treatment），Article 7（Treatment of Investment），Article 8（Expropriation），Article 9（Compensation for Losses）and Article 10（Transfers and Repatriation of Profits），which causes loss or damage to the investor in relation to its investment with respect to the management，conduct，operation，or sale or other disposition of an investment.. The parties to the dispute shall，as far as possible，resolve the dispute through consultations. Where the dispute cannot be resolved as provided for under Paragraph 3 within six（6）months from the date of written request for consultations and negotiations，unless the parties to the dispute agree otherwise，it may be submitted at the choice of the investor：

（a）to the courts or administrative tribunals of the disputing Party，provided such courts or administrative tribunals have jurisdiction；or

（b）under the（ICSID）Convention and the ICSID Rules of Procedure for Arbitration Proceedings8，provided that both the disputing Party and the non–disputing Party are parties to the ICSID Convention；or

（c）under the ICSID Additional Facility Rules，provided that either of the disputing Party or non–disputing Party is a party to the ICSID Convention；or

（d）to arbitration under the rules of the United Nations Commission on International Trade Law；or

（e）if the disputing parties agree，to any other arbitration institution or under any other arbitration rules.

针对世能案，申请人在2012年8月14日提起国际投资仲裁，而在2010年1月1日，上述《中国与东盟FTA》生效。该投资协议中第14条明确规定了，该条适用于一缔约方与另一缔约方的投资者之间产生的，涉及因前一缔约方违反本协议第4条（国民待遇）、第5条（最惠国待遇）、第7条（投资待遇）、第8条（征收）、第9条（损失补偿）、第10条（转移和利润汇回），通过对某一投资的管理、经营、运营、销售或其他处置等行为给投资者造成损失或损害的投资争端。这些投资争端解决机制，对投资者来说更为灵活。根据该条规定，一旦出现投资争议，争端所涉方应尽可能通过磋商解决争端。如果在提出磋商和谈判的书面请求后6个月内，争端仍未解决，除非争端所涉方另行同意，投资者有权选择将争端：

（i）提交有管辖权的老挝法院或行政法庭；

（ii）根据解决投资争端国际中心（ICSID）的《ICSID附加便利规则》提交仲裁；

（iii）根据《联合国国际贸易法委员会的规则》（UNCITRAL Arbitration Rules）提交仲裁；

（iv）由争端所涉方同意的任何其他仲裁机构或根据任何其他仲裁规则进行仲裁。[486]

鉴于老挝不是《ICSID公约》缔约国，投资者尚不能将争议直接提交至ICSID，按照公约和《ICSID仲裁规则》进行仲裁。同时，争议一旦产生，争议双方很难就其他仲裁机构或仲裁规则达成协议。因此，对于投资者来说，较为便利的方式是，根据《ICSID附加便利规则》向ICSID提起仲裁，或者依据《联合国国际贸易法委员会的规则》提交仲裁。

然而，对于世能澳门能否依赖《中国与东盟FTA》提起国际仲裁来保护自己在老挝的投资，我们还需查看，该投资协议是否可以适用于世能澳门的具体投资争议。最关键的是，核实该协议中的适用范围条款及排除条款。

经过仔细核查，我们发现，《中国与东盟FTA》第3（4）条，明确承认了东道国税收征收措施的权利和义务；对于老挝政府采取的税收措施，投资者不得提起上述国际投资仲裁，除非这些税收措施等效于征收或国有化。当

486 《中国与东盟FTA》第14条中文文本见外交部条约数据库，http://fta.mcfcom.gov.cn/dongmeng/annex/touzixieyi_cn.pdf，最后访问时间2019年9月16日。

中国投资者提出主张，称老挝政府采取或者执行的税收措施违反了关于征收的规定时，老挝政府可请求与中国政府举行磋商，以决定该税收措施是否等效于征收或国有化。仲裁庭则应认真考虑双方针对该事件磋商后的决定。如果，中老双方未能启动此类磋商，也未能在自收到投资者发出的磋商请求的180天内，决定此类税收措施是否等效于征收或国有化，那么，我国投资者可就争议提起国际仲裁。也即，投资者提出前置程序磋商请求的180天过后，如对这一问题没有定论，则投资者还是可以提起国际仲裁的。

《中国与东盟FTA》第3条规定了适用范围，该投资协议应适用于一缔约方投资者在另一缔约方境内的所有投资，无论其设立于本协议生效前或生效后。“为进一步明确，本投资协议的规定不对任何缔约方，涉及在本协议生效之前发生的任何行动或事实或已终止的任何状态，具有约束力。”《中国与东盟FTA》第14（2）（a）条[487]亦明确约定：本条不适用于“在本协议生效前，已发生的事件引发的投资争端、已解决的投资争端或者已进入司法或仲裁程序的投资争端”。

鉴于此，《中国与东盟FTA》对于适用范围的约定相当明确，与惯常情况下的不可溯及既往原则不同，如在本协议生效之时，引发争议的事件已经发生（event which has been occurred），也会排除适用该争议解决条款。显然，这一点似乎对世能澳门不利。因为，引发争议的事件发生时间，一定早于争议的开始时间。但投资者似乎可以尝试，论证该争议事件具有持续性。我们借用申请人在LHNV一案中的主张，即引用Micula仲裁庭的裁决：“关键日期不是争议产生的日期而是导致争议产生的事件和行为发生的时间。”如前所述，申请人在该案中提供的Mr. Baldwin的第四份证人证言（日期为2013年11月25日）中说明，尽管老挝政府的《0772号通知》日期标为2011年11月28日，但直到2011年12月16日申请人才收到该通知。申请人收到该通知后即与财政部人员进行沟通，被告知FTA会被延期，但是需要取得总理办公室的同意。申请人随后向总理提出新申请，请求对FTA延期。直至2012年年初，申请人皆认为政府正在积极考虑FTA延期一事，其间，申请人与总理办公室的部长进行了多次讨论。因此，在申请人看来，直到2013年7月

---

487 Article 14（2）（a）. “This Article shall not apply to investment disputes arising out of events which occurred, or to investment disputes which had been settled, or which were already under judicial or arbitral process, prior to the entry into force of this Agreement”.

12 日老挝政府确定将对申请人适用新税法时，本案中的法律争议才具体化。最后，新税法的实施是一项持续性措施，将从 2014 年 1 月 1 日起影响申请人的投资，每次评估都会引发新的索赔或法律纠纷。因此，这是仲裁庭应该享有管辖权的范围。

而在仲裁庭看来，在 2012 年 3 月 21 日，老挝政府最高级别的机关作出了拒绝申请人 FTA 延期申请的决定。因此，此时视为有关 FTA 争议产生。换言之，争议在关键日期之后产生。然而老挝政府并没有举出相反的证据佐证在 2012 年 3 月 21 日前，老挝政府最高级别的有权机关已经拒绝了申请人关于 FTA 的延期申请。从这一点来看，世能澳门似乎也可以主张，2012 年 3 月 21 日老挝总理办公室确认不再延期 FTA 这一事件是引发双方争议的事件，而在此之前，双方并未形成观点和利益冲突。那么，世能澳门以《中国与东盟 FTA》作为投资保护依据，似乎也不是没有可能性。

目前，中国投资者对老挝的投资热度，可谓如火如荼。由于中国和东盟之间签订的一系列框架协议和协定，使得我国投资者在老挝的投资保护又多了一层保障。但是，通过对比，我们可以发现，《中老双边条约》和《中国与东盟 FTA》中规定的投资争端解决机制的适用，都有各自的边界和条件。投资者在遭遇老挝政府对其投资权益损害时，需要结合自身的具体情况，选用适当的救济方式。同时，由于中国和老挝之间的双边投资协定的签订时间较早，已经难以满足当下日益复杂的投资情形，因此，在顶层设计上，建议我国加快推进与老挝之间签订新的符合时代需求和投资者保护的双边投资协定。

（2）“涉及”征收补偿款额的争议是否包含对“征收”本身进行判定

对《中老双边条约》第 8 条的解读，需要依照《维也纳公约》第 31 条进行。上诉法庭认为，该条中所述“涉及”在本案中应作广义理解。为了达到能够作出裁决的目的而必须作出的对其他问题的认定也应该属于仲裁管辖的范围。当然并不是说所有与征收有关的争议都能提交仲裁，而是只有和征收补偿款额有关的争议才能提交仲裁。在决定如何对该条进行解读时，法庭认为，“涉及”应作广义理解，不仅仅包含款额的裁决，也包含在征收过程中内在的其他问题的裁决。如果等到法院对征收的合法性进行判定之后才能将补偿款额是否合适的争议提交仲裁，则使得 ICSID 仲裁名存实亡。依《中老双边条约》第 8（3）条的规定，即“岔路口条款”，明确排除了国际仲裁的可能。而采取同样裁判思路的类似案件还有“谢业深诉秘鲁政府”案[488]，在该案中，中国和秘鲁之间的双边投资协定中的争议解决条款规定的可提交仲裁的争议与本案一样，也为涉及征收补偿款额的争议。

但在“北京首钢等诉蒙古国政府”[489]案中，仲裁庭却对类似争议解决条款采取狭义解释，从而得出了相反的结论。由此可见，目前审判实践中对此类仲裁条款的解读尚无统一思路和确定性答案，因此常常会成为双方关于管辖权的重要争议焦点。

（3）变更投资者国籍与属时管辖

通过世能澳门的母公司 LHNV 诉老挝政府投资仲裁一案，我们可以看出，在争议或与之相关的事件发生时变更投资者国籍，有被认定为滥用权利或者不符合属时管辖的风险，因此，我们建议投资者，在投资之初就做好架构设计，尽早进行国籍筹划，尽量弥补我国签订的第一代双边投资协定中的不足。另，如在投资之初，东道国政府承诺给予某些税收优惠或其他方面的便利措施时，务必令其将这些承诺以法律认可的形式确定下来。即便在投资运营过程中，不能阻止东道国政府的损害行为，也能在诉诸争议解决方式时有更多的主动权，节约更多的诉讼成本。

（4）投资者的不诚信行为或使其不能获得投资保护

通过本案仲裁庭在实体审理过程中的分析，我们可以看到，其裁决思路，正如《联合国贸易发展会议关于国际协定的系列报告三：公平与公正待遇（2012）》第 83—85 页指出的，投资者之行为已成为仲裁庭分析以公平与公正待遇作为理由进行索赔的一个相关因素。这可能与两个方面有关：首先，它可以使被申请人对投资者采取的措施正当化。因此在 Genin v. Estonia 案中，仲裁庭认为，由于申请人未能披露相关事实，爱沙尼亚国家银行有充分理由吊销申请人投资的营业执照。此种情况下，不利措施是国家对投资者行为的反应，或对投资者行为的制裁……投资者的欺诈或虚假陈述可能构成（东道国）对其权利进行合法监管干预的基础。这种情况下，即使是直接终止投资也可能是正当的，只要它是根据东道国国内有关法律对投资方行为作出的适当反应……在某些情

488 详见本书第四篇“谢业深诉秘鲁政府”案。

489 详见本书第四篇“北京首钢等诉蒙古国政府”案。

况下，投资者自己的行为可能被认为是造成损害的原因之一。[490]

通过本案中这两起仲裁案件的最终裁决推理过程，我们发现，投资者无论在投资之初，还是在运营过程中，都需要遵守东道国的法律法规，特别是需要提高有关反腐败反贿赂方面的风险意识。显然，仲裁庭相信了申请人在整个过程中均存在不诚信的恶意行为，比如贿赂政府官员获得许可，贿买证人等妨碍仲裁公正性的行为等；这都使得投资者无法获得条约约定的投资保护，也同时赋予了东道国采取相关措施的正当性。

另外，通过对仲裁庭实体审理过程的分析，我们还提醒投资者，要增强法律意识，不可轻信东道国政府官员的口头承诺与潜规则，做好法律文件的签订和履约合规工作，利用东道国法律法规以及国际法规则应对即将产生的争议，以避免投资被剥夺殆尽；不要如本案投资者一般，在卷入多年的纷争之后，还要承担东道国的律师费和仲裁费等各项费用。

五、“北京城建诉也门政府”ICSID 投资仲裁案

北京城市建设集团有限责任公司

诉

也门共和国

ICSID 投资仲裁案

（ICSID Case No. ARB/14/30）

---

490 Alex Genin，Eastern Credit Limited，Inc. and A.S. Baltoil v. The Republic of Estonia，ICSID Case No. ARB/99/2，Award，footnote 95，“UNCTAD Series on International Agreements III，*Fair and Equitable Treatment*（2012）at pp. 83–85：Investor conduct has emerged as a relevant factor in the analysis of FET claims by arbitral tribunals. It may be relevant in two ways. First，**it may justify the measure taken against the investor by the respondent country**. Thus in *Genin v. Estonia*，the tribunal found that the Estonian national bank had good reasons to revoke the operating license of the claimant's investment because the claimant had failed to disclose relevant facts. In such cases，the adverse measure serves as a State's reaction to，or a sanction for the investor's conduct...**Fraud or misrepresentation on the part of an investor may form the basis of a legitimate regulatory interference with its rights. In such cases，even the outright termination of the investment may be justified，provided it is a proportionate response to the investor's conduct in light of the relevant domestic laws of the host State**...in some situations，an investor's own conduct may be held to be a cause for the harm suffered.”

1. 案件背景

（1）案件基本信息[491]

申请人	北京城建集团有限公司
被申请人	也门共和国
仲裁机构	解决投资争端国际中心（ICSID）
案件索引号	ICSID Case No. ARB/14/30
案件注册日	2014 年 12 月 3 日
仲裁庭组成日	2015 年 7 月 10 日
仲裁语言	英语
管辖权决定作出日	2017 年 5 月 31 日
仲裁终止结果程序令作出日	2018 年 6 月 7 日
所涉及投资条约	《中华人民共和国政府和也门共和国政府关于鼓励和相互保护投资协定》（《中也双边条约》）[492]
案件状态	仲裁程序基于双方当事人的协议而终止

（2）案件事实[493]

①北京城建中标也门机场项目

也门萨那国际机场项目是改进机场设施的多阶段跨国项目；该项目是由也门共和国（以下简称也门政府或被申请人）与阿拉伯经济社会发展基金会共同出资的[494]。该项目一期开始于 2002 年 3 月 14 日；本案争议涉及的

491 本案的基本信息是摘取ICSID官网上关于本案的案件详情（case details）中显示的信息进行梳理而成。Beijing Urban Construction Group Co. Ltd. v. Republic of Yemen，https：//icsid.worldbank.org/en/Pages/cases/casedetail.aspx？ CaseNo=ARB/14/30，最后访问时间 2019 年 8 月 27 日。

492 本协定于 1998 年 2 月 16 日在北京签订，一式两份，每份都用中文、阿拉伯文写成，两种文本同等作准。此协定于 2002 年 4 月 1 日起生效。

493 本案中，前三个部分的所有内容均基于 ICSID 官网公布的针对本案的管辖权决定（Decision on Jurisdiction）中的内容梳理、总结而成，不代表笔者观点。本案中，后文脚注里提及的 Decision on Jurisdiction 即指这一管辖权决定。笔者之观点、解析见本案第四部分“收获与分析”。

494 也门政府与阿拉伯经济社会发展基金会于 2001 年 4 月 18 日签订了贷款协议：Loan Agreement between the Republic of Yemen Government and the Arab Fund for Economic and Social Development dated 18 April，2001.

是项目二期。本案申请人北京城市建设集团有限责任公司（以下简称北京城建）在项目二期初始的新“国际航站楼”建设承包商招投标活动中成功中标。北京城建与也门民航气象局（Yemen Civil Aviation and Meteorology Authority，CAMA）于2006年2月28日签订了一份建设工程合同，合同标的约为1.15亿美元（具体为114657262美元）。此外，荷兰机场顾问有限公司（Netherlands Airport Consultants B.V.，NACO）被聘为外部顾问来协助CAMA管理该工程合同的履行，包括处理关于工期、工程质量、工程款支付时间等争议。

②争议发生

北京城建称，2009年7月，也门政府通过其军事力量和安保机构骚扰、拘禁北京城建的工作人员，并强行阻止北京城建进入项目场地，因而阻止北京城建履行其合同义务。经过数星期由国家精心策划的骚扰和威胁后，CAMA以北京城建未返回项目现场完成工程为由，通知北京城建意图解除该合同。北京城建表示，恰恰是CAMA和也门政府阻止北京城建继续履行合同，若非也门政府阻止北京城建进入项目现场，北京城建本应已完成了合同义务并获得利润。

也门政府辩称，如《业主的索赔及对承包商索赔的评估》（Employer's Claim and Evaluation of the Contractor's Claim）（2013年2月）和咨询工程师（NACO）出具的《承包方违约报告（7月7日—12月8日）》中所示，北京城建在诸多方面都未能按要求履行合同义务，包括：未经授权从工程现场移除材料设备，未经海关批准进口设备，项目主要人员长期缺席项目现场，以及与分包商长期以来存在问题。

2014年11月5日，北京城建以也门政府为被申请人，将上述争端根据《中也双边条约》和《ICSID公约》提交给ICSID仲裁。

2. 主要抗辩及案件结果

（1）主要抗辩

被申请人也门政府对仲裁庭提出了五项管辖权异议：

①第一项异议：“属人管辖”异议（objection *ratione personae*）：申请人北京城建不是《ICSID公约》项下缔约另一国的国民；

②第二项异议：“属事管辖”异议（objection *ratione materiae*）：也门政府在《中也双边条约》项下的仲裁同意仅限于投资征收的补偿款额争议（quantum of compensation)；

③第三项异议：最惠国待遇条款不能适用于争端解决条款；

④第四项异议：北京城建并未作出受《中也双边条约》保护的投资；

⑤第五项异议：北京城建之主张属合同之诉，并非条约之诉。

（2）裁决结果

对管辖权异议之裁定

①仲裁庭接受也门政府第三项异议，即仲裁庭认为最惠国待遇条款不得扩张适用于争议解决条款。因此认定，ICSID 仲裁庭对本案的管辖权仅适用于审理北京城建所指控的“征收”相关的主张。

②仲裁庭驳回了也门政府的其他异议，并认定：

（i）北京城建符合《ICSID 公约》所指的另一缔约国国民资格；

（ii）仲裁庭对本案具有“属事管辖权”，可以审理如下事项，即申请人主张的被申请人对其在也门的投资进行征收的行为违反《中也双边条约》并要求补偿这一主张，而不仅仅限于征收补偿款额；

（iii）北京城建有权基于《中也双边条约》提起索赔请求；且该请求是基于《ICSID 公约》项下有资格被保护的投资所提起的。

③对于仲裁费用：仲裁庭决定将在听取当事各方提交意见后的案件实体审理阶段作出。

仲裁终止结果[495]

本案仲裁庭在 2017 年 5 月 31 日作出管辖权决定，该决定肯定了 ICSID 仲裁庭对北京城建提起的“征收”相关的仲裁请求的管辖权；之后，2018 年 1 月 29 日，仲裁程序基于双方当事人的协议而停止。2018 年 5 月 22 日，本案当事人，根据《ICSID 仲裁规则》第 43（1）条[496]，提交请求不再继续仲裁程序（a request for the discontinuance of the proceeding）。

故而，于 2018 年 6 月 7 日，仲裁庭发布了一道程序令（procedural order）：根据《ICSID 仲裁规则》第 43（1）条（双方当事人签署争议和解协议或同意

495 Case details，ICSID 官网：https://icsid.worldbank.org/en/Pages/cases/casedetail.aspx?CaseNo=ARB/14/30，最后访问时间 2019 年 8 月 27 日。

496 ICSID Arbitration Rules. Article 43（1）. “If，before the award is rendered，**the parties agree on a settlement of the dispute or otherwise to discontinue the proceeding**，the Tribunal，or the Secretary-General if the Tribunal has not yet been constituted，shall，at their written request，in an order take note of the discontinuance of the proceeding.”

由于其他原因停止继续仲裁程序），通知停止继续仲裁程序。

3. 争议焦点梳理

（1）第一项“属人管辖”异议：北京城建不属于《ICSID 公约》项下“另一缔约国国民”

①当事人立场

（i）也门政府观点

国有企业行使政府职能：也门政府主张，由于北京城建不符合《ICSID 公约》第 25（1）条[497]项下“另一缔约国国民”的身份要求，因此仲裁庭对该争议不具有管辖权。也门政府依据布罗什标准（Broches test）主张，北京城建作为国有实体（a State-owned entity），是中国政府的代理人（agent），甚至在表面商事活动中实质在行使政府职能（discharge an essentially governmental function）。因而，北京城建并不构成“另一缔约国国民”身份，其提起的纠纷实质是国家间争端（State-to-State Dispute）；依据《ICSID 公约》第 25（1）条，仲裁庭对此该等争端没有管辖权，北京城建的主张 ICSID 无权受理。

未依法登记：此外，北京城建未能根据其签订合同时的也门法律，将其相关权利依法登记为“投资”而依法被保护。也门政府表示，依法登记是《中也双边条约》项下的投资得以保护的前置条件；若无登记，则仲裁庭无管辖权。

（ii）北京城建观点

北京城建认为，其属于《ICSID 公约》项下的“另一缔约国国民”身份；且具有向 ICSID 提起仲裁的资格。北京城建表示，国有实体当作为普通商业实体（ordinary commercial entity）时亦可在《ICSID 公约》项下提起仲裁。根据布罗什标准，北京城建主张，其在也门投资该项目，并非以中国政府代理人的身份，亦非行使任何政府职能；而是以商业职能（commercial capacity）行事，萨那国际机场的合同未受到中国政府任何指示或控制（direction or control）。因此，北京城建属于《ICSID 公约》第 25（1）条所规定的“另一缔约国的国民”。

497 详见脚注 415。

②仲裁庭分析意见

（i）对当事人及仲裁庭共同认可部分的梳理

本案中各方共同认可（common ground），《ICSID公约》第25（1）条并不是“国与国”之间的争议解决机制；当国有企业作为国家的代理人，或当牵涉到国有企业行使政府职能的行为时，ICSID的机制亦不向国有企业作为申请人开放。上述情形下的国有企业不得依照公约第25（1）条提出诉请，上述情形下的国有企业不被允许提起诉求。就此，也门政府引用了国际法委员会编纂的《国家对国际不法行为的责任条款草案》（Draft Articles on Responsibility of States for Internationally Wrongful Acts，以下简称《国家责任条款草案》）第5条[498]：“虽非第4条所指的国家机关但经该国法律授权而行使政府权力要素的个人或实体，其行为应视为国际法所指的国家行为，但以该个人或实体在特定情况下（in the particular instance）以此种资格行事者为限。”北京城建对此则强调其中“在特定情况下”之表达。

仲裁庭认可事实，北京城建是公立的、由中国政府设立的国有全资实体。北京城建在其投标文件中，表述其为中国的“500强国有企业之一”。

双方当事人亦认可，作为本案可适用的功能性标准是由ICSID第一任秘书长、《ICSID公约》主要起草人之一的亚伦·布罗什（Aron Broches）[499]于1972年提出的，其表述如下：

在当今世界，对于私人投资与公共投资的传统区别——基于资本来源，若不算过时，也是没有意义了。有太多的公司同时具有私人和政府资源结合的资本，亦有众多由政府全资持有的公司在实际运营中，无论是从其法律性质，还是其商业活动方面来看，均与纯私人持股的公司没有分别。因而，这

498 联合国官方中文翻译版本如下：“行使政府权力要素的个人或实体的行为虽非第4条所指的国家机关但经该国法律授权而行使政府权力要素的个人或实体，其行为应视为国际法所指的国家行为，但以该个人或实体在特定情况下以此种资格行事者为限。”（Responsibility of States for Internationally Wrongful Acts. Article 5. “The conduct of a person or entity which is not an organ of the State under article 4 but which is empowered by the law of that State to exercise elements of the government authority shall be considered an act of the State under international law，provided the person or entity is acting in that capacity in the particular instance.”）https：//www.un.org/chinese/ga/56/res/a56r83.pdf，最后访问时间2019年8月27日。

499 Decision on Jurisdiction，para.33. 亚伦·布罗什系ICSID首任秘书长，也是《ICSID公约》的主要起草者之一，提出了“布罗什标准”。

似乎说明，为适用本公约，一个混合经济企业或政府投资的企业并不应该被否认具有“另一缔约国国民”的身份，**除非它在以政府的代理人行事，或其本质上在行使政府职能**。

[I]n today's world the classical distinction between private and public investment, based on the source of the capital, is no longer meaningful, if not outdated. There are many companies which combine capital from private and governmental sources and corporations all of whose shares are owned by the government, but who are practically indistinguishable from the completely privately owned enterprise both in their legal characteristics and in their activities. It would seem, therefore, that for purposes of the Convention a mixed economy company or government owned corporation should not be disqualified as a "national of another Contracting State" **unless it is acting as an agent for the government or is discharging an essentially governmental function**.

仲裁庭强调，该表述中结论句所用连词为“或”（or）。布罗什标准反映了《国家责任条款草案》第5条和第8条[500]的“行为归因原则”（attribution rules），也制定了“行为不归因于国家”（non-attribution of State status）的标准。仲裁庭引用了Ceskoslovenska Obchodini Banka, A.S. v. The Slovak Republic（CSOB）案中对布罗什标准的解读：

不可否认的是，在其存在的大部分时间里，CSOB（仲裁案中的申请人）一直在代表国家采取行动，以促进或执行国家希望支持的国际银行交易和外国商业经营，亦不可否认是国家对CSOB的控制使其进行的本次国家的投标。**但是，在确定CSOB在履行这些职能时是否行使了政府职能这个问题时，应着重关注这些活动的本质而不是其目的。**然毫无疑问的是，在开展上述活动

500 《国家责任条款草案》第5条见脚注498。第8条：“如果一人或一群人实际上是在按照国家的指示或在其指挥或控制下行事，其行为应视为国际法所指的一国的行为。”（Responsibility of States for Internationally Wrongful Acts. Article 8. "The conduct of a person or group of persons shall be considered an act of a State under international law if the person or group of persons is in fact acting on the instructions of, or under the direction or control of, that State in carrying out the conduct."）https://www.un.org/chinese/ga/56/res/a56r83.pdf，最后访问时间2019年8月27日。

时，CSOB 是在促进该国政府的政策或目的，**但这些活动本身在本质上是商业性质，而非政府性质**。

[I]t cannot be denied that for much of its existence，CSOB acted on behalf of the State in facilitating or executing the international banking transactions and foreign commercial operations the State wished to support and that the State's control of CSOB required it to do the State's bidding in that regard. **But in determining whether CSOB，in discharging these functions，exercised governmental functions，the focus must be on the nature of these activities and not their purpose**. While it cannot be doubted that in performing the above-mentioned activities，CSOB was promoting the governmental policies or purposes of the State，the activities themselves were essentially commercial rather than governmental in nature.

作为结论，鉴于具体案件事实，CSOB 被允许提起 ICSID 仲裁。本案仲裁庭认为，CSOB 案的重点，是着重对投资的商业功能进行特定情境性分析（a context-specific analysis）。

（ii）对布罗什标准的剖析

仲裁庭依次将布罗什标准的每个要件如何适用于本案之情形，进行了剖析。

（a）北京城建在该本案工程中是否是以中国政府的**代理人**行事?

也门政府以大量中国政府的公开文件和指令为证据来证明，北京城建在整体上被期于提升中国的国家利益。例如，北京城建受制于董事会的整体指示，而该董事会是国家利益的代表，是运营决策机构；北京城建在其被授权的范围内负责国有资产的保值、增值。1995 年 5 月 23 日一份名为《关于授权北京城建公司经营和管理国有资产的答复》的中国政府文件中强调，北京城建应当接受北京市国有资产监督管理局和北京市财政局的监管和检查。也门政府也提出证据表明，设立在国有企业（包括北京城建）的共产党委员会被要求着重进行人力资源、财政及物资的监督，同时也负责“监督落实科学发展观和国家政策，以促进企业在履行政治和社会责任方面承担主导地位”。就此，也门政府引用了 Maffezini v. Span 案中仲裁庭的表述：

［来确定某实体是否为国家机构］所衍生出的标准关注于多种因素，例如

所有权、控制权，被审查的该实体之本质、**目的和宗旨**，及其进行的相关行为的特征等。

[T]he test that has been developed [to establish whether a particular entity in a state body] looks to various factors, such as ownership, control, the nature, purposes and objectives of the entity whose actions are under scrutiny, and to the character of the actions taken.[501]

仲裁庭进而指出，在中国国有企业的语境下该等企业的控制和机制并不罕见。然而，此处问题并不在于国有企业的公司结构，而在于国有企业是否在特定事实情境中以政府代理人身份行事（**functions**[502] as agent of the state）。也门政府的证据并不足以证明，北京城建在也门的机场航站楼建设中，以任何意义上的中国政府“代理人”的身份行事。反而，证据记录表明，北京城建是以一般承包商（a general contractor）的身份与其他承包商一同竞标；其投标被选中也是由于其商业价值。也门政府也承认，本案合同终止的原因是北京城建未能以商业可接受的标准（*commercially* acceptable standard）履行机场工程现场的商业服务（*commercial* services），而并不与中国政府的决定或政策相关。也门政府亦主张，本案的争议根本不是条约争议，而是普遍常见的商业纠纷，应依照工程合同的第 67 条“争议解决条款”来解决。

仲裁庭认为，证据表明北京城建是作为商业承包商，而不是中国政府的代理人，根据建设工程合同，在机场工程现场开展工作的。

（b）北京城建在机场航站楼工程中是否本质上行使了政府职能？

也门政府否认 ICSID“属人管辖权”的第二个基础，本质上，也是由于与其“代理人”主张相同的原因而未能成立。仲裁庭认为，在中国国家控制经济（State-controlled economy）之广泛语境下，也门政府对于北京城建的主张是有说服力但非常不相关的（convincing but largely irrelevant）。如前所述，适当的重点应放在“特定情况下”——也门萨那国际机场航站楼建设项目中——北京城建的职能（functions）。仲裁庭认定，并无证据证明北京城建在该身份中行使的不是商业职能，而是中国政府职能。

---

501 Decision on Jurisdiction，para.38.

502 仲裁庭文书原文强调。

例如，为支持其政府职能的论点，也门政府引用了中国对外经济贸易部发布的一份声明，其中这样表述：北京城建所从事的外国业务“应由（对外经济贸易）部门管理、协调和监督”。因此，也门政府主张：“中国政府是**最终的**核心管理、运营和战略决策者（the ultimate decision maker）。”但仲裁庭认为，声称“中国政府是最终决策者”的说法对于北京城建来说，与其也门机场项目的事实相去甚远而不具有相关性（too remote ... to be relevant），北京城建显然没有在也门机场建设项目中行使中国政府职能。此外，其所声称的军事侵略也不是也门政府对中国政府发起的（其后果可能更为严重。笔者认为，仲裁庭此处的论证，十分精彩）[503]，而是与北京城建作为机场承包商的工作有关。

由此，仲裁庭总结，基于证据来看，在也门共和国的主权领土上，北京城建并未行使中国政府的职能。

（c）北京城建是否需要在也门登记其投资？

对于也门政府主张北京城建未能依据也门当地法律注册其投资的问题，仲裁庭认为，《中也双边条约》中并未有明确条款强制要求投资必须经注册才能得到条约保护。一些投资条约的确有明文规定，投资注册是享受条约保护的前提条件。但是，《中也双边条约》并无明确条文含此要求。

在《也门投资法》项下的注册要求，是享有该法赋予的特殊待遇和保护的通道。但是，它并不构成《中也双边条约》所赋予的特殊待遇和保护的通道。仲裁庭同意 Desert Line v. Yemen 案中 ICSID 仲裁庭所述“仲裁庭认为，由也门投资总局颁发的一纸证书对于在双边投资协定范围下发起投资不是必要的。……《也门投资法》并不意图规制在也门的所有投资，而仅规制那些希望得到由执照（license）带来具体优势的投资者；与双边条约中的投资者并不属同类。”[504]

因此，也门政府对于“属人管辖权”的异议被驳回（dismissed）。

---

503 Decision on Jurisdiction，para 43. “The alleged military aggression was not by Yemen against the People's Republic of China（or the consequences might have been more severe）but in relation to BUCG as an airport contractor that，CAMA alleges，fell down on the job.”

504 Decision on Jurisdiction，para. 46. “The Arbitral Tribunal does not accept that a particular certificate from the Yemen General Investment Authority was necessary to bring the Claimant's investment under the Ambit of the BIT. The [Yemeni Investment Law] does not purport to regulate all investments in Yemen，but only those whose promoters wish to benefit by license from its specific advantages，which are not coterminous with those in the BIT.”

（2）第二项“属事管辖”异议：也门政府同意提交ICSID仲裁的争议范围仅限于补偿款额争议

①当事人立场

（i）也门政府观点

也门政府主张，仲裁庭缺乏对本案的“属事管辖权”，理由是《中也双边条约》及《ICSID公约》项下也门政府的同意（consent）之条件并未被满足。《ICSID公约》第25（1）条规定，“中心的管辖适用于缔约国（或缔约国向中心指定的该国的任何组成部分或机构）和另一缔约国国民之间直接因投资而产生**并经双方书面同意提交给中心**的任何法律争端。当双方表示同意后，任何一方不得单方面撤销其同意。”而也门政府所提异议之核心则是《中也双边条约》的第10条，该条规定了一项提供选择的模式：“由投资者选择”（at the choice of the investor）解决投资争端的方法。具体条款如下：

第十条　有关投资的争议解决

一、缔约一方和缔约另一方投资者之间**有关投资的争议**应尽量由争议双方通过友好协商谈判解决。

二、**如果争议**在书面提出解决之日起六个月内不能由争议双方通过直接安排友好解决，该争议应**按投资者的选择**提交：

（一）投资所在的**缔约一方有管辖权的法院**，或者

（二）一九六五年三月十八日在华盛顿开放签字的**《关于解决国家和他国国民之间投资争端公约》**下设的“解决投资争端国际中心”仲裁。

为此目的，缔约任何一方对**有关征收补偿款额**的争议提交该仲裁程序均给予不可撤消的同意。**其它争议**提交该程序**应征得当事双方同意**。

三、作为争议一方的缔约任何一方不能因为作为争议另一方的投资者可以根据保险单收取全部或部分损失的补偿而在仲裁程序的任何阶段或在执行仲裁裁决时提出任何异议。

四、仲裁庭应根据作为争议一方接受投资的缔约一方的**国内法**包括有关冲突法的规则、**本协定**的规定、为该投资签订的**特别协议**的规定以及**国际法**的原则作出裁决。

五、仲裁裁决是终局的，并对争议双方均有拘束力。缔约任何一方应承

诺依照其国内法执行该仲裁。[505]

也门政府认为，上述条文第2款中提到的“征收补偿款额”是明确地对第10条整体适用予以限制。也门政府辩称，缔约方给予的同意仲裁的范围，根据第10（2）条，仅限于就“补偿款额”的计算（calculations）将有关征收的纠纷提交至ICSID仲裁庭。也门政府认为，这个论点是符合《维也纳公约》[506]的，由双边条约第10条的文字、上下文、条约的目的和宗旨、缔约时历史和政治情形各方面所支持的。也门政府还指出，在“谢业深诉秘鲁政府”案[507]中ICSID仲裁庭得出了相反的结论属误裁，不应遵循。

也门政府因此辩称，对于北京城建提起的仲裁主张，《中也双边条约》第10条未能满足《ICSID公约》第25（1）条规定的仲裁同意之要求（“书面同意”，consent in writing），因而仲裁庭缺乏管辖权。

505　书中所引《中也双边条约》中文文本援引自外交部条约数据库。仲裁庭所引用的英文原文如下：1. Any dispute between one Contracting Party and an investor of the other Contracting Party relating to an investment shall，as far as possible，be settled amicably through deliberations and negotiations between the parties to the dispute. 2. If the dispute cannot be resolved by the parties through direct arrangements for amicable negotiations within six months from the date on which a request for settlement is submitted in writing，such dispute may be submitted at the choice of the investor to：（a）a competent court of the Contracting Party in the territory of which the investment has been made；or（b）the International Centre for the Settlement of Disputes（ICSID）which was established by the Convention on the Settlement of Investment Disputes Between States and Nationals of Other States opened for signature at Washington DC on March 18，1965，for arbitration.For this purpose，either Contracting Party shall give its irrevocable consent to the submission of any dispute relating to the amount of compensation for expropriation for resolution under such arbitration procedure. Other disputes submitted under such procedure shall be mutually agreed upon between both Contracting parties. 3. No Contracting Party，being a party to a dispute，may raise any objection at any stage of the arbitration proceedings or during the course of the enforcement of an arbitral award on the ground that the investor，being the other party to the dispute，can receive compensation that covers all or part of its losses in accordance with an insurance policy. 4. The arbitral tribunal shall render its awards in accordance with the domestic laws（including rules relating to the conflict of laws）of the Contracting Party which is a party to the dispute and which accepts an investment，the provisions of this Agreement，the provisions of any special agreements entered into for the purpose of such investment and principles of international law. 5. The arbitral awards shall be final and binding upon both Contracting Parties. Each Contracting Party undertakes to enforce such awards in accordance with its domestic laws.

506　见脚注388，416，417。

507　Tza Yap Shum v. Republic of Peru，ICSID Case No. ARB/07/6，Decision on Jurisdiction and Competence，19 June 2009.

（ii）北京城建立场

北京城建递交了一份《中也双边条约》的非官方修订版英文译本，主张：也门政府对于第 10 条的“狭义”解释（“narrow” interpretation）是错误的。仲裁庭对于北京城建提出的“征收”主张具有管辖权，因为第 10（2）条扩大了仲裁范围至包含补偿责任（liability）以及补偿的计算（calculation of compensation）。征收行为的存在（existence）和非法性（unlawfulness）是对于补偿款额进行任何分析的必要前提条件，是无法分割的。根据北京城建的观点，对第 10（2）条“广义”解释（“broad” interpretation）也符合《中也双边条约》的目的和宗旨。且《中也双边条约》第 10（2）条的含义是明确的，因而没有必要根据《维也纳公约》第 32 条诉诸补充解释资料。不管怎样，第 32 条的适用也将得到相同结论。

②仲裁庭分析意见

仲裁庭认为，《维也纳公约》第 31（1）条指示仲裁庭，关注条约的文本、上下文以及缔约目的和宗旨，连同第 31（2）、31（3）、31（4）条所列的其他要素，共同确定条约的正确含义。仅当根据第 31 条解释的含义不清、明显不合理或荒谬的情况下，才可使用第 32 条项下的补充资料来解释。仲裁庭看来，本案并没有必要适用第 32 条的补充途径（supplementary means）。

（i）“合法”（lawful）征收与“非法”（unlawful）征收

关于对《中也双边条约》第 10 条的许多论辩都涉及其与第 4 条的关系。《中也双边条约》第 4 条[508]规定，国有化、征收或者其他任何具有同样效果或同样性质的措施均应满足下列条件：为了公共利益、依照合法程序、不具有歧视性、支付补偿。任何不符合上述四项条件之一的国家强行采取的

---

508 《中也双边条约》第 4 条规定：“一、缔约一方当局对缔约另一方投资者进行的投资所可能采取的国有化、征收或者其他任何具有同样效果或同样性质的措施（以下简称‘征收’），均应满足下列条件：（一）为了公共利益；（二）依照合法程序；（三）不具有歧视性；（四）支付补偿。二、本条第一款第四项所称补偿应等于征收措施或其为公众所知前一刻的该投资的市场价值。三、确定并支付补偿的规定应迅速作出，不无故延迟。补偿应以可兑换的货币支付给投资者，并可自由转移。”

行动将构成对条约的违反。[509]

庭审过程中，也门政府坚持区分合法征收与非法征收，并认为对投资的“非法”征收在双边条约项下得不到保护。

本案中，北京城建称，其于2009年7月在也门军队的武力下被迫离开工地。《中也双边条约》第4条毫无疑问是要求仲裁庭，在决定所生成的征收是否符合双边条约时需考量也门国内法。然而，也门政府并未提供任何关于在这种情况下授权军事干涉的也门国内法至仲裁庭，也没有给北京城建提供任何征收补偿。反而也门政府的立场是，没有投资，没有没收，故没有补偿（no investment and no taking and that no compensation was or is payable）。

若北京城建提供支持其主张的事实要素，那么问题将被简化为：其所声称的征收，如实际发生了，是否符合《中也双边条约》。本案中对征收的分析也转而取决于是否存在对“投资”的“没收”（a “taking” of “an investment”）；如果是，该等没收是否符合第4条的要求。如果也门政府的观点——第10条仅规制“合法”征收——是正确的，那么带来的后果将会是，一个国家的不当行为越严重（more egregious），外国投资者在双边条约项下得到的保护就越少；而这一结论明显与双边条约鼓励外国投资的目的和宗旨相悖。

（ii）《中也双边条约》第10条文本的“狭义”解释与“广义”解释

双方当事人对于《中也双边条约》第10条的文本——“缔约任何一方对有关征收补偿款额的争议”（any dispute relating to the amount of compensation for expropriation）具有相反的理解：也门政府采用“狭义”解释；而北京城建采纳“广义”解释。

也门政府认为：“征收补偿款额”系指“单纯的数额”（quantum

---

509 仲裁庭引用的《中也双边条约》第4条的英文文本为：Expropriation and Compensation. “1. Any measures of nationalization, expropriation, or any other measures having a similar effect or of a similar nature（hereinafter referred to as ‘expropriation’）against the investments of investors of the other Contracting Party which might be taken by a Contracting Party shall satisfy all the following conditions:（a）for the public interests;（b）by legal procedure;（c）without discrimination;（d）against compensation. 2. The compensation mentioned in item（d）of Paragraph 1 of this Article shall be equivalent to the market value of the investments expropriated immediately before the time when the expropriation takes place or is known to the public. 3. The determination and payment of compensation shall be made promptly without undue delay. Compensation shall be paid to investors by means of a convertible currency, and be freely transferable.”

simpliciter)。依此，(补偿)数额(quantum)是与(补偿)责任(liability)脱离的。也门政府认为，一边是征收的存在和合法性，另一边是征收补偿款额，此二者是依照不同法律标准项下的不同的、分离的法律争议。“狭义”解释的结果是，如果东道国不承认(征收)责任，或一个投资者意图主张除了就其向东道国索赔之金额评估以外的其他控告，ICSID 即无管辖权。在这种情形下，也门政府的律师向仲裁庭指出，北京城建有如下选择：第一，可以在东道国起诉该国政府；第二，征收责任可以另案裁决，且本质上应被先行裁决。其可以提起合同仲裁请求：若合同仲裁结果认定了(征收)责任，对于在投资条约范围内的责任，北京城建即可根据此仲裁来争取 ICSID 的管辖权；若合同仲裁庭裁决有(或没有)征收，北京城建则可以进而向 ICSID 提起仲裁，或更自然的方式是起诉至也门的法院。

北京城建反驳了“狭义”解释，其认为，缔约国意图给予投资者一项真正的选择：诉诸也门法院或者诉诸 ICSID 仲裁庭，这是条约第 10 条明确承诺的。北京城建认为，条约文本“有关补偿款额”(relating to the amount of compensation)足以给予 ICSID 仲裁庭管辖权对责任及补偿款额计算进行审理。(征收)责任与(征收补偿)款额是相关的(relates to quantum)，因为若没有责任，便没有数额。这两个问题是逻辑上相交融、无法分割的。

(a)第 10 条文本

此处应当强调，《中也双边条约》的正本是以中文和阿拉伯语书写的。尽管北京城建向仲裁庭提供了前后两份英文译文(CL-001 与 CL-001 修订版)，但该英文译文是非官方(unofficial)的，其要件是受争议的。的确，也门政府也表示，《中也双边条约》的英文译本完全不相关(not relevant at all)，但其确属仲裁庭可得到的唯一文本。在讨论《中也双边条约》条文的英文译文时，除另有指明外，仲裁庭采纳的是 CL-001 修订版。

仲裁庭提出，让讲英文的律师细致入微地论辩、剖析非官方版本的英文译文，本身就十分讽刺。此处仲裁庭剖析的重点是：“‘有关’(relating to)征收补偿款额”如何理解。北京城建将中文的“有关”广义解释为，等同于英文的“涉及”(involving)或“关于”(concerning)、“有关”(relating to)。牛津中文字典中“有关”这个词的解释是非常广泛的。[510] 对于“补偿款

---

510 Decision on Jurisdiction, para.65. “The definition of ‘You Guan’ in the Oxford Chinese Dictionary: [H]ave something to do with: [for example] The disease might have something to do with smoking ”

额”具有与责任必要的关联，或至少是“与它有关”（something to do with it）。因而，用语“有关”必然足够宽泛来支持ICSID仲裁庭审理责任问题。

反之，也门政府称，如果缔约双方有意赋予广泛含义，则缔约双方会适用中文“涉及”这个词，而不是“有关”这个词。北京城建回应，在中国加入的众多双边条约中，包括中国与丹麦、阿根廷、英国、匈牙利、保加利亚、圭亚那、科威特、阿联酋、马拉加和立陶宛的双边条约中，中文“有关”在英文官方版本中被大量翻译为英文“involving”、“concerning”或“relating to”。

北京城建进一步指出，阿拉伯语对应的“有关”的词在一本权威的阿拉伯语—英语字典中被翻译为“涉及”“属于”“关于”“有关”“有联系的”[511]；均体现了北京城建这方的广义解释。

仲裁庭认为，处理对于英文或阿拉伯语的非官方版本的英文译文之文本性论辩是不现实的。此处也门政府并未就阿拉伯语的翻译及中文的“有关”“涉及”存在争议；与也门政府立场相反，从向仲裁庭提供的中国加入的条约文本中来看，这些词都被交替使用着。

真正的问题在于：即使接受对“有关补偿款额”的广义解释是正确的，第10（2）条的规定是否足够广泛以至于ICSID对责任及款额均具有管辖权。这个问题要求仲裁庭审查第10条争议文字出处的结构和上下文。第10条的第一段和第二段，开头文意非常广泛“**any** dispute”，“if **the** dispute”。尽管也门政府持异议，但第10（2）（a）条末尾的“或”（or）明确指示了“岔路口”。面临一起待决法律争议，第10（2）条意图给予投资者选择将其争议诉诸缔约国——本案中也门——国内法庭，还是诉诸ICSID仲裁；二者择一。

在英文文本中，“任何争议”（any dispute）后紧接着第二段中“岔路口条款”前的“the dispute”。根据条约解释的正统原则（orthodox principles），两项投资者的选择必须具有意义和实质性。“有效”（effet utile）原则或“有效性解释”要求国际合约应当被解释为“给予条约最有分量的、有效的、与文字普通意思相符之意，与其他文本结合能使得文本的每个部分都具有逻辑

---

511 Decision on Jurisdiction，para.67. “to pertain to，belong to，relate to，be related to，concerned，be connected with.”

和意义”[512]。若某种解释将使投资者的任一选择无效，则该等解释应被避免。

第 10 条的广义解释被也门政府方顾问郑先生（Mr. Patrick Zheng）肯定。郑先生建议仲裁庭，在中文文本中“all disputes”与“the dispute”是相同的文字（均为“争议”）。在他看来，中文文字当被认为成英文中的“legal dispute”更加准确。仲裁庭认为，“legal dispute”这个短语，单独看来，是一个足够广义的短语，包含责任和款额。

（b）“附文”（proviso）

“岔路口条款”（“或”）后紧接着的是第 10（2）条末尾的有争议性的语言，这也是本管辖异议的核心所在，“为此目的，缔约任何一方对**有关征收补偿款额**的争议提交该仲裁程序均给予不可撤销的同意。**其他争议**（other disputes）提交该程序**应征得当事双方同意**（shall be mutually agreed upon）”。为了方便，该结论语言在此裁决中被仲裁庭之代为“附文”。

独立来看，缔约国对**有关征收补偿款额**的争议提交仲裁程序之“不可撤销的”同意（“irrevocably” consent）可有数种不同解读。它可以被辩称，为扩大投资者的保护而使缔约国同意提交 ICSID 仲裁的范围扩大到至少与款额相关的争议。同时也有另一种解释：假定成立的话（arguendo），按其英文译文理解，附文**不是**在限制投资者的选择——也门法庭或仲裁庭，**而是**在加强对于投资者的保护，强调缔约双方对于补偿款额的同意管辖是不可撤销的。

也门政府称，附文应当被解读为：它在限制第一段和第二段的开头用语。按照此种方式解读，“岔路口条款”导致 ICSID 仲裁的范围仅限于计算被承认的责任（an admitted liability）的补偿款额。另一边，北京城建提交了 ICSID 仲裁庭在“谢业深诉秘鲁政府”案中就类似条约文本的裁决，表明相反的结论。“谢业深诉秘鲁政府”案中，仲裁庭认定，其所涉双边条约中的“涉及”，善意解读应为，条约中规定的要求，仅是争议必须“包含”（include）补偿款额

512 Decision on Jurisdiction, para.72. “The principle of effet utile or ‘effective interpretation’ requires that international agreements be interpreted ‘so as to give them their fullest weight and effect consistent with the normal sense of the words and with other parts of the text and in such a way that a reason and meaning can be attributed to every part of the text’.” 此处仲裁庭还于裁决脚注中举例引用了“世能公司诉老挝政府”案。

的认定，而不是限制争议仅为此。[513]

仲裁庭总结，如在“世能公司诉老挝政府”案[514]中新加坡上诉法庭的五名法官就另一个类似条约用语的解读[515]一样，文字“补偿款额”的通常含义和范围并不能确定应为广义解释或是狭义解释。因而解读的任务将延至上下文、缔约的目的和宗旨。

（iii）第 10 条之上下文（context）

当附文被放入第 10 条的上下文中解读，第 10 条被放入《中也双边条约》整体的上下文中解读，真正的问题则凸显出来：也门政府的“狭义”解释将导致自相矛盾（internal contradiction），而北京城建的“广义”解释不会。广义解释加强了《中也双边条约》的目的和宗旨，而狭义解释不曾。

狭义解释导致自相矛盾：

（a）根据也门政府的观点来看，狭义解释的效果是，使主张征收补偿的仲裁申请人没有选择［尽管有第 10（2）条的明文规定］而必须去缔约国的国内法院（competent court of the Contracting Party），除非被申请国承认了征收责任。若被申请国政府拒绝承认责任，则投资者唯一的救济便是也门法院。也门政府的解读因而造成了自相矛盾，使也门政府控制了通往 ICSID 仲裁的途径，尽管按第 10 条本身表述，选择也门法院或是 ICSID 仲裁应为“投资者的选择”。按照也门政府的解读，仅仅通过拒绝承认责任，也门单方就可使得申请人无法进入 ICSID 仲裁。若也门政府对于投资者所主张的“征收”情况不予认可，则该主张便必须进入也门法院来裁决。

---

513 Decision on Jurisdiction, para. 76. “The Tribunal first refers to the specific wording used by Article 8（3）. The BIT uses the word ‘involving’ which, according to the Oxford Dictionary means ‘to enfold, envelope, entangle, include.’ A bona fide interpretation of these words indicate that the only requirement established in the BIT is that the dispute must ‘include’ the determination of the amount of a compensation, and not that the dispute must be restricted thereto. Obviously, other wording was available, such as ‘limited to’ or ‘exclusively’, but the wording used in this provision reads ‘involving’.”

514 详见本书第四篇“世能公司诉老挝政府”案。

515 Decision on Jurisdiction, footnote 48. “The Singapore Court of Appeal in Sanum held（i）that the text of the China–Laos BIT, which contained language similar to the China–Yemen BIT, did not itself resolve the problem of interpretation, but（ii）nevertheless an official English version that used the word ‘involving’ did not require the narrow interpretation: With great respect to the parties, we think the word ‘involve’ is certainly capable of supporting either of the Broad or Narrow Interpretations and to cavil over the possible dictionary definitions of the word ‘involve’ will not help us interpret Art 8（3）of the PRC–Laos BIT. Rather, the words in Art 8（3）can only be accurately, and more meaningfully, understood by considering the context of the provision and it is to this which we now turn.”

（b）然而，鉴于第 4 条[516]，也门法院必须逐个分析第 4 条所列举的“征收”的四个要件，包括是否已有效地支付了合理补偿（whether effective and appropriate compensation has been paid），否则也门法院也无法裁判。也门政府亦认可，这就是属于也门法院的权限；也门政府称，根据《中也双边条约》第 4（4）条，征收若支付了补偿即被允许，此处不仅包括补偿款额的潜在问题，也包括该等补偿的方式、是否补偿被全额支付等问题。而第 10（2）条明确限制了 ICSID 仲裁庭的范围仅限于补偿款额。[517] 然而，就“岔路口条款”而言，款额的问题已经由也门法院裁决的话，则投资者便被排除在 ICSID 仲裁之外，不得重复就款额提起诉讼、仲裁程序。

案例分析：

◆ 如 RENTA 4 案[518]中，仲裁庭认为，上述流程将引发投资者核心顾虑，投资者并不愿让东道国同时作为裁判和当事人来衡量其自身责任的数额范围。

◆ 如“谢业深诉秘鲁政府”案中，仲裁庭解读《中秘双边条约》的“岔路口条款”，必要的解读第 10 条相应条款为授予 ICSID 仲裁庭对于责任以及款额完全的管辖权。仲裁庭同意谢业深案中仲裁庭的解读，否则投资者将失去真正 ICSID 仲裁的通道，除非东道国首肯。

◆ 如“世能公司诉老挝政府”案中，新加坡上诉法庭在分析《中老双边条约》时认定，若第 10（2）条被“狭义”解释，则岔路口条款将直接剥夺投资者选择和被保护的机会。

因此，结合第 10 条整体结构的上下文来考量争议文本后，仲裁庭认定，缔约双方意图提供给投资者一个真正的而不是虚幻的选择；“有关征收补偿的款额”之文字根据上下文必须被解读为，包括对于是否发生征收而产生的争议。

（iv）《中也双边条约》的目的和宗旨

《维也纳公约》第 31 条要求，《中也双边条约》的条文，包括争议解决条

516　详见脚注 508，509。

517　Decision on Jurisdiction，para. 81. “Pursuant to Article 4.4 of the China-Yemen BIT，expropriation is permitted if it is ‘against compensation’，which not only includes potential issues as to the amount of compensation，but also the means of such compensation and/or whether any compensation has been paid at all. In contrast，Article 10.2 specifically limits the Tribunal’s scope of jurisdiction to ‘the amount of compensation’.”

518　Renta 4 S.V.S.A. et al v. Russian Federation，SCC Case No. V 024/2007，Award on Preliminary Objections，20 March 2009.

款，应当依据其目的和宗旨进行解读。对此，也门政府依据了朱炎生教授的论点：“为投资者创造有利投资的环境并不一定意味着 ICSID 管辖权的范围应当被随意扩大来涵盖所有征收争议的问题（而不仅是款额问题）。”[519]《中也双边条约》的目的和宗旨述于前言：

……

愿意为缔约一方的投资者在缔约另一方领土内的投资创造有利条件；

认识到相互鼓励、促进和保护这种投资将有利于投资者的商务往来并有助于两国的繁荣；

愿在平等互利的基础上，加强两国间的经济合作；

达成协议如下：……[520]

仲裁庭同意也门政府所称，认为对于该等概括语言应使用“平衡”法（a balanced approach），需注意不能将一般的期望性的条约前言改写为狭义的利

519 仲裁庭引用原文：“to create favourable conditions for investment by investors” does not necessarily mean that the scope of ICSID's jurisdiction should be artificially expanded to encompass all aspects of expropriation disputes（rather than simply questions of quantum）（citing Y. Zhu，Determination of the Consent to the ICSID Jurisdiction in BITs – A Review on the Errors Made by the Tribunal Concerning the Determination of the Consent in the Mr. Tza Yap Shum Case，Journal of international Economic Law）.（仲裁庭所指为朱炎生先生所著论文）朱炎生：《双边投资条约对 ICSID 管辖权“同意”的认定——兼评“谢业深案”仲裁庭对“同意”认定的谬误》，载《国际经济法学刊》第 17 卷第 3 期。“仔细分析仲裁庭上述解释的逻辑，我们可以看出该逻辑存在如下两个层次：首先，中国—秘鲁 BIT 序言部分所体现的条约目的和宗旨，仅在于给予投资者以优惠待遇以促进投资，舍此无他。其次，给予投资者优惠待遇，就应当赋予投资者将投资争端提交‘中心’解决的权利，即投资者享有此项权利构成了投资者优惠待遇的当然内容。然而，这种对于中国—秘鲁 BIT 序言部分措辞的理解，是对投资条约目的和宗旨的彻头彻尾的‘凭空想象’，完全背离了该序言部分的措辞所直接表达的意义。”

520 Decision on Jurisdiction，para.88. “Intending to create favourable conditions for investment by investors of one Contracting party within the territory of the other Contracting Party; Recognizing that the reciprocal encouragement，promotion and protection of investment will stimulate business communication of investors and will increase prosperity in both countries; Desiring to intensify the economic cooperation between both countries on the basis of equality and mutual benefits.”

于投资者的管辖权条文。[521]然而《中也双边条约》的目的是促进外国投资。如RENTA 4案中仲裁庭指出，有利于保护所涵盖的投资，并不等同于“投资者总是正确的”之推论。然而在本案中，也门政府的狭义解释事实上的确会降低条约目的和宗旨的实现；缺乏对投资者的保护也将在事实上抑制投资。那么，双边条约就被当作给粗心投资者的陷阱，而不是在鼓励投资者向“另一缔约国”投资。

（v）中国缔结投资条约的历史与第10条解读的关系

也门政府指出，仲裁庭时常认定，对一个国家在缔约时历史背景的考察有助于条约解读。例如，在俄罗斯联邦政府胜诉的案件中，其双边条约的争议解决条款被认定为应为“狭义”解释。类似地，在本案中，也门政府依靠陈安教授和朱炎生教授的论文来证明中国在缔结双边条约时的意图——通常是将ICSID仲裁在投资争议案件中的管辖权范围限制于款额。在《中也双边条约》缔结时，根据这些学者的观点，中国当时的社会经济开放程度有限，具有很强的保护其政治主权的意识。进而，鉴于此分析，与“谢业深诉秘鲁政府”案不同，狭义解释第10（2）条仲裁管辖权条款恰恰反映了缔约时中国的政治背景。[522]

此处的问题是该等次要法律依据（即使被认为是相关的）的可采纳性；而本案情形为，仲裁庭已经认定第10条能够且应当按照《维也纳公约》第31条进行解读，进而排除了诉诸第32条更宽泛的外部材料进行解释。

仲裁庭认为，中国历年来在不同双边条约的主张，与处分本案的管辖

---

521 RosInvestCo UK Ltd. v. Russian Federation，SCC Case No. V 079/2005，Award on Jurisdiction，5 October 2007. “As derived from the fact that the protection and promotion of foreign investment is not the sole aim of investment treaties，particular emphasis is further placed on the need for a balanced interpretation rather than an interpretation in favour of the investor [...] Especially against the background that preambles usually contain broadly worded object and purpose clauses to protect and promote foreign investments even in case of investment treaties which do not contain any right to international arbitration，the interpretative exercise should not be diverted from the actual wording of Article 8（1）or lead to a re-write of a narrow jurisdictional clause...”

522 对于也门政府此前签署的其他投资条约，由于当事人双方均未递交任何该等先例作为证据，故本案仲裁庭仅分析了中国签署投资条约的先例，而并未提及也门政府签署投资条约的情况。

权异议并不相关。[523] 鉴于仲裁庭讨论的《维也纳公约》第 31 条的每一个要件以及仲裁庭对于前述案例的观点 [524]，也门政府的“属事管辖权”异议必须被驳回。

（3）第三项异议：最惠国待遇条款无法适用于争议解决条款

①当事人立场

（i）也门政府观点

也门政府主张，《中也双边条约》的第 3（1）条中规定了最惠国待遇条款，不能适用于双边条约明确限制的管辖权条款，从而不得适用具有更宽泛的管辖权条款的《也门—英国双边条约》。也门政府主张，最惠国待遇条款规定最惠国待遇仅限于实体权利，任何相反的解读将导致《中也双边条约》第 10（2）条中限制性语句丧失其目的。

（ii）北京城建主张

北京城建主张，仲裁庭有权依据最惠国待遇条款审理北京城建的索赔；最惠国待遇条款也应当与其他双边条约的条款一同依据《维也纳公约》原则来解读。北京城建不同意也门政府所称第 10（2）条是“限制性语句”（limiting language），因而也否认也门政府提出的第 10（2）条对最惠国待遇条款解释的影响。北京城建坚称，最惠国待遇条款的第二段不是限制实体，而是限制程序；并通过引用数个近期投资仲裁庭的裁决，支持根据相应的最惠国待遇条款而扩大适用约定国际仲裁途径的条款。因此，北京城建主张，可以通过最惠国待遇条款利用其他双边条约中更有利的争议解决

523 此处，仲裁庭分析了也门政府提交的数个仲裁庭裁决，就俄罗斯缔结的投资条约得到了不同的结论；主要包括 Berschader（Vladimir Berschader and Moïse Berschader v. The Russian Federation，SCC Case No. 080/2004），RosInvest（RosInvestCo UK Ltd. v. Russian Federation，SCC Case No. V 079/2005），和 Renta 4（Renta 4 S.V.S.A. v Russian Federation，SCC Arbitration No. V（024：2007））三个案例。其中，Berschader 案仲裁庭认定其没有管辖权；RosInvest 案仲裁庭决定通过对另一个俄罗斯条约的争议解决条款适用最惠国待遇而认可了 ICSID 管辖权；Renta 4 案中仲裁庭则否决了上述途径，认为其具有管辖权。

524 仲裁庭通过同意 Renta 4 案件中仲裁庭的观点，而重申其认定，如果东道国可以简单地单方宣告其是否有义务赔偿，那么该等争议将不是国际化的（not internationalized）。

机制，本案中特指《也门—英国双边条约》第 7 条[525]。该条约第 7 条，即争议解决条款，约定缔约双方同意，投资者就其在另一缔约国领土内的投资（concerning an investment）所产生的与另一缔约国的任何法律争议（any legal dispute）均可诉诸 ICSID，通过调解或仲裁来解决。《也门—英国双边条约》的争议解决条款中所规定的 ICSID 管辖权，与《中也双边条约》中所约定的相比较，范围更大、对投资者更有利。因此，通过适用《中也双边条约》中最惠国待遇条款，北京城建意图达到对争议解决机制之待遇适用"最惠国待遇"的效果；此处，"最惠国待遇"即指，也门给予英国投资者的待遇——更为广泛的 ICSID 管辖权。

②仲裁庭分析

（i）最惠国待遇条款之文本

《中也双边条约》第 3（1）条"最惠国待遇条款"，原文如下：

第三条 投资待遇

一、缔约一方应保证给予**在其领土内**的缔约另一方**的投资**公正与公平的待遇，该待遇依照其法律和法规不应低于给予本国投资者的投资的待遇，或**不应低于最惠国**的投资的待遇，如后者更优惠的话。

约一方应依照其法律和法规保证给予在其领土内的缔约另一方投资者与其投资有关的活动的待遇不应低于给予本国投资者的待遇，或不应低于最惠

525 Agreement between the Government of the United Kingdom of Great Britain and Northern Ireland and the Government of the Yemen Arab Republic for the Promotion and Protection of Investments（1982）. Article 7. "Each Contracting Party hereby consents to submit to the International Centre for the Settlement of Investment Dispute（hereinafter referred to as 'the Centre'）for settlement by conciliation or arbitration under the Convention on the Settlement of Investment Disputes between States and Nationals of other States opened for signature at Washington on 18 March 1965 any legal dispute arising between that Contracting Party and a national or company of the other Contracting Party concerning an investment of the latter in the territory of the former. A company which is in incorporated or constituted under the law in force in the territory of one Contracting Party and in which before such a dispute arises the majority of shares are owned by nationals or companies of the other Contracting Party shall in accordance with Article 25（2）（b）of the Convention be treated for the purposes of the Convention as a company of the other Contracting Party." https://investmentpolicy.unctad.org/international-investment-agreements/treaty-files/2377/download，最后访问时间 2019 年 8 月 27 日。

国的投资者的待遇，上述待遇从优适用。[526]

（ii）仲裁庭对最惠国待遇条款文本的分析

分析方法：仲裁庭认可也门政府的概括提议——适用最惠国待遇条款来扩大缔约国对争议解决条款的同意范围，是具有争议的。如Plama v. Bulgaria案[527]的仲裁庭认为，每个特定条约中的争议解决条款，是基于在该特定条约项下解决争议的角度进行谈判的。因此，尽管争议条款依不同条约的上下文解释有可能被扩大，但不应推定缔约国同意该等扩大，缔约国不应被推定给出了同意。[528]然而，也有其他仲裁庭适用特定条约的文字后得出结论：最惠国待遇条款可以被用于将某一条约的争议解决条款引入另一条约。本案仲裁庭认为，没有必要抽象地分析最惠国待遇条款是否从原则上可以适用于争议解决条款，而应从本案所涉条约《中也双边条约》的具体文本出发考量其适用。由此，仲裁庭根据《维也纳公约》第31条的指引，从分析最惠国待遇条款文本的通常含义着手解读。

文本解析：仲裁庭认为，虽然“待遇”这个词足够宽泛到包含程序“措施”（procedural “measures”）之意，但第3（1）条中“**在其领土内的**……投资者……的待遇”的表述，是直白地对当地投资待遇的实质条款（substantive provisions）进行的领土限制（territorial limits），而并不适用于描述国际仲裁。仲裁庭认为“在其领土内”（in the territory）应当被给予完整的含义。也门政府指出，在Berschader案中仲裁庭提出，使用“待遇”（treatment）及“在其领土内”的表述意味着，缔约国意图用最惠国待遇条款来解决在缔约国领土范围内的投资者所具有的物质权利（material rights），而不是国际仲裁，

526 仲裁庭引用的英文文本为：Article 3. Investment Treatment. “1. Each Contracting Party shall ensure that fair and equitable treatment is given to the investments of the other Contracting Party in its territory, and such treatment shall, in accordance with its laws and regulations, be **no less favourable** than the treatment accorded to investments of **the most favoured nation**, if the latter is more favourable. Each Contracting Party shall, in accordance with its laws and regulations, ensure that **the treatment accorded to investors** of the other Contracting Party **in its territory** with respect to the activities relating to their investments shall be no less favorable than the treatment accorded to its domestic investors or no less favourable than the treatment accorded to investors of **the most favoured nation**, with the more favourable treatment to apply.”

527 Plama Consortium Limited v. Republic of Bulgaria, ICSID Case No. ARB/03/24.

528 Decision on Jurisdiction, para. 113. “[D]ispute resolution provisions in a specific treaty have been negotiated with a view to resolving disputes under that treaty. Contracting States cannot be presumed to have agreed that those provisions can be enlarged by incorporating dispute resolution provisions from other treaties negotiated in an entirely different context.”

因为国际仲裁并不是与东道国领土有固有联系的活动。

第3（1）条两段之辨析：仲裁庭认为，在第3（1）条第一段“公平公正待遇”（FET）与第二段“最惠国待遇”中，都使用了“在其领土内”的表述，但其上下文是不同的。对于公平公正待遇条款，“在其领土内”所修饰的是“投资”，直指投资必须在领土内才能引发双边条约的保护。在公平公正待遇条款的上下文中，并没有限制其范围于实质事项，且可以适用于也门为缔约一方的其他条约的争议解决机制。对于最惠国待遇条款，“在其领土内”的上下文表述是“其领土内的缔约另一方投资者与其投资有关的活动的待遇”。仲裁庭认为，这个表述是将最惠国待遇链接到了在领土内进行的活动——与投资的地理属性紧密相关。这个限制并不符合缔约双方同意将最惠国待遇用于扩张第10条规定的国际仲裁的范围。如IRC v. Argentina案中仲裁庭指出，国际仲裁本身并不是与东道国领土有固有联系的活动。

因此，仲裁庭得出结论：《中也双边条约》第3（1）条并不能扩大第10条争议解决条款之范围。

（4）第四项异议：缺乏符合条件的投资（Lack of Qualified Investment）

①当事人立场

（i）也门政府观点

也门政府称，北京城建未能证明其主张是由适格的投资所引起；也门政府认为，北京城建的主张中对于何时投资、投资何种事项、由谁投资，皆含混不清甚至矛盾。也门政府认为，北京城建仅是一个被支付费用的、需提供履约保证的工程承包商——正如在Joy Mining案中仲裁庭认定其案没有“投资”，故而北京城建并没有在也门进行适格的“投资”。也门政府进而提出，没有任何证据证明申请人所声称的投资是依据也门法律法规进行的，而依法注册的投资才可获得在双边条约项下的保护；亦无证据证明在也门“领土内”存在投资。因此，依照《ICSID公约》第25（1）条和《中也双边条约》第1（1）条[529]，仲裁庭对本案不具有管辖权。

529 《中也双边条约》第1（1）条：“一、‘投资’系指缔约一方投资者在缔约另一方的领土内依照该缔约另一方的法律和法规直接或间接投入的所有资产和所有股金，特别是，但不限于：（一）动产、不动产及所有其他财产权利，如抵押权和质权、实物担保、用益权和类似权利；（二）股份、股票和企业中其他所有形式的参股；（三）债权和其他任何具有经济价值的行为请求权；（四）著作权、商标、专利权、商名和其他所有工业产权、专有技术和工艺流程；（五）依法授予的公共权益的特许权，包括勘探和开发自然资源的特许权。有关已投资或已再投资的资产和资本的任何法律形式上的变更均不影响其本协议意义上的‘投资’的性质。”

（ii）北京城建主张

北京城建称其主张是依据在也门有符合条件的投资而提出的。北京城建提出，其投资由工程合同中约定的权益（包括所有工程计划，北京城建进口的与工程项目相关的设备和材料，银行保证等）共同构成，因而属于双边条约第1（1）条“投资”的定义。此外，正如萨利尼标准[530]之解读和适用，在《ICSID公约》下，合同是一项符合要求的投资。北京城建进一步论证，是否依也门法律进行投资登记与北京城建的本案主张无关，因为也门法律并未规定注册投资是义务，且未登记亦不属违法。北京城建的投资是发生在也门的领土内，这符合合同要求，也是事实情况。

②仲裁庭分析

仲裁庭首先明确，为使仲裁庭承认其针对本案的管辖权，申请人负有举证责任，证明其为“适格投资者”，且进行了符合以下要件的“投资”：

（i）符合双边条约条款之意，定义了也门政府给出的同意的框架范围

（ii）符合《ICSID公约》条文之意

在Joy Mining案中，仲裁庭强调，对于管辖权相关规定，《ICSID公约》相较双边条约条款的突出地位，“就适用《ICSID公约》而言，若某事项不符合公约第25条（投资）的客观要求，争议双方不能通过合同或条约来定义该种事项是投资”[531]。此观点被众多ICSID仲裁庭所采纳。

上述被称为“双锁孔”标准——仲裁申请人必须同时满足《ICSID公约》及双边投资协定的要求，以使ICSID仲裁庭拥有对其主张的管辖权。

然而，Joy Mining案仲裁庭的方法并没有被普遍接受。一些仲裁庭断言，《ICSID公约》并未试图定义“投资”，这个任务留给双方当事人通过其同意文本（包括条约）进行描述。Malaysia Historical Salvors案中，撤裁临时委员会详细阐述了主要看相关双边条约的观点：“那些双边或多边条约正是ICSID

---

530 详解见后文。Salini Costruttori S.p.A. and Italstrade S.p.A. v. Kingdom of Morocco，ICSID Case No. ARB/00/4，Decision on Jurisdiction. “Salini test is known as，namely，that an investment should contain the following elements：contribution of money/assets（1）risk（2），duration（3）and a contribution to the host State’s economy（4）.The requirement of the last element has been the most controversial.”

531 Joy Mining Machinery Limited v. Arab Republic of Egypt，ICSID Case No. ARB/03/11，Award on Jurisdiction，6 August 2004. “The parties to a dispute cannot by contract or treaty define as investment，for the purpose of ICSID jurisdiction，something which does not satisfy the objective requirements of Article 25 of the Convention.”

有效管辖权的‘发动机’；忽视或轻视它们给予ICSID管辖权的重要性，或是附给‘投资’这个词令人质疑的解释——如《ICSID公约》第25条中，可能使ICSID机构陷入瘫痪。”[532]

现已形成了上述两种观点的折中方法：尽管很多仲裁庭仍觉得SGS v. Paraguay案中仲裁庭下述言语“说得太过了”——（这些仲裁庭）建议缔约国家在双边条约中约定任何投资的定义，都必须构成符合《ICSID公约》第25（1）条目的的投资。众多仲裁庭（包括本案仲裁庭）采取通过分析如下问题的方法来解决该争议要点：双边条约所定义的“投资”是否超越了《ICSID公约》所允许的范围。

（iii）符合《ICSID公约》目的之投资

《ICSID公约》第25条要求ICSID机制仅解决因受保护的投资而引发的争议。如《维也纳公约》第31条之规定，第25条应被依据其条文的通常含义、结合上下文、依据其目的和宗旨来进行解释。第25（1）条规定：“中心的管辖适用于缔约国（或缔约国向中心指定的该国的任何组成部分或机构）和另一缔约国国民之间直接因投资而产生并经双方书面同意提交给中心的任何法律争端。当双方表示同意后，任何一方不得单方面撤销其同意。”《ICSID公约》起草者并未对“投资”给出定义。对于“投资”一词广泛（非普遍地）采用的分析方法源自Salini v. Morocco案。该案定义了一系列构成投资的要件，构成“**萨利尼标准**”：

（a）一项贡献（a contribution）；

（b）一段特定时期的经济经营（a certain duration of the economic operation）；

（c）投资者假定其存在被主权国家干预的风险（the existence of a risk of sovereign intervention assumed by the investor）；

（d）为东道国的经济发展具有贡献（a contribution to the host State's economic development）。[533]

532 Malaysian Historical Salvors，SDN，BHD v. Malaysia，ICSID Case No. ARB/05/10，Decision on Annulment，16 April 2009. “It is those bilateral and multilateral treaties which today are the engine of ICSID's effective jurisdiction. To ignore or depreciate the importance of the jurisdiction they bestow upon ICSID，and rather to embroider upon questionable interpretations of the term ‘investment’ as found in Article 25（1）of the Convention，risks crippling the institution.”

533 Decision on Jurisdiction，para.131.

（iv）在双边条约范围内的投资

《中也双边条约》的前言清楚地规定了其目的和宗旨，“……为缔约一方的投资者在缔约另一方领土内的投资创造有利条件”。同样地，条约第2条强调了被保护投资的领土特征：“一、缔约一方应当**在其领土内**鼓励缔约另一方的投资者的投资并依照其法律和法规接受该投资。……二、缔约一方投资者**在缔约另一方领土内**的投资应享受公正和公平的待遇，以及全部的和完整的保护和安全，但仅由于维护公共秩序所必须的措施除外。……”[534]

本条约包含了构成“投资”的具体定义：“‘投资’系指缔约一方投资者在缔约另一方的领土内依照该缔约另一方的法律和法规直接或间接投入的所有资产和所有股金，特别是，但不限于……（三）债权和**其他任何具有经济价值的行为请求权……**”在此定义下，依据合同所作的在另一缔约国的资源承诺之履行，明确符合“投资”的要求。

仲裁庭认为，“投资”的定义并没有超越《ICSID公约》所允许的范围。北京城建为萨那国际机场项目的贡献使其具有条约第1条规定的“其他任何具有经济价值的行为请求权”。仲裁庭认为，这便足以使北京城建的主张落入仲裁庭管辖权的范围，无论是依据《中也双边条约》，还是根据《ICSID公约》。此外，结合萨利尼标准[535]：上述贡献明显是北京城建——一个外国投资者——面临被主权权力干涉的风险——贡献要件+风险要件；一个工程履行会持续

534 仲裁庭引用的英文版本为当事人提供的非官方英文译文，如下：“1. Each Contracting Party shall encourage investors of the other Contracting Party to make investments **in its territory** and accept such investments in accordance with its laws and regulations. [...] 2. Investments of investors of either Contracting Party shall be accorded fair and equitable treatment and shall enjoy full and complete protection and security **in the territory of the other Contracting Party** subject to any measures which are necessary for maintaining public order. [...]”笔者认为，中英文版本表述不尽相同，虽没有重大意思差别，但两个版本描述的重心是有差异的，如：第2（1）条中，中文强调“缔约一方应当在其领土内鼓励……投资”，英文强调“缔约国鼓励在其领土内的投资……”；第2（2）条中，中文强调“缔约一方投资者在缔约另一方领土内的投资应享受公正和公平的待遇，以及……保护和安全”，而英文强调“投资者的投资应在另一缔约国领土内享有公平公正待遇以及……保护和安全”。但由于仲裁庭仅能采纳非官方英文版本进行解读、得出结论，而不能要求其理解原中文版本之含义；这即是争议解决程序中“可查事实”与“真实事实”的微小错位的体现。虽此处中英文版本有差异，但并不会实质影响仲裁庭的裁判；笔者仍意图在此列明差别，引发思考。

535 Decision on Jurisdiction，para. 136. “A construction that stretches out over many years，for which the total cost cannot be established with certainty in advance，creates an obvious risk for the Contractor.” 意为：（Salini 案中所述）一项历时数年的建筑工程，总花费都无法前期确定，对于承包商是很明确的风险。

相当长时间的建筑工程合同是符合风险要件的（引用 Toto v. Lebanon 案）——时长要件 + 风险要件；很显然价值超过一亿美元的国际机场航站楼的建设是对东道国经济发展有贡献的——经济发展贡献要件。

因此，仲裁庭很容易得出结论：北京城建在也门的投资，同时符合《ICSID公约》第 25（1）条和《中也双边条约》第 1（1）条要求。

（5）第五项异议：北京城建的主张是合同主张（Contractual Claim），并非条约主张（Treaty Claim）

①当事人立场

（i）也门政府观点

也门政府称，北京城建所述事实纯属合同商业主张，因而需按照所涉合同的争议解决机制进行解决；因而仲裁庭缺乏对此争议的管辖权。

（ii）北京城建立场

北京城建称，其主张是依据《中也双边条约》提起的，其本质并不只是合同性质。北京城建认可，双方的共识应是，在被申请人提出管辖权异议时，仲裁庭应采纳“初步证明标准”（prima facie test）来考察申请人所提事实。北京城建进一步提出其主张事实能够构成违反条约（constituting BIT breaches），因此仲裁庭应具有管辖权。

②仲裁庭分析

北京城建的主张与普通商业合同争议之间很重要的事实差别是，所称也门军队势力的干涉阻止了北京城建的工人在建筑工地工作，从而构成工程合同的履行不能（incapable of performance）。

本案中适用的《中也双边条约》并无所谓“保护伞条款”，因此摆在仲裁庭面前的问题很简单：北京城建是否在主张违反条约（breaches of Treaty）。在仲裁程序过程中，北京城建并未主张合同违约（breaches of contract）；如果主张了，则仲裁庭将无管辖权审理该等主张，亦将拒绝将该主张纳入《中也双边条约》第 10 条有限的同意仲裁[536]的范围内。故此，仲裁庭没有管辖权来解决被也门政府称为“业主的索赔以及合同索赔的评估”（与前文有出入，应为业主的索赔与承包商索赔的评估。详见仲裁裁决第 27 段，Employer's Claim

536　Decision on Jurisdiction，para.142. “...the limited consent to arbitration in Article 10 of the BIT to ‘any dispute relating to the amount of compensation for expropriation.’” .（意为“对有关征收补偿款额的争议”。）

and Evaluation of the Contractor's Claim）的仲裁请求及反请求，其涉及超越目前《中也双边条约》主张范围的赔偿。仲裁庭也没有被要求审理该等请求。

在本案程序中，北京城建被限于根据《中也双边条约》有权进行的索赔。Bayindir 案中仲裁庭称“条约主张从管辖权角度与违约主张差异极大；即使他们的提出是基于相同的事实”，“当投资者基于合同和条约均有某项权利，其拥有独立的权利来索求条约项下的救济”。[537]

因此，仲裁庭拥有审理北京城建主张的管辖权，因为其主张是依据《中也双边条约》提出的。若在仲裁实质审理阶段，北京城建不能使其（违反条约）主张成立，仲裁请求将被驳回。

4. 收获与分析

相较于其他几例涉及中国企业的 ICSID 投资仲裁案，笔者认为，“北京城建诉也门政府”案是 ICSID 仲裁庭论述最为详实、结构最为清晰、逻辑最为严谨的。虽然本案由于双方当事人合意终止了仲裁程序，并未得到最终的仲裁裁决，但仅从该篇管辖权决定，即可看出仲裁庭对案件的全面把握及清晰的裁决思路。在本决定中，仲裁庭旁征博引、重点突出，直面投资仲裁难点——管辖权问题中的数个焦点、难点，树立了数个可为后来中国投资者所用的裁判规则先例，是中国企业面对投资争议案件时可以参考借鉴的优质案例。

笔者将最具代表性的两个要点——国企身份之认定与投资之认定的裁判规则分别梳理如下。

（1）ICSID 仲裁管辖权之“另一缔约国国民”身份认定（属人管辖权）

鉴于在我国投资者对外投资的市场中，国有企业扮演着重要的角色，通常具有投资金额高、项目体量大等特点，非常具有研讨价值，把握国有企业在投资仲裁中有可能面临的难点和挑战是撰写本书的重点目标之一。

若我国投资者与海外东道国政府发生投资争议，在中国与东道国具有有效的投资仲裁管辖约定的情况下，我国投资者在进入投资仲裁的战役之初，首先要面临的是“管辖权之战”；而“管辖权之战”之“首战”便是投资仲裁

537 Decision on Jurisdiction，para. 144. “The tribunal in Bayindir observed that ‘treaty claims are juridically distinct from claims for breach of contract，even where they arise out of the same facts，’” and ‘when the investor has a right under both the contract and the treaty，it has a self-standing right to pursue the remedy accorded by the treaty.’”

申请人的适格问题。由于我国国有企业从性质上，具有实现国有资产保值增值、由国家机关[538]直接监督管理、拥有代表国家利益的董事会作为决策机构等由国家、政府管理、控制的特点，在首战问题上，有可能被东道国质疑其并非“缔约国的国民”，而是“缔约国的代表”。如果国有企业被认定为“缔约国的代表”，那么其与东道国的争议就不是缔约国的国民——投资者与东道国政府之间的投资争议，而变为缔约国（中国）与东道国之间“国与国”的争议，从而不符合 ICSID 管辖权的规定。本案中，东道国也门政府就是首先通过质疑仲裁申请方北京城建不符合“另一缔约国国民”的要求，而提出管辖权异议，即“属人管辖异议”。因此，对 ICSID 管辖权中仲裁申请人的适格问题——“另一缔约国国民”之认定的梳理和分析，是必要的、有价值的。

①“另一缔约国国民”之总体适格条件

根据《ICSID 公约》第 25（1）条的规定，中心的管辖适用于缔约国（或缔约国向中心指定的该国的任何组成部分或机构）和**另一缔约国国民**之间直接因投资而产生并经双方书面同意提交给中心的任何法律争端。当双方表示同意后，任何一方不得单方面撤销其同意。

总定义：

具体来讲“另一缔约国国民”依照第 25（2）条的定义，系指“（一）在双方同意将争端交付调解或仲裁之日以及根据第二十八条第三款或第三十六条第三款登记请求之日，具有作为争端一方的国家以外的某一缔约国国籍的**任何自然人**，但不包括在上述任一日期也具有作为争端一方的缔约国国籍的任何人；（二）在争端双方同意将争端交付调解或仲裁之日，具有作为争端一方的国家以外的某一缔约国国籍的**任何法人**，以及在上述日期具有作为争端一方缔约国国籍的任何法人，而该法人因受外国控制，双方同意为了本公约的目的，应看作是另一缔约国国民。”可以看出：（i）“国民”的概念是基于国籍（nationality）来确定；（ii）《ICSID 公约》将“另一缔约国国民”的概念分为“自然人”和“法人”两个类别。投资者一般来讲需要满足两个要求：（i）投资者**是**缔约国的国民（正面要求）；（ii）投资者**不能是**东道国的国民（反面要求）。但对于法人来讲，若满足例外情况也可以被认为满足要求。

时刻要求：

◆ 对于自然人投资者来说，有**两个**“时刻要求”需要符合：一是在缔约

538 国有资产监督管理机构。

双方对 ICSID 仲裁管辖给出同意的时刻；二是在向 ICSID 提交仲裁（或调解）申请的时刻。自然人投资者在上述两时刻均需具有“缔约国国民”之身份。此外，对于自然人投资者来讲，其不能在以上两个时刻具有东道国国民的身份。

◆ 对于法人投资者来说，有一个“时刻要求”需要符合：在缔约双方对 ICSID 管辖给出同意的时刻，其需要具有“缔约国国民”的身份。

法人投资者身份认定：

在考量一个法人投资者的“国籍”身份时，一般需要考虑：（i）公司成立所依据的法律即法人注册地（the place of incorporation）；（ii）法人总部（管理中心）所在地（the place of its seat – siège social）；（iii）境外控制的因素。ICSID 仲裁庭多数情况下基本都采纳传统标准：考虑法人注册地及法人总部所在地的因素来确定法人实体的国籍。[539]

法人投资者的私立性质：

原则上，投资仲裁中的投资者须为私立企业，正如《ICSID 公约》前言（preamble）所指：“私立国际投资”（private international investment）充分体现了投资仲裁中，投资者一方的“私立”（private）性质；这亦是投资仲裁之所以区别于国际法范畴中的争议解决机制的关键所在。但是，其并不等于完全排除政府全资或注资设立的公司成为投资者。这就是我们本部分下一节要讨论的问题，也是“北京城建诉也门政府”案中仲裁庭梳理详述、形成可借鉴的裁判规则的要点问题。

②“另一缔约国国民”之国企身份的适格分析

对于政府全资或注资设立的企业即国有企业是否符合投资仲裁范畴下的“投资者”的要求，对此的判断标准和裁判方法，本案仲裁庭给出了示范性的回答。

仲裁庭首先基于《国家责任条款草案》第 5 条和第 8 条对于“国家行为”的认定，引出 ICSID 第一任秘书长、《ICSID 公约》主要起草人之一的亚伦·布罗什于 1972 年提出的标准即“布罗什标准”。“……为适用本公约，一个混合经济企业或政府投资的企业并不应该被否认具有‘另一缔约国国民’的身份，**除非它在以政府的代理人行事，或其本质上在行使政府职能（unless it is acting as an agent for the government or is discharging an essentially**

539 Christoph H. Schreuer，A Commentary（2nd Edition），Cambridge University Press，Article 25，paras. 465–468.

governmental function)。”

对于布罗什标准的适用，仲裁庭首先引用了被最为广泛借鉴的案例 CSOB v. Slovakia[540] 中仲裁庭的智慧精华：其明确指出，要看是否符合《ICSID 公约》“国民”的概念，考量的关键是看公司是否在行使政府职能；而看是否行使政府职能的关键，是看该实体活动的本质（by their nature），而不是目的（not by their purpose）。

进而，仲裁庭将布罗什标准分为了三个要件来逐个考量北京城建的身份：

（i）北京城建是否以政府的代理人行事；

（ii）北京城建是否在本案投资活动中行使了政府职能（governmental function）；

（iii）投资者是否需要满足东道国国内法律的注册要求才能适格。

其中值得关注的是，对于第一点，仲裁庭关注，北京城建是以总承包商的身份进行投标、中标，发生争议的原因也是由于未能按商业接受的标准提供商业服务，故而得出结论：北京城建并非中国政府代理人。对于第二点，仲裁庭关注的是，在涉案投资活动中，北京城建的职能是商业职能，还是政府职能。在未有证据证明其行使政府职能的情况下，仲裁庭亦驳回了也门政府的主张。

基于如此深入浅出、层层剖析的分析方法，该仲裁庭的决定着实为“国企”身份在投资仲裁案中的认定，提供了很好的范例。

③“另一缔约国国民”之境内设立的由境外控制之实体的适格分析

本案中，还有另一个概念具有理论分析和实践学习的双重意义，即根据东道国要求在东道国设立的但是被境外控制的实体（locally incorporated companies under foreign control）虽然具有东道国国籍，但通常也属于“另一缔约国国民”，这也是“属人管辖权”之常见问题。中国企业在“一带一路”沿线国家投资时，依据中国和“一带一路”沿线国家签订的双边投资协定，有些国家要求外国（包括中国）投资者在当地设立投资实体方可获得投资保护。

由于以上东道国要求外国投资者通过在东道国国内设立的公司进行运营、开展投资行为，导致由外国投资者设立的具有东道国国籍的公司，成为“东道

540 Ceskoslovenska Obchodni Banka，A.S. v. The Slovak Republic，ICSID Case No. ARB/97/4，Decision on Jurisdiction，24 May 1999.

国国民”，按一般定义便被排除在“另一缔约国国民”之外。《ICSID 公约》在起草时考虑到大量这种情形，因而对于法人投资者的定义，设立了一个例外情形：“上述日期具有作为争端一方缔约国国籍的任何法人，而该法人因受外国控制，双方同意为了本公约的目的，应看作是另一缔约国国民。”（Any juridical person which had the nationality of the Contracting State party to the dispute on that date and which，because of foreign control，the parties have agreed should be treated as a national of another Contracting State for the purposes of this Convention.）

据此，该等“东道国”本国设立的企业要满足 ICSID 属人管辖的要求，需要证明符合两个要件：缔约双方（主要是东道国）需同意将该在东道国设立的公司看作是“外国的”；且需要有外国控制。

（i）“东道国同意”要件之符合

示范条款：对于需要在东道国设立实体以实现投资目的的中国投资者而言，我们建议投资者可以在相关投资协议中，将此项协议与约定 ICSID 管辖的条款一同约定。类似的 ICSID 示范条款（Model Clause）例如：

条款 7

各方特此同意，尽管投资者为东道国国民，但其由另一缔约国国民控制，因而就《ICSID 公约》而言应按照（某国）国民对待。

Clause 7

It is hereby agreed that，although the Investor is a national of the Host State，it is controlled by nationals of name（s）of other Contracting State（s）and shall be treated as a national of [that]/[those] State[s] for the purposes of the Convention.[541]

如果已经进行投资却没有得到东道国就此的明示同意，需要结合具体案情分析是否符合“默示同意”或“推定同意”的情形，此处就是投资者需要求助于专业的投资律师之处。要知道成功论证相应的投资仲裁机构具有管辖权，是打赢投资仲裁之战的第一步。再次提示中国投资者，在前期投资过程

541 ICSID Reports，Volume 4：Reports of Cases Decided Under the Convention on the Settlement of Investment Disputes Between States and Nationals of Other States，1965，Cambridge University Press，p.362.

中即要结合相关法律专家的意见、合理得当地约定管辖和相关要点，为投资者的权益保驾护航。

（ii）“外国控制”要件之符合

《ICSID 公约》并未就“外国控制”进行定义，但公约起草历史指出，该等控制必须是由另一缔约国国民所为。[542] 如何判断外国控制，应依据客观标准来决定。ICSID 仲裁庭始终会审查东道国当地企业是否实质存在（actual existence）外国控制 [543]；若缺乏该等控制要件，仲裁庭将不具有管辖权。

一般来讲，股权控制（shareholding）、间接控制（indirect control）、投票权或管理权控制（voting powers or managerial control）都将被 ICSID 仲裁庭综合考量。[544] 此处，对于间接控制，ICSID 并无明确的、决定性的定义；国际上学界的观点也各执一词。由于篇幅问题等原因，笔者不在此处详述。

综上所述，对于对外投资的中国投资者，就投资仲裁属人管辖权之问题，要注意以下几个要点：

◆ 若中国投资者为国有企业，并不意味着被剥夺了作为投资者提起投资仲裁的资格；

◆ 国有企业投资者需注意，履行对外投资过程中商业职能，例如投标时的商事身份、投资项目缔约（如有）时体现的商业服务履行能力以及作出相关商业承诺等是区分其履行政府职能之关键；

◆ 若中国与东道国缔结的双边或者多边条约中，要求被保护的投资须为投资者在东道国设立法律实体所进行的投资，则投资者需注意，应在当地成立法律实体进行投资，以保证投资争议一旦发生，可以作为“外国”投资者提起投资仲裁。

---

542 Christoph H. Schreuer，A Commentary（2nd Edition），Cambridge University Press，para. 463.

543 可见以下案例：Amco v. Indonesia，Decision on Jurisdiction，25 September 1983，1 ICSID Reports 396/7；Klöckner v. Cameroon，Award，21 October 1983，2 ICSID Reports 15/16；SOABI v. Senegal，Decision on Jurisdiction，1 August 1984，2 ICSID Reports 182/3；LETCO v. Liberia，Decision on Jurisdiction，24 October 1984，2 ICSID Reports 352.

544 可见以下案例：Amco v. Indonesia，Decision on Jurisdiction，25 September 1983，1 ICSID Reports 396；Klöckner v. Cameroon，Award，21 October 1983，2 ICSID Reports 15/16；SOABI v. Senegal；Decision on Jurisdiction，1 August 1984，2 ICSID Reports，182/3；LETCO v. Liberia，Decision on Jurisdiction，24 October 1984，2 ICSID Reports 349，351；Vacuum Salt v. Ghana，Award，16 February 1994，4 ICSID Reports 342–351；Cable TV v. St. Kitts and Nevis，Award，13 January 1997，13 ICSID Review— Foreign Investment Law Journal 366–370（1998）.

（2）ICSID仲裁管辖权之“投资”认定

“北京城建诉也门政府”案中，也门政府提出数个管辖权异议，以挑战ICSID管辖权的存在，对于仲裁庭而言，是否存在“投资”实属裁判的难点之一。投资者在国外进行的活动，哪些可以认定为“投资”从而可以获得投资保护，以及一旦发生争议可以运用投资争议解决机制进行维权，亦是中国投资者应当重点了解和关注的问题。

首先要明确的是，在《ICSID公约》中并无“投资”一词的定义。公约起草的历史记录文献[545]记载了原因。亚伦·布罗什作为公约起草会议的主席，明确表示其认为没必要对“投资”一词进行定义；因为无论如何双方都会提交其同意将争议诉诸ICSID仲裁的协议；“某争议须基于‘投资’提起之要求应合并入同意仲裁之要求中”（that the requirement that the dispute must have arisen out of an “investment” may be merged into the requirement of consent to jurisdiction）。[546]（笔者理解其意为，一旦提交该等协议，即代表双方认为其所涉活动为投资。）

然而，在投资仲裁实践中，仲裁庭必将也已实际发展出裁决方法来判断“何为投资”，从而衍生出来符合《ICSID公约》要求的“投资”之要件[547]，即如本案仲裁庭所阐述，为**“萨利尼标准”**（详见前文）。

对于如何处理《ICSID公约》项下的“投资”与双边条约规定的“投资”之定义（如有），仲裁庭对以下两种观点进行了辨析：第一，“双锁孔”标准（即仲裁申请人必须同时满足《ICSID公约》及双边投资协定的要求）；第二，力挺双边、多边条约才是投资的定义根源所在。进而，仲裁庭采纳了折中观点：此处考察重点应为，双边条约所定义的“投资”是否超越了《ICSID公约》所允许的范围。接着，仲裁庭论证了以下三点：（i）确定《ICSID公约》项下“投资”要求（如上）；（ii）分析所涉双边投资协定《中也双边条

---

545 Christoph H. Schreuer, A Commentary（2nd Edition）, Cambridge University Press, Article 25, paras. 80–86.

546 Broches, A., The Convention on the Settlement of Investment Disputes: Some Observations on Jurisdiction, 5 Columbia Journal of Transnational Law 263 at 268（1966）.

547 Christoph H. Schreuer, A Commentary（2nd Edition）, Cambridge University Press, Article 25, para. 122. 其总结的“投资”要件大同小异，笔者列于此处，供读者参考：投资需有持续特定时间（a certain duration）；需有一定的利润和收益规律（a certain regularity of profit and return）；需对于双方当事人均有风险（an element of risk for both sides）；所涉承诺需为实质性承诺（substantial）；经营需对东道国的发展具影响力的（significant）。

约》对于“投资”的定义是否超越《ICSID 公约》所允许的范围；（iii）进而讨论涉案“投资”行为是否符合双边条约所规定的“投资”。从而得出结论：条约对“投资”的定义并未超越《ICSID 公约》所允许范围，所涉行为符合条约对“投资”的定义，因而北京城建在也门的投资行为构成 ICSID 管辖权项下的“投资”。

第五篇

结　语

在投资者可作为主体直接就投资争端以东道国为相对方提起争议解决之前，国际上解决此类投资争议的主要做法，仍是投资者母国向投资所在东道国派出军舰以示威吓，达到使东道国屈服以保护本国投资者的目的，被称作“军事干涉威胁外交”（Gunboat Diplomacy）。[548] 然而此种方式的弊端是，投资者母国需权衡外交利弊以决定是否给予保护，这对于中小投资者来说，存在更多的不确定性。

ICSID 争端解决机制的设立，使投资者无需再经由投资者母国的协助，而径直可提起国际投资仲裁以解决投资争端。经过前文介绍，我们已经了解到，投资者与东道国之间的投资争端，有其自身的特征和运营规则。国际投资仲裁，特别是 ICSID 仲裁，作为一种主流的争议解决方式，无论从中立性还是裁决的承认和执行方面，相较于东道国法院，都具有其他争议解决方式无可比拟的优势。截至本书成稿之日，中国投资者提起的国际投资仲裁案件中共有 6 例已审结案件[549]。综观这 6 则案例，其中投资者胜诉的有 2 例，即“谢

548　Redfern and Hunter on International Arbitration，Nigel Blackaby and Constaintine Partasides QC with Alan Redfern and Martin Hunter，6th edition，Oxford University Press.

549　此处含渣打（香港）银行诉坦桑尼亚供电公司一案。其中“世能公司诉老挝政府”案中，虽然投资者用不同主体提起若干个仲裁程序，但在本语境下仅视为同一投资者。类似的还有渣打（香港）银行诉坦桑尼亚供电公司一案，渣打银行同时以坦桑尼亚政府为被申请人提起国际投资仲裁（参见：http：//www.italaw.com/cases/1046，最后访问时间 2019 年 9 月 12 日）。但在本语境下仅视为同一投资者，只按一个案例计算。其中，在“渣打（香港）诉坦桑尼亚供电公司”案中，投资者胜诉。

业深诉秘鲁政府”案[550]和“渣打（香港）银行诉坦桑尼亚供电公司”案；和解的有1例，即“北京城建诉也门政府”案[551]；东道国胜诉或仲裁庭裁定否认自身管辖权的有3例，包括“世能公司诉老挝政府”案[552]、“中国平安诉比利时政府”案[553]以及“北京首钢等诉蒙古国政府”案[554]。投资者胜诉与和解的比例，与东道国胜诉的比例相当。可见，投资争议解决策略乃至投资保护问题值得我们警醒与反思。

在投资仲裁案件中，投资者首先需要攻克的是管辖方面的障碍。而综合前文所述的中国投资者提起的已审结的投资仲裁案例，我们发现，东道国在对仲裁庭管辖权发起挑战时通常会围绕以下角度进行：属人管辖、属事管辖和属时管辖，而对于港澳投资者来说，还可能涉及属地管辖问题。

首先，在属人管辖方面，投资者需满足仲裁协议[555]中约定的“投资者”概念。在前文所述案例中，其中“北京城建诉也门政府”案中仲裁庭给出的管辖权异议裁定推理逻辑缜密、说理充分，值得我们仔细研读。在该案中，国有企业是否能够成为《ICSID公约》第25（1）条所述“另一缔约国国民”从而成为适格“投资者”，是东道国提出的首个管辖异议。根据布罗什标准，国有企业并不应该被否认具有“另一缔约国国民”的身份，除非它在以政府的代理人行事，或其本质上在行使政府职能。因此，重点并不在于国家或政府的股东身份，而在于该国有企业的行为本身是否符合上述原则所述特征。该案仲裁庭根据该规则，逐一解读《ICSID公约》第25（1）条要求的“另一缔约国国民”的内容，认定中国投资者并未在也门领土内行使中国政府职能，也未以政府代理人的身份行事，最终认定了北京城建符合上述条约规定的“投资者”身份以及提起国际仲裁的主体资格。在“北京首钢等诉蒙古国政府”一案中，通过考察《中蒙双边条约》第1（2）条字面意义，仲裁庭认为，“投资者”定义中“经济实体”的表述，特征是中国和蒙古国受到保护的法人，具有明示的广泛性，并不区分组织类型、商业目的、所有权以及控制。因此，

---

550 详见本书第四篇“谢业深诉秘鲁政府”案。

551 详见本书第四篇“北京城建诉也门政府”案。

552 详见本书第四篇“世能公司诉老挝政府”案。

553 详见本书第四篇“平安公司诉比利时政府”案。

554 详见本书第四篇“北京首钢等诉蒙古国政府”案。

555 仲裁协议可能为双边投资协定、自由贸易协定中的投资保护条款等国际条约、东道国外商投资法律，或者投资者与东道国或其代理人之间签署的投资协定中包含的有关仲裁协议的条款。

从协定的起草者的立意来看，也没有任何理由认定其对投资者组织类型、商业目的、所有权或者控制进行任何限制。《中蒙双边条约》第 1（2）条所述的“经济实体”，可以是任何从事经济或商业活动的实体。据此认定了北京首钢和其他申请人作为国有企业符合“投资者”身份。而在“渣打（香港）银行诉坦桑尼亚供电公司”一案中，坦桑尼亚供电公司即作为履行政府职能的机构而成为仲裁的被申请人。《ICSID 公约》第 25（2）（a）条规定，依照该公约提起国国际仲裁的投资者，不得具有东道国国籍，这对于那些具有“双重国籍”的自然人投资者来说可能会产生仲裁主体的资格认定问题。属人管辖内容较为复杂，根据所适用的投资协定的内容，还可能涉及注册地、实质经营、国籍变更涉嫌权利滥用等诸多层面，鉴于篇幅有限，本文不做赘述。

其次，在属事管辖方面，由于我国与“一带一路”沿线国家签署的许多双边投资协定中仍规定只有“涉及征收补偿款额的争议”才能提交仲裁。而对此类表述采取狭义解释，即只有征收补偿款额争议才能提交仲裁，或是广义解释，即连同征收是否发生本身也属于仲裁庭管辖范围，目前国际仲裁界仍看法不一。而我国投资者涉及的多个案例中，这一点成为多年的争议焦点，比如“世能公司诉老挝政府”案、“谢业深诉秘鲁政府”案以及“北京城建诉也门政府”案中均采取了广义解释；而在“北京首钢等诉蒙古国政府”一案中，仲裁庭采取了狭义解释使得该案终究无缘仲裁。虽然北京首钢等在后续美国纽约州南区法院提起撤裁申请，但历经数年，仍未有定论。而晚近中国与其他国家签订的双边投资协定中，已经将可提交仲裁的范围大扩展，便可省去许多不必要的司法资源浪费和仲裁管辖异议成本。然对于那些尚未变更的双边投资协定，或投资者并未因国籍筹划而有其他可选双边投资协定的，我们则需要提请投资者注意的是，仅援引此类双边投资协定将使投资者的投资处于高风险境地。

再次，在属时管辖方面，投资者在提起仲裁时所援引的国际投资协议（法律依据），如双边投资协定或《ICSID 公约》等均有关于该条约有效期间和适用范围的约定，投资者需确保其援引的条约在时间层面可适用至解决本投资争议。通常情况下，条约会约定生效时间和届期时间，而条约届期后仍可通过该条约在“落日条款”期间（比如 10—15 年的期限内）对投资施加保护。在属时管辖层面较为重要的概念即“关键日期”和“不可溯及既往原则”。在“世能公司诉老挝政府”案中，争议焦点即落在两个关键日期的认定上面，其一为争议产生之日，其二为投资者获得荷兰国籍的日期。如变更国籍日期早于争议产生之日，则仲裁庭便对争议事项具有管辖权，反之则无。最终经过缜密推理，仲裁庭认定了变更国籍行为发生于争议产生之前，从而肯定了其管辖权。而在“中国平安诉比利时政府”一案中，仲裁庭也是依据双方一致认可的前提，即争议产生在条约生效之前，照条约字面意思理解进行逻辑推演，考虑到前后条约的内容差别较大，扩大适用《2009年中比双边条约》将会致使《1986年中比双边条约》项下已产生但未进入司法或仲裁程序的争议均可依照《2009年中比双边条约》处理，以致《1986年中比双边条约》中的争议解决条款不仅包含ICSID管辖，也将可提起仲裁的争议种类由《1986年中比双边条约》项下的“征收补偿款额的争议”扩大到“所有争议”。据此，仲裁庭否认了属时管辖。尽管在笔者看来，该案仲裁庭的推理存在天然的逻辑空洞，以至于结论并不符合双边投资协定重在保护投资者的主旨。但通过该案，我们也可看到，被申请人在实践中通常会利用属时管辖这一要素扭转时局，也再次体现了仲裁庭行使自由裁量权将直接关乎投资者切身利益，凸显了仲裁员选任的重要性。

最后，针对香港和澳门地区投资者，在“一带一路”沿线国家投资时的投资保护还可能涉及中国与这些国家的双边投资协定能否适用于港澳地区的问题，此可归结为属地管辖。其中一个重要的国际法原则即“移动条约边界规则”，即一国所签订条约的适用范围随边界的变化而变化。香港和澳门回归祖国以来，中国并未在条约中对中国与其他国家签署的双边投资协定是否适用于港澳地区加以明确约定，于是在实践中也引发了争议。从“世能公司诉老挝政府”案中新加坡上诉法庭的裁定理由可看出，中国政府在《中葡联合声明》和《基本法》中明确表示澳门特别行政区拥有一定自主权，尽管中国在2014年给老挝政府的回函中明确表示，中国和老挝之间的双边协定不适用于澳门地区，且在此后的新闻发布会上再次确认这一立场。然而新加坡上诉法庭还是依据国际法规则认定中国政府的这些行为不构成国际法意义上的排除“移动条约边界规则”的确认，作出《中老双边条约》适用于澳门投资者的裁定。可见，从国际法角度上讲，中国外交部通过函件来确认中国和其他国家的条约是否适用至港澳地区这种做法可能并不是有效的措施。因此，建议中国相关部门将该议题提上日程，就条约的适用问题以在国际法层面有效的方式，比如以“嗣后协定”的方式进行确认，对于港澳同胞的对外投资来讲，不失为一个好的保护途径。

关于投资仲裁的适用法律方面，并不是所有国际投资协定中均包含适用法律条款，而且即便包含此类条款，也可能只是概括性表述，并不会涉及几项适用法律的优先性问题，比如《中德双边条约》中约定，“仲裁庭将根据本协定、缔约双方已签订的其他协定及国际法一般原则进行裁决”。在国际仲裁实践中，国际法和东道国国内法均具有举足轻重的地位，针对诸如是否存在投资、东道国政府的行为等事实方面的认定，仲裁庭不可避免地需运用东道国国内法。但对于责任承担问题，比如东道国实施的措施是否违反条约义务，则需适用国际法。即使相关条约并未约定适用哪些实体法律，仲裁员都有义务对东道国相关国内法加以考虑，前提是国内法不违反该国的国际法义务。[556]这一原则的法律依据是《维也纳公约》第 27 条，一当事国不得援引其国内法规定为理由而不履行条约。另外，考虑到仲裁庭并无级别之分，国际投资仲裁领域无需“遵循先例”，即仲裁庭无需遵照其他仲裁庭的裁决进行裁定。因此出现了诸多仲裁庭基于类似事实和法律却得出完全相反结论的现象。可见，仲裁庭具有较大的自由裁量权，选任仲裁员也显得愈发重要。

投资者在选任仲裁员时，需充分分析仲裁员背景，包括学术观点、过往裁判风格、政治倾向等，并关注仲裁员国籍与履历，慎重把握潜在的利益冲突情形，利用好适用的仲裁规则中有关挑战仲裁员或取消仲裁员的各项制度。

关于律师团队的组成。我们建议投资者配备由以下成员构成的律师团队：熟悉中国投资者和英美律师思维方式的中国律师作为总法律顾问，具有英美法系下庭审经验、熟悉主流仲裁机构投资仲裁程序的欧美律师为前线律师，并搭配国内外学者做共同顾问。中国律师在国际投资争议解决过程中不可或缺，其作用不可替代，具体表现为：（1）中国律师可提供中国法项下的法律服务，如对投资者身份的认定、投资是否有效等发表法律意见；（2）中国律师可协助中国投资者在境内收集证据，如条约缔约的历史资料、中国境内相关专家学者的观点和证词、为证人证言的准备提供法律建议等；（3）聘用中国律师可有效减少沟通成本以及在争议解决过程中产生的大量的翻译成本，使中国投资者的法律费用大幅度降低；（4）熟悉国际投资争议解决的中国律师可协助

---

556 MTD Equity Sdn Bhd & MTD Chile SA v Republic of Chile，ICSID Case No. ARB/01/17，IIC 77（2007），Decision o Annulment，at [72]. “even if the relevant treaty does not provide for a choice of substantive law. Arbitrators still have the obligation to consider the relevant national laws of the host state, with the caveat that such law may not be applicable if it is contrary to the obligations assumed by the state under the treaty...”

投资者制定有利的诉讼策略，整体控制风险；（5）中国律师熟悉投资者的文化思维方式，加之熟悉英美法系思维，可作为桥梁，及时将法律语言与投资者之间的商业语言进行转换，实现投资者和律师团队之间的有效配合。

任何有关投资保护的模糊不清之处，均可能成为日后投资争端中双方的争议焦点，而置我国投资者的投资于高风险的境地。对此，笔者针对我国政府的建议是：及时更新与其他国家双边投资协定或自由贸易协定等投资保护协定条款，特别是扩大可以提交仲裁的事项范围以适应现今保护我国投资者的需要；另外，对中国与其他国家的条约是否适用于香港和澳门地区，并对中国内地、港澳地区与这些国家均存在条约的情形下如何适用的问题加以明确。

针对中国投资者，我们的建议是：在投资之初便做好国籍筹划，以最大限度获得投资保护。国籍筹划是个复杂的课题，投资者或许以往将重点放在税收筹划和投资退出便利性方面，并未对投资保护问题加以关注。通过本书的介绍，我们希望投资者提高投资保护意识，在投资之初，便需借助律师和税务筹划师的协助全面考察投资目的地及中间层公司的设置，或者在对方是东道国政府或政府代理人的情况下签署的投资协议中对争议解决方式加以明确约定，未雨绸缪，弥补我国签署的诸多双边投资协定在投资保护上的不足，以便使未来选择条约成为可能，而不致构成权利滥用。

最后，笔者需提请各位投资者注意，因欺诈或贿赂而取得的投资，或投资过程中违反东道国公共政策或国际诚信原则的，通常无法获得投资保护。笔者重点关注的“世能公司诉老挝政府”案已在本书成稿之前获得仲裁裁决，该案所涉投资者最终因存在不诚信行为而败诉。在仲裁庭看来，不诚信行为，比如贿赂政府官员获得许可，贿买证人等妨碍仲裁公正性的行为等，都使得投资者无法获得条约约定的投资保护，也可能赋予东道国采取相关措施的正当性。类似的案例还有 Inceysa Vallisoletana SL v. Republic of El Salvador，该案仲裁庭因投资者在获取一份特许权协议时存在欺诈行为而拒绝行使管辖权。[557] 因此，投资者无论在投资之初，还是在运营过程中，都需要遵守东道国的法律法规，拒绝贿赂和欺诈行为，特别是提高有关反腐败反贿赂方面的风险意识。另外，通过实体审理过程中的分析，我们还提醒投资者提高法律意识，

---

557 Redfern and Hunter on International Arbitration，Nigel Blackaby and Constaintine Partasides QC with Alan Redfern and Martin Hunter，6th edition，Oxford University Press，p.455.

不可轻信东道国政府官员的口头承诺与潜规则，做好法律文件的签订和履约合规工作，利用东道国法律法规以及国际法规则应对即将产生的争议，以避免投资被剥夺殆尽，卷入多年的纷争之后还要承担东道国的律师费和仲裁费等各项费用。

行文至此，笔者以洋洋洒洒三十万言，试图为我国投资者在“一带一路”沿线国家的投资保护方面，特别在国际投资仲裁角度研究方面略尽绵薄之力。吾辈作为中国法律从业者，深知该课题内容浩瀚繁杂，所触及之处不过其冰山之一角。仓促成书之际备感自身学识不足，恐见笑于大方之家。唯愿抛砖引玉，以期对我国投资者、律师乃至国家制度层面有些许裨益，则笔者著书之初心了矣。

附　录

中国缔结的国际投资协定 内容梳理之 作准语言		
双边投资协定 （BIT）	中文为准； 或 中文与英文（或其他文字）具有同等效力	菲律宾、新加坡、巴基斯坦、孟加拉国、吉尔吉斯斯坦、塔吉克斯坦、亚美尼亚、也门、白俄罗斯、乌克兰、摩尔多瓦、新西兰、南非、苏丹、加纳、加蓬、尼日利亚、津巴布韦、坦桑尼亚、马达加斯加、赤道几内亚、奥地利、马耳他、巴布亚新几内亚、圭亚那、巴巴多斯、牙买加、喀麦隆、乌拉圭、特立尼达和多巴哥
	英文（或其他非中文文字）为准[558]	**英文为准：** 莫桑比克、埃塞俄比亚、刚果布、阿尔及利亚、佛得角、突尼斯、埃及、韩国（中韩 2007 BIT）、蒙古国、马来西亚、缅甸、柬埔寨、越南、老挝、文莱、斯里兰卡、阿联酋、科威特、土耳其、卡塔尔、阿曼、黎巴嫩、沙特阿拉伯、巴林、伊朗、阿塞拜疆、格鲁吉亚、乌兹别克斯坦、泰国、塞浦路斯、俄罗斯、希腊、波兰、塞尔维亚、捷克、保加利亚、斯洛伐克、阿尔巴尼亚、克罗地亚、波黑、爱沙尼亚、立陶宛、斯洛文尼亚、匈牙利、北马其顿、罗马尼亚、拉脱维亚、葡萄牙、意大利、卢森堡（2005 比利时卢森堡经济联盟 BIT）、智利、玻利维亚、秘鲁、哥斯达黎加、古巴 **其他语种为准：** 摩洛哥（法语优先）；哈萨克斯坦（俄语优先）
含投资条款的条约 （TIP） （MAI、FTA）	中文与英文具有同等效力	新加坡 FTA、巴基斯坦 FTA、新西兰 FTA
	英文为准	格鲁吉亚 FTA、智利 FTA、哥斯达黎加 FTA、秘鲁 FTA、东盟 FTA、韩国 FTA、中日韩 MAI

558 部分协定中，存在不同语言版本有差异的情形，建议投资者或其他有需要的读者关注优先适用的语言版本。本书各投资协定的对比总结部分，对于约定英文版本优先的 BIT，本次比对总结均以英文版本为准；来源主要为外交部、商务部的条约数据库以及 UNCTAD。约定法语为准的中摩 BIT，俄罗斯语为准的中哈 BIT，本次对比总结系参照中文进行。对于中国与莫桑比克以及与哥斯达黎加缔结的 BIT，由于未找到英语版本资料，本次对比总结系参照中文进行。

中国缔结的国际投资协定 内容梳理之 争端解决条款					
双边投资协定（BIT）	约定投资争端解决机制	解决机制可适用的争议事项	仲裁仅适用于已列明的争议类型	仅可就涉及征收补偿额的争议提起仲裁	苏丹、加纳、埃塞俄比亚、津巴布韦、阿尔及利亚、佛得角、埃及、蒙古国、柬埔寨、越南、老挝、巴基斯坦、斯里兰卡、孟加拉国、卡塔尔、阿曼、黎巴嫩、沙特阿拉伯、巴林、阿塞拜疆、格鲁吉亚、亚美尼亚、哈萨克斯坦、吉尔吉斯斯坦、塔吉克斯坦、奥地利、波兰、塞尔维亚、保加利亚、阿尔巴尼亚、克罗地亚、爱沙尼亚、斯洛文尼亚、匈牙利、北马其顿、乌克兰、白俄罗斯、摩尔多瓦、意大利、新西兰、巴布亚新几内亚、玻利维亚、秘鲁、牙买加
				可就征收补偿额或其他双方同意的争议提起仲裁	喀麦隆、加蓬、摩洛哥、马来西亚、阿联酋、科威特、菲律宾、也门、希腊、斯洛伐克、立陶宛、智利[559]、乌拉圭

559《中华人民共和国政府和智利共和国政府关于鼓励和相互保护投资协定》第9（3）条规定："如涉及征收补偿款额的争议在诉诸本条第一款的程序后六个月内仍未解决，可应任何一方的要求，将争议提交一九六五年三月十八日在华盛顿开放签字的《解决国家与他国国民之间投资争端公约》下设立的'解决投资争端国际中心'仲裁。缔约任何一方的投资者与缔约另一方之间有关任何其他事项的争议，经争议双方同意，可以提交专设仲裁庭……"即，可提交至ICSID进行仲裁的仅限于征收补偿款额争议，但其他双方同意的事项可提交至专设仲裁庭。

续表

中国缔结的国际投资协定 内容梳理之 争端解决条款					
				对可仲裁事项有其他特别规定	新加坡[560]、土耳其[561]
			不做任何限制、争议事项通常可覆盖条约中主要的投资待遇		南非、莫桑比克、尼日利亚、刚果布、马达加斯加、突尼斯、赤道几内亚、韩国、缅甸、文莱、伊朗、塞浦路斯、俄罗斯、捷克、波黑、罗马尼亚、拉脱维亚、马耳他、葡萄牙、卢森堡、圭亚那、哥斯达黎加、特立尼达和多巴哥、巴巴多斯

560 《中华人民共和国政府和新加坡共和国政府关于促进和保护投资协定》第 13（3）条规定：“第六条关于由征收、国有化或其效果相当于征收、国有化的其他措施发生的补偿款额的争议……”即包含“效果相当于”征收、国有化的其他补偿。

561 《中华人民共和国和土耳其共和国关于相互促进和保护投资协定》第 7 条规定：“（二）如涉及第三条所述的征收或国有化产生的补偿款额的争议在争议发生之日起的一年内未获得解决，争议当事人可将争议提交专设仲裁庭，根据联合国国际贸易法委员会（UNCITRAL）仲裁规则解决争议。缔约一方国民或公司与缔约另一方的其他争议，可根据作为争议当事人的缔约一方的法律和法规提交上述国际仲裁庭……”即征收或国有化的补偿及其他争议可依据缔约国法律提交国际仲裁庭。

续表

中国缔结的国际投资协定内容梳理之争端解决条款				
		投资争端救济程序	规定仲裁前应用尽或经另一缔约方要求用尽国内行政复议程序[562]	南非、莫桑比克、刚果布、坦桑尼亚、马达加斯加[563]、赤道几内亚、韩国、缅甸、文莱、乌兹别克斯坦、塞浦路斯、俄罗斯、捷克[564]、波黑、马耳他[565]、圭亚那、哥斯达黎加、特立尼达和多巴哥、巴巴多斯、古巴

562 当地法院诉讼并未要求必须用尽当地行政复议程序。

563 《中华人民共和国政府和马达加斯加共和国政府相互促进和保护投资协定》第 10（2）条规定："二、如果在一方书面提出争议之日起六个月内未能消除争议，根据缔约另一方投资者的要求，有关争议应选择提交：缔约一方领土内的仲裁机构；缔约一方领土内的司法程序；'解决投资争端国际中心'的仲裁程序，依据 1965 年 3 月 18 日在华盛顿开放签字的《解决国家和他国国民之间投资争端公约》，进行仲裁解决，但前提是有关投资者在提交国际仲裁前，用尽该缔约方法律和法规所规定的国内行政复议程序。"即，当且仅当将争议提交至 ICSID 时，需用尽国内行政复议程序。

564 《中华人民共和国和捷克共和国关于促进和保护投资协定》第 9（3）条规定："三、关于本条规定的将争议提交国际仲裁的可能性，中华人民共和国要求相关投资者将争议提交国际仲裁前用尽该缔约方的法律和法规所规定的国内行政复议程序。该程序不超过三个月的期限。"即，仅中方约定争议提交至仲裁前应用尽国内行政复议程序。

585 《中华人民共和国政府和马耳他政府关于促进和保护投资的协定》第9(3)条存有特殊规定，如下："尽管有第二款的规定（笔者注：岔路口条款），(一)在中华人民共和国方面，有关的投资者只有在下列情况下才能将争议提交国际仲裁：1. 投资者已经按照中华人民共和国的法律完成行政复议程序，但争议仍然存在；并且 2. 争议没有被提交中华人民共和国的法院解决。(二)在马耳他方面，投资者应当在提交国际仲裁之前将争议提交当地的法院、法庭或仲裁以用尽当地程序。"即，中方要求投资者将争议提交至仲裁前应用尽行政复议程序，而马方要求争议提交至仲裁前需提交当地法院或仲裁。

续表

中国缔结的国际投资协定内容梳理之争端解决条款						
			仲裁方式	临时仲裁	可参照ICSID规则	苏丹、南非、加纳、莫桑比克、埃塞俄比亚、尼日利亚、刚果布、津巴布韦、阿尔及利亚、佛得角、埃及、蒙古国、新加坡、马来西亚、柬埔寨、越南、老挝、文莱、斯里兰卡、孟加拉国、阿联酋、科威特、阿曼、巴林、阿塞拜疆、格鲁吉亚、菲律宾、塞浦路斯、塞尔维亚、阿尔巴尼亚、克罗地亚、爱沙尼亚、立陶宛、斯洛文尼亚、匈牙利、北马其顿、摩尔多瓦、意大利、新西兰、圭亚那、玻利维亚、乌拉圭、牙买加
					可参照联合国贸易法委员会（UNCITRAL）仲裁规则	马来西亚、阿联酋、科威特、卡塔尔、黎巴嫩、乌兹别克斯坦、俄罗斯、捷克、保加利亚、斯洛伐克、葡萄牙、特立尼达和多巴哥、巴巴多斯、古巴
					可参照瑞典斯德哥尔摩商会仲裁院（SCC）仲裁规则	加纳、亚美尼亚、哈萨克斯坦、吉尔吉斯斯坦、塔吉克斯坦、乌克兰、白俄罗斯、意大利
					未指定参照规则	伊朗、波兰

续表

中国缔结的国际投资协定内容梳理之争端解决条款						
				机构仲裁	可提交ICSID仲裁	喀麦隆、加蓬、摩洛哥、突尼斯、赤道几内亚、沙特阿拉伯、也门、波黑、罗马尼亚、拉脱维亚、卢森堡、巴布亚新几内亚、秘鲁、哥斯达黎加、莫桑比克、埃塞俄比亚、刚果布、韩国、缅甸、文莱、土耳其、巴林、塞浦路斯、塞尔维亚、北马其顿、马耳他、葡萄牙、智利、圭亚那、巴巴多斯、坦桑尼亚、俄罗斯、希腊、捷克、立陶宛
					可交由双方同意的其他仲裁机构（常设或临时仲裁）	乌兹别克斯坦、坦桑尼亚
	未约定投资争端解决机制	泰国（东盟FTA可填补）				

续表

中国缔结的国际投资协定 内容梳理之 争端解决条款				
含投资条款的条约（TIP）（MAI、FTA）	约定投资争端解决机制	解决机制可适用的争议事项	解决途径仅适用于条约列明的争议事项类型	东盟 FTA （国民待遇、最惠国待遇、投资待遇、征收、损失补偿、转移和利润汇回、通过对某一投资的管理、经营、销售或其他行为给投资者造成损失或损害）
			不做任何限制、争议事项通常可覆盖条约中主要的投资待遇	新西兰 FTA、巴基斯坦 FTA、韩国 FTA、中日韩 MAI、秘鲁 FTA
		投资争端救济程序	规定仲裁前应用尽国内行政复议程序[566]	东盟 FTA、巴基斯坦 FTA、新西兰 FTA、韩国 FTA、中日韩 MAI

566 当地法院诉讼并未要求必须用尽当地行政复议程序。

续表

中国缔结的国际投资协定 内容梳理之 争端解决条款						
			仲裁方式	临时仲裁	韩国 FTA、新西兰 FTA、秘鲁 FTA、东盟 FTA、中日韩 MAI	
				机构仲裁	可提交 ICSID 仲裁	东盟 FTA、韩国 FTA、秘鲁 FTA、巴基斯坦 FTA、新西兰 FTA、中日韩 MAI
					可交由双方同意的其他仲裁机构	东盟 FTA
	未约定投资争端解决机制	新加坡 FTA、格鲁吉亚 FTA、智利 FTA、哥斯达黎加 FTA				

中国缔结的国际投资协定 内容梳理之 费用分摊条款		
双边投资协定（BIT）	约定为“争议各方应负担其委派的仲裁员和其出席仲裁程序的费用、首席仲裁员的费用和仲裁庭的费用应由争议双方平均分摊”	苏丹、加纳、莫桑比克、埃塞俄比亚、尼日利亚、津巴布韦、阿尔及利亚、佛得角、埃及、蒙古国、马来西亚、柬埔寨、越南、孟加拉国、阿联酋、科威特、卡塔尔、阿曼、阿塞拜疆、格鲁吉亚、亚美尼亚、哈萨克斯坦、吉尔吉斯斯坦、塔吉克斯坦、菲律宾、奥地利（议定书）、塞尔维亚、保加利亚、阿尔及利亚、克罗地亚、爱沙尼亚、斯洛文尼亚、匈牙利、北马其顿、乌克兰、白俄罗斯、摩尔多瓦、意大利（议定书）、巴布亚新几内亚、智利、玻利维亚、乌拉圭、巴巴多斯、古巴（1995）、牙买加
	除上述原则外，约定赋予仲裁庭以自由裁量权[567]	南非、刚果布、坦桑尼亚、赤道几内亚、新加坡、缅甸、老挝、文莱、斯里兰卡、黎巴嫩、巴林、伊朗、乌兹别克斯坦、塞浦路斯、立陶宛、新西兰、圭亚那
	仅约定“各方负担其仲裁员在仲裁程序中的费用、首席仲裁员的费用应由双方平均分担”	波兰
含投资条款的条约（TIP）（MAI、FTA）	秘鲁 FTA（仅规定“仲裁庭同样可根据仲裁规则裁决仲裁费和律师费”）	

567 在此类约定中：或包含有“争议各方应负担其委派的仲裁员和其出席仲裁程序的费用，首席仲裁员的费用和仲裁庭的费用应由争议双方平均分摊，且仲裁庭有自由裁量权”之条款；或规定“仲裁员可在其裁决中决定由争议一方承担较大比例的费用”；或规定“仲裁员可指示争议一方承担较大比例的费用”；或写明“除非仲裁庭另有规定……”。

中国缔结的国际投资协定 内容梳理之 岔路口条款	
双边投资协定（BIT）	苏丹、南非、莫桑比克、埃塞俄比亚、尼日利亚、刚果布、津巴布韦、阿尔及利亚、坦桑尼亚、佛得角、突尼斯、埃及、赤道几内亚、韩国、蒙古国、新加坡、缅甸、柬埔寨、越南、老挝、文莱、斯里兰卡、孟加拉国、土耳其、卡塔尔、阿曼、黎巴嫩、巴林、伊朗、阿塞拜疆、格鲁吉亚、乌兹别克斯坦、塞浦路斯、俄罗斯、塞尔维亚、捷克、阿尔巴尼亚、克罗地亚、波黑、爱沙尼亚、斯洛文尼亚、北马其顿、罗马尼亚、拉脱维亚[568]、摩尔多瓦、马耳他[569]、葡萄牙、卢森堡、新西兰、巴布亚新几内亚、智利、圭亚那、玻利维亚、乌拉圭、秘鲁、哥斯达黎加、巴巴多斯、古巴、牙买加
含投资条款的条约（TIP）（MAI、FTA）	巴基斯坦 FTA、韩国 FTA、秘鲁 FTA、东盟 FTA、中日韩 MAI

568 《中华人民共和国政府和拉脱维亚共和国政府关于促进和保护投资的协定》第 9（2）条存有特殊规定："……对上述两种程序之一的选择应是终局的。但是，已将争议提交国内法院的投资者，如果在法院对争议事项作出判决前根据该缔约方法律撤诉的，仍然可以提交争议于本条第二款提及的仲裁庭。"

569 详见脚注 565。

中国缔结的国际投资协定 内容梳理之 保护伞条款	
双边投资协定（BIT）[570]	南非、莫桑比克、尼日利亚、刚果布、坦桑尼亚、突尼斯、赤道几内亚、韩国（2007BIT）、新加坡、缅甸、文莱、斯里兰卡、阿联酋、科威特、黎巴嫩、伊朗、乌兹别克斯坦、泰国、俄罗斯、奥地利、塞尔维亚、捷克、拉脱维亚、马耳他、葡萄牙、圭亚那、哥斯达黎加、特立尼达和多巴哥
含投资条款的条约（TIP）（MAI、FTA）	巴基斯坦 FTA、东盟 FTA、中日韩 MAI

570 保护伞条款在双边投资协定中一般的表现形式为“缔约一方应遵守其就缔约另一方投资者的投资所承诺的其他义务”。（Each Contracting Party shall observe any other obligation it may have entered into with regard to investments of investors of the other Contracting Party.）但在以下三个国家中，其表现形式与上述形式不同。但根据其文义，笔者认为，应认为以下条款也属于保护伞条款。（1）《中华人民共和国政府和新加坡共和国政府关于促进和保护投资协定》第 15 条规定：“……除本协定的规定外，缔约任何一方应依其法律尊重其或其国民或公司同缔约另一方国民或公司就投资方面的承诺。”（... Each Contracting Party shall observe any commitment in accordance with its laws additional to those specified in this Agreement entered into by the Contracting Party，its nationals or companies with nationals or companies of the other Contracting Party as regards their investment）；（2）《中华人民共和国政府和斯里兰卡民主社会主义共和国政府关于相互促进和保护投资协定》第 15 条规定：“……除本协定的规定外，缔约任何一方应依其法律尊重其或其国民或公司同缔约另一方国民或公司就投资方面的承诺。”（... Each Contracting Party shall observe any commitment in accordance with its laws additional to those specified in this Agreement entered into by the Contracting Party，its nationals or companies with nationals or companies of the other Contracting Party as regards their investments）；（3）《中华人民共和国政府和乌兹别克斯坦共和国政府关于促进和保护投资的协定》第 13（2）条规定：“缔约任何一方应恪守其以协议、合约或合同形式与缔约另一方投资者就投资所做出的书面承诺。”（Each Contracting Party shall observe any written commitments in the form of agreement，treaty or contract it may have entered into with the investors of the other Contracting Party as regards to their investments.）

"一带一路"沿线国家之 未与中国签订（或签订未生效、签订后现已废止）国际投资协定（IIA）的国家 / 地区 （共计 44 个国家 / 地区）		
"一带一路"国家名单	双边投资协定（BIT）	含投资条款的条约（TIP）
塞内加尔	N	N
塞加利昂	N	N
科特迪瓦	N	N
索马里	N	N
南苏丹	N	N
塞舌尔	N	N
几内亚	N	N
赞比亚	N	N
纳米比亚	N	N
毛里塔尼亚	N	N
安哥拉	N	N
吉布提	N	N
肯尼亚	N	N
乍得	N	N
布隆迪	N	N
乌干达	N	N
冈比亚	N	N
多哥	N	N
卢旺达	N	N
利比亚	N	N
利比里亚	N	N
东帝汶	N	N
尼泊尔	N	N
马尔代夫	N	N
伊拉克	N	N

续表

"一带一路"沿线国家之 未与中国签订（或签订未生效、签订后现已废止）国际投资协定（IIA）的国家/地区 （共计44个国家/地区）		
"一带一路"国家名单	双边投资协定（BIT）	含投资条款的条约（TIP）
阿富汗	N	N
印度尼西亚	N	N
黑山	N	N
萨摩亚	N	N
纽埃	N	N
斐济	N	N
密克罗尼西亚联邦	N	N
库克群岛	N	N
汤加	N	N
瓦努阿图	N	N
委内瑞拉	N	N
苏里南	N	N
厄瓜多尔	N	N
巴拿马	N	N
萨尔瓦多	N	N
多米尼加	N	N
安提瓜和巴布达	N	N
多米尼克	N	N
格林纳达	N	N

"一带一路"沿线国家之 《纽约公约》与《ICSID 公约》缔约国情况汇总			
序号	国别	是否《纽约公约》缔约国（Y/N）	是否《ICSID 公约》缔约国（Y/N）
1	苏丹	Y	Y
2	南非	Y	N
3	塞内加尔	Y	Y
4	塞拉利昂	N	Y
5	科特迪瓦	Y	Y
6	索马里	N	Y
7	喀麦隆	Y	Y
8	南苏丹	N	Y
9	塞舌尔	N	Y
10	几内亚	Y	Y
11	加纳	Y	Y
12	赞比亚	Y	Y
13	莫桑比克	Y	Y
14	加蓬	Y	Y
15	纳米比亚	N	N
16	毛里塔尼亚	Y	Y
17	安哥拉	Y	N
18	吉布提	Y	N
19	埃塞俄比亚	N	N
20	肯尼亚	Y	Y
21	尼日利亚	Y	Y
22	乍得	N	Y
23	刚果布	Y	Y
24	津巴布韦	Y	Y
25	阿尔及利亚	Y	Y
26	坦桑尼亚	Y	Y
27	布隆迪	Y	Y

续表

“一带一路”沿线国家之 《纽约公约》与《ICSID 公约》缔约国情况汇总			
序号	国别	是否《纽约公约》缔约国（Y/N）	是否《ICSID 公约》缔约国（Y/N）
28	佛得角	Y	Y
29	乌干达	Y	Y
30	冈比亚	N	Y
31	多哥	N	Y
32	卢旺达	Y	Y
33	摩洛哥	Y	Y
34	马达加斯加	Y	Y
35	突尼斯	Y	Y
36	利比亚	N	N
37	埃及	Y	Y
38	赤道几内亚	N	N
39	利比里亚	Y	Y
40	韩国	Y	Y
41	蒙古国	Y	Y
42	新加坡	Y	Y
43	东帝汶	N	Y
44	马来西亚	Y	Y
45	缅甸	Y	N
46	柬埔寨	Y	Y
47	越南	Y	N
48	老挝	Y	N
49	文莱	Y	Y
50	巴基斯坦	Y	Y
51	斯里兰卡	Y	Y
52	孟加拉国	Y	Y
53	尼泊尔	Y	Y

续表

“一带一路”沿线国家之《纽约公约》与《ICSID 公约》缔约国情况汇总			
序号	国别	是否《纽约公约》缔约国（Y/N）	是否《ICSID 公约》缔约国（Y/N）
54	马尔代夫	N	N
55	阿联酋	Y	Y
56	科威特	Y	Y
57	土耳其	Y	Y
58	卡塔尔	Y	Y
59	阿曼	Y	Y
60	黎巴嫩	Y	Y
61	沙特阿拉伯	Y	Y
62	巴林	Y	Y
63	伊朗	Y	N
64	伊拉克	N	Y
65	阿富汗	Y	Y
66	阿塞拜疆	Y	Y
67	格鲁吉亚	Y	Y
68	亚美尼亚	Y	Y
69	哈萨克斯坦	Y	Y
70	吉尔吉斯斯坦	Y	Y
71	塔吉克斯坦	Y	N
72	乌兹别克斯坦	Y	Y
73	泰国	Y	N
74	印度尼西亚	Y	Y
75	菲律宾	Y	Y
76	也门	N	Y
77	塞浦路斯	Y	Y
78	俄罗斯	Y	N
79	奥地利	Y	Y

续表

“一带一路”沿线国家之《纽约公约》与《ICSID 公约》缔约国情况汇总			
序号	国别	是否《纽约公约》缔约国（Y/N）	是否《ICSID 公约》缔约国（Y/N）
80	希腊	Y	Y
81	波兰	Y	N
82	塞尔维亚	Y	Y
83	捷克	Y	Y
84	保加利亚	Y	Y
85	斯洛伐克	Y	Y
86	阿尔巴尼亚	Y	Y
87	克罗地亚	Y	Y
88	波黑	Y	Y
89	黑山	Y	Y
90	爱沙尼亚	Y	Y
91	立陶宛	Y	Y
92	斯洛文尼亚	Y	Y
93	匈牙利	Y	Y
94	北马其顿	Y	Y
95	罗马尼亚	Y	Y
96	拉脱维亚	Y	Y
97	乌克兰	Y	Y
98	白俄罗斯	Y	Y
99	摩尔多瓦	Y	Y
100	马耳他	Y	Y
101	葡萄牙	Y	Y
102	意大利	Y	Y
103	卢森堡	Y	Y
104	新西兰	Y	Y

续表

“一带一路”沿线国家之《纽约公约》与《ICSID 公约》缔约国情况汇总			
序号	国别	是否《纽约公约》缔约国（Y/N）	是否《ICSID 公约》缔约国（Y/N）
105	巴布亚新几内亚	Y	Y
106	萨摩亚	N	Y
107	纽埃	N	N
108	斐济	Y	Y
109	密克罗尼西亚联邦	N	Y
110	库克群岛	Y	N
111	汤加	N	Y
112	瓦努阿图	N	N
113	智利	Y	Y
114	圭亚那	Y	Y
115	玻利维亚	Y	N
116	乌拉圭	Y	Y
117	委内瑞拉	Y	N
118	苏里南	N	N
119	厄瓜多尔	Y	N
120	秘鲁	Y	Y
121	哥斯达黎加	Y	Y
122	巴拿马	Y	Y
123	萨尔瓦多	Y	Y
124	多米尼加	Y	N
125	特立尼达和多巴哥	Y	Y
126	安提瓜和巴布达	Y	N
127	多米尼克	Y	N

续表

“一带一路”沿线国家之《纽约公约》与《ICSID 公约》缔约国情况汇总			
序号	国别	是否《纽约公约》缔约国（Y/N）	是否《ICSID 公约》缔约国（Y/N）
128	格林纳达	N	Y
129	巴巴多斯	Y	Y
130	古巴	Y	N
131	牙买加	Y	Y

图书在版编目 (CIP) 数据

"一带一路"投资争端解决机制及案例研究 / 孙佳佳，李静著 . —北京：中国法制出版社，2020.8
（"一带一路"法律保障研究丛书 / 许传玺主编）
ISBN 978-7-5216-1171-7

Ⅰ . ①一…　Ⅱ . ①孙…　②李…　Ⅲ . ①国际投资－国际争端－研究　Ⅳ . ① D996.4

中国版本图书馆 CIP 数据核字（2020）第 114187 号

策划 / 责任编辑：靳晓婷　　封面设计：杨泽江

"一带一路"投资争端解决机制及案例研究
"YIDAI YILU" TOUZI ZHENGDUAN JIEJUE JIZHI JI ANLI YANJIU

著者 / 孙佳佳　李　静
经销 / 新华书店
印刷 / 北京京华虎彩印刷有限公司
开本 / 710 毫米 ×1000 毫米　16 开　　印张 / 20.25　字数 / 342 千
版次 / 2020 年 8 月第 1 版　　2020 年 8 月第 1 次印刷

中国法制出版社出版
书号 ISBN 978-7-5216-1171-7　　定价：72.00 元

北京西单横二条 2 号　邮政编码 100031　　传真：010-66031119
网址：http://www.zgfzs.com　　**编辑部电话：010-66034242**
市场营销部电话：010-66033393　　**邮购部电话：010-66033288**
（如有印装质量问题，请与本社印务部联系调换。电话：010-66032926）